*WENN JESUS
WIEDERKOMMT*

WENN JESUS WIEDERKOMMT

David Pawson

Anchor

Copyright © 2023 David Pawson Ministry CIO

Wenn Jesus Wiederkommt
Orginaltitel: When Jesus Returns

David Pawson ist gemäß dem Copyright, Designs and Patents Act 1988 der Urheber dieses Werkes.

Herausgeber der deutschen Ausgabe 2023 in Großbritannien: Anchor, ein Handelsname von David Pawson Publishing Ltd., Synegis House, 21 Crockhamwell Road, Woodley, Reading RG5 3LE UK

Dieses Werk ist urheberrechtlich geschützt. Ohne vorherige schriftliche Genehmigung des Verlages darf kein Teil dieses Buches in irgendeiner Form vervielfältigt oder weitergegeben werden. Das betrifft auch die elektronische oder mechanische Vervielfältigung und Weitergabe, einschließlich Fotokopien, Aufzeichnungen und Systemen zur Informations- und Datenspeicherung und deren Wiedergewinnung.

Übersetzung aus dem Englischen:
Anita Janzarik und Tilman Janzarik, Traunstein

Weitere Titel von David Pawson, einschließlich DVDs und CDs:
www.davidpawson.com

KOSTENLOSE DOWNLOADS:
www.davidpawson.org

Weitere Informationen:
info@davidpawsonministry.com

ISBN 978-1-913472-64-1

Printed by Ingram Spark

INHALT

Vorwort	9
Die Zukunft wird spannend	15

A DIE BEVORSTEHENDE ANKUNFT   21

1. Wie können wir uns seine Ankunft vorstellen? 23
   - Wer?   24
   - Wo?   28
   - Wie?   32
   - Wann?   37
     - Erstes Zeichen: Katastrophen in der Welt   42
     - Zweites Zeichen: Abtrünnige in der Gemeinde   43
     - Drittes Zeichen: Diktator im Nahen Osten   45
     - Viertes Zeichen: Finsternis am Himmel   49
   - Warum?   60
     - Um die Heiligen zu vollenden   62
     - Um die Juden zu bekehren   66
     - Um den Teufel zu besiegen   73
     - Um die Welt zu regieren   78
     - Um die Gottlosen zu verdammen   85
2. Sind wir wirklich bereit?   95
   - Persönlicher Glaube   97
   - Beständiger Gottesdienst   99
   - Persönliche Heiligkeit   103
   - Gemeinsame Nachfolge   107
   - Globale Evangelisation   110
   - Soziales Handeln   112
   - Treues Ausharren   117

B.	**DIE OFFENBARUNG**	**123**
3.	Meinungsverschiedenheiten	125
	Menschlich	125
	Satanisch	126
	Göttlich	127
4.	Das Wesen der Apokalyptik	131
5.	Unterschiedliche Denkschulen	141
	Die präteristische Denkschule	142
	Die historische Denkschule	143
	Die futuristische Denkschule	145
	Die idealistische Denkschule	146
6.	Die Absicht verstehen	155
	Der ganz normale Leser	156
	Praktische Gründe	158
7.	Strukturanalyse	167
8.	Zusammenfassung des Inhalts	173
	Die Gemeinde auf der Erde (1-3)	173
	Gott im Himmel (4-5)	183
	Satan auf der Erde (6-16)	187
	Der Mensch auf Erden (17-18)	207
	Christus auf Erden (19-20)	215
	Himmel auf Erden (21-22)	222
9.	Die zentrale Bedeutung Christi	233
10.	Der Lohn des Studiums	239
	Vervollständigung der Bibel	239
	Verteidigung gegen Irrlehre	239
	Deutung der Geschichte	240
	Grund für Hoffnung	240
	Motivation für Evangelisation	240
	Ansporn zur Anbetung	241
	Gegenmittel gegen Weltlichkeit	241
	Ansporn zur Gottesfurcht	242
	Vorbereitung auf Verfolgung	242
	Verständnis von Christus	242

C. DIE ENTRÜCKUNG — 245
11. Die neuartige Lehre — 247
12. Biblische Aussagen — 255
13. Eine fragwürdige Behauptung — 259
    - Geschwindigkeit — 259
    - Überraschung — 261
    - Sprachgebrauch — 263
    - Erwartung — 265
    - Gemeinde — 268
    - Zorn — 272
    - Trost — 278

D. DIE 1000 JAHRE — 281
14. Die allgemeine Enttäuschung — 283
    - Juden — 283
    - Heiden — 285
    - Christen — 286
15. Die zugrundeliegende Bibelstelle (Offenbarung 20) — 293
    - Satan entfernt (20,1-3) — 304
    - Die Heiligen herrschen (20, 4-6) — 307
    - Satan freigelassen (20, 7-10) — 313
16. Der weitergefasste Kontext — 321
    - Das Fehlen einer Bestätigung — 322
    - Die sich widersprechenden Aussagen — 331
17. Das philosophische Problem — 335
18. Die unterschiedlichen Anschauungen — 347
    - Skeptischer Amillenarismus — 347
    - Mythischer Amillenarismus — 349
    - Spiritueller Postmillenarismus — 353
    - Politischer Postmillenarismus — 357
    - Klassischer Prämillenarismus — 362
    - Dispensationalistischer Prämillenarismus — 366
19. Persönliche Schlussfolgerungen — 373

VORWORT

Während der Arbeit an diesem Buch habe ich bei zwei Begräbnissen gepredigt, was aufgrund meines Reisedienstes durchaus außergewöhnlich war. Eine Predigt hielt ich beim Begräbnis meiner Schwiegermutter, die im Alter von achtundneunzig Jahren starb, die andere beim Begräbnis meiner eigenen Tochter, die einige Monate später mit sechsunddreißig Jahren starb. Beide lebten und starben im lebendigen Glauben an Jesus, ihren Retter und Herrn.

Beide Male sprach ich über ihren momentanen Stand und ihre momentane Situation. Sie sind jetzt in vollem Bewusstsein, können, wenn auch nicht mit uns, so doch mit anderen kommunizieren und vor allem genießen sie jetzt die Gegenwart Jesu.

Bei meiner Predigt fuhr ich dann aber fort und sprach auch über ihre Zukunft. Eines Tages werden sie neue Körper besitzen, die nicht mehr von Glasknochenkrankheit oder Leukämie befallen sind. Diese neuen Körper werden sie aber erst dann bekommen, wenn sie wieder hier auf diese Erde kommen. Das stellt dann aber keine „Reinkarnation" ihrer Seelen dar, sondern es wird eine Auferstehung ihrer Körper sein, denn sie werden als sie selbst wiederkommen.

Das wird geschehen, „wenn der Herr selbst vom Himmel her wiederkommen wird" (1.Thess4,16), denn „Gott wird zusammen mit ihm, die in ihm Entschlafenen wiederbringen" (1.Thess4,14). Dieses Ereignis ist der Kern der christlichen Hoffnung für die Zukunft und richtet den Fokus unserer Erwartungen jenseits von Raum und Zeit.

Das Neue Testament sagt relativ wenig über unsere Existenz unmittelbar nach dem Tod. Einerseits ist es wahr, dass christliche Gläubige „zum Himmel gehen, um bei Jesus zu sein" (eine Sprache, die sogar Ungläubige verwenden, wenn sie kleinen Kindern den Tod erklären müssen), andererseits ist das nicht der vorrangige Trost, den uns die apostolische Lehre vermittelt. Denn der Himmel ist nur ein „Wartezimmer"! Der wichtigste Moment wird die Zusammenkunft *aller* Gläubigen sein, ob schon gestorben oder noch lebend, um „allezeit mit dem Herrn zu sein" (1.Thess4,17).

Das aber wird sich nicht im Himmel abspielen, sondern auf der Erde. Genauer gesagt über der Erde, in der Luft, in den Wolken (1.Thess4,17). Wenn auch unser nächstes Ziel nach dem Tod der Himmel sein wird, so ist doch unser letztendliches Ziel die Erde. Allerdings werden sowohl sie als auch wir einem kompletten Wiederherstellungsprozess unterzogen werden, wir werden nämlich in unseren Originalzustand verwandelt werden.

Das Christentum ist eine sehr „irdische" Religion. Es begann damit, dass der Sohn des Menschen zur Erde kam. Es setzte sich fort, weil der Heilige Geist zur Erde gesandt wurde. Es wird vollendet werden, wenn der Vater selbst seinen Aufenthaltsort ändert („Unser Vater, der du bist im Himmel") und seinen Wohnort und seine Residenz „bei den Menschen" haben wird (Offb21,3). Ganz am Ende – und eigentlich ist das erst der wirkliche Anfang – werden nicht wir zum Himmel hinaufgehen, um bei Ihm zu sein, sondern Er wird zur Erde herabkommen, um mit uns zu leben.

Bevor das geschehen kann, muss der Sohn einen zweiten Besuch abstatten. Er muss noch einiges hier auf der Erde vollbringen, bevor die Geschichte zu Ende geführt wird. Das ist das Hauptthema des vorliegenden Buches *Wenn Jesus wiederkommt*, und dieses wird in vier Teilen behandelt.

VORWORT

Der erste Teil ist eine Neuauflage des Traktats *Explaining the Second Coming* (Sovereign World, 1993), welches einige Leser vielleicht schon kennen. Ich danke beiden Herausgebern für die Erlaubnis, das Material hier nochmals veröffentlichen zu dürfen. Es entspricht genau dem, was ich gewöhnlich über dieses Thema predige. Es würde zu viel Raum einnehmen und wäre auch nicht zielführend, wenn ich alle Kontroversen, die es zu diesem Thema gibt, auch noch behandeln würde. Deshalb spare ich dies aus und präsentiere meine eigenen Schlussfolgerungen. Das sollte man eigentlich immer tun, wenn man auf der Kanzel steht. Glaube entsteht nicht durch zaghafte Meinungsäußerungen, sondern durch Verkündigung, die im Glauben feststeht. Viele werden sich fragen, wie ich zu solchen Überzeugungen gekommen bin. Mit vorliegendem Buch will ich mich bemühen, diese Frage zu beantworten, indem ich meine Gedanken, die sich während meiner Studien herausbildeten, mitteile. Das ist auch der Grund, weswegen sich der restliche Teil des Buches in Stil, Inhalt und Wortwahl stark vom ersten Teil unterscheidet. Wenn der erste Teil eher „Kondensmilch" ist, so ist der zweite wohl eher ein „Hackbraten"!

Der zweite Teil stellt eine Einführung in das Buch der Offenbarung dar, das einzige Buch im Neuen Testament, in dem es in erster Linie um das zweite Kommen Jesu geht. Es war nicht mein Ziel, einen Kommentar zu schreiben, obwohl viele „Puzzleteile" und problematische Stellen angegangen werden, bei denen ich hoffentlich für mehr Klarheit sorgen kann. Ich hoffe, dass ich mit einem relativ detaillierten Überblick den Leser mit diesem für die meisten ziemlich bedrohlich wirkenden Buch der Offenbarung etwas vertraut machen kann. Ich hoffe, dass der Leser später sagen kann: „Oh, jetzt verstehe ich, worum es hier geht".

Der dritte Teil nimmt sich der Meinungsverschiedenheiten über das Thema „Entrückung" an. Die meisten Christen wurden im Zusammenhang mit dem zweiten Kommen Jesu gelehrt, dass man ihn jederzeit wiedererwarten soll und dass er bei seinem Kommen die Gläubigen aus der Welt herausnimmt, bevor die sogenannte „Große Trübsal" losbricht. Ich sehe mich aber gezwungen, zu begründen, warum ich meine, dass das eine falsche und sogar gefährliche Annahme ist.

Mit dem vierten Teil betritt man ein theologisches Minenfeld! Das „Millennium" hat schon so viele Diskussionen und sogar Spaltungen unter Christen hervorgerufen, dass viele Christen einfach genug davon haben und nichts mehr davon hören wollen. Tragischerweise wissen mehr Leute, was sie diesbezüglich nicht glauben, als was sie glauben. Ich meine, dass es hauptsächlich daran liegt, dass man ihnen viele Möglichkeiten vorgesetzt hat, nur nicht das, was die frühe Kirche der ersten Jahrhunderte überall glaubte: Den „klassischen Prämillenarismus". Ich bin davon überzeugt, dass für „diese Idee die Zeit reif ist" und ich sehe nicht ein, mich dafür zu entschuldigen, diese Position tapfer zu verteidigen.

Mit Kontroversen bin ich vertraut (jeder, der Bücher über Hölle, Wassertaufe oder Leiterschaft des Mannes schreibt, muss sie erwarten); aber ich habe keine Kontroversen gesucht. Von allen Charakteren des Werkes *Die Pilgerreise* von Bunyan kann ich mich am meisten mit *Herrn Wahrheitskämpfer* identifizieren. Das bedeutet freilich nicht, dass ich ein Monopol auf die Wahrheit habe oder sie immer ganz ergriffen hätte. Aber ich meine, dass eine ernsthaft geführte Debatte meinen Sinn und ganz gewiss auch den Sinn meines Gegners schärft.

Ich denke auch nicht, dass Meinungsverschiedenheiten über dieses Thema Spaltungen unter Gläubigen rechtfertigen. Mir kommen da die weisen Worte eines Autors in den Sinn: „Nehmen wir an, du konntest nicht überzeugt werden.

Sollten wir, die wir dem selben Erlöser vertrauen, vom selben Gott gezeugt sind, vom selben Geist erfüllt sind, in den selben Leib aufgenommen sind, mit dem selben Evangelium vertraut sind, vom selben Teufel angegriffen werden, von der selben Welt gehasst werden, vor der selben Hölle befreit und zur selben Herrlichkeit bestimmt sind – sollten wir, die wir so viel gemeinsam haben, zulassen, dass wir uns spalten in Herz oder Dienst, nur weil wir verschiedener Meinung in einer zweitrangigen Frage sind? Gott bewahre!" (Norman F. Douty in *Has Christ´s Return Two Stages?* Pageant, 1956.)

Allerdings bin ich nicht der Meinung, dass die Verheißungen Gottes für die Zukunft zweitrangig sind, obwohl unsere Auslegungen diesbezüglich durchaus zweitrangig sein können. Eschatologie, das Studium der Endzeit (vom Griechischen *eschaton*, das Ende oder das Letzte) wird oft als ein Zweig der Theologie und als Spekulation abgetan. Aber genauer betrachtet ist das ganze Evangelium selbst eschatologisch. Es ist die Ankündigung, dass die Zukunft in die Gegenwart eingebrochen ist. Das Morgen ist heute geworden. Das kommende Königreich ist schon jetzt da.

Aber nicht in jeder Hinsicht. Das Königreich Gottes kann jetzt noch nicht völlig aufgerichtet werden, obwohl es schon angefangen hat. Man kann es jetzt schon betreten, kann es aber später erst ererben, wenn es vollendet und weltweit aufgerichtet ist. Diese Spannung zwischen dem „schon jetzt" und dem „noch nicht" ist essentiell, wenn man das Neue Testament verstehen will. Es entspricht genau dem ersten und zweiten Kommen Jesu auf den Planeten Erde. Wenn man die Gegenwart auf Kosten der Zukunft überbetont, verzerrt man die gute Botschaft.

Eigentlich wollte ich einen ganzen Abschnitt dem Königreich Gottes und einen weiteren dem Volk Israel widmen, was beides eng mit dem Thema dieses Buches zusammenhängt. Aber auch das hätte zu viel Platz eingenommen. Schon jetzt sprengt das Manuskript den Umfang, der mir vom Herausgeber eingeräumt wurde. Auf alle Fälle verdienen diese Themen jeweils ein eigenes Buch. Wenn Gott will, so werde ich es noch zu Papier bringen.

Mein nächstes Buch ist schon am Werden und behandelt ein Thema, welches in vorliegendem Werk wohl das provokanteste darstellt. Verraten will ich nur seinen vorläufigen Titel: „Einmal gerettet – immer gerettet? Eine Studie über Ausharren und Erbschaft". Der Leser wird bestimmt die darin behandelte Problematik erkennen. Es gibt wohl nichts Entscheidenderes für das christliche Leben. Hier wird diese Problematik in erster Linie im Hinblick auf die Zielsetzung des Buches der Offenbarung behandelt.

Schließlich bleibt noch hinzuzufügen, dass vieles vom Inhalt des vorliegenden Buches in einfacherer Form als Audio oder Video erhältlich ist (Anchor Recordings, 72 The Street, Kennington, Ashford, Kent, TN24 9HS). Wer das Hören oder Sehen als Einzelner oder in Gruppen bevorzugt, sei ermutigt, diese Möglichkeit wahr zu nehmen.

Mein aufrichtiges Gebet ist es, dass meine Anstrengungen, dieses Buch unter enormen familiären Belastungen fertig zu stellen, dazu beitragen, dass so mancher „dem Herrn in der Luft begegnet", wenn er wiederkommt, der sonst nicht dabei sein würde.

J. David Pawson
Sherborne St John, 1994.

Die Zukunft wird spannend

Unsere Einstellung zur Zukunft ist zwiespältig, eine Mischung aus Furcht und Faszination. Einerseits wollen wir gern wissen, was mit uns und der ganzen Menschheit passieren wird, und andererseits wollen wir es lieber nicht wissen! Wer von uns wüsste gerne, wenn das möglich wäre, den Tag seines Todes oder das Datum des Endes der Welt?

Unsere Generation ist die erste, die beides erleben könnte, und zwar gleichzeitig. Eine Umfrage hat ergeben, dass die Hälfte der Jugendlichen glaubt, dass ihr eigener Tod und das Ende der Welt zeitlich zusammenfallen. Sei es durch einen Atomkrieg (diese Angst nimmt derzeit ab) oder durch Umweltzerstörung (diese Angst nimmt zu), die Tage des Lebens auf dieser Erde scheinen gezählt zu sein.

Nochmals, unsere Reaktion ist wechselhaft, wenn nicht gar widersprüchlich. Auf der einen Seite versuchen viele, die Zukunft zu verdrängen und so viel Vorteil und Vergnügen wie möglich aus der Gegenwart zu gewinnen. „Lasst uns essen und trinken, denn morgen sterben wir" (Ja, das steht wirklich in der Bibel! Jes 22,13, zitiert in 1.Kor 15,32). Existentialismus nennt man diese Lebensphilosophie, und sie ist weit verbreitet.

Auf der anderen Seite besteht ein größeres Interesse an der Zukunft und sie zu beeinflussen als je zuvor, eine Begeisterung, die manchmal schon die Grenze zur Panik überschreitet. Es gibt ein großes Spektrum an Einstellungen, die vom freudigen Optimismus bis hin zum bedrückten Pessimismus reicht und oft vom einen Extrem ins andere schwingt, von Zuversicht hin zu Fatalismus.

Ganz allgemein gesagt, kann man drei Arten unterscheiden, wie wir durch den Vorhang blicken wollen, der vor unserer Zukunft hängt.

Erstens, die *abergläubische* Methode. Wahrsagerei ist eine alte Praxis, aber hochaktuell: Wahrsager, Totenbeschwörung, Kristallkugeln, Ouija-Brett, Tarotkarten und Kaffeesatzlesen – es gibt viele Methoden. Sechs von zehn Männern und sieben von zehn Frauen lesen regelmäßig ihr Horoskop. Keine Zeitung oder Zeitschrift kann es sich leisten, auf die Sterne zu verzichten.

Man hat schon Schätzungen angestellt, dass keine dieser Methoden eine Trefferquote von mehr als 5% aufweist, was andererseits bedeutet, das 95% falsch liegen. Nur wer sich gerne verführen lässt, achtet nicht auf die vielen falschen Vorhersagen, sondern schaut nur auf die wenigen Erfüllungen.

Zweitens, die *wissenschaftliche* Methode. Ableitung durch Beobachtung ist das Hauptwerkzeug der modernen Wissenschaft. Die „Futurologie", so nennt man diesen Wissenschaftszweig, beschäftigt sich mit der Einschätzung gegenwärtiger Entwicklungen und rechnet diese in die Zukunft hoch. Auf den Universitäten gibt es mittlerweile viele Lehrstühle für diese Zunft, besonders auf dem Gebiet der Technik. Industrie, Handel und Politik haben ihre eigenen „Thinktanks". Viele Computerprogramme haben bereits das Ende der Welt für das Jahr 2040 errechnet, wobei sie Bevölkerungswachstum, Nahrungs- und Energiereserven, Umweltzerstörung usw. berücksichtigt haben.

Die Trefferquote der veröffentlichten Ergebnisse beträgt 25%, was wiederum bedeutet, dass 75% falsch liegen. Dabei sind die kurzfristigen Voraussagen erwartungsgemäß wesentlich zuverlässiger als die Langzeitprognosen.

Drittens, die *biblische* Methode. Die Verkündung zukünftiger Ereignisse nimmt in der Bibel einen großen Raum ein. Die Bibel beansprucht für sich, das Wort Gottes zu sein („So spricht der Herr" erscheint 3808-mal in der Bibel!). Nur Gott ist in der Lage, „von Anfang an den Ausgang zu verkünden und von alters her, was noch nicht geschehen ist" (Jes46,10). Über ein Viertel aller Bibelverse enthält Voraussagen über die Zukunft. Insgesamt sind uns 737 verschiedene Vorankündigungen gegeben. Dabei sind einige nur einmal ausgesprochen, andere hunderte Male.

Von all diesen haben sich bereits 594 (mehr als 80%) erfüllt, was eine Trefferquote von 100% darstellt. Diejenigen, die sich noch nicht erfüllt haben, betreffen alle das Ende der Welt, was augenscheinlich noch nicht stattgefunden hat. Alles, was sich bis jetzt erfüllt hat, bietet genügend Grund für die Zuversicht, dass sich auch der Rest erfüllen wird. (Man findet diese Statistiken mit einer genauen Analyse jeder einzelnen Voraussage in der *Encyclopedia of Biblical Prophecy* von J. Barton Payne, Hodder und Stoughton, 1973.)

Es ist verwunderlich, dass die Leute lieber satanisches Geschwätz oder menschliche Vernunft zu Rate ziehen, als göttliche Offenbarung. Die Kirche trägt hierbei eine Mitschuld, weil sie nie klar und mutig genug war, ihr Wissen zu teilen, was daran liegt, dass sie der Wissenschaft erlaubt hat, Zweifel am Übernatürlichen zu säen und die Autorität der Schrift zu untergraben.

Die Bibel offenbart ihre Geheimnisse demjenigen, der sie mit Ehrfurcht und Gehorsam mit einem demütigen und belehrbaren Geist liest. Sie bringt einem Menschen mit normaler Intelligenz mehr, als dem, der mit ausgeklügeltem Intellektualismus an sie herangeht. Sie ist für ganz normale Leute in einer ganz normalen Sprache geschrieben (Das Griechisch des Neuen Testaments kommt von der Straße und nicht von den Klassikern). Das meiste in der Bibel ist wörtlich zu nehmen und sie muss ernst genommen werden. Wenn man so mit ihr umgeht, dann erscheint ein klares Bild der Zukunft.

Es werden viele Dinge vorhergesagt – Persönliches,

Politisches, Soziales, Ökologisches, Moralisches und Meteorologisches. Aber um eines geht es ganz besonders: Die Wiederkunft einer Person auf diese Welt, die vor 2000 Jahren schon einmal auf dieser Welt gelebt hat, ein Zimmermann aus dem Städtchen Nazareth. Wäre er nur ein einfacher Mensch gewesen, dann wäre das ziemlich unwahrscheinlich. Wenn er aber das war, was er behauptete, sowohl göttlich als auch menschlich, der einzige Gott-Mensch, dann wird seine Wiederkunft glaubwürdig und folgerichtig. Er wurde von einer ungläubigen Welt abgelehnt, so ist es nur recht und billig, dass er auch öffentlich rehabilitiert werden wird.

Dieses Ereignis wird öfters als jedes andere vorhergesagt und beherrscht die biblische Prophetie. Die Frage: *„Was* kommt auf die Welt zu?" sollte folgendermaßen gestellt werden: *„Wer* kommt auf die Welt zu?"

Die Menschheitsgeschichte kommt zu einem Ende, und das durch einen Menschen. Nicht indem der rote Knopf für die Atomwaffe gedrückt wird, sondern indem die sieben Siegel einer Schriftrolle im Himmel gebrochen werden, in der schon längst der Countdown für das Ende der Welt niedergeschrieben ist (Offb 5,1; 6,1). Auf dem Höhepunkt der Krise wird Jesus selbst die Bühne der Welt betreten, um die Kontrolle für das große Finale zu übernehmen.

Das ist der Kern der christlichen Hoffnung für die Zukunft. Jesus ist die einzige Hoffnung, die einzige Person mit ausreichender Fähigkeit, Autorität, Charakter und Mitgefühl, um die Fehler dieser kranken, traurigen und sündigen Welt wieder gut zu machen. Bei seinem ersten Besuch auf unserem Planeten hat er gezeigt, dass er es tun *könnte*, bei seinem zweiten Besuch – so hat er es versprochen – wird er zeigen, dass er es tun *wird*.

Theoretisch weist die Kirche Jesu Christi seiner Wiederkunft einen zentralen Platz zu. Im apostolischen und im Nicänischen Glaubensbekenntnis (diese beiden sind am verbreitetsten) wird die Wiederkunft Jesu als Grundlage des Glaubens herausgestellt. Brot und Wein werden normalerweise als Erinnerung an seine vergangene Gegenwart, seine jetzige Abwesenheit und sein zukünftiges Kommen („bis er wiederkommt") genommen (1.Kor11,26). Der liturgische Kalender beginnt mit dem Advent im Dezember, der seine Wiederkunft vorwegnimmt.

Aber in der Praxis wird diese Grundwahrheit zunehmend ignoriert. Selbst im Advent wird jeder Gedanke an sein zweites Kommen schnell vergessen, weil alles auf sein erstes Kommen, das Weihnachtsfest, gerichtet ist. So mancher ist wegen der Uneinigkeit in der Lehre so verwirrt und unzufrieden, dass er seine Zuflucht in Agnostizismus bezüglich dieser Angelegenheit sucht. Und so passt man sich der Welt an, die geradezu vom Diesseits besessen ist, und wendet die christlichen Wahrheiten und Anstrengungen allenfalls auf persönliche und tagespolitische Nöte an.

Nun aber bleiben Glaube, Hoffnung, Liebe, die am meisten vernachlässigte aber ist die Hoffnung!

Das ist eine Tragödie angesichts einer Welt, in der Depression und Verzweiflung zunehmen. Die Bibel beschreibt Ungläubige als solche, die „ohne Hoffnung und ohne Gott in dieser Welt" sind (Eph2,12). In einer solchen Finsternis sollten Christen Leuchten der Hoffnung sein. Am Ende sind sie nämlich die einzigen, die wissen, wie alles ausgeht. Sie wissen, dass alles gut ausgehen wird, dass Gott über das Böse siegen wird, dass ihr Herr den Teufel besiegen wird, dass das Königreich Gottes auf die Erde kommen wird, so wie es im Himmel ist.

Diese Hoffnung ist „ein fester und sicherer Anker der Seele" (Hebr6,19). Die Stürme der Ereignisse in dieser Welt werden immer stärker toben – Beruhigung ist nicht in Sicht – bis der ganze Globus davon ergriffen sein wird. Möge die Lektüre dieses Buches dir helfen, deinen Anker jetzt zu setzen!

A.

DIE BEVORSTEHENDE ANKUNFT

KAPITEL EINS

WIE KÖNNEN WIR UNS SEINE ANKUNFT VORSTELLEN?

Da es über 300 Bibelstellen über das zweite Kommen im Neuen Testament gibt, liegen die Schwierigkeiten eher darin, dass es so viele sind und nicht, dass es zu wenige wären. Wenn man alle zusammenführen will, so gleicht das einem Puzzlespiel mit vielen austauschbaren Teilen.

Das erklärt wahrscheinlich auch, warum es so viele unterschiedliche Sichtweisen gibt, und das sogar unter Christen, die vorbehaltlos der Schrift vertrauen. Sie alle stimmen mit der zentralen Tatsache seines Kommens überein, sind aber sehr unterschiedlicher Meinung, was diesem Ereignis vorausgeht und was folgt.

In dieser Studie soll kein weiterer Zeitplan zu den schon vorhandenen präsentiert werden, sondern es soll thematisch geordnet herangegangen werden. Die Fakten sollen in fünf Fragen zusammengetragen werden:

Wer – Wird er als präexistenter Sohn Gottes oder als fleischgewordener Sohn des Menschen kommen?

Wo – Wird er zur ganzen Welt gleichzeitig oder nur an einen Ort dieser Welt kommen?

Wie – Wird das zweite Kommen wie das erste sein oder ganz anders?

Wann – Wird er bald und unversehens, oder nachdem klare Vorzeichen geschehen sind, kommen?

Warum – Was kann nur er durch sein nochmaliges

Kommen erreichen, und wie lange wird es dauern?

Manche Antworten werden diejenigen überraschen, ja sie werden sogar schockierend sein, die bisher nur mit einer Denkrichtung vertraut waren oder sich bereits auf eine Sichtweise festgelegt haben. Leser mit einem offenen Herzen und einer offenen Bibel werden am meisten von den Antworten profitieren.

WER?

Wer hat nicht schon einem Zug oder einem Flugzeug lange hinterher geschaut, in dem ein geliebter Mensch von dannen zog, besonders wenn klar war, dass man ihn das letzte Mal gesehen hat? Will man dadurch den Abschied verdrängen, versucht man den Schmerz hinauszuschieben? Es fällt uns viel leichter, wenn wir uns sicher sind, dass wir diese Person wiedersehen werden, und dass sie von ihrer Reise wieder zurückkehren wird.

Genau das passierte den Männern von Galiläa, als Jesus in die Wolken hinauffuhr, nachdem er weniger als zwei Monate zuvor von den Toten wieder zu ihnen zurückgekommen war. Lange noch starrten sie dort hinauf, wo sie ihn aus den Augen verloren hatten. Zwei Engel waren nötig, um sie zu beruhigen und ihre Aufmerksamkeit wieder auf die Erde zu richten.

Sie versicherten den Jüngern, dass er wieder auf die Erde zurückkehren würde, machten ihnen aber auch klar, dass sie ihn bis dahin nicht mehr sehen würden. Uns interessiert ihre Wortwahl: „Dieser selbe Jesus…wird wiederkommen" (Apg 1,11).

Man muss zwei Dinge beachten. Erstens: Sie verwendeten seinen menschlichen Namen und nicht einen seiner göttlichen Titel. Zweitens: Sie betonten, dass er sich in der Zwischenzeit nicht ändern würde.

Bei einer langen Trennung ist unsere größte Angst, dass sich der andere so geändert haben wird, dass die bisherige

WIE KÖNNEN WIR UNS SEINE ANKUNFT VORSTELLEN?

Beziehung nicht mehr fortgesetzt werden kann. Aber die Jünger Jesu sollten sich darüber keine Sorgen machen. Es könnte sein, dass sie sich ändern, ja sie sollten sich sogar weiter zum Besseren verändern, aber er würde sich nicht ändern und hätte es auch nicht nötig. Er ist „derselbe gestern, heute und für immer" (Hebr 13,8).

Man kann nicht genug betonen, dass der göttliche Christus und der menschliche Jesus ein und dieselbe Person sind. Sowohl bewusste Versuche als auch unbewusste Vermutungen haben einen Keil zwischen diese beiden getrieben. Sogar in christlichen Kreisen nahm man an, dass der Sohn Gottes nur für 33 Jahre ins Fleisch gekommen (inkarniert) und nun zu seinem früheren Status „zurückgekehrt" sei.

Die Wahrheit ist aber, dass er Mensch wurde und seinen Auferstehungsleib bis in die Ewigkeit behält. Sein Menschsein besteht weiterhin. Genau deswegen ist er der einzige Mittler zwischen Gott und Menschen, weil er weiterhin „der Mensch" ist (1.Tim 2,5). Deswegen ist er auch der vollkommene Hohepriester, der sowohl mit uns Mitleid haben, als uns auch vor Gott repräsentieren kann (Hebr 4,15). Das ist sagenhaft: Ein vollkommener Mensch beherrscht nun das Universum (Mt 28,18)!

Wir dürfen dabei nicht vergessen, dass diese Person, die in den höchsten Himmel „hinaufgestiegen" ist, dieselbe ist, die zu den tiefsten Orten der Erde „hinabgestiegen" ist (Eph 4,9-10). Und tatsächlich ist der Ort seiner Taufe der am tiefsten gelegene Ort auf der Erdoberfläche!

Der Erhobene wurde zunächst erniedrigt – als Baby in Bethlehem, als Junge in Nazareth. Er war 18 Jahre lang Zimmermann, dann drei Jahre lang ein Wunderheiler (dasselbe zeitliche Verhältnis von 6:1 finden wir auch bei seinem himmlischen Vater (Gen 1). Der letzte Zeitabschnitt machte ihn unter seinem Volk berühmt, zum Zentrum der Aufmerksamkeit für Freunde und Feinde gleichermaßen.

WENN JESUS WIEDERKOMMT

Sein schmachvoller Tod in jungen Jahren fand auf schlimmste Weise in der Öffentlichkeit statt.

Er wurde überall und bestens bekannt. Natürlich waren die einen mehr und die anderen weniger mit ihm vertraut, man verkehrte mit ihm auf unterschiedlichsten Beziehungsebenen. Tausende hörten ihm zu, siebzig wurden mit einem Missionsbefehl beauftragt, zwölf wurden auserwählt, ihm zu folgen, drei teilten mit ihm einzigartige Erlebnisse (z.B. Petrus, Jakobus und Johannes bei der Verklärung), einer war ihm näher als alle anderen (Johannes, den er „liebte" und dem er seine verlassene Mutter anvertraute).

Diese menschliche Kenntnis des menschlichen Jesus ist in den vier Evangelien aufbewahrt. Sie zeigen uns ein klares Bild einer einzigartigen Persönlichkeit. Er wurde von den Sündern geliebt, von den Heuchlern gehasst, von den Armen verehrt und von den Mächtigen gefürchtet. Seine Augen konnten Tränen des Mitgefühls für die Bedrückten weinen und Funken gegen die Bedrücker sprühen. Seine Hände konnten den Gestrauchelten aufrichten und die Habgierigen auspeitschen. Seine Zunge konnte weicher und schärfer als jede andere sein.

Und dieser Jesus wird eines Tages auf den Planeten Erde zurückkommen. Er wird sich nicht geändert haben. Er wird nicht weniger menschlich sein wie damals, als er über staubige Straßen wanderte, sich zur Mahlzeit niederlegte, in einem Boot schlief, auf einem Esel ritt oder anderen die Füße wusch.

Man muss aber hervorheben, dass sein Menschsein bereits eine große Verwandlung vollzogen hatte, bevor er diese Erde verließ. Gott gab ihm einen neuen Körper als er ihn aus dem Grab auferstehen ließ (Näheres kann man in meinem Buch *Explaining the Resurrection*, Sovereign World, lesen).

Dieser „Leib der Herrlichkeit" (Phil 3,21) hat das gleiche Erscheinungsbild bis hin zu den Wundmalen der Kreuzigung mit Narben an Kopf, Rücken, Seite, Händen und Füßen. Aber

WIE KÖNNEN WIR UNS SEINE ANKUNFT VORSTELLEN?

er ist nicht mehr dem „natürlichen" Alterungsprozess, dem Verfall und dem Tod unterworfen. Wenn er wiederkommt, wird dieser Leib nicht älter geworden und immer noch in der Blüte eines dreiunddreißigjährigen jungen Mannes sein, mit Ausnahme seiner schneeweißen Haare (Offb1,14; ein Symbol dafür, dass er die Natur seines Vaters, des „Alten an Tagen" Dan7,9.13 teilt).

Diese Verwandlung seines Leibes hat Jesus nicht weniger menschlich, sondern noch menschlicher gemacht. Denn Gottes Absicht war es, dass alle Menschen so sein sollten, und durch seine Gnade werden es viele sein. Hierin ist Jesus unser „Pionier" (Hebr2,10), der uns einen Weg markiert, auf dem wir gehen sollen. Aber er verlässt uns nicht, damit wir selbst unseren Weg finden, sondern er wird zurückkommen und uns zu sich nehmen, denn er selbst ist „der Weg" (Joh14,3-6).

Dann werden auch wir „verherrlichte Leiber" haben, sowie er einen besitzt. Aber wir werden dieselben Personen sein, die wir immer waren (deshalb sprechen Christen auch von Auferstehung und nicht von Reinkarnation, letzteres impliziert immer einen Identitätswechsel).

Wir müssen uns aber auch daran erinnern, dass Jesus nicht schon immer ein menschliches Wesen war. Tatsächlich war er nicht schon immer „Jesus". Diesen Namen bekam er bei seiner Fleischwerdung, als er in einen Leib kam und Mensch wurde (Mt1,21). Im Gegensatz zu uns existierte er schon, bevor er gezeugt wurde, und er war die einzige Person, die sich jemals selbst ausgesucht hatte, geboren zu werden. Er war der ewige Sohn Gottes, der Herr der Herrlichkeit, das Wort. Er war ein göttliches Wesen bevor er ein menschliches Wesen wurde.

Deshalb ist es sehr bezeichnend, dass die Engel seinen menschlichen Namen verwenden, wenn sie seine Wiederkunft auf den Planeten Erde verheißen. Der „Sohn des Menschen ist es, der in den Wolken erscheint" (Dan7,13; Mk14,62). Es ist der leibgewordene Jesus, der zum Planeten Erde wiederkommt und nicht eine immaterielle Erscheinung des Sohnes Gottes (Dan3,25). Manche werden Schwierigkeiten haben, solch eine „körperliche" Wiederkunft zu akzeptieren, da sie sein Kommen sozusagen „spiritualisiert" haben und es mit dem „Kommen" seines Geistes auf die Kirche an Pfingsten oder mit seinem „Kommen" zu jedem einzelnen bei seiner Bekehrung vergleichen. Aber keine dieser Auslegungen wird der Verheißung gerecht, dass „dieser selbe Jesus… zurückkommen wird" (Apg1,11).

Dieser Jesus, der die Jünger aufforderte ihn anzufassen, der vor ihren Augen Fisch aß, der nach Emmaus ging und Brot brach, der Thomas befahl, seine Wundmale anzufassen, der Frühstück am Ufer des Sees Genezareth zubereitete – dieser Jesus wird eines Tages zurückkommen.

Wenn wir das glauben, dann bedeutet das auch Folgendes: Ein leibhaftiger Jesus kann nur an einem Ort dieser Erde gleichzeitig sein. Selbst mit seinem verherrlichten Auferstehungsleib konnte er nur in Emmaus oder in Jerusalem oder in Galiläa sein. Er erschien nie an zwei Orten zur gleichen Zeit.

Wenn er also auf die Erde zurückkommt, kann er nur zu einem geographischen Ort kommen. Wo wird das sein?

WO?

Wenn die Wiederkunft Jesu „physisch" ist, dann muss sie auch örtlich sein. Sein Geist kann überall sein, aber sein Körper muss an einem Ort sein. Bevor er auffuhr, hätte Jesus nicht an zwei Orten gleichzeitig sein können.

Deshalb sagte er den Jüngern, dass es gut ist, dass er von ihnen geht, denn so wird er einen anderen „Beistand" senden, der seinen Platz einnimmt (Joh16,7). Er hatte ihnen versprochen, dass er immer bei ihnen sein würde, bis an das Ende des Zeitalters (Mt28,20), zumal sie bis zu den Enden der Erde zerstreut sein würden (Apg1,8). Dies konnte er

WIE KÖNNEN WIR UNS SEINE ANKUNFT VORSTELLEN?

nur bewerkstelligen, indem er seinen Leib zurückzog und seine physische Gegenwart mit seinem allgegenwärtigen Geist ersetzte, der nicht durch Zeit und Raum begrenzt ist.

An dieser Situation wird sich nichts ändern, wenn er wiederkommt. Die Gläubigen werden nicht seinen heiligen Geist verlieren, sondern werden sich zusätzlich an seiner physischen Gegenwart erfreuen. Sie werden doppelt gesegnet sein!

Weil jedoch sein Körper, wie auch der unsere immer an einem Ort auf der Erde sein muss, bedeutet es für die Jünger, dass sie bei seiner Wiederkunft von allen Orten des Globus versammelt werden müssen. Nur so können sie seine leibliche Gegenwart erfahren.

Wo also wird er erscheinen? Wo werden sich seine Jünger versammeln, um ihn zu begrüßen?

Städte wetteifern darin, Gastgeber von Prestige Events, wie den Olympischen Spielen, zu sein. Aber welcher Stadt wird die Ehre zuteil, den König der Könige zu empfangen? Wird es eine der Hauptstädte sein – Washington, Peking, Brüssel oder Delhi? Wird es eines der Finanzzentren sein – New York, Tokio, London oder Hong Kong? Wird es eine Stadt sein, die wegen ihrer Kirchengeschichte berühmt geworden ist – Rom, Genf oder Canterbury?

Keine von diesen. Diese mögen für die Menschen wichtig sein, sind für Gott aber bedeutungslos. Er hat sich zu seiner Hauptstadt eine ziemlich unpassende Stadt auserkoren, in den Bergen versteckt, fernab von Hauptstraßen und Flüssen, eine sonderbare Bergfestung, die völlig unbekannt geblieben wäre, wenn Gott ihrem Namen nicht seinen Namen hinzugefügt hätte. Selbst heute wollen die Nationen sie nicht anerkennen und weigern sich, ihre Botschaften dorthin zu verlegen. Sie hat mehr Konflikte und Tragödien als andere Städte erfahren und könnte sich sogar als Funke erweisen, der einen Feuersturm im Nahen Osten in Brand setzt.

Die wichtigsten Ereignisse der Menschheitsgeschichte haben sich dort abgespielt. Diese teilten die Zeit in zwei Teile – v.Chr. und n.Chr. Dort wurde der einzige Sohn Gottes auf ungerechte Weise wegen Verbrechen, die er niemals begangen hatte, hingerichtet und trug dort die Sünden der ganzen Welt. Es war in dieser Stadt, wo er den letzten Feind, den Tod, besiegte, indem er die erste Person wurde, die einen unsterblichen Leib besitzt.

Von dieser Stadt aus verabschiedete er sich, um in seine himmlische Heimat zurückzukehren, und genau zu dieser Stadt wird er aus dem Himmel zurückkehren. Er nannte sie „die Stadt des großen Königs" (Mt5,35). Über diese Stadt weinte er und sagte ihren Bewohnern, dass sie ihn nicht mehr sehen werden bis sie sprechen: „gesegnet sei, der da kommt im Namen des Herrn" (Mt23,37-39, wobei er einen der „Hallel-Psalmen" zitierte, der von Jerusalempilgern gesungen wurde, um ihren Messias zu begrüßen).

Die Geschichte dieser Stadt ist längst nicht vorbei. Zukünftige Ereignisse werden im Buch der Offenbarung enthüllt, wo diese Stadt als „die große Stadt" (Offb11,8) und die „geliebte Stadt" (Offb20,9) genannt wird. Zu dieser Stadt werden einmal die Nationen zur Schlichtung von internationalen Streitigkeiten ziehen, was dann multilaterale Waffenabrüstungen ermöglichen wird (Jes2,1-4; Mi4,1-5). Denn das ist Jerusalem, oder „Zion", wo der Herr regieren wird.

Für internationale Angelegenheiten ist diese Stadt strategisch gut platziert. Sie liegt ziemlich genau im Zentrum der Landmasse der Erde und am Treffpunkt von drei Kontinenten – Europa, Afrika und Asien. Für das Rendezvous der Nachfolger Jesu ist sie ideal gelegen.

Aber wie viele werden das sein, wenn man bedenkt, dass die Menge auch aus Christen besteht, die schon gestorben sind und dann auferstehen werden? Selbst heute könnten

WIE KÖNNEN WIR UNS SEINE ANKUNFT VORSTELLEN?

das schon fünfzehnhundert Millionen sein! Kein Stadion der Welt kann solch eine Zahl fassen. Selbst die ganze Stadt Jerusalem wäre viel zu klein.

Die Bibel gibt eine zweifache Antwort.

Erstens, es wird *außerhalb* Jerusalems stattfinden. Jesus fuhr vom Ölberg zum Himmel auf, eine Bergkuppe östlich der Stadt mit einem Panorama auf die ganze Stadt auf der einen und einem Panorama auf die Wüste bis zum Toten Meer auf der anderen Seite. Bei den drei großen jährlichen jüdischen Festen kampierten üblicherweise Tausende von Pilgern an den Abhängen dieses Berges. Hier war es auch, wo sie Jesus mit Palmwedeln begrüßten, als er auf einem Esel nach Jerusalem ritt (Mk 11,8-10). Derselbe Prophet, der dies vorhersagte (Sach 9,9), sagte auch voraus: „Und seine Füße werden an jenem Tag auf dem Ölberg stehen" (Sach 14,4). Jesus wird zu genau demselben Fleck Erde wiederkommen, von dem er gegangen ist. Natürlich ist auf diesem Berg für die Millionen von Menschen nicht genügend Platz.

Zweitens, all das wird *über* diesem Berg stattfinden! „Wir werden entrückt werden… in Wolken und dem Herrn in der Luft begegnen" (1.Thess 4,17). Im Himmel ist sicherlich genug Platz, aber wie können die Schwerkraftgesetze aufgehoben werden? Zu diesem Zeitpunkt haben wir bereits unsere neuen „unsterblichen" Körper erhalten (1.Kor 15,51-53), so wie Jesu „verherrlichten" Leib (Phil 3,21), der sowohl auf der Erde als auch im Himmel zuhause war, der Fisch essen, Frühstück zubereiten und auch durch verschlossene Türen gehen konnte und den Weltraum ohne Weltraumanzug betreten konnte!

Stell dir nur vor, wie diese Menschenmengen zwischen den Wolken herzu strömen. Es gibt einige wenige Elemente in Gottes Schöpfung, die uns ein klares Bild seiner Herrlichkeit zeigen. Wer schon einmal über Kumuluswolken in strahlendem Sonnenschein geflogen ist, kann das verstehen. Der Anblick ist einfach „herrlich".

Das bedeutet, dass an diesem Tag Westwind sein wird, der den Dunst vom Mittelmeer heranführt. Ostwinde aus der arabischen Wüste bringen nur sengende Hitze. Auf diese Weise segnete oder bestrafte Gott sein Volk Israel (1.Kö17,1;18,44). Die Rückkehr ihres Messias wird der größte Segen sein, den sie jemals empfangen haben werden.

WIE?

Wenn wir diesen Aspekt betrachten wollen, so ist es am besten, wenn man seine Himmelfahrt seiner Ankunft gegenüberstellt. Sein zweites Kommen wird seinem ersten Gehen entsprechen, aber nicht seinem ersten Kommen.

Die Engel waren die ersten, die eine Parallele zwischen seiner Himmelfahrt und seiner Wiederkunft zogen: „Dieser selbe Jesus… wird auf dieselbe Weise wiederkommen, wie ihr ihn in den Himmel habt gehen sehen" (Apg1,11).

Mit anderen Worten, hätte einer der Jünger eine Videokamera gehabt und eine Aufnahme von seinem Abschied und seiner Himmelfahrt gemacht, dann müsste man nur diese Aufnahme rückwärts abspulen, und könnte so seine Wiederkunft zeigen!

Das eine Ereignis ist ganz einfach die Umkehr des anderen Ereignisses. Sie gehören zusammen, wenn auch das eine in der Vergangenheit und das andere in der Zukunft liegt.

Einige zeitgenössische Gelehrte tun seine Himmelfahrt als Mythos ab, als Fiktion und nicht als Faktum, die nur theologische Wahrheiten über das Wesen Jesu transportiert und nichts über die Wahrheit seines jetzigen Aufenthaltsortes aussagt. Sie halten sich selbst für zu weise, um die Idee zu akzeptieren, dass der Himmel über ihnen ist. Da ist es kein Wunder, dass sie große Probleme mit seiner Wiederkunft haben. Und die meisten glauben auch nicht daran!

Wem glauben wir? Den Engeln oder den Gelehrten? Wird Jesus auf dieselbe Weise aus einem bewölkten Himmel

WIE KÖNNEN WIR UNS SEINE ANKUNFT VORSTELLEN?

herabkommen, wie er hinaufgestiegen ist? Oder ist das einfach nur ein Märchen? Du hast die Wahl!

Diejenigen, die dem Augenzeugenbericht derjenigen, die ihn hingehen sahen, glauben, werden keine Schwierigkeiten haben, zu glauben, dass er in derselben Weise wiederkommen wird. Seine Wiederkunft wird sichtbar, hörbar und zum Anfassen sein.

Während seine Rolle in diesem Ereignis dieselbe sein wird, werden andere Aspekte völlig anders sein.

Während seiner Himmelfahrt waren nur zwei Engel anwesend, bei seiner Rückkehr werden es Tausende sein (Mt25,31; Jud14). Nur elf Männer sahen ihn gehen, aber Millionen werden ihn wiederkommen sehen. Ganze Menschenmengen werden bei diesem Ereignis dabei sein.

Aber es gibt nicht nur etwas zu sehen, sondern noch viel mehr zu hören. Es gibt einen Bibelvers, den man schon als den „allerlautesten" bezeichnet hat: 1.Thess4,16. Gott wird sprechen, der Erzengel rufen, die Posaune erschallen – und man kann sich nur schwer vorstellen, dass die vielen Millionen still sein werden, wenn sie endlich den Ersehnten und Geliebten wiedersehen.

All das steht in scharfem Kontrast zu seinem ersten Kommen. In den ersten neun Monaten seines Lebens auf der Erde war er völlig unsichtbar, im Dunkel des Mutterleibes der Maria verborgen. Nur ein paar wenige Verwandte wussten von ihm. Seine Geburt blieb relativ unbeachtet, abgesehen von ein paar Hirten. Dann kamen die Weisen aus dem Morgenland (wahrscheinlich waren es Nachkommen der vielen Juden, die nach dem Exil in Babylon geblieben waren) und versetzten Herodes in einen Alarmzustand, da es nun einen möglichen Rivalen geben könnte. Natürlich waren auch Engel da, die seine erste Ankunft verkündeten, genauso wie sie es bei der zweiten Ankunft tun werden. Und es war ein Stern da, ein stecknadelgroßer Punkt am Himmel, dessen Bedeutung nur von denen erkannt werden konnte, die danach suchten. Der „König der Juden" wurde nur deshalb in Bethlehem, der Stadt Davids geboren, weil ein Herrscher aus der Ferne eine Steuereinschreibung verfügt hatte. Und sogar seine Wiege war nur ein Futtertrog für Tiere.

Ganz offensichtlich bemerkte die ganze Welt überhaupt nicht, was da vor sich ging, und wer da gekommen war. Anscheinend wollte Gott selbst so wenig wie möglich Aufhebens von dem Eintritt seines Sohnes in die Weltgeschichte machen. Es war ein verborgen gehaltener Besuch auf diesem Planeten Erde, der nur von Augen des Glaubens gesehen werden konnte.

Sein zweites Kommen könnte unterschiedlicher nicht sein. Nicht mehr als hilfloses Baby, sondern als erwachsener Mann; nicht mit einem einzelnen Stern am Himmel, sondern mit einem Blitz vom östlichen bis zum westlichen Horizont (Mt 24,27); nicht in Schwachheit, sondern in Kraft; nicht in Demut, sondern in Herrlichkeit; nicht in Sanftmut, sondern in Majestät.

Jeder wird es bemerken und erkennen. Jeder wird wissen, dass er gekommen ist, und jeder wird wissen, wer er ist. Es wird das öffentlichste und bekannteste Ereignis der Weltgeschichte sein.

Die Schreiber des Neuen Testaments suchten in der griechischen Sprache nach geeigneten Worten für dieses einzigartige Geschehen. Drei Worte haben sie verwendet, von denen jedes einzelne bestimmte Assoziationen hervorruft, sowohl in der griechischen Übersetzung der hebräischen Schriften als auch im allgemeinen Sprachgebrauch der damaligen Gesellschaft.

Parousia war ihr Favorit. Es bedeutet „dabei sein" und wurde normalerweise verwendet, wenn jemand angekommen war, um andere zu treffen, die ihn erwarteten. Es gibt allerdings zwei spezielle Anwendungsweisen, weswegen das

WIE KÖNNEN WIR UNS SEINE ANKUNFT VORSTELLEN?

Wort besonders geeignet für die Beschreibung des zweiten Kommens ist, und beide haben mit Königsherrschaft zu tun. Eine war, wenn ein König mit seiner Armee an die Grenze des Landes kam, in das er einmarschieren und das er besiegen und besetzen wollte. Die andere war, wenn der eigene König mit seinem Gefolge eine seiner Städte besuchen wollte. In letzterem Fall sind die angesehenen Bürger ihm entgegengegangen, um ihn außerhalb der Stadtmauern zu begrüßen. So konnten sie ihn mit einer gemeinsamen Prozession durch die Stadttore ehren. Diese beiden Bilder kombinieren den zweifachen Aspekt der Wiederkunft Jesu auf perfekte Weise. Ungläubige werden ihn als einen fremden Angreifer sehen; Gläubige werden ihn willkommen heißen und ihn als ihren Herrscher ehren.

Epiphaneia kann am besten mit „auf der Bühne erscheinen" übersetzt werden, mit einer Andeutung, dass etwas plötzlich und nicht allmählich geschieht. Aber auch dieses Wort wird für eine einmarschierende Armee verwendet oder einen König, der seine Untertanen aufsucht – wie etwa die königliche Familie, die auf dem Balkon des Buckingham-Palasts vor der unten wartenden Menge erscheint. In erster Linie wird das Wort im Zusammenhang mit Anbetung verwendet, wenn Gott sich sichtbar mit der Schechina-Herrlichkeit manifestiert, die sich auf der Stiftshütte oder den Tempel niederlässt. Dieser Wortgebrauch hat immer etwas mit Trost und göttlicher Hilfe zu tun. Gott tauchte besonders dann auf der Bühne auf, wenn sein Volk in kritischen Momenten Hilfe benötigte. Diese Bedeutung kann man mit Szenen in Westernfilmen illustrieren, wo die Kavallerie gerade dann am Horizont erscheint, wenn die roten Indianerhorden die armen amerikanischen Siedler attackieren wollen. Das ist eine Epiphanie und es erklärt, warum das Wort sowohl für das erste als auch für das zweite Kommen Jesu verwendet wird.

Apokalypsis reicht in seiner Bedeutung noch weiter als „Ankunft" oder „Erscheinung". Die Wurzel dieses Wortes bedeutet „verbergen" aber durch die Vorsilbe „apo" ändert sich die Bedeutung ins Gegenteil, nämlich aufdecken, was verborgen war. Wenn man es auf Personen anwendet, sagt man enthüllen. Das umgangssprachliche: „jemanden ins rechte Licht setzen" wäre eine passende Entsprechung. Auf Königsherrschaft angewendet, hieße es, dass eine Krone, eine Robe und Juwelen, die einem Herrscher gebühren, angelegt werden. Damit wird allen klar, um wen es sich handelt. Es ist offensichtlich, dass diese Insignien Jesus bei seinem ersten Kommen nicht zuteilwurden, aber bei seinem zweiten Kommen werden diese Dinge absolut klar sein, wenn er mit „großer Macht und Herrlichkeit" kommt (Mt24,30).

Es gibt ein Märchen, in dem sich ein Kaiser einen Tag vor seinem geplanten Besuch in einem Bettlergewand unter das Volk mischt, um zu prüfen, wie sie ihn als einfache Person behandeln würden. Am folgenden Tag findet seine *apokalypsis* mit allem Ornat und großer Gefolgschaft statt und verursacht große Schmach und Bestürzung, als in dem Bettler der oberste Herrscher erkannt wird. Genauso wird es sein, wenn Jesus als König der Könige und Herr der Herren erscheint. Bezeichnenderweise beginnt das Buch der Offenbarung, das mehr als jedes andere Buch der Bibel vom zweiten Kommen Jesu spricht, mit den Worten: „Die Apokalypse Jesu Christi…" (Offb1,1). Es ist eines von mehreren „apokalyptischen" Büchern der Bibel, die die verborgene Zukunft enthüllen (z.B. Daniel und Hesekiel).

Diese drei Worte geben also eine lebendige Beschreibung dieses einzigartigen Ereignisses wieder. Es ist wichtig, darauf hinzuweisen, dass die Ausdrücke austauschbar sind und sie alle nur unterschiedliche Aspekte desselben Ereignisses beschreiben und nicht etwa verschiedene Stufen einer längeren Abfolge, wie es manche fälschlicherweise annehmen.

WIE KÖNNEN WIR UNS SEINE ANKUNFT VORSTELLEN?

Das gemeinsame Wort, das alle drei verbindet ist „kommen". Jesus kommt. Er kommt als Eroberer und König. Er kommt, um sein Volk zu retten.

Er kommt so, wie er wirklich ist. Das letzte, was die Welt von ihm sah, war seine Kreuzigung, nun wird sie ihn gekrönt sehen. Am Ende „wird sich jedes Knie beugen und jede Zunge bekennen, dass Jesus Christus Herr ist, zur Ehre Gottes des Vaters" (Phil 2,10.11).

Aber wann wird das sein? Wie lange müssen wir noch warten?

WANN?

Wenn wir die Antwort wüssten, würden wir das größte Geheimnis der ganzen Welt kennen. Niemand kennt es – nur Gott alleine. Selbst Jesus musste, als er auf dieser Erde war, bekennen, dass er dieses Datum auf dem Kalender des Vaters nicht kennt (Matth 24,36), und er sagte seinen Jüngern, dass sie es nicht herausfinden könnten (Mk 13,33-35; Apg 1,7). Es scheint sogar wichtig zu sein, dass wir es gerade nicht wissen (paradoxerweise sind wir eher bereit, wenn wir es nicht wissen, als wenn wir es wissen; doch mehr dazu später).

Ist das also alles, was man dazu sagen kann? Kann man da überhaupt noch weitere Fragen stellen?

Wird sein Kommen plötzlich und völlig unerwartet sein? Oder gibt es Hinweise seiner bevorstehenden Wiederkunft? Oder anders ausgedrückt, wird es eine Unterbrechung im Fortschreiten der Geschichte darstellen oder den Höhepunkt einer Serie von vorausgegangenen Ereignissen? Wenn wir das genaue Datum nicht herausfinden können, können wir vielleicht doch einen ungefähren Zeitraum festmachen? Oder ganz einfach, haben wir Warnhinweise für seine Ankunft?

Was die letzte Frage angeht, so scheint das Neue Testament zwei widersprüchliche Antworten zu geben: Ja und Nein!

Die Schriftstellen, die hervorheben, dass man den Zeitpunkt nicht wissen kann, werden oftmals mit dem Bild vom „Dieb in der Nacht" untermalt, der unerwartet und unbemerkt kommt (Mt 24,43; 1.Thess 5,2; Offb 16,15); es gibt sogar einen gleichnamigen Kinofilm. Während dieses Bild eines erfolgreichen Einbruchsdiebstahls überrascht, so zeigt es doch auf, dass es keinen Warnhinweis für sein Kommen geben wird, noch nicht einmal einen Hinweis, dass es kurz bevorsteht. Das bedeutet, dass Jesus zu „jedem Moment" zurückkommen könnte (ein Ausdruck, den wir nun als Label für diese Sichtweise verwenden wollen).

Andererseits sprechen andere Bibelstellen von Ereignissen, die seiner Wiederkunft vorangehen, die zuerst passieren müssen, Zeichen oder Signale, die ankündigen, dass er „vor der Tür ist" (Mt 24,33), und im Begriff steht, die Weltbühne wieder zu betreten. Dementsprechend gibt es in der Bibel viele Aufforderungen, zu „wachen" und für seine Wiederkunft zu „beten". Das kann freilich nicht bedeuten, dass man seine Augen allezeit auf den Himmel geheftet haben muss! Das wäre fahrlässig und gefährlich, abgesehen davon, dass er nur über Jerusalem erscheinen wird. Der Kontext dieser Aufforderungen steht immer im Zusammenhang mit den Ereignissen in der Welt, die das Ende des Zeitalters ankündigen. Tatsächlich haben die Jünger Jesus gefragt, was die Zeichen seines Kommens sein würden (Mt 24,3). Er hat ihnen daraufhin sehr spezifisch und detailliert geantwortet. Seine Antworten könnte man damit zusammenfassen, dass er nicht zurückkommen kann (oder wird), bevor wir nicht „alle diese Dinge sehen" (Mt 24,33). Aus diesem Grund können wir ihn nicht zu „jedem Moment" wiedererwarten, nicht einmal in der unmittelbar bevorstehenden Zeit – obwohl jede Generation von Gläubigen ganz berechtigt hoffen kann, dass es in ihrer Zeit geschehen wird.

Ganz offensichtlich gibt es eine Spannung zwischen diesen beiden Sichtweisen, die uns durch die Bibel vermittelt werden. Die Studenten der Bibel haben sie auf mehrere

WIE KÖNNEN WIR UNS SEINE ANKUNFT VORSTELLEN?

Weisen gelöst. Wir werden drei davon ansehen, wovon zwei eher fragwürdig sind.

Einige lösen das Problem damit, dass sie die eine Option wählen und die andere einfach ignorieren. Sie nehmen entweder die Position des „jeden Moment" ein oder eben die des „Ausschauens nach Zeichen". Wenn man aber eine Lehrmeinung nur auf einen Teil dessen, was die Bibel dazu sagt, baut, dann führt das immer zu Unausgewogenheit und Extremen, mit all den unglückseligen praktischen Auswirkungen.

Eine weit verbreitete Lösung, besonders unter nordamerikanischen Fundamentalisten ist, dass man annimmt, es gäbe *zwei* zweite Kommen, die zeitlich voneinander getrennt sind. Jesus wird zweimal wiederkommen, das erste Mal für seine Braut, die Kirche, im Geheimen und unerwartet, und das zweite Mal öffentlich und mit vorhergehenden Zeichen, um sein Königreich aufzurichten. Diese Theorie ist ziemlich neu (sie erlangte erstmals um 1830 Bekanntheit) und hat sich seitdem stark ausgebreitet. Diese Sichtweise lehrt, dass Gläubige von der Erde „entrückt" werden, bevor sie die Zeichen seiner Wiederkunft sehen könnten.

Aber es gibt noch eine weitere, viel einfachere und dabei schriftgemäße Weise, dieses Paradox zu verstehen. Es wird nicht *zwei* Kommen geben, sondern *zwei* Gruppen von Menschen bei seinem *einen* Kommen. Für die einen wird es ein totaler Schock sein, für die anderen keine Überraschung.

Jesus selbst hat den Tag seiner Wiederkunft mit den Tagen Noahs verglichen (Mt 24,37-39). Damals haben die meisten Menschen gegessen und geheiratet, und haben nichts vom nahenden Unglück geahnt, das ohne Warnung über sie hereinbrach. Jedoch waren Noah und sieben weitere Personen bereit, weil sie wussten, was kommen sollte. Außerdem wussten sie, dass es erst kommen würde, wenn die Arche fertiggestellt sein würde. Die Arche selbst war das

„Langzeit-Vorzeichen", während das Sammeln der Tiere und die Bevorratung mit Futter das „Kurzzeit-Vorzeichen" war. Diejenigen aber, die diese Zeichen ignorierten oder ihnen nicht glaubten, wurden total überrascht.

Diese zweifache Reaktion der Menschen zieht sich durch das ganze Neue Testament hindurch. Für *Ungläubige* wird die Ankunft Jesu eine totale Überraschung sein, ein furchtbarer Schock. Für diese wird er ein „Dieb in der Nacht" sein, der sie um alles berauben wird, wofür sie bisher gelebt haben. Es wird genauso plötzlich und schmerzhaft sein, wie Wehen, die über eine Schwangere kommen, und genauso unausweichlich (1.Thess5,3). Aber der sogleich folgende Bibelvers sagt, dass die *Gläubigen* nicht überrascht sein werden (1.Thess5,4). Sie haben ihre Augen offengehalten, haben die Zeichen gesehen und haben ihn erwartet. Sie gleichen einem Hausherrn, der hörte, dass ein Einbrecher kommen soll und deshalb wach blieb, um dessen Herannahen zu beobachten (Mt24,42.43). Jedoch werden auch die Gläubigen ermahnt, diszipliniert und in Alarmbereitschaft zu sein, damit nicht auch sie dem Stumpfsinn der Welt verfallen und selbst überrascht werden (1.Thess5,6-9).

Was sind also die Zeichen seiner Ankunft? Wonach halten wir Ausschau? Welche Ereignisse sollten wir besonders beobachten, wenn wir Zeitung lesen oder Nachrichten hören?

Wir haben aber noch ein weiteres Problem. Wir haben so viele Bibelstellen, fast zu viele, und diese sind über das ganze Neue Testament verteilt – in den Evangelien (besonders in den ersten drei), in den Briefen (besonders den Thessalonicherbriefen) und eine große Menge in der Offenbarung.

Wo sollen wir nur anfangen? Wie führen wir alles zusammen? Es ist wie ein großes Puzzlespiel, wobei uns das Bild auf dem Deckel des Spielekartons fehlt. Wir brauchen also zuerst einmal einen grundsätzlichen Rahmen, in den

WIE KÖNNEN WIR UNS SEINE ANKUNFT VORSTELLEN?

die Puzzleteile eingepasst werden können. Gibt es im Neuen Testament solch einen Überblick?

Viele glauben, dass die Offenbarung so etwas bieten würde, weil sie eine Abfolge von zukünftigen Ereignissen zu liefern scheint (verbildlicht durch die Siegel, Posaunen und Zornschalen). Aber die Ordnung und Reihenfolge ist sehr kompliziert, und eine eingehende Prüfung offenbart, dass nicht alles streng chronologisch geordnet ist (vergangene Ereignisse werden wiederholt, zukünftige Ereignisse werden vorweggenommen und das auch noch bezüglich ganz unregelmäßiger Zeiträume). Das Buch war eigentlich nicht als Zeitplan für die Zukunft gedacht. Wenn man es als solches behandelt, verfehlt man den eigentlichen Zweck – die Ermutigung der Gläubigen, „Überwinder" in der zukünftigen Krise zu sein (Offb 3,5 und 21,7 sind die Schlüsselstellen).

Das bedeutet aber nicht, dass es keine Reihenfolge in den Vorhersagen der Offenbarung gibt. Tatsächlich wird die Abfolge immer klarer, je weiter man zum Ende kommt. Aber in den mittleren Kapiteln ist es alles andere als einfach und klar, was erklärt, weshalb es in den Kommentaren zur Offenbarung so viele verschiedene Zeittafeln gibt. Wenn wir einfach annehmen, dass es das vorrangige Ziel der Offenbarung ist, Gläubigen beim Ertragen von Leiden zu helfen, und nicht Zeichen der Zeit zu liefern, dann können wir ganz ungezwungen an anderen Stellen suchen, um letztere zu finden.

Zum Glück haben die Jünger Jesus genau dieselbe Frage gestellt, die wir uns stellen: „Welches ist das Zeichen deiner Ankunft und des Endes des Zeitalters?" Die Antwort Jesu finden wir in allen *synoptischen* (– gemeinsamer Blickwinkel) Evangelien (Mt 24, Mk 13 und Lk 21). Leider haben die Jünger gleichzeitig noch eine weitere Frage gestellt: Wann würde die von Jesus vorhergesagte Zerstörung des Tempels stattfinden? Vermutlich nahmen sie an, dass es zum selben Zeitpunkt passieren würde und dachten nicht im Entferntesten daran, dass zwischen den beiden Ereignissen mindestens neunzehnhundert Jahre vergehen würden. Jesus beantwortete beide Fragen zusammen, sodass die Ereignisse des Jahres 70 n. Chr. mit den Vorzeichen seiner Wiederkunft vermischt sind. Allerdings ist dies gar nicht so irreführend wie man annehmen könnte, weil beide Ereignisse vieles gemeinsam haben, und weil das eine das andere vorausdeutet.

Von den drei Versionen konzentriert sich Lukas auf das erste und Matthäus auf das letzte Ereignis. In Matthäus finden wir den klarsten Ausblick, einen vierfältigen Rahmen von zukünftigen Ereignissen, die seine Wiederkunft ankündigen. In diesen Rahmen können alle anderen Informationen eingefügt werden.

Nachdem Jesus die vier wichtigsten Zeichen der Reihe nach aufzeigt, fügt er jedem eine Warnung mit der dazugehörigen Gefahr und dem dazugehörigen Ratschlag hinzu, wie die Jünger angemessen darauf reagieren sollen. Es gibt also für jedes Zeichen eine Beschreibung, eine Gefahr und eine Aufgabe (der Leser kann sich leicht selbst eine Skizze dazu anfertigen, was ihm als Gedächtnisstütze dienen kann). Eine Gefahr besteht allerdings bei allen vier Gelegenheiten, nämlich die Verführung der Gläubigen sowohl bezüglich ihres Glaubens als auch ihres Verhaltens.

Erstes Zeichen: Katastrophen in der Welt (Mt 24,4-8)
Namentlich werden drei erwähnt: Kriege, Erdbeben und Hungersnöte. Die Liste ist keinesfalls vollständig. In der Offenbarung werden noch weitere erwähnt – zum Beispiel verschmutzte Flüsse und Meere, übergroße Hagelsteine. Die vier apokalyptischen Reiter zeigen einen ausufernden Imperialismus mit dazugehörendem Blutvergießen, Hungersnot, Seuchen und Tod. Natürlich haben diese Katastrophen sowohl natürliche als auch politische Ursachen.

WIE KÖNNEN WIR UNS SEINE ANKUNFT VORSTELLEN?

Ein exponentielles Wachstum solcher Katastrophen verursacht eine zunehmende Alarmstimmung und wachsende Unsicherheit. Bei solch unsicheren Zuständen sehnen sich die Menschen nach einem „Erretter", der die Missstände beseitigt, und so bereiten sie einen Boden für skrupellose Machtmenschen, die sowohl andere verführen als auch selbst verführt werden und sogar meinen, dass sie der „Christus" sind. Die Gefahr ist hier also das Auftreten von falschen „Messiassen".

Gegen solche Verführungen müssen sich die Jünger schützen, indem sie nicht in Panik geraten, was sie verletzbar macht. Sie sollen auf diese qualvollen Katastrophen nicht wie die Welt, sondern genau gegenteilig reagieren. Sie sollen nicht in der Drangsal des Alten stehenbleiben, sondern sich an den Geburtswehen des Neuen freuen. Sie sollen es nicht als Ende der guten alten Zeiten, sondern als Beginn von neuen und viel besseren Zeiten erkennen. Die richtigen Reaktionen sind nicht Alarm und Angst, sondern die Antizipation des Kommenden.

Dieses erste Zeichen ist schon klar erkennbar. Seit dem 2. Weltkrieg gab es schon über 40 internationale Konflikte, abgesehen von den vielen Bürgerkriegen. Die Häufigkeit von Erdbeben verdoppelt sich alle zehn Jahre. In der Dritten Welt sind Hungersnöte weit verbreitet. Wie lange dieser Zustand noch andauert oder wie schlimm er noch wird, ist nicht absehbar. Aber es ist das erste Zeichen seines Kommens.

Zweites Zeichen: Abtrünnige in der Gemeinde (Mt 24,9-14)
Hierbei geht es mehr um das Ausmaß als um die Art und Weise, wie der Abfall vom Glauben stattfindet. Auch hier werden wieder drei Eigenschaften erwähnt, die zusammenhängen.

Erstens: *Anfeindung*. Nachfolger Jesu werden von allen Nationen gehasst werden, was das Märtyrertum zunehmen lässt. Zurzeit gibt es in der Welt ca. 250 politische Nationen. Nur in ca. 30 Nationen werden die Christen nicht verfolgt und es werden jährlich weniger. Überall sollten die Kirchen ihre Mitglieder auf Leiden und Opfer vorbereiten. Die ersten drei Kapitel der Offenbarung sind sozusagen ein Lehrplan für diese Vorbereitung. Tatsächlich ist das gesamte Buch der Offenbarung ein Handbuch für Märtyrertum, und es umfasst so ziemlich jede Krise und zeigt auf, wie die Gläubigen damit umgehen sollen.

Zweitens: *Rückgang*. Solch eine Bedrängnis offenbart sehr schnell den Unterschied zwischen wirklichen Christen und Namenschristen. Reine Kirchgänger geben auf. Ihre Liebe kühlt aufgrund von moralischen Kompromissen mit einer immer unmoralischeren Welt ab. Sie wenden sich vom Glauben ab und verraten Christus und Christen.

Drittens: *Ausdehnung*. Paradoxerweise wird eine durch Bedrängnis gereinigte Gemeinde zu einer predigenden Gemeinde. Die Geschichte hat das oft bestätigt, und es trifft heute insbesondere auf China zu. Diese dritte Entwicklung wird dazu führen, dass die Aufgabe der Weltevangelisation vollendet werden wird. Nur dann kann die Weltgeschichte zu Ende geführt werden – Mission beendet!

In dieser Phase verschiebt sich die Gefahr von falschen Christussen hin zu falschen Propheten, die viel leichter die Gläubigen verführen können, weil es nach wie vor einen echten Prophetendienst in der Gemeinde gibt. Man benötigt Unterscheidungsvermögen. Das Alte Testament gibt uns eine gewisse Anleitung, wie falsche Prophetien beschaffen sein können. Sie versprechen uns „Frieden, Frieden – wo doch kein Frieden ist" (Jer 6,13; 8,11). Sie beschwichtigen mit falschem Trost, wenn das Ungemach naht. Man kann ihre Botschaft so zusammenfassen: „Keine Sorge, das wird nie eintreten." Ein ganz aktuelles Beispiel ist die Lehre, dass alle Christen aus der Welt herausgenommen werden, bevor die große Bedrängnis, „die große Trübsal" kommt (s.u. Drittes Zeichen). Das ist der Grund, warum viele Christen nicht auf die kommenden Prüfungen vorbereitet sind, unter denen jetzt schon einige ihrer Brüder zu leiden haben.

Ein weiteres Charakteristikum falscher Prophetien ist, dass es die Sünde unter Gottes Volk verharmlost, als ob die „Auserwählten" Gottes für immer immun und sicher sind, egal in welchem moralischen oder geistlichen Zustand sie sich befinden, und sie niemals persönliches Leid erfahren werden. Das Klischee „Einmal gerettet – immer gerettet", ein Satz, der in der Bibel gar nicht auftaucht, ermutigt zu solch einem Denken. Jesus stellt ganz klar, dass das nicht der Fall ist. „Wer bis zum Ende feststeht, wird gerettet werden" (Mt 10,22; 24,13). Apostasie, die öffentliche Verleugnung Christi in Worten oder Taten, verwirkt die zukünftige Errettung. „Wer aber mich vor den Menschen verleugnen wird, den werde auch ich verleugnen vor meinem Vater, der in den Himmeln ist" (Mt 10,33). Das Buch der Offenbarung spricht dieselbe Sprache. Die „Überwinder" werden den neuen Himmel und die neue Erde erben, aber die „Feiglinge" werden in den Feuersee geworfen werden (Offb 21,7.8).

Wie viele werden es sein, die nicht bis zum Ende ausharren werden? Es ist sehr ernüchternd, wenn man die Vorhersage Jesu liest, dass sich nämlich *viele* vom Glauben abwenden werden und die Liebe der *meisten* erkalten wird. Das Ausmaß der Abtrünnigkeit wird man nicht leugnen können.

Aber es kommt noch eine viel größere Krise auf uns zu, und sie könnte dazu führen, dass sogar der gläubige Überrest ausgetilgt wird, würde nicht feststehen, dass Gott souverän eingreift und die Zeitdauer dieser Krise begrenzt.

Drittes Zeichen: Diktator im Nahen Osten (Mt 24,15-28)
Die Schwierigkeiten, die Gottes Volk schon immer zugesetzt haben, werden ihren Höhepunkt in einer kurzen und drastischen Krise, bekannt als „die große Trübsal" oder „die große Drangsal" erreichen (Offb 7,14).

Jesus sagte mehr über dieses vorletzte Zeichen als über die restlichen drei, allerdings nicht auf eindeutige Weise. Seine Worte müssen genau beachtet werden.

Er gründete seine Warnung auf einen Ausdruck der dreimal vom Propheten Daniel im 6. Jhd. v. Chr. verwendet wurde: „der verwüstende Gräuel" (Dan 9,27; 11,31; 12,11). Wenn man es eingehend studiert, erkennt man, dass sich Daniel auf einen menschlichen Eroberer bezieht, der in genau der Stadt, in der Gott verehrt wird, blasphemische Worte von sich geben wird und mit obszönen Taten seelische und körperliche Gewalt unter Gottes Volk provoziert.

Diese Prophetie wurde teilweise vom Seleukidenkönig in Syrien, Antiochus IV. Epiphanes (= der „Glorreiche", obwohl er hinter seinem Rücken Epimanes = der „Verrückte" genannt wurde) erfüllt. In einer dreieinhalbjährigen Schreckensherrschaft im 2. Jhd. v. Chr. befahl er den Juden in Jerusalem, die Gesetze Gottes zu verlassen, richtete einen Zeusaltar im Tempel auf, opferte Schweine darauf und füllte die Zellen der Priester mit Prostituierten. Seine Tyrannei endete mit einer Revolte, die von der Familie der Makkabäer angeführt wurde, und er starb in geistiger Umnachtung.

Schon Daniel erkannte, dass es „in der Zeit des Endes" (Dan 11,35.40; 12,4.9.12.13) noch einmal solch einen Menschen geben würde, ja, dass er es sogar noch schlimmer treiben werde. Jesus, der ja nach Antiochus lebte, bestätigte ganz eindeutig, dass die zweite Erfüllung dieser Prophetie in der Zukunft liegen würde. Und da gibt es bemerkenswerte Ähnlichkeiten.

Die Zeitspanne wird dieselbe sein. Während Jesus nur sagte, dass diese Tage verkürzt werden, ist das Buch der Offenbarung schon genauer: 1260 Tage, 42 Monate oder dreieinhalb Jahre („eine Zeit, Zeiten und eine halbe Zeit" Offb 12,14).

Es wird am selben Ort sein. Jesus weist alle, die in dieser Zeit in Judäa wohnen, an, so schnell wie möglich zu fliehen,

WIE KÖNNEN WIR UNS SEINE ANKUNFT VORSTELLEN?

sogar ohne noch ihre Sachen zu packen. Sie dürfen sich nicht in der Nähe dieses Menschen aufhalten. Dass dieser Rat angemessen ist, wurde durch die Tatsache bestätigt, dass bei der Zerstörung Jerusalems im Jahre 70 n. Chr. kein einziger Christ ums Leben kam, während eine Million Juden getötet wurden; sie waren in genau dem Moment über den Jordan nach Pella geflohen, als der Eroberer Titus und seine Truppen auftauchten. Jedoch war Titus nicht ein Antiochus. Hoffentlich werden Gläubige in und um Jerusalem am Ende der Zeit die gleiche Bereitschaft zeigen, so prompt zu reagieren. Sie sollen beten, dass es nicht am Sabbat sein wird, wenn es keine Transportmöglichkeiten gibt, und nicht im Winter, weil sie im Freien werden übernachten müssen. Für Schwangere und Stillende wird es besonders hart sein, diese Flucht durchzustehen.

Aber auch andere Bibelstellen im Neuen Testament berichten von diesem letzten Diktator. Nur Johannes nennt ihn den „Antichristen" (1.Joh2,18; beachte, dass „anti" im Griechischen „anstelle, anstatt" bedeutet, „Antichrist" bedeutet also eher „Ersatz" als „Gegenspieler"). Trotzdem kennen ihn die meisten Christen unter diesem Titel. Paulus nennt ihn den „Mann der Gesetzlosigkeit", „der sich widersetzt und sich überhebt über alles, was Gott heißt oder Gegenstand der Verehrung ist, so dass er sich in den Tempel Gottes setzt und sich ausweist, dass er Gott sei" (2.Thess2,3-4), aber er ist dem Untergang geweiht. Das kann nur ultimative Blasphemie bedeuten!

Und wieder einmal gibt uns das Buch der Offenbarung, besonders in Kapitel 13, die meisten Informationen. Hier wird er als „das Tier" bezeichnet, so wie sein religiöser Kollege und Mitverschwörer als der „falsche Prophet". Sie errichten zusammen ein totalitäres Regime, in welchem nur denjenigen, die sich ihrer Autorität unterwerfen und sich mit ihrem Zeichen brandmarken lassen, erlaubt sein wird, Essen und Waren zu kaufen und zu verkaufen. Dieses Zeichen wird eine Zahl sein (666); die volle Bedeutung wird klar werden, wenn die Zeit gekommen ist, aber die 6 ist eine menschliche Zahl, die nie an die göttliche 7 heranreicht.

Weil der Machtbereich dieser Tyrannei weltweit und nicht regional sein wird (Offb13,7), wird die Drangsal ein nie da gewesenes Ausmaß erreichen. Nach den Worten Jesu wird es mit nichts zu vergleichen sein, was jemals geschehen ist noch geschehen wird. Es wird die größte Drangsal sein, die seine Nachfolger je erlebt haben, es wird richtig heftig werden aber zum Glück nur für sehr kurze Zeit.

Aber auch hier wird die größte Gefahr von der Verführung selbst ausgehen. Solche Umstände werden eine Fülle von falschen Propheten *und* falschen Messiassen hervorbringen, die wie Aasgeier nur darauf aus sind, ihre Stücke aus dem Leichnam herauszupicken. Mit übernatürlichen Erweisen okkulter Kraft werden sie versuchen „selbst die Auserwählten zu verführen", indem sie ihre Vorbilder, den Antichristen und den falschen Propheten, imitieren (Offb13,3;14-15).

Natürlich wird es dann viele Gerüchte geben, dass Christus wiedergekommen ist und man sagt dann den Gläubigen, wo sie ihn angeblich finden können. Sie dürfen diesen Gerüchten nicht glauben. Sie werden das Zeichen seiner Ankunft sehen, egal wo sie sich zu dieser Zeit aufhalten (s.u. viertes Zeichen). Nur die sich in Judäa aufhalten, müssen wegziehen, und das nicht, um Christus zu treffen, sondern, um dem Antichristen zu entkommen. Die anderen müssen bleiben, wo sie sind, mit geschlossenen Ohren und offenen Augen. Sie müssen wachen und beten.

Es mag schwierig sein, sich dieses außergewöhnliche Szenario vorzustellen und es zu glauben. Aber Jesus hat uns sein Wort gegeben: „Siehe, ich habe es euch vorhergesagt" (Mt24,25). Es läuft auf die Frage hinaus, ob man ihm zutraut, dass er alles schon im Voraus wusste und es uns mitgeteilt hat.

WIE KÖNNEN WIR UNS SEINE ANKUNFT VORSTELLEN?

Wie freundlich und fürsorglich er doch ist, dass er uns mit so einer detaillierten Information versorgt. Wer das annehmen und entsprechend handeln kann, der wird sicher sein, wenn der Sturm losbricht. Bevor wir das letzte Zeichen betrachten, muss noch auf zwei sehr wichtige Punkte hingewiesen werden. Erstens, *Christus ist noch nicht gekommen*. Es wird viele Gerüchte geben, dass er schon gekommen sei, aber die Wahrheit ist, dass er noch nicht gekommen ist. Zweitens, *die Christen sind noch nicht gegangen*. Sie sind noch auf der Erde und leiden große Drangsal (beachte das „ihr" und das „euer" in diesen Versen). Die einzigen Entkommenen sind die Märtyrer, obgleich sie auch eine „große Menge" sein werden (Offb 6,9-11; 7,9-17; 11,7; 13,15; 20,4). Andere wiederum werden in Wüstenregionen sicher verborgen sein (Offb 12,6.14). Die Warnung, dass alle, die das Tier anbeten und sein Zeichen annehmen, „mit brennendem Schwefel… von Ewigkeit zu Ewigkeit gequält werden" muss als Aufruf „zu geduldigem Ausharren und Glauben seitens der Heiligen" gesehen werden, für den Fall, dass sie das Schicksal des Martyriums erleiden müssen (Offb 14,9-12).

Diese Krise dauert aber nur eine kurze Zeitspanne und ist bald vorüber. Jetzt bleibt nur noch ein einziges Zeichen, bevor der Herr wiederkommt.

Viertes Zeichen: Finsternis am Himmel (Mt 24,29-31)
Dieses Zeichen wird „unmittelbar auf die Bedrängnis jener Tage folgen". Es wird keine weitere Verzögerung geben. Das heißt, dass diejenigen, die das dritte Zeichen erleben, ziemlich genaue Kenntnis über den Zeitpunkt der Wiederkunft Jesu haben werden. Dieses Wissen sollte sie ermutigen, in diesen schrecklichen Monaten durchzuhalten.

Das letzte Zeichen ist unmissverständlich. Alle natürlichen Lichtquellen werden versiegen und den Himmel so schwarz wie Tinte werden lassen. Zu jeder Tageszeit wird finsterste

Nacht sein. Sonne, Mond und Sterne werden aus ihren Bahnen geworfen werden und nicht mehr fähig sein, den Planeten Erde zu erleuchten. Dasselbe haben auch die hebräischen Propheten vorausgesagt (Jes 13,10; 34,4; Joel 3,4 zitiert in Apg 2,20).

Der Himmel hat schon früher Schlüsselereignisse im Leben Christi wiedergespiegelt. Der leuchtende Stern bei seiner Geburt und die untergegangene Sonne bei seinem Tod waren Vorläufer der kosmischen Begrüßung bei seiner Wiederkunft.

Die Abwesenheit des natürlichen Lichts wird den übernatürlichen Blitz bei seiner Ankunft umso auffälliger machen. Der pechschwarze Himmel wird von hellem Licht erfüllt sein, die Herrlichkeit des eingeborenen Sohnes Gottes, die nur ganz kurz von den drei Jüngern auf dem Berg Hermon hatte gesehen werden können (Mk 9,3; Joh 1,14; 2. Petr 1,16-17), wird nun den ganzen Globus erleuchten und von jedermann gesehen werden.

Wenn im Theater das Saallicht ausgeht, dann ist das ein Zeichen, dass das Theaterstück gleich beginnt. Die aufgeregte Menge weiß dann, dass sie nicht mehr lange warten muss, bis sich der Vorhang hebt und die Sicht auf die hell erleuchtete Bühne freigibt, die oftmals von einer Massenszene mit dem Hauptdarsteller im Vordergrund besetzt ist. Und genauso wird es an „jenem Tag" sein.

Die Nationen werden den „Blitz vom Osten kommend und bis zum Westen blitzend" und Jesus auf den Wolken reitend sehen (wie das genau geschehen kann, wird nicht erklärt; wird es per Fernsehen übertragen?). Den Ungläubigen wird klar werden, was das für sie zu bedeuten hat, und so werden sie von Kummer übermannt werden. Wie konnten sie nur so falsch liegen? Welch große Gelegenheit haben sie verpasst! Nun werden sie es sein, die in große Bedrängnis geraten.

Nicht aber die Gläubigen, die so lange auf diesen Tag gewartet haben. Sie werden diesen Blitz sehen, aber sie

WIE KÖNNEN WIR UNS SEINE ANKUNFT VORSTELLEN?

werden auch den Schall der Posaune hören, der laut genug ist, um die Toten aufzuerwecken! Früher war das Widderhorn (im Hebräischen: Schofar) das Zeichen, damit sich das Volk Gottes versammelt; jetzt wird es genauso sein. Engel werden die Gläubigen von allen vier Enden der Erde eskortieren. Es wird für viele die erste Reise zum Heiligen Land werden, und für alle der erste Freiflug! Sie werden schon ihre neuen Körper besitzen, genauso wie die toten Gläubigen, die ihnen zu diesem Treffen aller Treffen vorausgehen.

Man nennt dieses Ereignis normalerweise „Entrückung". Im modernen Englischen bedeutet das verwendete Wort „rapture" Verzückung. So hat das Wort einen stark emotionalen Beiklang, der aber nicht unangemessen ist. Das englische Wort „rapture" ist dem Lateinischen „rapto, raptere" entlehnt (was eigentlich „raffen, zusammenraffen" heißt und was auch in lateinischen Bibelübersetzungen von 1.Thess4,17 verwendet wird). Diese zweifache Bedeutung sieht man auch im Synonym „transportiert".

Wenn Gläubige also nach Israel „transportiert" werden, dann heißt das auch, dass Ungläubige zurückgelassen werden. Wie Jesus es schon sagte, werden zwei Männer zusammen auf dem Feld arbeiten, einer wird genommen, der andere wird gelassen. Dasselbe passiert mit zwei Frauen bei der gemeinsamen Küchenarbeit (Mt24,40.41). Sogar Familien werden für immer auseinandergerissen werden (Lk12,51-53).

Aber die gläubigen Nachfolger Jesu werden für immer vereint sein, sowohl untereinander als auch mit ihrem Herrn (1.Thess4,17). Wo auch immer er sein wird, er wird wieder zurückgekommen sein, so dass sie bei ihm sind und seine Herrlichkeit sehen (Joh14,3; 17,24).

Das sind die „Zeichen seines Kommens", die Jesus seinen Jüngern gab und die er durch sie auch uns hat zukommen lassen. Ihr Inhalt und ihre Abfolge sind eindeutig, ebenso wie ihr sequenziell rascheres Auftreten als auch ihre jeweilige kürzere Dauer.

Jesus hat uns ermutigt, nach diesen Zeichen in der Menschheitsgeschichte Ausschau zu halten und sie richtig zu interpretieren, so wie andere die Zeichen in der Natur beobachten. Wenn die Zweige des Feigenbaums saftig werden, und die Knospen aufplatzen, wisst ihr, dass der Sommer nahe ist (Jesus bietet hier eine ganz einfache Analogie aus der Natur. Es gibt keinen Hinweis darauf, dass er damit auf die politische und geographische Wiederherstellung des Staates Israel anspielt, zumal das Alte Testament nur selten die Metapher des Feigenbaums für Israel verwendet; viel häufiger wird der Weinstock als Metapher herangezogen). Die Analogie besteht vielmehr zwischen den knospenden Blättern und den vier „Zeichen", über die er zuvor gesprochen hat. „So sollt auch ihr, wenn ihr dies alles seht (d.h. bis zum verdunkelten Himmel und einschließlich des verdunkelten Himmels), erkennen, dass es (oder er) nahe an der Tür ist" (Mt24,33).

Ganz entscheidend ist, dass Jesus diese detaillierte Vorschau nicht gegeben hat, um darüber zu debattieren, sondern um Gefahren von uns abzuwenden. Seine Absicht war, dass man sie ganz praktisch nutzt, und nicht, dass man in intellektuelle Spekulationen abschweift. Dennoch ist die Kirchengeschichte voll von Beispielen, wo man das genaue Datum errechnen wollte. Martin Luther rechnete es für 1636 aus, John Wesley dachte an 1874. Beide waren weise genug, ein Datum in weiter Zukunft zu wählen, damit sie nicht zusammen mit ihren Fehleinschätzungen leben müssten. Nicht so William Miller, der Gründer der 7-Tage-Adventisten, der sich für das Jahr 1844 entschied, oder Charles Russel, der Gründer der Zeugen Jehovas, der 1914 auswählte; beide starben kurz nach dem Ablauf ihres vorausgesagten Datums. Kürzlich gab es eine Menge von

WIE KÖNNEN WIR UNS SEINE ANKUNFT VORSTELLEN?

Vorschlägen für das Jahr 1988 (weil es das 40. Jahr nach der Staatsgründung des „knospenden Feigenbaums" Israel war).

Aus alledem können wir nur lernen: Es ist offensichtlich, dass wir das Datum nicht wissen und zum gegenwärtigen Zeitpunkt auch nicht wissen können, wo bis jetzt doch erst die allgemeineren Zeichen erkennbar geworden sind. Es ist auch klar, dass es nicht in diesem, nicht im nächsten, noch in wenigen Jahren sein wird. Die Hoffnung, dass wir es noch erleben, hängt von der außerordentlichen Beschleunigung des Weltgeschehens ab. Das Ende kann durchaus schneller kommen, als wir annehmen.

Jedoch können wir noch etwas über den Zeitplan seines Kommens sagen. Wir können nicht das Jahr voraussagen aber die Jahreszeit! In den jüdischen Ritus schrieb Gott Vorschattungen seines späteren Erlösungswerkes durch Christus hinein, besonders in den rituellen Kalender seiner Feste. Die drei großen Feste, an denen sich das Volk in Jerusalem versammelte, waren messianische „Zeichen". Das erste war das Passahfest (nach unserem Kalender im März/April), wenn das Lamm um drei Uhr nachmittags getötet wurde. Darauf folgte ein paar Tage später die Darstellung der Erstlingsfrucht der Ernte – dies wurde eindeutig und klar durch den Tod und die Auferstehung Jesu erfüllt. Das zweite war das Wochenfest (Mai/Juni), um für das fünfzig Tage nach Passah am Sinai gegebene Gesetz zu danken, obwohl es zu dem Tod von 3000 Rebellen im Volk geführt hat (Ex32,28) – dies wurde eindeutig durch die Gabe des Heiligen Geistes sieben Wochen nach Golgatha erfüllt, und brachte 3000 Büßern das Leben (Apg2,41; 2.Kor3,6).

Das dritte Fest ist das Laubhüttenfest (September/Oktober). Es wird das „große Fest" genannt, wenn die Juden sich an die Versorgung durch das Manna in der Wüste erinnern, indem sie in Laubhütten wohnen und den Abschluss der Ernte feiern. Christen feiern das Passah und das Wochenfest (als Ostern und Pfingsten), wenn auch an unterschiedlich berechneten Daten. Bewusst oder unbewusst ignorieren sie das Laubhüttenfest, denn sie können darin keine Verbindung zu Christus erkennen. Aber es gibt viel mehr, als man wahrhaben will.

Höchstwahrscheinlich wurde Jesus während dieses Festes geboren. Es kann sein, dass er am 25. Dezember im Mutterleib empfangen wurde, aber die meisten wissen bereits, dass er an diesem heidnischen Mittwinterfest, wo man in der Nordhemisphäre die zunehmende Sonne begrüßt, nicht geboren wurde. Wenn man ein wenig in der Bibel forscht, findet man schnell heraus, dass er fünfzehn Monate nach der festgelegten Dienstzeit des Zacharias im Tempel geboren wurde. Diese Dienstzeit war für den vierten Monat des rituellen Jahres festgelegt (1.Chr24,10; Lk1,5.26.36). Man kommt dann auf den siebten Monat, und da wird das Laubhüttenfest gefeiert. Sagt deshalb Johannes etwa: „Das Wort wurde Fleisch und wohnte (im Griechischen „zeltete") unter uns" (Joh1,14)?

Er hat sicherlich das Fest besucht. Seine skeptischen Brüder wollten ihn dazu bringen, diese Gelegenheit zu nutzen, denn sie wussten, dass genau zu dieser Jahreszeit die Juden ihren Messias wiedererwarteten. Seine Antwort ist erhellend: „Meine Zeit ist noch nicht da, eure Zeit aber ist stets bereit" (Joh7,6). Er ging dann aber doch, aber im Geheimen. Und am letzten, dem großen Tag des Festes, an dem Wasser aus dem Teich von Siloa herbeigetragen wird, um es unter Gebet auf den Altar zu schütten, damit es wieder Früh- und Spätregen gibt, und man wieder ernten kann (in den sechs Sommermonaten regnet es nicht, sondern es gibt nur Tau), an diesem Tag und in diesem Kontext trat Jesus öffentlich auf und seine Botschaft hatte eine sehr tiefgehende Bedeutung: „Wenn jemand dürstet, so komme er zu mir und trinke! Wer an mich glaubt, wie die Schrift gesagt hat, aus

WIE KÖNNEN WIR UNS SEINE ANKUNFT VORSTELLEN?

dessen Leibe werden Ströme lebendigen Wassers fließen" (Joh7,37.38). Dieser Ausspruch führte zu einer lebhaften Debatte über seine Identität. Ironischerweise kam man nicht auf die Möglichkeit, dass er der Messias ist, weil er aus Nazareth und nicht aus Bethlehem stamme! Welch eine Selbstbeschränkung Jesus doch an den Tag gelegt hat, als er dazu schwieg.

Die wirkliche messianische Erfüllung dieses Festes jedoch wird bei seinem zweiten Kommen sein, nicht bei seinem ersten. So wie er an Passah starb, am Wochenfest seinen Geist gab, so wird er am Laubhüttenfest zurückkommen: Genau rechtzeitig, zu Gottes festgesetztem Termin.

Das weiß auch jeder Jude. Ihre eigenen Propheten haben es vorausgesagt. Sacharja kündigte an, dass die Nationen danach „Jahr für Jahr hinaufziehen werden, um den König, den Herrn der Heerscharen, anzubeten und das Laubhüttenfest zu feiern" (Sach14,16). Jedes Jahr zu dieser Zeit beten die Juden, dass die Heiden doch dieses Fest besuchen möchten, um den Messias zu begrüßen. Wenn man noch eine weitere Bestätigung benötigt, dann diese, dass diesem Fest der Tag des Posaunenblasens vorausgeht (Lev23,23-25; vgl. Mt24,31; 1.Kor15,52; 1.Thess4,16; Offb11,15).

Am achten Tag des Festes halten die Juden eine Trauzeremonie ab und verheiraten sich neu mit der Thora (ein Rabbi hält dabei eine Schriftrolle unter einen Baldachin, wie er bei Trauungen verwendet wird). An diesem Tag beginnen sie wieder neu mit der Lesung des Pentateuchs, der fünf Bücher Moses. Eines Tages jedoch wird dieser Tag die „Hochzeit des Lammes" sein (Offb19,7). Das ist nur einer der Gründe, warum Jesus wiederkommt – nämlich für seine Braut.

Wir begannen diesen Abschnitt mit der Erörterung der Frage, warum die Schrift sein Kommen als „plötzlich" beschreibt. Wir müssen den Abschnitt beenden, indem wir das Wort „bald" betrachten, das für dasselbe Ereignis verwendet wird. „Ja, ich komme bald" (Offb22,20). Die einfache Frage ist: Wie bald ist „bald"?

Auf den ersten Blick impliziert das Wort, dass es „zu jedem Moment" geschehen könnte. Aber wir müssen Worte immer im Kontext der ganzen Lehre des Neuen Testaments betrachten, worum es auch gehen mag.

Einige Schreiber des Neuen Testaments rechneten damit, dass Jesus noch zu ihren Lebzeiten zurückkommen werde. „Wir, die Lebenden, die übrig bleiben... werden entrückt werden" (1.Thess4,17; beachte das „Wir", das dort steht, da steht nicht „Sie"). Paulus gehörte sicherlich zu denen, die das hofften (2.Kor5,2.3). Er fand den Zustand des „vom Leib entkleidet Seins" zwischen Tod und Auferstehung nicht erstrebenswert, obwohl er ihn seinem damaligen Zustand „im Leib" vorgezogen hätte.

Andererseits gibt es klare Anzeichen dafür, dass sie ihn nicht zu jedem Moment wiedererwarteten, sondern annahmen, dass dazwischen eine nicht unbeträchtliche Zeitspanne liegen müsse. Die Jünger sollten ihr Zeugnis bis an die „Enden der Welt" tragen (Apg1,8). Jesus sagte die Kreuzigung des Petrus in dessen hohem Alter voraus (Joh21,18), obwohl es gleichzeitig Anlass für ein Gerücht gab, dass Johannes bis zu seiner Wiederkunft leben würde. Johannes selbst aber korrigierte dieses Missverständnis (Joh21,23).

Diese und auch die nächste Generation waren enttäuscht. Sie hatten geglaubt und gepredigt, dass Jesus „bald" als König zurückkehren würde. Aber er tat es nicht. So wurde dies zum Anlass für Gespött, und das sogar noch bevor die letzte Seite des Neuen Testaments geschrieben war. Zwischenrufer verspotteten die Lehrer: „Wo ist die Verheißung seiner Ankunft? Denn seitdem die Väter entschlafen sind, bleibt alles so von Anfang der Schöpfung an" (2.Petr3,4).

WIE KÖNNEN WIR UNS SEINE ANKUNFT VORSTELLEN?

Dieses Problem ist für uns noch aktueller geworden, nachdem fünfzig oder mehr Generationen gekommen und gegangen sind. Auch wenn wir dem Ereignis viel *näher* gekommen sind, fragen wir uns doch angesichts einer so langen Verzögerung, wie *nah* wir wirklich davor stehen. Macht dieses „bald" für uns heute noch einen Sinn? Können wir es wagen, es in unserer Predigt zu verwenden? Wie gehen wir damit um?

Manche Gelehrte tun dieses Wort einfach als „Versehen" ab. Sie behaupten, dass Paulus und sogar Jesus selbst einen Fehler machten, dieses Wort zu verwenden, auch wenn sie ernsthaft daran glaubten. Während diese Erklärung in liberalen Kreisen akzeptiert wird, so ist sie doch bei denen, die an die Bibel als das von Gott inspirierte Wort glauben, unhaltbar. Gott würde einen solchen Irrtum, der uns so in die Irre führen kann, nicht zulassen.

Die Bibel ist ein sich selbsterklärendes Buch, ein Teil erklärt den anderen. Und tatsächlich bietet dasselbe Kapitel, welches diesen Spott über seine Verzögerung enthält, eine zweifache Antwort auf dieses Problem.

Erstens, *Zeit ist relativ*. Für die Griechen stand Gott außerhalb der Zeit. Für die Hebräer, war die Zeit innerhalb Gottes. Zeit ist für ihn ganz real (sogar er kann die Vergangenheit nicht ändern); aber Zeit ist für ihn relativ. Sie ist sogar für uns relativ. (Als Einstein aufgefordert wurde, seine Relativitätstheorie auf einfache Weise anschaulich zu machen, antwortete er: „Eine Minute auf einem glühenden Ofen zu sitzen, kommt uns viel länger vor, als eine Stunde lang mit einem hübschen Mädchen spazieren zu gehen!") Für Gott ist Zeit noch viel relativer. „Beim Herrn ist ein Tag wie tausend Jahre und tausend Jahre wie ein Tag" (2.Petr 3,8; Zitat aus Ps 90,4). Der Tag, an dem Gott seinen geliebten Sohn alleine am Kreuz zurückließ, musste für ihn wie 1000 Jahre gewesen sein, aber seitdem er ihn wieder zurück an seiner Seite hat, kommt es ihm nur wie ein paar Tage vor.

Wir sollten das „bald" also lieber auf Gottes Art und Weise sehen. Das zweite Kommen ist das nächste große Ereignis auf seinem Kalender, auch wenn es das nicht in unserem Kalender ist. Aus himmlischer Sicht sind das nur ein oder zwei Tage oder auch nur ein paar Stunden. Beachte auch den fortlaufenden Gebrauch von „Tag" und „Stunde", wenn es um dieses Ereignis geht (Mt24,36; Joh5,28; Offb14,7); das könnte auch die „Stille im Himmel für ungefähr eine halbe Stunde" erklären (Offb8,1).

Und so „verzögert der Herr nicht die Verheißung, wie es einige für eine Verzögerung halten" (2Petr3,9). Es scheint nur für uns eine Verzögerung zu sein, die wir ein anderes Ziffernblatt verwenden. In einer Zeit der Instant-Produkte suchen wir für unsere Probleme immer eine Sofort-Lösung. Wir haben die Kunst des Wartens verlernt, auch die des Wartens auf den Herrn. Sogar Heilige können des Wartens müde werden. Ein solcher mag den Bibelvers lesen „Denn noch eine ganz kleine Weile, und der Kommende wird kommen und nicht säumen" (Heb10,37) und dann aufschreien: „Aber Herr, das ist eine ziemlich lange kleine Weile!"

Warum hat nun der Herr das Wort „bald" in die Bibel gepackt, obwohl er wusste, dass man es missverstehen könnte (wenn man ihm eine menschliche anstelle einer göttlichen Bedeutung gibt), und dass es zu Enttäuschung und Ungeduld führen könnte? Im Grunde genommen ist es sogar eher nützlich als schädlich für uns. Irgendwie bewirkt es in uns, dass wir uns die zukünftige Krise immer wieder in Erinnerung rufen. Das Leben sollte nämlich aus dieser Perspektive betrachtet werden. Ganz nüchtern betrachtet ist seine Wiederkunft sowohl in unserem als auch in seinem Kalender das nächste große Ereignis. „Bald" erinnert uns daran, uns jetzt bereit zu machen. Denn Jesus ist, wie wir noch sehen werden, nicht so sehr darum besorgt, was wir

WIE KÖNNEN WIR UNS SEINE ANKUNFT VORSTELLEN?

tun, wenn er wiederkommt, sondern darum, was wir die ganze Zeit bis zu seiner Wiederkunft getan haben. Wir sollten immer daran denken, dass wir ihm an diesem Tag Rechenschaft geben müssen. All das kann durch das kleine Wörtchen „bald" recht viel effektiver werden.

Zweitens, die Verzögerung ist für uns nützlich. Anstatt sich darüber zu beschweren, sollten wir dafür dankbar sein. Es bedeutet nämlich, dass ebenso das Gericht hinausgezögert wird. Es zeigt, dass Gott zögert, die Tür der Errettung schnell zu schließen. „Er ist langmütig euch gegenüber, da er nicht will, dass irgendwelche verloren gehen, sondern dass alle zur Buße kommen" (2.Petr3,9). Derselbe Gott wartete über ein Jahrhundert lang, bevor er die Flut sandte (Gen6,3; hier handelt es sich nicht um eine Verminderung der Lebenserwartung, denn es entsprach auch damals nicht dem Durchschnitt des Lebensalters der Menschen); tatsächlich wartete er sogar fast ein Jahrtausend nach seiner erstmaligen Gerichtsankündigung durch Henoch (Jud14.15). Derselbe Gott ist heute genauso geduldig und gewährt uns weiterhin die Möglichkeit, unser Leben zu ändern bevor es zu spät ist. Man bemerke, wie häufig Jesus eine Parallele zwischen den Tagen Noahs und dem Tag seiner Wiederkunft zieht (Mt24,37), genauso wie seine Jünger nach ihm (2Petr3,5.6).

Mit anderen Worten: Wenn auch die Verzögerung die Christen im Hinblick auf sich selbst enttäuscht, so sollten sie sich doch darüber freuen, dass es anderen zum Heil dient! Und sie sollten auch darüber nachdenken, dass auch sie, wenn es nicht so eine lange Verzögerung gegeben hätte, niemals Gottes Liebe und niemals das, „was er für die, die ihn lieben, vorbereitet hat" (1.Kor2,9), erfahren hätten.

Aber wir sind eben Menschen. Nachdem wir die „Güte Gottes und die Kräfte des zukünftigen Zeitalters geschmeckt haben" (Hebr6,5), wollen wir den Rest natürlich so schnell wie möglich haben. Auf die Verheißung Jesu: „Ja, ich komme bald", rufen wir ganz instinktiv - und das ist absolut verständlich: „Amen. Komm Herr Jesus" (Offb22,20).

WARUM?

Das ist wohl die wichtigste Frage, die man sich bezüglich des zweiten Kommens stellen sollte. Aber sie wird seltsamerweise vernachlässigt!

Viele Christen freuen sich, dass der Herr wiederkommt und denken gar nicht über den Sinn dahinter nach. Ihnen genügt es anscheinend, sich darauf zu freuen, mit ihm zusammen zu sein.

Aber warum sollte es für die Christen eine Vorfreude sein, wenn doch jeder Gläubige davon ausgehen kann, dass er unmittelbar nach dem Tod im Himmel bei ihm sein wird, „ausheimisch vom Leib und einheimisch beim Herrn" (2.Kor5,8)? Wird die Gemeinschaft mit ihm, fern von dieser traurigen, kranken und sündigen Welt nicht umso süßer sein?

Oder liegt es daran, dass die Hoffnung, seine Wiederkunft vor dem Tod zu erleben, uns den Tod erspart (einschließlich Begräbnis oder Feuerbestattung)? Sicherlich findet keiner von uns den Gedanken erbaulich, mit dem Meterstab vermessen zu werden, um dann in eine passende Holzkiste zu kommen! Oder liegt es daran, dass man irgendwie spürt, dass die Gemeinschaft seiner physischen Gegenwart realer und begehrenswerter ist als die seiner „geistlichen" Gegenwart im Himmel?

Nehmen wir einmal an, er würde nicht auf die Erde zurückkommen, er würde im Himmel bleiben, bis all seine Leute ihn dort getroffen haben, wo sie mit ihm zusammen für immer leben werden (eine Auffassung, die es sowohl in als auch außerhalb der Kirche gibt). Stell dir selbst einmal die Frage, ob das deinen Glauben oder, was noch wichtiger ist, dein Verhalten beeinflussen würde. Ich bitte um eine ehrliche Antwort.

WIE KÖNNEN WIR UNS SEINE ANKUNFT VORSTELLEN?

Bis jetzt haben wir nur subjektiv gedacht, über den Effekt, den es auf uns selbst hat. Lass es uns doch objektiver betrachten und die Auswirkungen auf die Welt mit einbeziehen.

Warum muss er zurückkommen? Warum braucht ihn die Welt wieder? Was hat er bei seinem ersten Besuch nicht vollendet, sodass ein zweiter Besuch notwendig wird? Hat er nicht seine Mission erfüllt? Was wird er denn schon hier auf Erden tun, was er nicht schon vorher durch seine erhabene Autorität im Himmel erreicht hat?

Für einige mögen solche Fragen unangemessen, ja sogar vermessen sein. Sie betrachten solch ein Eintauchen in die Geheimnisse der göttlichen Souveränität als reine Spekulation. Sie begnügen sich mit der offenbarten Tatsache, sie „warten und sehen" was er tut, wenn er wiederkommt. Aber es gibt zwei Gründe sich damit nicht zufrieden zu geben.

Erstens: Die Schrift selbst enthält eine Anzahl klarer Gründe für seine Wiederkunft und macht darüber hinaus Hinweise auf weitere Gründe dafür. Wir sind so frei, all diesen Spuren zu folgen. Zweitens: Je mehr wir den Zweck seiner Wiederkunft verstehen, desto mehr können wir seine zentrale Wichtigkeit für unsere Hoffnung auf die Zukunft wertschätzen, und desto mehr wird das Auswirkungen auf unseren Lebensstil in der Gegenwart haben (der letzte Aspekt wird im nächsten Kapitel genauer dargelegt).

Ich möchte deine Gedanken anregen, indem ich dir zunächst zwei Fragen stelle, mit denen sich die Christen anscheinend wenig befassen.

Wie lange wird er bleiben? Sein letzter Besuch währte nur ein Drittel eines Jahrhunderts. Wird sein zweiter Besuch kürzer oder länger sein? Wird das, was er zu tun hat, schnell gehen oder wird es einige Zeit in Anspruch nehmen? Wird es eine weitere Himmelfahrt geben oder wird er hier für immer bleiben?

Warum müssen wir zurückkommen? Nicht nur Christus wird auf den Planeten Erde zurückkommen, auch alle Gläubigen, die jetzt im Himmel sind, werden zurückkommen. „Denn wenn wir glauben, dass Jesus gestorben und auferstanden ist, wird auch Gott ebenso die Entschlafenen durch Jesus mit ihm bringen" (1.Thess4,14). Christen erwarten tatsächlich, dass sie ein zweites Mal auf dieser Erde leben werden! Wann hast du das das letzte Mal bei einer Beerdigung gehört?

Jetzt sind wir bereit, zu fragen, warum sowohl Christus als auch die Christen nochmals hierher zurückkommen müssen. Welche Anliegen hat der Herr im Sinn? Es gibt mindestens fünf:

Um die Heiligen zu vollenden
Zunächst müssen wir begreifen, dass die Rettung ein kontinuierlicher Prozess ist und nicht ein einmaliger Sinneswandel bei der Bekehrung. Sie ist bei keinem Christen schon vollendet, sondern bei dem einen mehr, bei dem anderen weniger.

Deshalb benutzt das Neue Testament das Verb „retten" in drei Zeitformen – wir wurden gerettet, wir werden gerettet, wir werden gerettet werden. Das korrespondiert mit drei Phasen, die als Rechtfertigung, Heiligung und Verherrlichung bezeichnet werden, und die zusammen die gesamte Rettung ausmachen.

Dieser Prozess hat sein Ziel erreicht, wenn jeder Bereich unseres Seins in seinem Originalzustand wiederhergestellt ist, sowie Gott uns in seinem Bilde schuf. Wir wissen, wie das aussieht, denn sein Sohn ist „der Abdruck seines Wesens" (Hebr1,3).

Die Verwandlung wird vollständig sein, wenn er wiederkommt. „Wir wissen, dass wir, wenn es offenbar werden wird, ihm gleich sein werden, denn wir werden ihn sehen, wie er ist" (1.Joh3,2). So wie er auf vollkommene

WIE KÖNNEN WIR UNS SEINE ANKUNFT VORSTELLEN?

Weise den Vater widerspiegelt, so werden wir ihn auf vollkommene Weise widerspiegeln.

Deswegen kann die Schrift auch sagen: „So wird auch er zum zweiten Male ohne Beziehung zur Sünde denen zur Rettung erscheinen, die ihn erwarten" (Hebr 9,28). Dann erst werden Christen völlig gerettet sein, und nur dann sind sie wirklich in der Lage zu sagen: „Einmal gerettet – immer gerettet!"). Ihr Retter wird dann sein Werk *in* ihnen vollendet haben, so wie er bei seinem ersten Besuch sein Werk *für* sie am Kreuz vollendet hat („Es ist vollbracht" Joh 19,30). Er wird die Resultate seines Leidens voller Genugtuung anschauen können (Jes 53,11).

Wir müssen aufpassen, dass wir nicht zu „geistlich" werden, wenn wir über die „vollständige Errettung" nachdenken. Wir als westliche Christen sind für diese verzerrte Sichtweise ziemlich anfällig, da wir in einer Kultur leben, die mehr von griechischem als hebräischem Denken geprägt ist, in der das Körperliche und das Geistliche weit voneinander getrennt sind, sowohl moralisch als auch gedanklich. Eine Seele im Himmel scheint vollkommener zu sein als ein Körper auf der Erde. Östlicher Mystizismus zeigt eine ähnliche Geringschätzung der materiellen Welt.

Aber die Schöpfung ist im Grunde genommen gut, weil sie aus der Hand eines guten Schöpfers stammt. Er wünschte sich ein gegenständliches Universum und beabsichtigte, dass Menschen einen gegenständlichen Körper haben. Obwohl sündige Rebellion (von Engeln und von Menschen) seine Schöpfung ruiniert hat, hat Gott vor, sie zu erlösen und sie in den Originalzustand zu überführen.

Errettung bedeutet deshalb, dass jeder Teil von uns, sowohl Leib als auch Geist, transformiert wird. Es ist frustrierend, nur halb errettet zu sein, wenn man versucht, das neue geistliche Leben in unseren alten physischen Körpern (und Gehirnen) zu leben, die jahrelang mit den falschen

Gewohnheiten programmiert wurden. Diese Spannung wird von Paulus sehr gut zum Ausdruck gebracht, wenn er sagt: „Denn ich habe nach dem inneren Menschen Wohlgefallen am Gesetz Gottes. Aber ich sehe ein anderes Gesetz in meinen Gliedern am Wirken" (Röm 7,22.23).

Natürlich bringt der Tod des Körpers einige Erleichterung. Aber das ist nur eine Teillösung des Problems, denn die Person, die Gott eigentlich wollte, ist unvollständig, „unbekleidet", „ausheimisch vom Leib" (2. Kor 5,4.8). Damit sind vielleicht Griechen und östliche Mystiker zufrieden, aber es wird nie diejenigen zufriedenstellen, die wissen, wie Gott wirklich ist und was er wirklich für sie will. „Sondern auch wir selbst, die wir die Erstlingsgabe des Geistes haben, auch wir selbst seufzen in uns selbst und erwarten die Sohnschaft; die Erlösung unseres Leibes" (Röm 8,23).

Das klingt wirklich paradox! Weil wir den Geist haben, sehnen wir uns nach neuen Leibern! So wie die Rettung ist auch unsere „Adoption" als Söhne Gottes sowohl in der Zukunft als auch in der Vergangenheit (vgl. Röm 8,15).

Der krönende Abschluss unserer Wiederherstellung wird die Gabe eines brandneuen Körpers sein, der unverschmutzt durch unsere sündige Vergangenheit, unbegrenzt in seinem Ausdruck für den in ihm wohnenden Geist und unbeeinträchtigt von Krankheit, Verfall oder Tod ist. Im Gegensatz zum alten, wird der neue Leib augenblicklich entstehen, „in einem Nu, in einem Augenblick" (1. Kor 15,52). Was mag sich ein Anhänger der Evolutionstheorie nur dabei denken?

Es wird beim Schall der letzten Posaune geschehen, wenn diese die Ankunft Christi verkündet. Seine Wiederkunft und unsere Auferstehung werden gleichzeitig stattfinden. Die Verheißung, dass „wir wie er sein werden, denn wir werden ihn sehen, wie er ist" (1 Joh 3,2) betrifft unser ganzes Wesen – Körper, Seele und Geist. Unsere neuen Körper werden wie

WIE KÖNNEN WIR UNS SEINE ANKUNFT VORSTELLEN?

„sein verherrlichter Leib sein" (Phil 3,21). Heißt das nicht auch, dass wir weder sehr jung noch sehr alt, sondern in der Blüte unseres Lebens sein werden, ebenso wie er, als er starb?

Warum aber müssen wir auf die Erde zurückkommen, um diese Verwandlung unseres Fleisches zu erfahren? Warum können wir unsere neuen Leiber nicht im Himmel erhalten? Und außerdem, warum müssen wir überhaupt warten, bis wir neue Leiber erhalten? Warum passiert das nicht einfach beim Zeitpunkt unseres Todes?

Die Antwort ist ganz einfach: Wir brauchen im Himmel keine Leiber, wir brauchen sie auf der Erde. Der Himmel ist ein Ort für Geistwesen. „Gott ist Geist" (Joh 4,24). Die Engel, die seinen Thron umgeben sind „dienstbare Geister" (Hebr 1,14). Das „himmlische Jerusalem" ist von „Geistern der gerechten Menschen" bevölkert (Hebr 12,23).

Wenn jedoch himmlische Wesen auf die Erde kommen, brauchen sie Körper. Der Sohn Gottes musste auch im Fleisch kommen – „einen Leib hast du mir bereitet" (Hebr 10,5). Engel mussten menschliche Gestalt annehmen (Gen 18,2; 19,1; vgl. Hebr 13,2). Selbst die gefallenen Engel, die wir Dämonen nennen, bewohnen die Körper von anderen, seien es Menschen oder Tiere (Mk 5,12.13). Um in dieser physischen Welt operieren zu können, bedarf es physischer Körper.

Die Auswirkungen sind weitreichend. Wenn die „Heiligen" aller Zeitalter hier auf Erden neue Körper erhalten, dann zeigt das natürlich, dass sie alle für das zukünftige Leben auf der Erde ausgestattet sind und weniger auf das Leben im Himmel. Unsere Betrachtungen beginnen also damit, dass sowohl Christus als auch Christen wiederkommen, um auf diesem Planeten zu bleiben. Das bedeutet dann auch, dass die Gläubigen, die auf der Erde leben, wenn Jesus wiederkommt gar nicht in den Himmel gehen! Selbst die, die nach ihrem Tod in den Himmel gegangen sind, hatten dort nur eine vorläufige Bleibe!

Die Bibel beschreibt die „Erde" ganz eindeutig als letzten Bestimmungsort für die Geretteten. Aber nicht diese alte Erde, sondern eine neue Erde. Dieselbe allmächtige Kraft Gottes, mit der er unsere Körper erlöst hat, wird auch unsere Umgebung erlösen. Es wird eine neue Erde für unsere neuen Körper geben, um darin zu leben (wir betrachten das später, sowie die Frage, wie schnell das gehen wird, nachdem Jesus wiedergekommen sein wird). Wir wissen, dass unsere Errettung mit der Wiederkunft Jesu vollendet sein wird, aber der Rettungsvorsatz Gottes wird erst dann vollendet sein, wenn auch das gesamte Universum in seinem Originalzustand wiederhergestellt worden ist.

Es wird sowohl einen individuellen als auch einen universellen Aspekt in Gottes Wiederherstellungsplan für diese Welt geben. Aber auch auf nationaler Ebene gibt es einen solchen Plan.

Um die Juden zu bekehren
Jesus war und ist Jude. Er wurde geboren und er starb als „König der Juden" (Mt2,2; 27,37). Er war „nur zum Hause Israel gesandt" (Mt15,24). Fast sein gesamter Dienst spielte sich in seinem eigenen Land und unter seinem eigenen Volk ab. Es ist wahr, dass die meisten von ihnen ihn nicht aufnahmen (Joh1,11), von denen, die ihn aufnahmen, empfingen wir die Bibel (bis auf einen Autor waren alle vierzig Autoren der Bibel Juden) und wir empfingen von ihnen auch die Kirche (alle zwölf Apostel und die meisten Mitglieder der ersten Gemeinde waren Juden).

Die meisten Christen scheinen vergessen zu haben, dass ihr Retter ein Jude ist, und dass „die Rettung aus den Juden ist" (Joh4,22). Es scheint, dass die Kirche ihre jüdischen Wurzeln gekappt hat (indem sie z.B. die Zeitpunkte des Osterfests, des Pfingstfests und des Weihnachtsfests auf ein anderes Datum als die von Passah, Wochenfest und Laubhüttenfest verlegt hat).

WIE KÖNNEN WIR UNS SEINE ANKUNFT VORSTELLEN?

Noch schlimmer ist, dass die Christen während der gesamten Kirchengeschichte einen Pfad für den Antisemitismus gebahnt haben, die Kreuzzüge sind jedem bestens bekannt. In „christlichen" Ländern haben die Juden mehr als anderswo gelitten, bis hin zum Holocaust in Deutschland. Hinter dieser Haltung liegen zwei fatale Irrtümer.

Der erste ist, *dass die Juden Jesus getötet haben*. Die gesamte Nation, sei es in der Vergangenheit oder der Gegenwart, wird des Gottesmordes angeklagt. Aber wie kann man die heutigen Juden dafür verantwortlich machen, selbst wenn sie es immer noch ablehnen, Jesus als Sohn Gottes anzuerkennen? Wesentlich mehr Heiden tun dasselbe. Sollte man die heutigen Christen etwa für die Kreuzzüge verantwortlich machen? Selbst in den Tagen Jesu war nicht die ganze Nation an der Kreuzigung beteiligt. Diejenigen, die im Johannesevangelium als „die Juden" bezeichnet werden, waren die Einwohner von Judäa im Süden und nicht die Galiläer. Jesus machte auch klar, dass die Heiden seine tatsächlichen Mörder sein werden (Mt 20,19; Mk 10,33; Lk 18,32). Gewissermaßen sind wir alle für seinen Tod verantwortlich, denn er hat für die Sünden der ganzen Menschheit gelitten.

Der zweite Irrtum liegt darin, dass man annimmt, *die Kirche hätte Israel ersetzt*. Während die Juden ihren Messias zurückwiesen, haben die Heiden, die ihn angenommen haben, behauptet, dass sie nun das „neue Israel" seien. Die Bundesverheißungen Gottes hat man in der Gänze von einem Volk auf ein anderes transferiert. Juden werden buchstäblich zu Heiden, genau wie alle anderen Nationen dieser Welt, und werden vom Königreich Gottes ausgeschlossen. Man meint, Gottes Zukunftspläne würden das jüdische Volk außen vorlassen.

Es scheint, als ob man das sogar an den Worten Jesu und des Paulus festmachen könnte (Mt 21,34; Apg 13,46;

15,17; 28,28; Röm9,24-26). Viele Beschreibungen für Israel werden im Neuen Testament auf die Kirche angewendet (1.Petr2,9-10); das gilt auch für die Verheißungen, die ihnen gegeben waren (Hebr13,5.6). Aber das ist eben nicht die ganze Wahrheit.

Gottes Bund mit Abraham und seinen Nachkommen war „ewiglich" und deshalb auch bedingungslos (Gen17,7). Um jeden Zweifel auszuräumen, hat Gott es später nochmals ganz klar ausgedrückt, was das bedeuten soll: „Ich werde sie nicht verwerfen und sie nicht verabscheuen, ein Ende mit ihnen zu machen, meinen Bund mit ihnen ungültig zu machen; denn ich bin der HERR, ihr Gott" (Lv26,44; vgl. Dt4,31; 9,5.6; 2.Sam7,15; Ps89,34; 94,14; 105,8.9; 106,45; 111,5; Am9,8; Jer30,11; 14,21; Hes16,60; 20,44; Mal3,6). Auch wenn sie unter die Nationen verstreut werden würden, wenn sie ihren Anteil am Bund brechen würden, so würde Gott doch niemals seinen Anteil am Bund brechen, sondern er würde sie „von den vier Enden der Erde" zurückbringen (Dt32,26; Jes11,12). Diese weltweite Zerstreuung und Wiederkunft erfüllten sich nicht durch das babylonische Exil, sondern sind heute dabei, sich zu erfüllen. Einem Volk, das in seinem Land wiederhergestellt worden ist, hat er einen Erlöser aus Zion, einen neuen Bund und seinen ausgegossenen Geist verheißen (Jes59,20.21; Jer31,1-40; Joel3,1-4). Trotz aller Versuche, sie auszulöschen, hat dieses Volk überlebt und ein „Überrest" von ihnen blieb sogar geistlich seinem Gott treu (1.Kö19,18).

Im Neuen Testament werden diese Tatsachen bestätigt. Gott ist immer noch der „Gott Abrahams, der Gott Isaaks und der Gott Jakobs", denn „für ihn leben sie alle" (Lk20,37.38). Der Name „Israel" kommt im Neuen Testament über 70-mal vor und bezieht sich bis auf eine Stelle jedes Mal auf die leiblichen Nachkommen Abrahams. Diese eine Stelle ist aber auch fraglich (Gal6,16, wenn man das griechische Wort *kai* mit „sogar" übersetzt und nicht mit seiner eigentlichen Bedeutung „und", wie es die New English Bible tut).

Jesus sah sowohl die unmittelbare Zurückweisung als auch die endgültige Wiederherstellung seiner Volksgenossen voraus. Selbst als er über Jerusalem, das seinen Schutz abwies, weinte, sagte er voraus: „Ihr werdet mich von jetzt an nicht sehen, bis ihr sprecht: Gepriesen sei, der da kommt im Namen des Herrn!" (Mt23,39; bezeichnenderweise zitiert er hier aus einem der „Hallel-Psalmen" Ps113-118, die beim Laubhüttenfest gesungen werden). Er prognostizierte den Fall Jerusalems im Jahre 70 n. Chr. und, dass es „von den Heiden zertreten wird, bis die Zeiten der Heiden erfüllt sein werden" (Lk21,24). Die letzte Frage der Jünger vor seiner Himmelfahrt zielte auf die Wiederherstellung der Monarchie in Israel ab. Anstatt, dass er diese Frage als irrelevant für ihre Anschauungen zurückwies (so wie es viele Christen heute tun), sagte er ihnen, dass dieses beim Vater feststehende Datum sie momentan nichts angeht – sie haben eine Mission bis ans Ende der heidnischen Welt zu erfüllen (Apg1,6-8). Außerdem hatte er ihnen bereits erzählt, dass sie eines Tages mit ihm zusammen die zwölf Stämme Israels richten werden (Mt19,28; Lk22,30), aber das hat noch Zeit. Fest steht allerdings, dass „dieses Geschlecht nicht vergehen wird, bis dies alles geschehen ist" (Mt24,34, die New International Version sagt in einer Fußnote, dass sich „dies alles" auf die Zeichen seines Kommens bezieht).

In einer Passage des Römerbriefs, in der es um die Zukunft des jüdischen Geschlechts geht (Röm9-11), lehrt Paulus ganz klar, dass Gott sie nicht verworfen hat, obwohl sie ihn verworfen haben (Röm11,1). Er erkennt an, dass nicht alle leiblichen Nachkommen Abrahams auch dessen geistliche Nachkommen sind, die seinen Glauben teilen (Röm9,6.7; vgl. Röm2,28.29). So sind also viele Juden nicht „gerettet" und müssen an Jesus glauben (Röm10,1). Paulus legt denselben Kummer über sein Volk wie Mose an den Tag und würde freiwillig zur Hölle gehen, um sie in den Himmel zu bekommen (Röm9,3; vgl. Ex32,32).

Und dennoch ist Wiederherstellung möglich (Röm11,11), denn „die Gnadengaben Gottes sind unwiderruflich" (Röm11,29). Es gab schon immer einen „Überrest" und es wird immer einen geben (Röm11,5). Es sind nur „einige" Zweige des „Ölbaums" Israel herausgebrochen und durch eingepfropfte, „unnatürliche", wilde Zweige der Heiden ersetzt worden (Röm11,17.24). Diese „Hybrid-Gläubigen" (d.h. Christen) müssen daran denken, dass sie auch in Gefahr stehen, herausgeschnitten zu werden, wenn sie nicht fortwährend der göttlichen Güte vertrauen (Röm11,22). Aber auch die Juden können wieder zurück eingepfropft werden, wenn sie an Jesus, ihren Messias, glauben. Dabei passt das Eingepfropft-Werden in den eigenen Ölbaum viel besser zu ihnen, als zu den Heiden (Röm11,23.24). Es gab in der Tat in den letzten zweitausend Jahren immer eine jüdische Minderheit in der Gemeinde Jesu, und diese breitet sich momentan sehr aus.

Aber es gibt noch mehr. Paulus machte eine frappierende Voraussage, die er ein „Mysterium" nannte (Röm11,25). Auf die Bibel bezogen bedeutet Mysterium: Ein früheres Geheimnis, das Gott nun offenbart. Die Verhärtung der jüdischen Herzen gegenüber dem Evangelium, das eigentlich eine Bestrafung Gottes für die Zurückweisung seines Erlösungsangebots ist (genauso wie beim Pharao, Röm9,17.18), ist nur teilweise und temporär, bis die Vollzahl der Heiden eingegangen sein wird. Dann aber wird die Verhärtung hinweggetan werden, die Decke ihres Herzens wird gelüftet (2.Kor3,15.16), und „so wird ganz Israel gerettet werden". Dieser Ausdruck schließt nicht alle Juden ein, die jemals gelebt haben oder ganz am Ende leben werden. Der Ausdruck „ganz Israel" wird im Alten Testament häufig für eine repräsentative, nationale Zusammenkunft aller Stämme Israels verwendet, die normalerweise in Jerusalem stattfand (1.Chr11,1; vgl. Dt1,1); man könnte es am besten so übersetzen: „Israel als Ganzes".

Während „gerettet" hier dieselbe Bedeutung hat, wie an anderer Stelle (Röm10,1), kann diese Vorhersage nichts anderes als eine Massenbekehrung des wohl resistentesten Volkes auf Erden zum Glauben an Jesus bedeuten! Wie kann das geschehen? Die Antwort ist offensichtlich: Genauso wie es auf der Straße nach Damaskus mit Saulus, dem Christenverfolger geschah, der zum Paulus, dem Prediger des Evangeliums wurde. Die posthume Erscheinung Jesu von Nazareth ist für jeden Juden ausreichend, zu beweisen, dass er der Messias ist.

Genau das wird passieren, wenn Jesus nach Jerusalem kommen wird. Derselbe Prophet, der sein erstes Kommen auf einem Esel und sein zweites Kommen am Laubhüttenfest voraussagte, verkündete dieses Wort des Herrn: „Aber über das Haus David und über die Bewohnerschaft von Jerusalem gieße ich den Geist der Gnade und des Flehens aus, und sie werden auf mich blicken, den sie *durchbohrt* haben, und werden über ihn wehklagen, wie man über den einzigen Sohn wehklagt, und werden bitter über ihn weinen, wie man bitter über den Erstgeborenen weint" (Sach12,10; vgl. Ps22,16: „Sie haben meine Hände und Füße durchbohrt"). Dasselbe Wort wird in der Offenbarung wieder aufgegriffen: „Siehe, er kommt mit den Wolken, und jedes Auge wird ihn sehen, auch die, welche ihn *durchstochen* haben" (Offb1,7). Man kann sich nur schwer den Kummer über das unnötige Leiden und die verschwendeten Möglichkeiten von zweitausend Jahren ausmalen – aber es wird sie nicht hoffnungslos verzweifeln lassen. So wie ihre Väter auf die eherne Schlange, die an einer Stange hing, sahen und geheilt wurden, so werden sie jetzt auf den Menschensohn sehen und gerettet werden (Num21,8; Joh3,14.15). Welch großen Empfang werden sie ihm bereiten, wenn er die Stadt wieder betritt (Mt23,39).

Es gibt zwei wichtige Konsequenzen dieser erstaunlichen Auswirkung der Wiederkunft Jesu:

Die erste ist, dass die Juden als Volk bewahrt bleiben und für ihr Land und ihre Hauptstadt wiederhergestellt werden. Das ist sogar schon geschehen. Viele Christen sehen dies zu Recht als notwendiges Vorspiel für das Kommen Christi an, deuten es aber zu Unrecht als Vorzeichen seiner unmittelbaren Wiederkunft. Wie wir schon gesehen haben, wurde diese Einwanderung der Juden nach Israel von Jesus nicht als ein „Zeichen der Zeit" genannt.

Es bedeutet außerdem, dass Jerusalem ungeachtet vorhergesagter internationaler Angriffe in jüdischer Hand bleiben wird (z.B. Sach12,1-3) und dass eine repräsentative Anzahl von Juden auf übernatürliche Weise in allen Angriffen beschützt werden wird, inbegriffen der „großen Trübsal". Das ist sicherlich auch die Bedeutung der versiegelten 144.000 aus allen Stämmen Israels (Offb7,1-8).

Die zweite Konsequenz ist, dass die zukünftige Bestimmung der Juden und der an Jesus gläubigen Heiden identisch ist. Beide werden durch denselben Erretter gerettet. Als Jesus zu den Juden über die Heiden sprach, sagte er: „Und ich habe andere Schafe, die nicht aus diesem Hof sind; auch diese muss ich bringen, und sie werden meine Stimme hören, und es wird eine Herde, ein Hirte sein" (Joh10,16).

Es gibt ein großes Missverständnis darüber, dass Juden eine irdische und die Christen eine himmlische Bestimmung haben. Die Bibel lehrt ganz klar, dass sie zusammen in einem neuen Himmel und auf einer neuen Erde leben werden, in einem neuen Jerusalem, welches die Namen der zwölf Stämme Israels auf ihren Toren und die Namen der zwölf Apostel Jesu auf den Grundsteinen ihrer Mauer eingeschrieben hat. Sie werden ein Volk in einem (neuen) Bund sein.

WIE KÖNNEN WIR UNS SEINE ANKUNFT VORSTELLEN?

Um den Teufel zu besiegen

Das Böse ist kein abstraktes Objekt mit einer unabhängigen Existenz. Die Frage „warum hat Gott das Böse geschaffen?" ist sinnlos. So etwas gibt es nicht.

Böse ist persönlich und nicht unpersönlich, es ist ein Adjektiv und kein Substantiv. Es beschreibt geschaffene Wesen, die gegen ihren Schöpfer rebellieren und ihren eigenen und nicht seinen Weg beschreiten. Gott hat irdische und himmlische Lebewesen geschaffen, die aufgrund ihres Willens fähig waren, „böse" zu werden. So kam es zu bösen Engeln und bösen Menschen, und das ganz augenscheinlich in genau dieser Reihenfolge (Gen3,1). Diese sind für alles „Böse" in der Welt verantwortlich. Das ist die biblische Diagnose.

Der Anführer der himmlischen Rebellion war der gefallene Engel, den wir Teufel nennen, und der unter vielen Namen und Titeln bekannt ist – Satan, Beelzebub, Schlange, Drache, Löwe, Mörder, Lügner, Verderber. Er verführte viele Engel, die seinem Angebot folgten, ein rivalisierendes Königreich zu errichten (Offb12,4 zeigt an, dass es ein Drittel der Engel war). Wir kennen sie als Dämonen.

Die Bibel gibt sowohl dem Teufel als auch seinen Dämonen Titel der Macht und des Einflussbereichs. Er ist der Herrscher, Fürst und sogar „Gott" dieser Welt. Sie sind Fürstentümer und Mächte. Mit der überlegenen Stärke, Intelligenz und Fähigkeit von Engeln sind sie fähig, Chaos bei den Menschen anzustiften. Sie können uns durch körperliche Krankheiten und geistige Verführung beeinflussen. Ihre stärksten Waffen sind der Tod und die Angst, die er verursacht (Hebr2,15). Sie können uns von Gott entfremden und untereinander entzweien – und sie haben das auch seit dem Garten Eden getan. Ihr Angebot, Macht zu verleihen, war auf der Erde sogar noch erfolgreicher als im Himmel: „Wir wissen..., dass die ganze Welt unter der Kontrolle des Bösen ist" (1.Joh5,19).

Jedoch ist der Teufel nicht Gott, obwohl er es gerne wäre und vielleicht sogar meint, er wäre es. Er ist nicht allwissend (er weiß nicht alles und kann ziemliche Fehler machen, ein Fehler war es, Judas zu verführen, Jesus zu verraten; Joh13,27). Er ist nicht allgegenwärtig (er kann nur an einem Ort gleichzeitig sein, was viele Christen anscheinend vergessen haben; Hi1,7; Lk4,13). Er ist nicht allmächtig; seine Kraft ist auf zwei Arten klar limitiert:

Erstens ist er Gott in keiner Weise gewachsen. Von Anfang an kann er nur das tun, was Gott ihm gestattet (Hi1,12). Gott besitzt immer die oberste Kontrolle. Satan ist für ihn kein Problem, obwohl er eines für uns ist. Das bedeutet natürlich auch, dass Gott ihm gestattet hat, unsere Welt zu übernehmen. Wir können darin sowohl Gottes Gerechtigkeit als auch seine Gnade erkennen. Gerechtigkeit deswegen, weil diejenigen, die es ablehnen unter einem guten König zu leben, einen schlechten König verdienen. Gnade deswegen, weil es die Sehnsucht vermehrt, wieder unter der richtigen und guten Herrschaft leben zu wollen.

Zweitens ist er Christus in keiner Weise gewachsen. Jesus begann und beendete seine öffentliche Mission, indem er den Teufel auf seinem eigenen Territorium konfrontierte – und seinen raffinierten und verführerischen Versuchungen widerstand. Erstmals in der Geschichte wurde ein Leben frei von seiner Umklammerung geführt, wurde das Monopol auf die menschliche Rasse gebrochen (Joh12,31; 14:30). Das Kreuz war ein fataler Schlag gegen seine Macht, ein Triumph über die Gewalten und Mächte (Kol2,15).

Durch Jesu Sühnetod und sein momentanes Leben in Fürbitte für uns ist es jetzt für Männer und Frauen möglich, in Freiheit von der Macht des Bösen und von Todesfurcht zu leben (Lk22,31.32; Hebr2,14.15).

Aber der endgültige Sieg ist noch nicht vollendet. Zurzeit gibt es zwei Königreiche auf der Erde – das Königreich

WIE KÖNNEN WIR UNS SEINE ANKUNFT VORSTELLEN?

Gottes und das Reich Satans, Gut und Böse, Licht und Finsternis. Sie sind beide sowohl in Quantität als auch Qualität noch dabei, sich zu entwickeln (Mt 13,30).

Warum überschneiden sie sich? Warum wurde das Reich Satans nicht beendet, als das Königreich Gottes wiederaufgerichtet wurde? Lasst uns etwas nachdenken, dann kommen wir auf die Lösung. Wenn Christus Satan und seine Nachfolger bei seinem Sieg am Kreuz nicht nur besiegt, sondern auch vernichtet hätte, dann wäre die Erde unbewohnt! Gott hat die Opfer Satans so sehr geliebt, dass er ihnen nur jede erdenkliche Möglichkeit gegeben hat, wieder unter seine Herrschaft zu gelangen, eine Befreiung, die er durch seinen Sohn möglich gemacht hat (Kol 1,13). Millionen haben von dieser Möglichkeit schon Gebrauch gemacht. Aber noch viel mehr haben noch nicht realisiert, dass die Türe offensteht oder haben sich geweigert, durch sie hindurchzugehen.

Eines Tages wird diese Tür geschlossen werden. Die beiden Reiche werden nicht für immer nebeneinander bestehen. Der Weizen und das Unkraut werden zur Zeit der Ernte voneinander geschieden werden (denke an das Laubhüttenfest, das ein Fest der Ernte ist). Die schädlichen Unkräuter werden verbrannt werden. Ein guter Gott kann nicht zulassen, dass das Böse für immer Schaden anrichtet. Irgendwann muss er ein Ende setzen.

Deshalb sind die Tage Satans gezählt. Sein Untergang ist beschlossen und mit einem Datum versehen. Wenn Jesus kommt, muss Satan gehen. Letztendlich wird die Welt ihn los sein, nachdem sie unter seiner Tyrannei seit den ersten Tagen, als die allerersten Menschen auf der Erde waren, gelitten hat. Die Menschheitsgeschichte ist Beweis genug für seine Existenz und ein Zeugnis seines Charakters.

Seit er weiß, dass sein Schicksal besiegelt ist, können wir sicher sein, dass seine Frustration immer deutlicher sichtbar wird, je näher das Ende kommt (Offb12,12). Er wird alle Anstrengungen bis hin zum letzten Versuch aufwenden, um seine Herrschaft wieder zu erlangen. Zum Glück „sind uns seine Gedanken nicht unbekannt" (2.Kor2,11). Mit dem Versprechen von „Frieden und Sicherheit" (1.Thess5,3) wird er eine Weltregierung, verbunden mit einer Weltreligion, etablieren. Sie werden von zwei Männern angeführt werden, die sein Angebot von Status und Macht annehmen werden (was Jesus einst abgelehnt hat! Lk4,6-8). Sie werden Marionetten unter Satans Autorität sein. Wir haben bereits diese „unheilige Dreieinigkeit" (Satan, Antichrist und falscher Prophet, als Gegenstück von Gott, Christus und Heiligem Geist) erwähnt. Sie werden in den letzten wenigen Jahren, bevor Jesus wiederkommt, zusammen die Welt in nie dagewesener Weise regieren. Kein Wunder, dass man diese Zeit die „große Trübsal" nennt.

Aber dieses letzte Abenteuer des Teufels wird immer noch unter Gottes Kontrolle stattfinden, und es wird zum Glück nur kurz andauern.

Der letzte gemeinsame Vorstoß ihres trotzigen Widerstands wird darin bestehen, dass sie eine internationale militärische Streitmacht gegen das offenbar schutzlose Volk Gottes, das sich in Jerusalem um seinen zurückgekehrten Herrn Jesus versammelt hat, aufbieten, um es abzuschlachten. Das wird dann die letzte Schlacht in der unendlichen Geschichte der Kriege sein. Die Bibel verortet diese Schlacht in der Jesreel-Ebene, in der Nähe der antiken Festungsstadt Salomos auf dem kleinen „Hügel von Megiddo" (Hebräisch: Harmagedon); Winston Churchill hat diesen Ort, wo schon so viele heftige Schachten stattgefunden haben, das „Cockpit des Nahen Osten" genannt. Hier kreuzen sich die Straßen von Europa nach Arabien und von Asien nach Afrika.

Aber es wird der größte Reinfall des Teufels sein. Der größte taktische Fehler, den man machen kann, ist, die

WIE KÖNNEN WIR UNS SEINE ANKUNFT VORSTELLEN?

Stärke seines Gegners zu unterschätzen. Jesus wird für diesen Kampf absolut vorbereitet kommen. Er wird nicht wie damals auf einem Esel nach Jerusalem reiten – ein Zeichen für Frieden – er wird auf einem Pferd als Zeichen des Krieges erscheinen (Sach9,9.10; Offb19,11).

Jesus wird und muss nur eine einzige Waffe verwenden – das Schwert seines Mundes (Offb19,15-21). Es wird dieselbe Stimme zu hören sein, die damals dem Wind und den Wellen befohlen hat, still zu sein (Mk4,39). Dann wird eine ganze Armee abgeschlachtet – mit einem Wort! Eine riesige Fläche von nicht beerdigten Leichen wird eine Festtafel für die Vögel darstellen (Offb19,17.21), eine ultimative Demütigung für diese rebellische Armee.

Aber die beiden menschlichen „Tiere", die hinter all diesem stehen, werden nicht getötet werden. Sie werden gefangen und unverzüglich „lebendig in den Feuersee von brennendem Schwefel geworfen werden" (Offb19,20). Sie werden die ersten beiden Menschen sein, die in die Hölle geschickt werden, und das sogar vor dem jüngsten Gericht, da sie zu verdorben sind, um vor Gericht zu stehen.

Es überrascht, dass der Teufel nicht mit ihnen dorthin geschickt wird – noch nicht. Das kommt später. Denn Gott plant, ihn noch einmal zu verwenden, bevor er zu seinen Handlangern zur ewigen Qual verstoßen wird (Offb20,10). Er wird zwischenzeitlich für eintausend Jahre von der Erde verbannt und in Einzelhaft in den untersten Verließen der Unterwelt verwahrt, sodass er nicht mehr mit den Erdenbewohnern kommunizieren kann, um diese zu verführen (Offb20,3).

Schließlich wird die Welt vom Teufel und seiner bedrückenden Kraft des Bösen befreit sein. Man kann sich nur schwer vorstellen, was das bedeutet, denn solch ein Zustand wird vollkommen neu für uns sein. Uns bleibt nichts anderes übrig, als es auf uns zukommen zu lassen.

Wird es dann eine Welt geben? Wird es nur eine Zeit lang andauern und irgendwann zu Ende gehen? Wenn es weitergeht, wer wird das politische Vakuum, das durch den Kollaps der Weltregierung entstanden ist, füllen? Die Bibel hat noch eine Überraschung für uns.

Um die Welt zu regieren
Jesus hat seine Nachfolger gelehrt, täglich zu beten: „Dein Reich komme!" Das heißt, dass seine Herrschaft „komme… wie im Himmel so auf Erden" (Mt 6,10). Wann wird dieses Gebet beantwortet?

Leider sind die Christen wegen dieses Themas tief gespalten. Man kann die vielen verschiedenen Meinungen in drei Kategorien einordnen:

Erstens, die *Pessimisten*. Sie glauben, dass diese Welt nicht mehr zurückgewonnen werden kann. Wir können zwar einzelne Menschen ins Königreich (d.h. unter Gottes Herrschaft) hineinbringen. Wir können Kolonien des Königreichs (d.h. Gemeinden) etablieren. Aber diese Welt wird unter der Kontrolle des Teufels bleiben und sie wird zusammen mit ihm zerstört werden. Nur auf der „neuen" Erde wird das Königreich vollumfänglich wiederaufgerichtet sein. Diese „alte" Erde wird also gleich nach der Ankunft des Herrn vergehen. Sie wird nie die Segnungen erfahren, die nur unter Gottes Herrschaft möglich sind.

Zweitens, die *Optimisten*. Am anderen Ende des Spektrums der Meinungen glaubt man, dass die Welt vor der Wiederkunft Christi „christianisiert" wird. Das heißt nicht, dass jedermann Christ wird, sondern dass die Kirche wachsen und sich so gewaltig ausbreiten wird, dass sie in der Lage ist, die Regierung über diese Welt zu erlangen. Diese Sichtweise glaubt ebenso, dass diese Welt endet, wenn er kommt, denn das Königreich ist ja dann bereits aufgerichtet. Es sei nebenbei bemerkt, dass es angesichts des gegenwärtigen Zustands der Welt und der statistisch festgestellten Entwicklungen noch sehr, sehr lange dauern wird, bis Jesus wiederkommen kann, sofern diese Sichtweise zutreffen sollte!

Drittens, die *Realisten*. Sie akzeptieren die Voraussage Jesu, dass das Königreich Gottes und das Reich Satans zusammen „emporwachsen" (Mt 13,30), sie erwarten einen wachsenden Konflikt zwischen diesen beiden Reichen bis hin zur finalen Konfrontation des wiederkehrenden Christus mit dem regierenden Antichristen. An dessen Ausgang zweifeln sie nicht. Der Sieg Christi über die Kräfte des Bösen wird den Weg für seine Herrschaft bereiten, die über alle Nationen dieser Welt reichen wird. Aus dieser Perspektive wird die „alte" Erde seine Wiederkunft überdauern, jedenfalls so lange, bis sich seine Herrschaft manifestiert hat und wertgeschätzt werden kann.

Fasst man die Debatte zusammen, so könnte man folgendes vorschlagen: Jesus kommt auf diese Erde, um über sie zu herrschen. Nicht nur, um die Heiligen zu vervollkommnen, die Juden zu bekehren und den Teufel zu besiegen – sondern um über die Welt für eine längere Zeit zu herrschen.

Was sagt das Neue Testament dazu? Die Offenbarung enthält mehr Informationen über das zweite Kommen, als jedes andere Buch der Bibel. Deshalb überrascht es nicht, dass die eindeutigsten Hinweise einer Herrschaft Christi nach seiner Wiederkunft gerade hier zu finden sind. Schon ziemlich am Anfang gibt es eine Vorhersage, dass beim letzten Posaunenschall die Engel im Himmel singen, rufen und den Regierungswechsel bejubeln: „Das Reich der Welt (beachte den Singular) ist unseres Herrn und seines Christus geworden" (Offb 11,15).

Jedoch wird am Ende des Buches der Offenbarung, wo wir die ausführlichste und deutlichste Beschreibung der Herrschaft Christi finden, die chronologische Reihenfolge um einiges klarer (Offb20,1-10). Wir müssen diese Passage im Kontext der Kapitel 19 und 21 sehen. Die Kapitel- und Versunterteilungen kamen viel später zur Bibel, sind menschengemacht und reißen oftmals das auseinander, was Gott zusammengefügt hat.

Zeitlich richtig geordnet folgt die Herrschaft Christi auf seine Wiederkunft und geht sowohl dem Tag des Gerichts als auch der Schöpfung eines neuen Himmels und einer neuen Erde voran. Die Position im Zeitablauf ist ebenso klar wie die räumliche Position. Es geschieht auf der Erde und nicht im Himmel (Offb20,1-9).

Die Dauer seiner Herrschaft ist noch klarer. Der Ausdruck „eintausend Jahre" wird in dieser kurzen Passage sechs Mal wiederholt, davon zwei Mal mit dem bestimmten Artikel „die eintausend Jahre". Das griechische Wort lautet *chilioi* (woher das deutsche Wort „Chiliasmus" kommt, das die Erwartung und den Glauben an das tausendjährige Reich bezeichnet). Das lateinische Wort ist *millennium* (woher das geläufigere Wort „Millennialismus" bzw. „Millenarismus" kommt). Diejenigen, die ich zuvor „Pessimisten" genannt habe, die nicht glauben, dass Christus jemals die Herrschaft auf dieser Erde einnehmen wird, werden üblicherweise als Amillenaristen (Nicht-Millenaristen wäre leichter zu verstehen) bezeichnet. Die „Optimisten" sind als „Postmillenaristen" bekannt, weil sie glauben, dass Christus, *nachdem* die Christen das Millennium für ihn aufgerichtet haben, wiederkommen wird. Die „Realisten" sind als Prämillenaristen bekannt, weil sie erwarten, dass Christus *vor* der Aufrichtung seiner weltweiten Herrschaft wiederkommt.

Ob man nun die „eintausend Jahre" wörtlich oder sinnbildlich nimmt, es ist eine ziemlich lange Dauer, während der viel passieren kann. Wie wird die Welt ausschauen, wenn der Teufel nicht mehr ist und Jesus die politischen und natürlichen Vorgänge voll unter Kontrolle hat? Unsere Vorstellung ist begrenzt, weil wir so etwas noch nie erlebt haben; nur Adam könnte uns ein wenig davon erzählen, wobei seine Erlebnisse zeitlich und örtlich sehr begrenzt waren. Die Offenbarung hält sich auch zurück. Die Schrift liefert zwar zahlreiche spannende Hinweise, aber wir schließen daraus, dass der Herr weiß, dass mehr Erkenntnis darüber uns nur verwirren würde.

So schauen die hebräischen Propheten beispielsweise auf die Zeit, wenn „die Erde von der Erkenntnis der Herrlichkeit des Herrn erfüllt sein wird, so wie die Wasser die Meere bedecken" (Jes 11,9; Hab 2,14); wenn jedes Knie sich vor dem Herrn beugen wird und jede Zunge seinen Namen bekennen wird (Jes 45,23, eine Vorhersage die in Phil 2,10.11 auf Jesus angewendet wird), wenn „der Herr König über die ganze Erde sein wird" (Sach 14,9).

Sie sahen auch einige Auswirkungen dieser gerechten und wohltätigen Herrschaft voraus. Eine Zeit nie zuvor dagewesenen Friedens und Wohlstands wird zur Schlichtung von internationalen Konflikten durch göttliche Vermittlung und zu multilateraler Abrüstung führen. In diesem Zusammenhang finden wir den denkwürdigen Paarreim: „Dann werden sie ihre Schwerter zu Pflugscharen umschmieden und ihre Speere zu Winzermessern" (Jes 2,4; Mi 4,3) – Worte, die vor dem UN-Hauptquartier in New York in Granit gemeißelt sind, ohne jedoch auf das Wort des Herrn zu verweisen, dass es von Zion ausgeht!

Ein Überfluss von Nahrungsmitteln wird eine Quelle der Gesundheit sein und zu Langlebigkeit der Menschen führen. Der Tod im Alter von einhundert Jahren wird als vorzeitiges Ableben gelten (Jes 65,20). Es gibt eine alte jüdische Vorstellung, dass die ideale Lebensspanne eines Menschen auf diesem Planeten eintausend Jahre ist, teilweise auf dem Alter ihrer vorsintflutlichen Vorväter (obwohl keiner, nicht einmal Methusalem dies erreicht hat) basierend und teilweise auf der Aussage, dass für Gott „eintausend Jahre wie ein Tag" sind (Ps90,4; 2.Petr3,8).

Selbst die Natur wird diesen Regierungswechsel durch Fruchtbarkeit der Flora und Harmonie in der Fauna widerspiegeln: „Und der Wolf wird beim Lamm weilen, und der Leopard beim Böckchen lagern. Das Kalb und der Junglöwe und das Mastvieh werden zusammen sein, und ein kleiner Junge wird sie treiben. Kuh und Bärin werden miteinander weiden, ihre Jungen werden zusammen lagern. Und der Löwe wird Stroh fressen wie das Rind" (Jes11,6.7). Fleischfresser werden zu Pflanzenfressern, so wie es Gott eigentlich vorgesehen hat (Gen1,30). Die Natur, „blutrot in Zahn und Klaue" (engl. Sprichwort: *nature, red in tooth and claw*) war nicht Gottes Erfindung. Tiere sollten niemals „wild" sein. Kinder werden eines Tages ganz arglos mit ihnen spielen können (Jes11,8).

Natürlich kann man das alles als „Mythos" abtun, als metaphorische Fabel und nicht als praktische Tatsache. Damit vertuschen wir eigentlich unseren Mangel an Vorstellungsvermögen und unseren mangelnden Glauben an eine solche Transformation. Man stellt dadurch entweder die Fähigkeit des Schöpfers oder seine Absicht in Frage. Wenn er einstmals ein in jeder Hinsicht „gutes" Universum geschaffen hat, dann *kann* er es sicherlich wieder tun. Und wenn die Absicht der Erlösung die Wiederherstellung der Schöpfung ist, dann *wird* er es auch sicherlich wieder tun.

Wir wollen zum Neuen Testament zurückkehren. Zwei Aspekte des „Milleniums" sind ausdrücklich erwähnt – einer ist eine gute, der andere eine schlechte Nachricht.

Die gute Nachricht ist, dass die Gläubigen, sowohl Juden als auch Heiden, mit Christus „auf Erden herrschen" werden (Offb5,10). Männer „aus jedem Stamm, Sprache, Volk und Nation" (Offb5,9) werden Diener dieser Herrschaft unter ihren Landsleuten sein. Diejenigen, die erfolgreich dem Druck des letzten und schlimmsten totalitären Regimes bis zum Märtyrertum standgehalten haben, werden mit besonderen Ehren ausgezeichnet (Offb20,4; hier muss man feststellen, dass diese Gruppe nur eine Abteilung derer darstellt, die auf „Thronen" sitzen). Welch eine Umkehr der Situation! „Die Sanftmütigen werden die Erde erben" (Mt5,5).

Die Bibel bezieht sich sehr häufig auf diese Herrschaft der Heiligen, nicht nur in der Offenbarung (Offb2,26 ist ein anderes Beispiel), sondern auch in Daniel (7,18), in den Evangelien (Mt19,28; 20,21-23; Lk19,15-19) und in den Briefen (1.Kor6,2; 2.Tim2,12). Sie qualifizieren sich für diese zukünftige Aufgabe in erster Linie durch Treue im Hier und Jetzt, also Vertrauenswürdigkeit im Gegensatz zu Unaufrichtigkeit, besonders in solch praktischen Angelegenheiten wie Geld und Besitz (Lk16,10-12). Jesus braucht viele Verwalter, denen er Schlüsselpositionen seiner Administration anvertrauen kann.

Die schlechte Nachricht ist, dass es immer noch viele geben wird, die trotz dieser besten Regierung, die die Welt jemals gesehen haben wird, und trotz der idealen Bedingungen, die sie schafft, es vorziehen, dieses Königreich Christi zu verlassen. Es ist eine Lüge, dass eine perfekte Umwelt perfekte Menschen, und dass Wohlstand Zufriedenheit hervorbringt, dass tief im Herzen jeder Mensch Frieden und keinen Krieg will. Die menschliche Natur kann nur von innen nach außen und nicht anders herum geändert werden.

Diese traurige Tatsache wird am Ende des Millenniums leider nur allzu deutlich durch eine außergewöhnliche Entwicklung bewiesen werden. Der Teufel wird aus seiner Inhaftierung entlassen werden und die Gelegenheit erhalten, noch ein einziges Mal die Nationen zu verführen. Er wird Leute finden, die ihre „Freiheit" von Gott und von seinem Volk haben wollen, das überall auf der Erde wohnt. Er wird sie zu der Vorstellung verführen, dass eine militärische Attacke auf den Sitz der Regierung in Jerusalem ihnen politische Autonomie verschaffen wird (hat er etwa nichts aus Harmagedon gelernt oder handelt er in trotziger Selbstmordabsicht, um damit so viele andere wie möglich mit sich zu reißen?). Er wird eine riesige Armee versammeln, vielleicht die größte jemals, und unter dem Banner von „Gog und Magog" einher marschieren (Offb20,8). Diesbezüglich gibt es eine sehr ausführliche Prophetie in Hesekiel, Kapitel 38 – 39, welche dieses Ereignis nach der Wiederherstellung der davidischen Monarchie zeitlich verortet (die Bedeutung der Namen Gog und Magog wird ersichtlich werden, wenn es soweit ist).

Der Versuch wird absolut aussichtslos sein. Feuer vom Himmel wird dem Ganzen ein Ende bereiten und auch allen, die darin verwickelt waren. Aber warum durfte das alles geschehen?

Das Millennium kann aus zwei Perspektiven betrachtet werden: Als ein Finale der Weltgeschichte und als Vorspiel des Jüngsten Gerichts. Es wird ganz eindeutig sowohl die Souveränität Gottes als auch die Sünde des Menschen aufzeigen. Seine Güte und unsere Schlechtigkeit – die zwei Seiten der historischen Realität müssen letztendlich zusammengebracht werden, damit sie in Ewigkeit getrennt werden können.

Einerseits wird die Welt dann gesehen haben, wie das Leben unter göttlicher Herrschaft aussehen kann, wenn Gott endlich handelt, so wie der Mensch es schon immer haben wollte und Gott andauernd kritisierte, dass er nicht eingreift. Er wird es tun und die bösen Mächte mit Gewalt von der Erde beseitigen. Aber was wird geschehen, wenn der Ruf nach Erlösung vom Leiden erhört wird?

Andererseits wird die Welt davon überführt werden, dass sie eigentlich gar keine Sehnsucht nach Befreiung von der Sünde hat, die das Leiden verursachte. Es wird dann immer noch eine Gruppe von Rebellen geben, es wird immer noch ein aufrührerisches Sehnen nach moralischer Unabhängigkeit geben, immer noch ein Streben, wie Gott zu sein (Gen 3,5), Herren dieser Welt und nicht lediglich Bewohner der Welt zu sein.

Die menschliche Rasse ist ohne Entschuldigung. Obwohl ihnen die besten Möglichkeiten und Anreize gegeben wurden, bevorzugen die Menschen lieber eine gottlose Existenz, die sich gegenüber Gott und seinem Volk allerdings nicht neutral verhalten kann, sondern zwangsläufig feindselig eingestellt sein muss. Die Notwendigkeit eines Gerichtstages ist nur allzu offensichtlich. Die Urteile erweisen sich als gerecht, sogar schon vor ihrer Verkündigung. Die Bühne ist frei.

Um die Gottlosen zu verdammen
Wessen Glaube durch das Aufsagen von Glaubensbekenntnissen in der Kirche hinreichend geschärft wurde, der wird mit diesem Grund für seine Wiederkunft sehr vertraut sein. Sowohl das „apostolische" als auch das „Nicänische" Glaubensbekenntnis erinnern uns daran, dass er kommen wird, um die Lebenden und die Toten zu richten. Leider vermittelt das den Eindruck, dass das der Hauptgrund, ja sogar der einzige Grund für sein zweites Kommen ist. Aber wie wir schon gesehen haben, gibt es viele Gründe. Trotzdem ist das Gericht absolut notwendig, um dieses „gegenwärtige böse Zeitalter" – wie die Juden es bezeichnen – zu beenden.

Es ist erforderlich, dass die Menschheitsgeschichte mit einem Tag des Gerichts endet. Einige kleine Überlegungen zeigen, warum.

Das Unrecht des Lebens erfordert es. Es ist unfair, dass die schlechten Menschen Erfolg haben, und die Unschuldigen leiden müssen. Die meisten Verbrechen werden nicht aufgedeckt und bestraft. Es scheint, dass es keine richtige Entsprechung zwischen persönlichem Charakter und

Lebensumständen, zwischen Rechtschaffenheit und Wohlstand, zwischen Heiligkeit und Glück gibt. Das Universum scheint auf blindem Zufall zu basieren – es sei denn, es gibt noch mehr als nur unsere Existenz zwischen Wiege und Bahre. Instinktiv verlangen wir danach, dass Gutes belohnt und Böses bestraft wird.

Die Gerechtigkeit Gottes erfordert es. Wenn er niemals das Falsche, das er zugelassen hat, richtigstellt, dann ist seine Göttlichkeit in Frage gestellt. Wenn er der wahre „König des Universums" ist, dann heißt das, dass er auch der Richter sein muss. Wenn es wahr ist, dass „Gott sich nicht verspotten lässt und dass ein Mensch erntet, was er sät" (Gal 6,7), dann *muss* es einen Tag der Abrechnung geben, an dem das Konto beglichen und die Rechnungen bezahlt werden müssen.

Aber warum muss dieser „Tag" des Gerichts sein? Wenn doch der Tod alle Gelegenheiten beendet und einen Graben zwischen den Guten und den Bösen zieht (Lk 16,26). Warum wird nicht bei dieser Gelegenheit jeder Mensch gerichtet, warum wird darauf gewartet, bis die ganze Menschheit auf der Anklagebank sitzt?

Weil Gott öffentlich gerechtfertigt werden muss. Jeder muss ganz deutlich sehen, dass er über unsere Bestimmung gerecht entscheidet. Er wurde so oft angeklagt, unfair zu sein. Diese Kritik muss zum Schweigen gebracht werden, sodass alle zusammen mit Abraham sagen werden: „Sollte der Richter der ganzen Erde nicht Recht üben?" (Gen 18,25).

Und weil Jesus öffentlich gerechtfertigt werden muss. Seine Hinrichtung war der größte Justizirrtum aller Zeiten, der finsterste Tag (ganz buchstäblich) der Menschheitsgeschichte. Das letzte, was die Welt von ihm erblickt hat, war der Anblick eines schändlichen Verbrechers. Alle müssen Zeugen der Umkehrung dieses Urteils werden.

Und weil das Volk Gottes öffentlich gerechtfertigt werden muss. Sie haben die richtige Entscheidung getroffen, haben

WIE KÖNNEN WIR UNS SEINE ANKUNFT VORSTELLEN?

sich auf Gottes Seite geschlagen und ja, sie haben in einer bösen Welt den Preis dafür bezahlt, oft sogar mit ihrem Leben. Sie, deren Jesus sich nicht schämt, sie Brüder zu nennen (Hebr 2,11; vgl. Mt 25,40), müssen in der Gegenwart derer, die sie verächtlich behandelt und gehasst haben, geehrt werden.

Und deshalb wird es einen Tag geben, an dem Gerechtigkeit vollzogen wird. Jeder Mensch hat zwei zukünftige Termine, keiner von ihnen kann in einem Terminkalender vermerkt werden. „Dem Menschen ist es bestimmt, einmal zu sterben, danach aber das Gericht" (Hebr 9,27). Das erste Datum ist bei jedem Menschen verschieden, das zweite Datum ist bei jedem Menschen dasselbe.

Wo wird dieser große Gerichtstag abgehalten? Die Annahme, dass es im Himmel stattfindet, ist weit verbreitet. Vielleicht deswegen, weil man allgemein, jedoch fälschlicherweise annimmt, dass jeder „zum Himmel geht", wenn er stirbt. Unter Christen herrscht eine ziemliche Verwirrung darüber, was „der Thron" (in Offb 4-5) und was „ein großer weißer Thron" (in Offb 20,11, wohlgemerkt mit unbestimmtem Artikel) darstellt. Es handelt sich um zwei verschiedene Throne an zwei unterschiedlichen Plätzen, die von zwei verschiedenen Personen eingenommen werden. Einer ist der Thron Gottes im Himmel und der andere ist der Thron Christi auf der Erde.

Die Menschen werden auf der Erde gerichtet. Dort haben sie gelebt und dort haben sie gesündigt, und dort wird ihr Schicksal entschieden. Wie könnte ein heiliger Gott Sündern erlauben, den Himmel auch nur für einen Tag zu betreten? Vor dessen Angesicht sogar die Erde „entflieht" (Offb 20,11).

Natürlich werden schon viele gestorben sein und müssen wieder zum Leben erweckt werden, um vor Gericht zu stehen. Die Bibel sieht sowohl die Auferstehung der Bösen als auch der Gerechten voraus (Dan 12,2; Joh 5,29; Apg 24,15). Der Hades, der Aufenthaltsort der gestorbenen Geister, wird seine Bewohner frei geben, damit sie wieder einen Leib bekommen. Jeder, ob er nun begraben, eingeäschert oder im Meer versunken war, wird vor seinem Richter stehen (Offb20,12.13).

Der aufmerksame Leser wird schon bemerkt haben, dass es zwei Auferstehungen gibt, die durch das Millennium getrennt sind. Genau das lehrt auch das Neue Testament (Offb20,4-6). Genau genommen gibt es sogar *drei*, wenn man die erste am Ostersonntag mit einbezieht (1.Kor15,23.24, bemerke das zweifache „dann", was eine Abfolge anzeigt).

Die Menschen werden gerichtet werden – und das durch einen Menschen! Das wird diejenigen überraschen, die damit rechnen, von Gott selbst gerichtet zu werden. Aber er hat das Gericht einem von uns übergeben: „Weil er einen Tag festgesetzt hat, an dem er den Erdkreis richten wird in Gerechtigkeit durch einen Mann, den er dazu bestimmt hat" (Apg17,31). Es wird Jesus sein, der auf dem „großen weißen Thron" sitzt (Offb20,11; man beachte das unbestimmte „der, der darauf saß"). „Denn wir müssen alle vor dem Richterstuhl Christi offenbar werden" (2.Kor5,10).

Während seines Lebens auf der Erde hat Jesus oftmals auf seine Autorität über die Entscheidung des ewigen Schicksals von Nationen und Individuen hingewiesen (Mt7,21-23; 13,41-43; 25,31-33). Solch einen Anspruch kann man nur auf dreierlei Weise erklären – entweder war er verrückt, oder er war ein Betrüger oder er war Gott; ein Wahnsinniger, ein Lügner oder unser Herr. Nur wenn er der Gott-Mensch, also sowohl göttlich als auch menschlich war, dann ist er vollkommen qualifiziert, der Richter aller zu sein. Dazu kommt, dass er alles irgend Mögliche getan hat, um uns vor dem Gericht zu bewahren.

Seine zweifache Natur befähigt ihn, vollkommen gerecht zu sein. Sein Menschsein ermöglicht es ihm, dass er uns versteht. Er hat unter denselben Umständen, denselben Bedrängnissen, denselben Versuchungen, ohne irgendeinen

WIE KÖNNEN WIR UNS SEINE ANKUNFT VORSTELLEN?

Vorzug gelebt – aber ohne Sünde. Seine Göttlichkeit gibt ihm das notwendige Wissen. Er kennt uns durch und durch, unsere geheimen Sünden, unsere unbedachten Worte, unsere verborgenen Motive, unsere tiefsten Gefühle. Sein Gericht wird absolut gerecht sein.

Einerseits wird er unsere Kenntnis oder unsere Unkenntnis von dem, was in den Augen Gottes richtig oder falsch ist, in Betracht ziehen. Die Bibel stellt klar, dass wir gemäß dem Licht, das wir empfangen haben, gerichtet werden – sei es das volle Licht des Evangeliums, das halbe Licht der zehn Gebote oder das schwächere Licht, das durch die Schöpfung um uns und durch das Gewissen in uns gegeben worden ist (Röm1,20; 2,12-16).

Andererseits wird unser gesamtes Leben, mit allen Gedanken, Worten und Taten zur Schau gestellt werden (Röm2,6). Alles, was wir getan haben, während wir „in diesem Leib" waren (2.Kor5,10). Es wurde alles in „Büchern" verzeichnet. So wie die Fernsehsendung „Das war dein Leben", nur dass Gottes Aufzählung vollständig ist und nicht nur eine Auswahl von lobenswerten Momenten! Diese Bücher werden an diesem Tag geöffnet werden (Offb20,12).

Kann es da ein anderes Urteil geben als „Schuldig!"? Keiner, der mit all den verdammenden Beweisen konfrontiert wird, kann etwas gegen dieses Urteil sagen. Wer hat schon immer nur das Richtige getan, selbst wenn er nur durch sein Gewissen und nicht durch die Heilige Schrift angeleitet worden ist? Wer hat sich immer von dem ferngehalten, was er an anderen kritisiert oder verdammt hat (Mt7,1)? Es ist wahr: „Da ist keiner, der (immer nur) Gutes tut, nicht einer" (Röm3,12); „Alle haben gesündigt und erlangen nicht die Herrlichkeit Gottes" (Röm3,23).

Keiner von uns ist so gewesen, wie es Gott für uns geplant hatte, oder wie wir selbst in unseren besten Momenten es für uns gewünscht hätten.

Die Strafe ist lebendiges Tot-Sein an einem Ort, den man Hölle nennt, getrennt von Gott, der doch die Quelle alles Guten ist. Man ist getrennt vom Neuen Himmel und der Neuen Erde und an einem Ort mit dem Teufel, den Dämonen und mit allen, die deren Zorn auf den Schöpfer teilen: Wo Leib und Seele Tag und Nacht für immer und ewig in einem „Feuersee" gequält werden (Offb14,11; 20,10); und das Schlimmste daran: Mit dem Kummer und der Frustration, dass man weiß, dass die verpassten Gelegenheiten nie mehr wiederkommen werden.... Kein Wunder, dass Jesus mit Schrecken von solch einem Geschick sprach, als er seine Jünger vor dieser Gefahr warnte und willens war, sich selbst zu opfern, damit sie davor bewahrt werden. (Weil dieses furchterregende Thema den Rahmen dieses Buches sprengen würde, sei dem Leser ein weiteres Buch des Autors empfohlen: Der Weg zur Hölle, Anchor Recordings, 2021).

Gibt es denn für niemanden Hoffnung? Wird in diesem Gericht die ganze Menschheit verdammt werden? Schauen wir uns die Szene noch einmal an. Zusätzlich zu diesen Millionen von Biographien wird noch „ein anderes Buch geöffnet, welches das Buch des Lebens ist" (Offb20,12). Jeder, dessen Name in diesem Buch geschrieben ist, wird freigesprochen, entkommt dem Urteil und der Strafe. Welche Namen stehen darin, und wie kamen sie dort hinein?

Dieses Buch existiert schon von Anbeginn der Zeit. Es wird im Alten und im Neuen Testament erwähnt (Ex32,32.33; Phil4,3), am häufigsten in der Offenbarung (Offb3,5; 13,8; 17,8; 20,12.15; 21,27; 22,19). Gott selbst schreibt die Namen dort hinein. Es ist eine Liste der Leute, die er seinem Sohn gegeben hat (Joh17,6); deshalb wird es auch das „Buch des Lebens des Lammes" genannt (Offb21,27).

Wie haben sie sich dafür qualifiziert? Sie haben an Christus als ihren Retter geglaubt. Sie lebten im Glauben und durch den Glauben. Sie vertrauten und gehorchten Gottes

WIE KÖNNEN WIR UNS SEINE ANKUNFT VORSTELLEN?

Worten. Ihre Taten bewiesen ihren Glauben. Einige Namen stammen aus der Zeit vor Christus (Hebr11). Abraham ist das klassische Beispiel; sein Glaube wurde durch seine Taten bewiesen, und „es wurde ihm als Gerechtigkeit angerechnet" (Gen15,6; Ps106,31; Röm4,3; Hebr11,8-12; Jak2,21-24). Die meisten Namen kommen aus der Zeit nach Christus, als viel mehr Menschen „dem Wort", das Gott gesandt hatte, vertrauten und gehorchten.

Man muss dazu sagen, dass wahrer Glaube kein einmaliger Schritt, sondern ein langer Lauf ist. Es ist von äußerster Wichtigkeit, an eine Person zu glauben, um ihr dann weiterhin zu glauben, was auch immer passiert. „Glauben" und „Treue" ist sowohl im Hebräischen als auch im Griechischen ein und dasselbe Wort. „Der Gerechte wird aus Glauben leben" (Hab2,4) bedeutet: „Diejenigen, die Gott als gerecht anerkennt, werden durch Treue überleben" (es sei angemerkt, wie diese Kontinuität des Glaubens in Röm1,17 und Hebr10,38.39 zu Tage tritt). Die alttestamentlichen Glaubenshelden „lebten (immer noch) im Glauben als sie starben" (Hebr11,13).

Es ist möglich, diesen Glauben zu verlassen und Schiffbruch im Glauben zu erleiden (1.Tim1,19.20). Es ist möglich, dass Namen aus dem Buch des Lebens ausgelöscht werden, wie Gott es dem Mose klargemacht hat (Ex32,33). Nur wer treu bleibt und die Anfechtung des Unglaubens und Ungehorsams überwindet, dessen Name wird im Buch des Lebens bleiben, bis dieses schließlich letztmalig geöffnet wird (Offb3,5). Diese werden freigesprochen oder - um die römische Gerichtsterminologie zu verwenden – gerechtfertigt werden. Nicht weil sie unschuldig wären, sondern weil sie konsequent an Jesus geglaubt haben, der für sie bereits die Strafe für ihre Sünden bezahlt hat. Nur wegen des Kreuzes kann Gott „gerecht sein und derjenige sein, der rechtfertigt" (Röm3,25.26). Sowohl seine Gerechtigkeit als auch seine Gnade wurden auf Golgatha offenbar.

Wenn das Gericht vorüber ist, dann ist die Bühne für die Erlösung der Schöpfung endlich frei. Durch die Wiederkunft des Herrn Jesus Christus auf den Planeten Erde wird es schließlich möglich sein. Er wird die Heiligen vollkommen machen, die Juden bekehren, den Teufel besiegen, die Welt regieren und die Gottlosen verdammen.

Aus der alten Menschheit wurde eine neue geschaffen. Der „Homo sapiens" wurde durch einen „Homo novus" ersetzt. Sie sind neue Geschöpfe als Teil einer neuen Schöpfung geworden. Sie haben sich nicht selbst in eine neue Spezies entwickelt, sondern sie wurden durch die Kraft des Evangeliums Gottes verändert. „Der alte Mensch ist gegangen, der neue ist gekommen" (2.Kor5,17).

Dasselbe wird nun mit dem ganzen Universum geschehen. Neue Geschöpfe brauchen eine neue Umgebung. Der „erste" Himmel und die „erste" Erde, die durch die Sünde von Engeln und Menschen immer noch dauerhaft geschädigt sind, werden vergehen (Offb21,1). Sie werden „durch Feuer zerstört werden" (2.Petr3,10). Seitdem man entdeckt hat, dass in jedem Atom eine gewaltige Kernenergie steckt, ist solch ein Szenario leicht denkbar. Wie der sagenhafte Phönix aus der Asche, werden sich ein neuer Himmel und eine neue Erde entwickeln, schöner als man es sich vorstellen kann.

Dass der Zimmermann aus Nazareth damit zu tun haben wird, steht außer Frage, denn er war bereits bei der ersten Schöpfung involviert. Bevor er Tische und Stühle, Türen und Fensterrahmen anfertigte, machte er die Bäume, von denen er später das Bauholz bezog. Bevor er die Bergpredigt hielt, machte er diesen Berg, den er dann zu seiner Kanzel machte. Der Wind und die Wellen gehorchten ihm, weil sie seine Handarbeit waren. „Alles wurde durch ihn, und ohne ihn wurde auch nicht eines, das geworden ist" (Joh1,3).

Wo er und die Seinen sich aufhalten werden, wenn das

WIE KÖNNEN WIR UNS SEINE ANKUNFT VORSTELLEN?

Universum transformiert wird, ist uns nicht bekannt. Wir können nur spekulieren. Vielleicht in der neuen Metropole, dem neuen Jerusalem, das Gott im Weltraum entworfen und gebaut hat, von dem man schon seit der Zeit Abrahams weiß (Hebr 11,10).

Eines steht fest. Diese gewaltige urbane Konstruktion wird, obwohl sie im Himmel aufgerichtet wird, in die neue Erde eingesetzt werden (Offb 21,2.10). Sie wird die Heimstatt des Volkes Gottes, sowohl von Juden als auch Heiden sein.

Es wird aber auch der ewige Wohnsitz des Gottes dieses Volkes sein! Vater, Sohn und Geist werden *hier* bei den Menschen leben (Offb 21,3.23). Wir sind mit dem Gedanken vertraut, dass der Sohn und der Geist bei uns sind, und haben immer gebetet: „Unser Vater im Himmel" (Mt 6,9). Wir haben uns immer vorgestellt, dass wir in den Himmel kommen und dort mit ihm in alle Ewigkeit leben. Aber er kommt zu uns auf die Erde, um bei uns zu leben! So wie es ganz am Anfang war, wird man seine Schritte hier unten hören (Gen 3,8). Sogar sein Angesicht wird man sehen können (Offb 22,4).

Vielleicht scheint das alles für sein zweites Kommen nicht ausschlaggebend zu sein. Aber es ist sehr wohl bedeutsam. Viel zu viele Christen haben ihr Augenmerk nur auf den Himmel gerichtet. Dabei ist es die Erde, auf die Gott sein Augenmerk bei der Schöpfung und der Neuschöpfung richtet. Die erneuerte Erde wird sowohl Sein als auch unser ewiges Zuhause sein.

Der Fokus unserer Erwartungen für die Zukunft ist auf die Erde gerichtet. Das ist der Hauptgrund, warum Jesus hierher wiederkommen wird, um die Geschichte, so wie wir sie kennen, zu beenden. Seine Wiederkunft auf die Erde ist der Dreh- und Angelpunkt unserer Hoffnung, an dem sich alles andere ausrichten wird.

Mehr als alle anderen Menschen sind die Christen in ihrem

Denken der Erde verhaftet – sie sollten es zumindest sein. Im nächsten Kapitel betrachten wir, wie sich dieser Glaube an die Zukunft auch auf unser gegenwärtiges Verhalten auswirkt.

KAPITEL ZWEI

SIND WIR WIRKLICH BEREIT?

Warum wird uns so viel über das zweite Kommen gesagt? Wir wissen darüber mehr als über jedes andere zukünftige Ereignis, das in der Bibel vorhergesagt ist. Es muss einen Grund dafür geben.

Aber warum wurde uns nicht noch mehr darüber gesagt? Es wurden uns herausfordernde Hinweise gegeben, die uns mit vielen unbeantworteten Fragen zurücklassen. Wollen wir nicht noch viel mehr wissen?

Es muss doch eine Erklärung dafür geben, warum wir vieles wissen und vieles nicht wissen. Es muss doch eine Absicht dahinterstecken, dass das, was wir wissen für uns genug ist, dass es nicht zu viel und nicht zu wenig ist.

Der Grund ist ein ganz praktischer: Wir sollen *bereit* für seine Wiederkunft sein.

Offenbarung der Zukunft wird gegeben, damit die Gegenwart dadurch beeinflusst wird; nicht um menschliche Neugier zu befriedigen, sondern um moralische Beständigkeit hervorzurufen; nicht zur Information, sondern als Anreiz.

Wir leben aus Hoffnung. Deshalb „währet die Hoffnung ewiglich in des Menschen Herz" (um Alexander Pope zu zitieren). Die Zukunft beeinflusst die Gegenwart eines jeden von uns. Wovon wir glauben, dass es in der Zukunft passieren wird, hat tiefgreifende Auswirkungen auf unser jetziges Verhalten.

Das trifft insbesondere auf Christen zu, für die Hoffnung

eine zuverlässige Sicherheit darstellt und nicht nur ein Wünschen (das griechische Wort *elpis* beinhaltet die Bedeutung dieser endgültigen Sicherheit). Sünder werden eher von ihrer Vergangenheit beeinflusst, von den Gewohnheiten des Sinnes und des Körpers. Heilige werden eher von ihrer Zukunft beeinflusst, von der Hoffnung, die der Geist entzündet hat (Röm 8,23-25). Sie ist ein stabiles Fundament in einer wechselvollen Welt, ein „Anker der Seele, fest und sicher" (Hebr 6,19).

Christen sind Menschen von morgen. Sie sind Kinder eines neuen Zeitalters, das für sie schon angebrochen ist und eines Tages für die ganze Welt kommen wird. Sie suchen und ersehnen es, sie leben für diese kosmische Rettung. Man könnte sie als solche beschreiben, die „sich von den Götzen zu Gott bekehrt haben, dem lebendigen und wahren Gott zu dienen und seinen Sohn aus den Himmeln zu erwarten, den er aus den Toten auferweckt hat — Jesus, der uns rettet von dem kommenden Zorn" (1.Thess 1,9.10). Gott hat sehr oft versprochen, seinen Sohn zurückzusenden, um die Befreiung zu vollenden. Aber diese Versprechen sind immer von Geboten begleitet. Sein Volk muss für die Rückkehr des Retters bereit sein.

Im Neuen Testament stellt die Hoffnung auf das Kommen Christi das Hauptmotiv für gottgemäßes Leben in diesem „bösen gegenwärtigen Zeitalter" dar. Selbst das Buch der Offenbarung, das mehr Voraussagen als jedes andere enthält, hat diesen praktischen Zweck, indem es seinen Lesern nicht so sehr das, was kommen wird, offenbart, sondern sie zum Bereitsein für sein Kommen ermahnt.

Nur in der Gegenwart können wir uns für die Zukunft bereitmachen. Wenn wir damit zögern, riskieren wir, dass wir zu spät dran sind.

Wie können wir uns denn auf seine Rückkehr vorbereiten? Es gibt sieben Wege.

PERSÖNLICHER GLAUBE

„Wenn der Herr Jesus vom Himmel her mit den Engeln seiner Macht, in flammendem Feuer offenbart wird. Dabei übt er Vergeltung an denen, die Gott nicht kennen, und an denen, die dem Evangelium unseres Herrn Jesus nicht gehorchen" (2.Thess1,7.8). Ohne großes Nachdenken findet man hier zwei Gruppen von Schuldigen vor – die einen haben nicht in rechter Weise auf Gott reagiert, und die anderen haben nicht in rechter Weise auf das Evangelium reagiert.

Gott hat die Menschen auf die Erde gesetzt, „damit sie Gott suchen, ob sie ihn vielleicht tastend fühlen und finden möchten, obwohl er ja nicht fern ist von jedem von uns" (Apg17,27). Suchen bedeutet: „Eine Suche oder Nachforschung anstellen; bemüht sein, etwas herauszufinden oder zu erlangen; fragen; erstreben; etwas verfolgen; sich anstrengen; auf etwas zusteuern; in etwas Zuflucht nehmen" (so das *Oxford English Dictionary*). Jesus selbst ermahnte seine Zuhörer „Hört nicht auf zu suchen und ihr werdet finden…denn jeder der nicht aufhört zu suchen, wird finden" (Lk11,9.10; ich habe die grammatikalische Zeitform des Suchens „hört nicht auf zu…" so wiedergegeben wie es im Griechischen verwendet wird).

Wie wir schon gesehen haben, hat Gott seine Kraft und Göttlichkeit in der Schöpfung, dem Werk seiner Hände, ersichtlich gemacht, damit Atheisten und Agnostiker „ohne Entschuldigung" sind (Röm1,20). Obwohl dieser Beweis für seine Existenz bereits ausreicht, gibt es noch zwei weitere Möglichkeiten, seine Gegenwart zu entdecken.

Eine ist der Glaube. „Ohne Glauben aber ist es unmöglich, ihm wohlzugefallen; denn wer Gott naht, muss glauben, dass er ist und denen, die ihn suchen, ein Belohner sein wird" (Hebr11,6).

Die andere ist Buße. „Sucht den HERRN, während er sich finden lässt! Ruft ihn an, während er nahe ist. Der

Gottlose verlasse seinen Weg und der Mann der Bosheit seine Gedanken! Und er kehre um zu dem HERRN, so wird er sich über ihn erbarmen, und zu unserem Gott, denn er ist reich an Vergebung" (Jes 55,6.7).

Ob es viele oder auch nur einige gibt, die Gott auf diese Art und Weise suchen, ohne das Evangelium zu kennen, wissen wir nicht. Gott selbst wird darüber Richter sein.

Aus Erfahrung wissen wir, dass der Mensch im Allgemeinen eher Vergnügen, Wohlstand, Ruhm und Macht sucht – alles, nur nicht Gott. Der Wissensdurst des Menschen beschäftigt sich mit Nahrung und Netzwerken, DNS und Dinosauriern, Psychologie und Soziologie – mit allem, nur nicht mit Gott.

Es ist unwahrscheinlich, dass dieses Buch in die Hände von jemandem gerät, der noch nie etwas von Jesus gehört hat. Obwohl es wünschenswert wäre, ja mehr noch, dass jener dann gleich anfangen würde, Gott zu suchen. Wenn man ihn nicht findet, bevor er einen findet, dann wäre es besser, man wäre nie geboren worden.

Was aber ist mit denen, die das Evangelium gehört haben? Sie sind sowohl privilegiert als auch in größerer Verantwortung, da alle Menschen gemäß dem Licht, das sie empfangen haben, gerichtet werden. Es ist aber nicht ausreichend, es nur gehört zu haben oder nur geglaubt zu haben, dass es wahr ist. Am Anfang dieses Abschnitts begannen wir mit einem Vers, der davon sprach, dem Evangelium zu *gehorchen*. Wir müssen also etwas dafür tun.

Zu Anfang müssen wir Buße tun und glauben, indem wir das ganz aktiv durch die Wassertaufe und den Empfang des Heiligen Geistes zum Ausdruck bringen (siehe dazu auch *Explaining Water Baptism* in der Traktatserie von Sovereign World, oder mein Buch *Die normale christliche Geburt*, ProjektionJ, 1991). Aber das ist noch nicht alles, sondern erst der Anfang. Leider sind viele der Ansicht, dass sie, wenn sie das christliche Leben begonnen haben, schon bereit für die Wiederkunft Jesu seien. Das wäre nur der Fall, wenn sein Kommen unmittelbar auf ihre Bekehrung folgen würde (was ganz offensichtlich bis jetzt auf niemanden zutrifft!).

Die christliche Religion wurde ganz zu Anfang „Der Weg" genannt (Apg18,25.26; 19,9.23). Das Evangelium ist der Weg zum Leben und ein Weg des Lebens. Es kann nicht erarbeitet werden, sondern es muss ausgearbeitet werden (Eph2,9.10; Phil2,12.13). Nachdem man den schmalen Weg eingeschlagen hat, muss man ihn auch weitergehen (Jes30,21; 35,8-10; Eph4,1; 5,2.8). Nur die, die mit Gott gehen, sind auch bereit, ihm zu begegnen. Henoch ist das klassische Beispiel hierfür (Gen5,24).

Und so reicht es eben nicht aus, nur ein „Gläubiger" an Gott und an Jesus zu sein. Das ist sicherlich die Grundvoraussetzung, aber Jesus selbst hat klar zum Ausdruck gebracht, dass einige Gläubige für seine Wiederkunft bereit sein werden und einige nicht.

Was ist außerdem notwendig?

BESTÄNDIGER GOTTESDIENST

Nachdem Jesus den Jüngern die Zeichen seiner Wiederkunft verkündet hatte (Mt24, wie bereits dargelegt), kam er bezeichnenderweise zum Thema der Bereitschaft für die Wiederkunft (in Mt25). Er erzählte einige Gleichnisse, allesamt Variationen zu einem Thema: „Seid nun bereit" (Mt24,44). Dieser dringende Befehl wird auf verschiedenen Gebieten illustriert – Hausverwaltung, Hochzeit und Handel.

Die Geschichten haben dieselbe Handlung und dieselbe Aussage. In jeder Geschichte geht jemand weg, wird aber wiedererwartet, wenn auch der genaue Zeitpunkt seiner Wiederkehr unbekannt ist. Es ist offensichtlich, dass Jesus sich im Hausherrn, im Bräutigam und im Geschäftsmann selbst darstellt. Ebenso klar ist, dass die Zurückgelassenen seine Nachfolger sind.

Letztere werden in allen Geschichten in zwei Typen oder Gruppen unterteilt: Die weisen, die für seine Wiederkunft bereit sind – und die törichten, die es nicht sind. Beachte, dass „weise" verständig und nicht intelligent, und dass „töricht" dumm und nicht ungebildet bedeutet.

Auch findet der gleiche Test ihrer Bereitschaft statt. In jedem Gleichnis wird angedeutet, dass die Rückkehr des Hauptdarstellers *später* ist, als man angenommen hatte – der Bräutigam „ließ auf sich warten" und der Hausherr „kam nach langer Zeit wieder". Das ist eine Schlüsselstelle zum Verständnis und zur Anwendung dieser Geschichten. Der eigentliche Test besteht nicht darin, was man tut, wenn man mit seiner baldigen Ankunft rechnet, sondern was man tut, wenn man meint, dass es noch lange dauert (Mt 24,48). Was dem geduldigen Warten entspringt, ist weit wertvoller als das, was in Panik getan wird. Wirkliche Bereitschaft gründet sich auf die Tatsache, dass der Herr wiederkommen wird und nicht auf das Timing.

Auch haben alle „weisen" dieselbe Tugend, nämlich Treue. Sie verhielten sich in der Abwesenheit der Hauptfigur genauso wie sie sich in seiner Anwesenheit verhalten würden. Auch die verlängerte Abwesenheit tat dem keinen Abbruch; auch darauf waren sie vorbereitet. Sie bewiesen ihre Vertrauenswürdigkeit. Daher jubelten sie auch demjenigen zu, vor dem sie sich zu verantworten hatten. Ihre Belohnung war, dass sie es genießen durften, wie er sich über sie freut, und dass sie einen größeren Verantwortungsbereich erhielten. „Und so lebten sie glücklich bis in alle Ewigkeit", ein schöner Satz, der uns aus Kindermärchen wohlbekannt ist.

Aber die „törichten" begehen alle denselben Fehler, nämlich Nachlässigkeit. Nur in einem Fall wird etwas wirklich Böses getan (der Hausknecht, der seine Mitknechte schlägt und dabei selbst in Schwelgerei lebt). In den anderen Fällen geht es darum, dass Gutes nicht getan wird – Unterlassungssünden und keine Begehungssünden, so nennt man sie jedenfalls, ein Vernachlässigen von Pflichten. Die Bibel hat viel über die Sünde der Faulheit oder Bequemlichkeit zu sagen, besonders im Buch der Sprüche (Spr6,6; 10,26; 12,24; 15,19; 19,24; 21,25; 26,15 usw.). Das ist nicht etwa ein leichtes Vergehen.

Jesus benutzte harte Worte, als er die Strafe für solche Faulenzer beschrieb. „Man wird ihn entzweischneiden und ihm sein Teil festsetzen bei den Heuchlern; da wird das Weinen und das Zähneknirschen sein (Mt24,51). „Und den unnützen Knecht werft hinaus in die äußere Finsternis; da wird das Weinen und das Zähneknirschen sein" (Mt25,30). Dieses Vokabular trifft auf die Hölle zu und spricht von endlosem Kummer und endloser Reue an diesem schrecklichen Ort.

Wer waren diese Leute, die ihre Gelegenheiten vergeudet hatten? Selbstgefällige Christen werden sie schnell als die Ungläubigen ausgemacht haben. Nein, sondern sie waren Diener in einem Haushalt, Brautjungfern, die auf eine Hochzeit eingeladen waren, Angestellte, denen der Besitz ihres Arbeitgebers anvertraut war. Solche Beschreibungen passen viel eher zu Gläubigen. Außerdem müssen wir uns erinnern, dass diese Gleichnisse nicht an die Öffentlichkeit gerichtet waren, sondern an die zwölf Jünger – von denen sich einer (Judas) bereits als unzuverlässig erwiesen hatte, obwohl er früher im Namen Jesu gepredigt und geheilt hatte.

Jedoch gibt es mehr als einen Hinweis darauf, dass hinter dieser Unzuverlässigkeit ein Mangel an Beziehung und eine ungenügende Kenntnis der Person, die wiederkommen wird, steckt. Die Behauptung des bösen Knechts: „Ich wusste, dass du ein harter Mann bist…" (Mt25,24) wurde mit folgenden Worten zurechtgewiesen: „Du dachtest also, du kennst mich; hättest du mich gekannt, dann hättest du auch gewusst, was ich von dir gewollt habe und was ich an deiner

Stelle getan hätte…aber du hast mich nicht gekannt." Zu den Brautjungfern, die sich nicht auf seine Verspätung vorbereitet hatten, sagte der Bräutigam: „Ich sage euch die Wahrheit, ich kenne euch nicht" (Mt25,12; diesmal heißt es nicht: „Ihr kennt mich nicht", wo sie ihn doch offensichtlich kannten; es heißt nicht einmal: „Ich habe euch niemals gekannt", wie in Mt7,23; sondern es heißt ganz einfach: „Ich betrachte euch jetzt nicht mehr als solche, die etwas mit mir zu tun haben.")

Treu zu dienen ist ein unerlässlicher Bestandteil zur Vorbereitung auf die Wiederkunft des Herrn. Es wurde schon oft gesagt, dass der Herr diejenigen loben wird, die *treu* waren, und nicht die, die erfolgreich waren. Das ist aber leider eine falsche Gegenüberstellung und wird gerne gebraucht, um Beständigkeit in nutzloser Aktivität zu rechtfertigen. Der Herr möchte beides: Diener, die treu und die fruchtbar sind, die ihm für seine Investitionen einen Zugewinn zurückgeben können – aber selbst, wenn wir unser Bestes gegeben haben, sollten wir selbst uns nur als „unnütze Sklaven" betrachten (Lk17,10).

Auch die Qualität unseres Dienstes und nicht nur die Quantität ist wichtig. „Wenn aber jemand auf den Grund (d.h. Jesus Christus) Gold, Silber, kostbare Steine, Holz, Heu, Stroh baut, so wird das Werk eines jeden offenbar werden, denn der Tag wird es klarmachen, weil er in Feuer offenbart wird. Und wie das Werk eines jeden beschaffen ist, das wird das Feuer erweisen" (1.Kor3,12.13). Nicht immer sind es die Fleißigsten, die die besten Resultate erarbeiten.

Wir müssen mit einem weiteren Missverständnis aufräumen. Dem Herrn treu zu dienen beschränkt sich nicht auf „geistliche" Aktivitäten in unserer Freizeit und auch nicht auf Kirche oder auf die Evangeliumsverkündigung. Unser ganzer Alltag will für den Herrn gelebt werden. Adam war Gärtner. Die Bibel schätzt praktische Arbeit viel höher als die Welt ein. Schafhirten, Fischer, Zeltmacher und Zimmerer sind besonders berühmt. Der Mensch ist dazu gemacht, mit den Händen zu arbeiten (Ps90,17; 1.Thess4,11). Dem Herrn kommt es mehr darauf an, *wie* wir arbeiten, als *was* wir arbeiten. Ihm ist ein gewissenhafter Taxifahrer lieber als ein nachlässiger Missionar. Er sorgt sich mehr um Charakter als um Karriere. Es muss ihn frustrieren, wenn er nur um Leitung und Führung gebeten wird, wenn man einen Berufswechsel plant. Jede Arbeit zählt bei Gott gleich, wie schon Martin Luther sagte. Jeder Christ ist im Vollzeitdienst für den Herrn. Jeder Beruf, es sei denn er ist illegal oder unmoralisch, ist ein heiliger Ruf. So wie wir jetzt unsere tägliche Arbeit verrichten, schreiben wir ein Bewerbungsschreiben und unseren Lebenslauf für die zukünftige Karriere im Königreich Gottes. Davon hängen unsere Rolle und unsere Verantwortung im Königreich, das Christus bei seinem Kommen aufrichten wird, ab.

Er schaut aus nach Zuverlässigkeit und nicht nur nach Fähigkeit. Er wird diejenigen in den Dienst stellen, zu denen er sagen kann: „Recht so, du guter und treuer Knecht! Über weniges warst du treu, über vieles werde ich dich setzen; geh hinein in die Freude deines Herrn" (Mt25,21.23).

PERSÖNLICHE HEILIGKEIT

Das Evangelium ist die gute Botschaft, die sowohl Heiligkeit als auch Vergebung mit sich bringt. Es bedeutet nicht das Angebot, dass einem vergeben wird, und dass im Gegenzug dafür Heiligung verlangt wird - eine weit verbreitete Auffassung, die oft sogar von Predigern noch gefördert wird. Vielmehr ist beides ein Angebot! Man kann jetzt die Sünden nicht nur besiegen, sondern ihnen auch absagen. Wir können nun sowohl die Fähigkeit als auch das Verlangen haben, richtig zu leben und gerecht zu sein.

Gaben müssen empfangen werden. Sowohl Vergebung als auch Heiligkeit sind nun erhältlich, aber beide muss man sich aneignen. Viele beanspruchen das eine ohne das andere. Sie wollen jetzt gerechtfertigt und später geheiligt werden!

Natürlich werden sie das sein. „Wir wissen, dass wir, wenn es offenbar werden wird, ihm gleich sein werden, denn wir werden ihn sehen, wie er ist" (1.Joh3,2). Wenn wir ihn in unseren neuen verherrlichten Leibern treffen werden, werden wir perfekt, vollständig, mit jedem Bestandteil unseres Seins völlig verwandelt sein. Wir werden dem Titel gerecht werden, den er uns gab, als wir begannen ihm nachzufolgen: „Heilige" (Röm1,7; 2.Kor1,1; Eph1,1 usw.).

Aber Johannes zieht eine Folgerung aus dieser Erwartung. „Und jeder, der diese Hoffnung auf ihn hat, reinigt sich selbst, wie auch jener rein ist" (1.Joh3,3). Mit anderen Worten: Wenn wir wirklich davon überzeugt sind, dass unsere zukünftige Bestimmung ist, heilig zu sein, dann wird dieser Glaube in unserem jetzigen Verhalten ersichtlich sein.

Es wäre schon ein ziemlich unnatürliches Verhalten, wenn jemand, der eine große Erbschaft erwartet, sie nicht einfordern würde, wenn sie verfügbar ist. Wenn auch nur ein Teil der Erbschaft zur Auszahlung bereitstände, wer würde den Auszahlungsbetrag nicht abrufen, zumal dann, wenn er das Geld dringend benötigt?

Mit anderen Worten: Es ist eine Frage echten Verlangens. Wenn wir wirklich unsere Hoffnung darauf setzen, eines Tages genauso wie Christus zu sein, dann werden wir dieses Ziel jetzt schon verfolgen. Wir werden kein Verlangen haben, „den zeitlichen Genuss der Sünde zu haben" (Hebr11,25).

Wir werden hier und jetzt heilig sein wollen, wenn es möglich ist. Und es ist möglich, obwohl es weder einfach noch schnell geht. Es bedarf einer „Leistung", einer Kombination von Energie, Enthusiasmus und Ausdauer.

Wenn wir oft an den Tag denken, an dem wir in sein Angesicht und seine Augen blicken werden, dann ist das ein guter Anreiz. Diejenigen die bisher wenig Einsatz gezeigt haben, heilig zu sein und die somit auch keine wirkliche Sehnsucht danach haben, werden sich zutiefst schämen und nicht fähig sein, seinem durchdringenden Blick standzuhalten. Wie schlimm wäre es, wenn er sagen müsste: „Ich hätte so viel mit dir vorgehabt, aber du wolltest nicht".

Wir müssen nochmals betonen, dass diejenigen, die ausharren, angenommen werden. „Und nun, Kinder, bleibt in ihm, damit wir, wenn er offenbart werden wird, Freimütigkeit haben und nicht vor ihm beschämt werden bei seiner Ankunft" (1.Joh2,28).

Das Neue Testament stützt seine Forderung nach umfassender Heiligkeit auf die Tatsache, dass Jesus wiederkommen wird. Nüchternheit, Treue, Mäßigung, Geduld, Aufrichtigkeit, Gehorsam, Fleiß, Reinheit, Gottesfurcht, brüderliche Liebe – all das und noch viel mehr wird durch den Gedanken angeregt, dass wir Jesus wiedersehen werden. Besonders wirkungsvoll wird der Aufruf dann, wenn die Gläubigen in ihrer Gesamtheit als Braut dargestellt werden, zu welcher der Bräutigam kommt.

Während seines ersten Besuchs auf der Erde war Jesus nicht verheiratet, aber er wird es bei seinem zweiten Besuch sein! Die Gläubigen sind derzeit mit Christus nur verlobt. Wenn er wiederkommt, wird diese Verlobungsbeziehung mit dem Hochzeitsmahl des Lammes vollendet (Offb19,9; vgl. Mt22,2).

Diese Metapher zieht sich durch die ganze Bibel. Sie wird sowohl auf Israel im Alten Testament als auch auf die Gemeinde im Neuen Testament angewendet. Gottes Bund mit seinem Volk muss im Sinne eines Heiratsversprechens gesehen werden. Die Metapher von Braut und Bräutigam wird auf zweierlei Weise angewendet:

Im negativen Sinn wird Untreue als Ehebruch und sogar als Prostitution angesehen. Wenn es während der Verlobungszeit dazu kam, war dies ein Grund für Scheidung, was der Mutter

Jesu ja beinahe passiert wäre (Mt1,19). Sich auf die Hochzeit vorzubereiten bedeutet, seine Jungfräulichkeit zu bewahren. Wenn man eine Braut ist, dann bewahrt man sich für seinen zukünftigen Bräutigam. „Denn ich habe euch einem Mann verlobt, um euch als eine keusche Jungfrau vor den Christus hinzustellen" (2.Kor11,2).

Im positiven Sinn wird eine Braut auf ihr Erscheinungsbild bei der Hochzeit ebenso wie auf ihre Enthaltsamkeit vor der Hochzeit bedacht sein. Die Gemeinde wird an diesem Tag so sein wollen, wie Christus sie gerne hätte: „Damit er die Gemeinde sich selbst verherrlicht darstellte, die nicht Flecken oder Runzel oder etwas dergleichen habe, sondern dass sie heilig und tadellos sei" (Eph5,27). Das betrifft sowohl ihre Kleider als auch ihren Teint. Kleidung kommt in den Aussagen über das zweite Kommen häufig vor. „Siehe, ich komme wie ein Dieb. Glückselig, der wacht und seine Kleider bewahrt, damit er nicht nackt umhergehe und man nicht seine Schande sehe" (Offb16,15). Selbst der Wunsch, in Weiß zu heiraten, dem Symbol der Reinheit, hat sein moralisches Gegenstück: „Denn die Hochzeit des Lammes ist gekommen, und seine Braut hat sich bereitgemacht. Und ihr wurde gegeben, dass sie sich kleide in feine Leinwand, glänzend, rein; denn die feine Leinwand sind die gerechten Taten der Heiligen" (Offb19,7.8). Man bemerke die Ausgeglichenheit zwischen „ihr wurde gegeben" und „sie hat sich bereitgemacht". Kleider mögen ein Geschenk sein, aber sie müssen angezogen und bei der Hochzeit getragen werden. Jesus erzählte ein Gleichnis, um diejenigen vor der Hölle zu warnen, die zwar eingeladen waren, um daran teilzunehmen, dann aber so dreist waren, ihre Kleidung nicht zu wechseln (Mt22,11-13).

Es ist deshalb absolut notwendig, „dem Frieden mit allen nachzujagen und der Heiligung, ohne die niemand den Herrn schauen wird" (Hebr12,14). Nur wer das tut, „dessen Geist,

Seele und Leib werden untadelig bewahrt werden bei der Ankunft unseres Herrn Jesus Christus (1.Thess5,23).

GEMEINSAME NACHFOLGE

Heiligkeit oder auch Vollständigkeit hat ein gemeinschaftliches und ein individuelles Einsatzgebiet. Die „Braut" kann man sowohl auf eine einzelne Person als auch auf eine Gemeinschaft beziehen. „Christus liebte die Gemeinde und gab sich selbst für sie hin, um sie heilig zu machen" (Eph5,25.26).

Gläubige sind dazu berufen, „ein auserwähltes Geschlecht, ein königliches Priestertum, eine heilige Nation, ein Volk zum Besitztum für Gott" zu sein (1.Petr2,9). Sie sollen als eine Einheit in einer dekadenten Welt auftreten und eine überzeugende Einigkeit in einer vielfach gespaltenen Welt an den Tag legen. Jesus möchte solch ein Volk bei seiner Wiederkunft vorfinden. Welche Konsequenzen hat das?

Auf alle Fälle bedeutet es, dass Christen sich nicht von anderen Gläubigen isolieren dürfen. „Lasst uns nicht unser Zusammenkommen versäumen, wie es bei einigen Sitte ist, sondern einander ermuntern, und das umso mehr, je mehr ihr den Tag herannahen seht" (Hebr10,25). Es gibt Sicherheit, wenn eine größere Anzahl zusammenkommt, und weil der Druck auf Gottes Volk zum Ende hin immer größer werden wird, ist es lebensnotwendig, zusammenzustehen. Man muss sich gegenseitig dienen und sich moralisch unterstützen. Auch Diener haben untereinander Pflichten, genauso wie sie ihrem Herrn verpflichtet sind. Jesus sprach davon, dass ein Knecht die Aufgabe hatte, seine Mitknechte während der Abwesenheit ihres Herrn zu versorgen. Er vernachlässigte nicht nur diese Aufgabe, sondern war sogar schuldig, sie im Rausch geschlagen zu haben. Bei der Rückkehr seines Herrn wurde er für den Missbrauch seiner Position in die Hölle geworfen (Mt24,45-51).

Bei derselben Gelegenheit erzählte Jesus das Gleichnis von den Schafen und den Böcken (eigentlich ist es gar kein Gleichnis, sondern eine vorausschauende Prophetie, die eine Analogie beinhaltet). „Wenn aber der Sohn des Menschen kommen wird in seiner Herrlichkeit und alle Engel mit ihm, dann wird er auf seinem Thron der Herrlichkeit sitzen; und vor ihm werden versammelt werden alle Nationen, und er wird sie voneinander scheiden, wie der Hirte die Schafe von den Böcken scheidet" (Mt25,31.32).

Für sein Gericht ist ausschlaggebend, ob „für die geringsten meiner Brüder" auf praktische Weise gesorgt wurde, ob man ihren Nöten begegnet ist und an ihren Prüfungen teilgenommen hat. Natürlich hängt die Auslegung davon ab, wer diese „Brüder" sind. Wenn man sagt, dass es die Landsleute Jesu, die Juden sind, dann ist diese Auslegung zu eng. Wenn man sagt, dass es alle Menschen sind, dann geht die Auslegung zu weit. Die Bezeichnung „Brüder" wird durchgehend auf seine Jünger angewendet, die aus allen Nationen stammen (Mt12,49; 28,10; vgl. Heb2,11). Die Missachtung seiner Jünger ist es, die die „Böcke" auf der linken Seite ausmacht. Dass diese Gruppe auch einige der Jünger selbst beinhaltet wird deutlich, weil sie Jesus „Herr" nennen (Mt25,44; vgl. 7,21), und durch die Tatsache, dass das Gleichnis nicht öffentlich, sondern im inneren Kreis der Zwölf gegeben wurde. Das Thema der Missachtung unter seinen eigenen Nachfolgern zieht sich durch alle Gleichnisse dieses Kapitels, ebenso wie die schreckliche Strafe dafür.

Im positiven Sinne waren die Schafe diejenigen, die ihren Brüdern gedient haben und selbst dem Geringsten in der Stunde der Not beigestanden haben. Sie wurden von Bruderliebe dazu bewegt und dachten dabei gar nicht daran, dass sie dadurch Jesus selbst etwas Gutes getan hatten (Mt25,37.38). Ihre Taten waren von spontanem Mitleid und nicht von berechnender Selbstsucht bestimmt.

SIND WIR WIRKLICH BEREIT?

Die Notwendigkeit, bereit zu sein, betrifft die gesamte Gemeinde ebenso wie jedes einzelne Gemeindeglied. Wer wirklich auf seine Wiederkunft hofft, wird sowohl für sich als auch für sein ganzes Volk so viel Heiligkeit wie möglich wünschen.

Diese werden um die *Einigkeit* der Gemeinde besorgt sein. Wenn alle versammelt sein werden, um dem Herrn in der Luft zu begegnen, werden alle Unterschiede bedeutungslos sein. Denominationen, Liturgiestile, Gemeindestrukturen, theologische Auseinandersetzungen – das alles wird uns nicht mehr in den Sinn kommen, wenn wir ihn sehen. An diesem Tag wird eine Atmosphäre völliger Harmonie herrschen, die sich in vereinter Anbetung äußert.

Wer diese Hoffnung hat, wird das schon hier und jetzt wollen und dafür arbeiten. Er wird das Gebet Jesu ernst nehmen, welches er am letzten Abend vor seinem Tod gebetet hat, und welches genau diese Demonstration der Einigkeit bis hin zu seiner Wiederkunft zum Inhalt hatte (Joh17,20-24).

Einigkeit müssen wir allerdings so definieren, wie er es tat. Sie bedeutet weder Union noch Uniformität, sondern die Einmütigkeit der Herzen, Sinne und des Willens, so wie er sie mit seinem Vater hatte. Sie gründet sich mehr auf Wahrheit als auf Toleranz. Wer sie sucht, wird gegenüber Missständen nicht gleichgültig sein.

Sie werden um *Reinheit* in der Kirche besorgt sein. Sie werden in Angelegenheiten des Glaubens und des Verhaltens versuchen, befleckte Gemeinden zu reinigen und sie gemäß dem Evangelium, das sie predigen, stabil zu erhalten. Das kann dann durchaus zu Konfrontation und Konflikt führen (1.Kor11,19).

Es ist sehr bezeichnend, dass das Buch der Offenbarung, dessen zentrale Botschaft das zweite Kommen ist, mit dem Befehl an lokale Gemeinden beginnt, mit Häresie und Unmoral in ihrer Mitte aufzuräumen. Dabei steht der Androhung der Bestrafung die Verheißung der Belohnung bei seiner Wiederkunft gegenüber (Offb2,7.10.17.26; 3,5.12.21).

Wenn auch ganze Gemeinden „weggerückt" werden, weil sie Dinge nicht bereinigt haben, so wird doch einzelnen Gemeindemitgliedern ein Lohn versprochen, die versucht haben, etwas daran zu ändern. Jeder in der Gemeinde kann Jesus die Gemeindetüre öffnen und ihn hineinlassen (Offb3,20; ein Vers der nicht von persönlicher Bekehrung, sondern von gemeinschaftlicher Wiederherstellung handelt).

Dieses gemeinsame Anliegen für Einheit und Reinheit unter Gottes Volk ist zentraler Bestandteil der Bereitschaft für seine Wiederkunft. Die Braut, welche seine Gemeinde ist, „muss sich selbst bereitmachen" (Offb19,7).

GLOBALE EVANGELISATION

Man hat schon zutreffend gesagt, dass die Kirche die einzige Gemeinschaft auf der Erde ist, deren vorrangiges Ziel das Wohl der Nicht-Mitglieder ist! Sie hat die Aufgabe, vollständig zu sein, bevor Jesus wiederkommt, ja sogar bevor er wiederkommen *kann*. „Und dieses Evangelium des Reiches wird gepredigt werden auf dem ganzen Erdkreis, allen Nationen zu einem Zeugnis, und dann wird das Ende kommen" (Mt24,14). Es besteht sogar die Möglichkeit, dass sein Kommen beschleunigt werden kann, wenn man diese Aufgabe mit Eifer und Enthusiasmus anpackt (2.Petr3,12; wobei das dort verwendete Verb sowohl mit „eifrigem Warten" als auch mit „beschleunigen" übersetzt werden kann, und es hier keinen missionarischen Kontext aufweist).

Alle vier Evangelien enden mit dem Missionsbefehl an die Apostel (Mt28,18-20; Mk16,15-18; Lk24,47.48; Joh20,21-23) – und durch diese geht der Missionsbefehl auch auf die Kirche für alle Zeiten und alle Orte über, denn es ist offensichtlich, dass die Zwölf diese Aufgabe nicht selbst vollenden konnten. Das Evangelium muss der ganzen Schöpfung gepredigt werden, und Jünger müssen aus allen „Nationen" (d.h. aus ethnischen Gruppen und nicht aus Staaten) gemacht werden.

Es ist Gottes Absicht und Sehnsucht, in seiner Familie, der neuen Menschheit, die auf der neuen Erde leben wird, Männer und Frauen „von jedem Stamm, jeder Sprache, jedem Volk und jeder Nation" (Offb5,9; 7,9) dabei zu haben. Er machte sie alle „aus einem Mann" (Apg17,26) und wird ihre Verschiedenheit wieder in Einheit zusammenführen, indem er sie „zusammen unter ein Haupt, den Christus" bringen wird (Eph1,10). Wir wurden nicht darin bestärkt zu glauben, dass ganze Nationen, sondern dass Menschen „aus allen Nationen" gerettet werden.

Die Mission ist also weltweit, „bis zu den Enden der Erde" (Apg1,8; vgl. Jes45,22; 49,6; 52,10). Solange nicht jeder Winkel unseres Planeten die gute Nachricht gehört hat, und zwar in seiner eigenen Sprache, wird dieses Werk nicht beendet sein.

Das Nahen des 21. Jahrhunderts, des dritten Millenniums seitdem Jesus hier war, hat unser Interesse an Evangelisation beflügelt, indem es uns daran erinnert hat, wie lange es gebraucht hat, die Aufgabe zu erfüllen und wie wenig Zeit noch vorhanden ist, sie zu Ende zu führen.

Jedoch sollte das Verstreichen der Zeit nicht unser Hauptmotiv sein. Es sollte uns genügen, dass der Herr es befohlen hat. Die einfache Verpflichtung des Gehorsams ist das wichtigste. Die Dankbarkeit, die wir gegenüber unserem Herrn wegen unserer eigenen Errettung empfinden, soll in uns noch mehr als nur Willigkeit hervorrufen, zu tun, was er uns aufgetragen hat. Sie soll in uns ein brennendes Verlangen bewirken, das, was wir gefunden haben, mit denen zu teilen, die „verloren" sind, ob sie sich dessen bewusst sind oder nicht. „Denn die Liebe Christi drängt uns" (2.Kor 5,14). Das sagte ein Mann, der sich selbst verflucht fühlte, sollte er solch gute Botschaft für sich behalten: „Denn wehe mir, wenn ich das Evangelium nicht verkündigte" (1.Kor 9,16).

Es ist ganz einfach: Wer sich wirklich danach ausstreckt, Christus persönlich zu begegnen, der wird nicht damit zufrieden sein, alleine zu kommen. Er wird so viele andere wie möglich mitnehmen wollen.

Die am meisten vorbereitet sind, werden am meisten dafür tun, andere bereit zu machen! Sie werden vom Gedanken begeistert sein, noch vielen anderen die große Freude zu bereiten, mit Gott in einer ganz neuen Welt zu leben. Sie werden auch von der Sorge getrieben sein, was mit jenen passiert, die nicht hören und darauf reagieren. Diese Dringlichkeit wird sie allerdings nicht zu solch kontraproduktiven Methoden wie z.B. Zwangsbekehrungen verleiten; aber es wird sie wachsam sein lassen, jede Möglichkeit für die Evangelisation in Liebe, Weisheit und Besonnenheit wahrzunehmen.

Die Freude, andere zum Glauben in Christus zu führen, ist nur ein Vorgeschmack auf die Freude, wenn wir sie sehen, wie sie ihm von Angesicht zu Angesicht begegnen werden. Wenn jetzt schon die Engel feiern, wenn nur ein Sünder Buße tut (Lk 15,7.10), was wird sein, wenn „die Heiligen einmarschieren" (Engl.: „When the Saints go marching in")?

SOZIALES HANDELN

Mittlerweile ist man sich darin einig, dass Evangelisation und soziales Handeln bei der Kirchenmission zusammengehören, wenn auch viele dem letzteren den Vorrang geben würden.

Die Bibel gibt eine eindeutige Grundlage für den Dienst an einer ungläubigen Welt. Auch Jesus hat das zweite „große" Gebot, unseren Nächsten zu lieben wie uns selbst, bestätigt (Mk 12,31); und er zeigte auf, dass unser „Nächster" jeder in Not geratene ist, dem wir helfen können (Lk 10,29-37). Paulus ermahnt uns: „Lasst uns also nun, wie wir Gelegenheit haben, allen gegenüber das Gute wirken"; und fügt hinzu: „am meisten aber gegenüber den Hausgenossen des Glaubens". Obwohl es die am meisten zitierte Bibelstelle in diesem Zusammenhang ist, haben wir bereits angemerkt, dass das Gleichnis von den Schafen und Böcken, hier nicht vollständig zutrifft, da man „Brüder" und „Nächste" nicht gleichsetzen kann. Aber das Thema kann nicht nur an dieser Bibelstelle festgemacht werden.

Wir müssen zunächst klarstellen, dass wir nicht *durch* gute Werke (eine weit verbreitete Irrmeinung), sondern *zu* guten Werken gerettet werden (Eph 2,9.10). Wir sind gerettet worden, um zu dienen – jedem Menschen ohne Unterschied – jedem zu dienen, der unsere Hilfe braucht, ungeachtet der Beziehung, die er zu uns hat, und ohne etwas dafür zurück bekommen zu wollen. Für diese bedingungslose Liebe gibt es im Griechischen ein Wort: *agape*. In der antiken Welt wurde es nicht häufig verwendet. Zu seiner vollen Bedeutung kam es erst, als man damit die Liebe Gottes für diese Welt, die sich in Christus gezeigt hat, und die konsequente Liebe, die die Christen ausübten, beschrieb – beides schloss sogar die Feinde mit ein.

Die Nächstenliebe kann sich auf drei Ebenen des sozialen Handelns ausdrücken:

Erstens: in der *Arbeit*. Sofern sie einer echten Not in der Gesellschaft begegnet, kann und soll unsere tägliche Arbeit als praktischer Ausdruck der Nächstenliebe gesehen werden. Allzu oft betrachtet man die Arbeit als Mittel für den eigenen Vorteil um Geld, Ansehen oder Genugtuung für sich selbst zu erlangen. Eigentlich erfüllt Arbeit am meisten – und so hat Gott es auch vorgesehen – wenn man dadurch anderen hilft. Bei einigen Berufen (z.B. Krankenschwester) trifft das naturgemäß eher zu als bei anderen (Fließbandarbeit in der

Fabrik), aber jede Arbeit kann getan werden, um anderen zu helfen, oder damit sie anderen nützt.

Zweitens: in der *Fürsorge*. Christen waren schon immer bekannt dafür, dass sie sich um die Bedürftigen kümmerten. Bei der Fürsorge für Kranke, Alte, Behinderte und alle, die von einer selbstsüchtigen Gesellschaft allein gelassen wurden, haben sie Pionierdienste geleistet. Jakobus, der Bruder Jesu, hat diese Haltung mit folgender Definition sehr gefördert: „Ein reiner und unbefleckter Gottesdienst vor Gott und dem Vater ist dieser: Waisen und Witwen in ihrer Bedrängnis zu besuchen, sich selbst von der Welt unbefleckt zu erhalten" (Jak1,27; man bemerke hierbei, dass aktive Nächstenliebe kein Ersatz für moralische Integrität sein kann).

Drittens, in *Reformen*. In diesem Punkt gehen die Meinungen der Christen weit auseinander. Es herrscht Einigkeit darüber, dass man Leiden lindern soll, nicht aber, dass man die Missstände in bestehenden Systemen beseitigen soll. Das würde politisches Engagement auf lokaler oder nationaler Ebene erfordern. Besonders in Demokratien werden hier viele Kompromisse eingegangen, und es werden Mittelwege zwischen moralischen, unverrückbaren Werten und materiellen Notwendigkeiten, zwischen dem, was idealerweise getan, und dem, was in der Gesellschaft akzeptiert ist, gewählt (ein typisches Beispiel ist die Fristenlösung bei Abtreibungen, bis wann eine Abtreibung straffrei bleibt).

Während man anerkennt, dass Gesetze die Menschen nicht besser machen, so weiß man doch, dass sie die Menschen vom Bösen abhalten und somit Leid verringern. Den Opfern, die von einem bösen Gesellschaftssystem unterdrückt werden, zu helfen, ist die eine Sache. Eine andere Sache ist es, das System selbst ändern zu wollen. Letzteres geschieht indirekt und greift nicht direkt in das Leben der Menschen ein. Wenn es aber dieselben Resultate bringt, nämlich Linderung der Leiden, und das womöglich noch in weit größerem Umfang, kann man es deshalb etwa nicht als Nächstenliebe bezeichnen?

Paulus ermahnt uns, allen Menschen Gutes zu tun, „wie wir Gelegenheit haben" (Gal 6,10). Christen, die in Verantwortungspositionen stehen, sei es Handel, Industrie, Verwaltung oder Politik, haben solch eine „Gelegenheit", das System zum Besseren zu ändern.

Sie werden sich davor hüten, „frommes" Verhalten mit staatlichen Maßnahmen durchsetzen zu wollen (z.B. den Sonntag als Feiertag zu beachten). Vielmehr werden sie gerechte Gesetze durchsetzen wollen, um Unmenschlichkeit zu begegnen. Unmenschlichkeit war auch der Grund, weshalb die hebräischen Propheten die Völker außerhalb Israels tadelten, und nicht, weil sie die Gesetze gebrochen hatten, die dem erlösten Volk Gottes gegeben waren (z.B. Am 1,3-2,3).

Diejenigen, die an eine eintausendjährige Herrschaft Christi auf Erden nach seiner Wiederkunft glauben, sind in höchstem Maße zu solchen sozialen Reformen motiviert. Genauso wie die Hoffnung auf perfekte Menschen und eine perfekte Gemeinde, stimuliert die Erwartung auf eine perfekte Gesellschaft die Sehnsucht, soviel wie möglich davon jetzt schon zu erreichen. Die Gewissheit, dass eines Tages eine perfekte Weltordnung herrschen wird, spornt sie an, sich größeren Anstrengungen, die zu Frieden und Gerechtigkeit im Hier und Jetzt führen sollen, hinzugeben.

Nicht dass sie hoffen, es weltweit oder auch nur in nationalem Umfang zu erreichen, bevor der König kommt, um sein Königreich aufzurichten, sondern sie wollen zumindest die Beschaffenheit dieses Königreichs demonstrieren, indem sie seine Prinzipien schon heute anwenden. Auf diese Weise kann das „Evangelium des Königreiches" gepredigt und anempfohlen werden (Mt 24,14).

Aber es ist noch weit persönlicher und praktischer. Wenn die Welt einmal von Christen, die „mit Christus herrschen" regiert werden wird, und die öffentliche Verwaltung in ihren Händen sein soll (z.B. die Gerichtshoheit, 1.Kor6,2), dann sollten sie möglichst viel Erfahrung in solchen verantwortungsvollen Positionen sammeln.

Wir wollen diesen Abschnitt mit einem Beispiel eines solchen Gläubigen aus dem 19. Jahrhundert abschließen. Im Westend von London, genauer gesagt auf dem Piccadilly Circus, steht eine Statue aus Aluminium. Sie weist Ähnlichkeiten mit Cupido, dem Liebesgott, auf, und hat ihr den Spitznamen „Eros" beschert (das griechische Wort für Sex, woher das Wort „Erotik" kommt), was aber für diese Statue sehr irreführend ist. Sie sollte vielmehr „Agape" heißen, denn sie stellt einen „Engel der christlichen Nächstenliebe" dar und ist eine Erinnerung an Antony Ashley Cooper, der als Lord Shaftesbury besser bekannt ist.

Wahrscheinlich mehr als jeder andere Zeitgenosse tat er etwas gegen die Leiden, die durch die „industrielle Revolution" verursacht wurden, als eine große Landflucht stattfand, und die Menschen zur Arbeit in Fabriken und Minen unter ungesunden und unmenschlichen Bedingungen zusammengepfercht waren. Sie waren einfach nur Menschenmaterial, das von skrupellosen Chefs ausgebeutet wurde. Seine Taktik bestand darin, in der Öffentlichkeitsmeinung Schuldgefühle entstehen zu lassen, damit die Gesetzgebung dadurch Rückendeckung bekam, diesen Missbrauch zu verbieten.

Den wenigsten ist bewusst, dass hinter diesen öffentlichen Bemühungen eine beständige und bewusste Erwartung der Wiederkunft und Herrschaft Christi stand, für die Cooper bereit sein wollte. Am Anfang aller seiner Briefe schrieb er immer: „Amen, komm Herr Jesus!", ein Gebet, das wir auf der letzten Seite unserer Bibel finden (Offb22,20).

TREUES AUSHARREN

Wird die Welt nun besser oder schlechter? Am Beginn des zwanzigsten Jahrhunderts war die allgemeine Stimmung optimistisch; das Motto hieß „Fortschritt". Jetzt am Ende dieses Jahrhunderts sind die Aussichten pessimistisch; das Motto heißt „Überleben".

Sowohl Christen als auch Kommunisten teilen eine „apokalyptische" Sicht auf die Weltgeschichte. Beide erhielten sie aus jüdischen Quellen, wo sie ihren Ursprung haben – eine ist Jesus Christus, die andere ist Karl Marx. Es werden ganz einfach zwei zukünftige Phasen der Geschichte vorweggenommen. Erstens: Zuerst wird alles schlechter, und dann wird alles besser. Zweitens: Alles wird erst dann besser, nachdem es zuvor schlechter geworden sein muss. Und genau das ist die Struktur und der Aufbau des Buches der Offenbarung (in Kapitel 4 – 17 wird die Situation schlechter, in Kapitel 18 – 22 wird sie besser).

Wenn es in der Welt schlimmer wird, dann wird es für das Volk Gottes meistens noch schlimmer. Sie leiden genauso unter den allgemeinen Problemen wie alle anderen, aber in der letzten Zeit der „großen Trübsal" werden sie unter Schwierigkeiten leiden, die ihnen ganz gezielt bereitet werden, in erster Linie deshalb, weil sie sich weigern werden, sich einem totalitären Regime mit göttlichem Anspruch unterzuordnen.

Viele werden den Preis dafür mit ihrem eigenen Blut bezahlen. Je näher es auf den Höhepunkt zugeht, desto mehr Märtyrer wird es geben. Manchmal nährt das Buch der Offenbarung sogar die Vermutung, dass fast alle Gläubigen für ihren Glauben sterben werden, sodass die Worte „Überwinder" und „Märtyrer" fast synonym verwendet werden. Bezeichnenderweise bedeutet das griechische Wort *martus* oder *martur* in der Grundbedeutung „Zeuge". Die Bedeutung hat sich aber erweitert auf jemanden, der mit einem treuen Zeugnis auf Kosten seines eigenen Lebens standgehalten hat.

Seit der Steinigung des Stephanus (Apg7,54-60) ist die „Armee der Märtyrer" stattlich gewachsen. Kein Jahrzehnt verging, ohne dass Menschen für ihren Glauben an Jesus gestorben sind. In der Zeit der „großen Trübsal" wird sich das zwar in noch nie dagewesenem Ausmaß steigern, aber man hat diese Erfahrung an einzelnen Orten und auch auf nationaler Ebene schon durchgemacht.

In einer gottlosen Welt ist Leiden ein sicheres Kennzeichen eines wahren Jüngers. „Alle aber auch, die gottesfürchtig leben wollen in Christus Jesus, werden verfolgt werden" (2.Tim3,12). Die frühe Kirche lehrte ihre Neubekehrten, dass sie mit Bedrängnissen rechnen müssen (Apg14,22), und bezeichnete es sogar als eine Ehre (Apg5,41). Bereits Jesus hatte es ihnen vorausgesagt: „In der Welt habt ihr Bedrängnis" (Joh16,33).

Was befähigt nun die Gläubigen, solche Bedrängnisse zu überleben, sie zu überwinden und sogar „mehr als Überwinder" zu sein (Röm8,37)? Es ist die sichere Hoffnung seiner Wiederkunft, wenn sie ihre Belohnung erhalten und an seiner Herrschaft teilhaben werden. Nicht zuletzt ist es die Hoffnung auf ihre öffentliche Rehabilitation vor den Augen der Welt, die sie einst verstoßen hat.

Das Neue Testament ist voll solcher Ermutigungen. Ein beliebtes Sprichwort der ersten Kirche lautete: „Denn wenn wir mitgestorben sind, werden wir auch mitleben; wenn wir ausharren, werden wir auch mitherrschen" (2.Tim2,11.12). Die Märtyrer werden auf Thronen sitzen (Offb20,4). Sie werden Kronen tragen, die diejenigen bekommen, die „treu bis zum Tod" waren (Offb2,10). Als Paulus seine Hinrichtung erwartete, wusste er, dass er sich für eine davon qualifiziert hatte: „Ich habe den guten Kampf gekämpft, ich habe den Lauf vollendet, ich habe den Glauben bewahrt;

fortan liegt mir bereit der Siegeskranz der Gerechtigkeit, den der Herr, der gerechte Richter, mir als Belohnung geben wird an jenem Tag" (2.Tim4,7.8).

Die Überwinder werden mit Belohnungen geradezu überhäuft – mit dem Anrecht, vom Baum des Lebens zu essen, mit dem verborgenen Manna, mit dem weißen Stein, mit einem neuen Namen, mit Vollmacht über die Nationen, mit dem Morgenstern, mit weißen Gewändern, mit immerwährendem Aufenthalt in Gottes Tempel und mit vielem mehr (Offb2,7.17.26; 3,5.12).

Das alles wird bei seiner Ankunft ihnen gehören. Aus dieser Perspektive erscheint das Leiden gar nicht mehr so übermächtig und es verliert seine einschüchternde Kraft. „Denn das schnell vorübergehende Leichte unserer Bedrängnis bewirkt uns ein über die Maßen überreiches, ewiges Gewicht von Herrlichkeit" (2.Kor4,17).

Es gibt aber nicht nur diese positiven Anreize, sondern auch negative Abschreckungsmittel, die sich auf sein Kommen beziehen. Das oben zitierte Sprichwort der frühen Kirche geht nämlich noch weiter: „Wenn wir verleugnen, wird auch er uns verleugnen" (2.Tim2,12). Diese Warnung basiert auf Jesu eigenen Worten: „Wer aber mich vor den Menschen verleugnen wird, den werde auch ich verleugnen vor meinem Vater, der in den Himmeln ist" (Mt10,33).

Genau diese Gefahr wird auch im Hebräerbrief angesprochen. An Jesus gläubige Juden waren in Versuchung, die Gemeinde zu verlassen und in die Synagoge zurückzukehren, um der wachsenden Christenverfolgung zu entgehen. Wenn sie wieder aufgenommen werden wollten, mussten sie nur widerrufen, dass Jesus ihr Messias ist. Sie wurden gewarnt, dass es unmöglich ist, von solch einer Apostasie Buße zu tun (Hebr6,4-6; vgl. Hebr2,1; 3,12-14; 10,26). Wenn er wiederkommt wird er „kein Wohlgefallen" an denen haben, die sich zurückziehen (wörtlich: „die ihre Segel herabgelassen haben") – zum Verderben (Hebr 10,37-39).

Das Buch der Offenbarung ist voll dieser Warnungen. Die Namen der „Feiglinge" werden aus dem Buch des Lebens des Lammes ausradiert werden, und sie werden in den Feuersee geworfen werden (Offb 3,5; 21,8). Die Qual, die auf diejenigen wartet, die dem Druck der feindlichen Autoritäten nachgeben, ruft zu geduldigem Ausharren der Heiligen auf, die Gottes Geboten gehorchen und Jesus treu bleiben (Offb 14,12). Das ganze Buch der Offenbarung richtet sich in schillernden Farben an Gläubige, die vor dieser Erprobung ihres Glaubens stehen, und will sie befähigen, sie durchzustehen. Deshalb ist die Offenbarung für Leser, die sich nicht in einer solchen Prüfung befinden, wahrscheinlich schwer zu verstehen!

Wenn Verfolgung beginnt, dann werden die Gläubigen in erster Linie dadurch befähigt durchzuhalten, weil sie überzeugt sind, dass Jesus wiederkommen wird, um den Unterdrücker zu überwältigen und den Unterdrückten zu rehabilitieren. Sie wissen, „wer aber ausharrt bis ans Ende, der wird gerettet werden" (Mt 24,13).

Auf diese Art und Weise bereitet man sich also auf seine Rückkehr vor – persönlicher Glaube, beständiger Gottesdienst, persönliche Heiligkeit, gemeinsame Nachfolge, globale Evangelisation, soziales Handeln und treues Ausharren.

Bei dieser Agenda werden sich viele niedergeschlagen und vielleicht sogar entmutigt fühlen. Wir müssen uns daran erinnern, dass es nicht darauf ankommt, ob wir diese Ziele zum Zeitpunkt seiner Wiederkehr erreicht haben, sondern ob wir ihnen dann immer noch nachjagen (Phil 3,14).

Können wir jemals das Stadium erreichen, an dem wir wissen, dass wir bereit sind? Dafür gibt es ein ganz einfaches Messinstrument: Wie „bald" wollen wir, dass er zurückkommt?

SIND WIR WIRKLICH BEREIT?

Wahre Gläubige „erwarten nicht nur seinen Sohn aus den Himmeln" (1.Thess1,10). Sie sehnen sich nach seiner Erscheinung (2.Tim4,8; wörtlich, „sie haben seine Erscheinung liebgewonnen"). Sie denken nicht nur daran, sie zeigen Gefühle. Sie sehnen, schmachten und verzehren sich nach diesem Tag. Sie wünschen sich, es wäre spätestens morgen, am besten schon heute.

So wie sich eine Braut für die Hochzeit bereitmacht, sie herbeisehnt und wünscht, dass die Zeit schneller vergeht, so soll die Gemeinde die Wiederkunft des Bräutigams freudig erwarten. „Der Geist und die Braut sprechen, komm!" (Offb22,17). Viele Märchen enden mit den romantischen Worten: „So heirateten sie und lebten glücklich bis in alle Ewigkeit". Die Bibel ist da keine Ausnahme!

Das kürzeste Gebet der frühen Kirche war eine Zusammensetzung zweier aramäischer Worte: „*marana tha*". Es heißt ganz einfach: „Herr, komm!" Das beste Kennzeichen unserer Bereitschaft, ihm zu begegnen, ist wahrscheinlich die Häufigkeit, mit der dieser Satz, in welcher Sprache auch immer, uns ganz spontan in den Sinn kommt – und aus unserem Munde kommt.

Es scheint angemessen, dieses Kapitel mit einem weisen Wort des Augustinus aus einer längst vergangenen Zeit zu beschließen: „Wer das Kommen des Herrn liebt, wird nicht sagen, dass es noch lange dauert, noch wird er sagen, dass es nahe ist; sondern er wird es, sei es fern oder nah, mit aufrichtigem Glauben, standhafter Hoffnung und leidenschaftlicher Liebe erwarten".

B.

DIE OFFENBARUNG

KAPITEL DREI

MEINUNGSVERSCHIEDENHEITEN

Die Ansichten über das Buch der Offenbarung gehen weit auseinander. Wenn man sie zusammen betrachtet, kann man fast nicht glauben, dass sie ein und dasselbe Buch betreffen.

MENSCHLICHE

Die Meinungen über die Offenbarung können sich enorm unterscheiden. Die Reaktion der Ungläubigen auf das Buch der Offenbarung ist verständlich, denn es wurde nicht für sie geschrieben. Es gibt kein Buch, das ungeeigneter wäre, um in die christlichen Schriften einzuführen. Die Welt nimmt an, dass es bestenfalls das Resultat einer „Magenverstimmung oder schlimmstenfalls einer Geisteskrankheit" ist, so ein typischer Kommentar.

Aber auch die Christen nehmen verschiedene Haltungen ein, vom ängstlichen Leser, der keinen Blick hineinzuwerfen wagt, bis hin zum Fanatiker, der seinen Blick gar nicht mehr davon abwenden kann! Bibelgelehrte haben viele negative Kommentare dazu abgegeben: „So viele Rätsel wie sie Worte hat"; „willkürliche Ansammlung von bizarren Symbolen"; „entweder trifft es auf einen verrückten Leser oder es hinterlässt einen verrückten Leser".

Überraschenderweise hatten die meisten Protestantischen Reformer (die „lehramtlichen", so genannt, weil sie die bürgerliche Gewalt dazu benutzten, ihre Ziele zu erreichen) eine ziemlich geringe Meinung über die Offenbarung.

Luther: „Sie ist weder apostolisch noch prophetisch... jeder denkt über das Buch, was ihm gerade einfällt... es gibt viel erhabenere Bücher, derer man sich annehmen sollte... mein Geist kann diesem Buch nicht zustimmen."

Calvin: Er ließ dieses Buch in seinem Kommentar zum Neuen Testament einfach aus!

Zwingli: Er sagte, dass man die Aussagen der Offenbarung ablehnen soll, weil „es kein biblisches Buch ist".

Diese Herabwürdigung hat viele Denominationen beeinflusst, die ihre Wurzeln in der Reformation haben.

Wir wissen, dass in der frühen Kirche einige Debatten geführt wurden, ob man es dem biblischen „Kanon" (= Regel oder Standard) hinzugesellen soll oder nicht; aber seit dem fünften Jahrhundert gehört es eindeutig und allgemein dazu.

Einige Kommentatoren beurteilen es sehr positiv: „Das einzige Meisterstück reinster Kunst im Neuen Testament"; „wunderschön und unbeschreiblich". Selbst William Barclay, der diese verschiedenen Kommentare einmal gesammelt hat und selbst eher der „liberalen" Sichtweise über die Bibel zuzuordnen ist, sagte seinen Lesern, dass es „auf alle Fälle wert ist, mit diesem Buch zu ringen, bis es dem Leser seine Segnungen mitteilt und seine Reichtümer eröffnet".

SATANISCHE

Die Meinungen über die Offenbarung sind durchgehend negativ. Der Teufel hasst die ersten Seiten der Bibel (die offenlegen, wie er zur Herrschaft über unseren Planeten gelangt ist) und die letzten Seiten (die offenlegen, wie er diese Herrschaft wieder einbüßen wird). Wenn er die Menschen davon überzeugen kann, dass der Schöpfungsbericht eine Ansammlung von unmöglichen Mythen und die Offenbarung eine Ansammlung von undurchschaubaren Mysterien ist, dann ist er zufrieden.

Der Autor vorliegenden Buches hat einen bemerkenswerten

Beweis dafür, dass Satan ganz besonders das Kapitel 20 der Offenbarung hasst. Viele Tonbandaufnahmen einer Auslegung dieses Kapitels wurden zwischen Versand und Empfang beschädigt. In einigen Fällen war sogar nur die Stelle im Tonband gelöscht, wo über den Untergang des Teufels gesprochen wurde, als das Paket mit den Tonbändern bei den Empfängern ankam; bei anderen Tonbändern, die verschickt worden waren, wurden diese Stellen von Geschrei in einer fremden Sprache übertönt, sodass die ursprünglichen Worte nicht mehr zu verstehen waren! Die Bibel zeigt auf, dass er nur blufft. Er ist nur Fürst und Herrscher dieser Welt, weil Gott es zulässt, und das auch nur vorübergehend.

GÖTTLICHE

Diese Meinung über die Offenbarung ist durchgehend positiv. Es ist das einzige Buch der Bibel, das mit göttlichen Sanktionen versehen ist, sowohl mit Belohnungen als auch mit Bestrafungen. Einerseits wird ein besonderer Segen auf denjenigen ruhen, die es für sich und andere laut vorlesen (Offb1,3) und die durch Nachsinnen und Anwendung die „Worte bewahren" (Offb22,7). Andererseits lastet ein besonderer Fluch auf denjenigen, die seinen Text fälschen. Wenn es durch Hinzufügungen geschieht, dann werden die Plagen, die in diesem Buch beschrieben sind, dem Übeltäter auferlegt werden. Wenn es durch Auslassungen geschieht, dann wird der Anteil des Übeltäters am ewigen Leben im neuen Jerusalem weggenommen werden.

Dieser Segen und dieser Fluch machen deutlich, wie ernst Gott die Fakten und Wahrheiten nimmt, die hier offenbart werden. Er hätte es nicht deutlicher machen können.

Wir wenden uns nun von den Meinungen über dieses Buch dem Buch selbst zu.

Man beachte zunächst die Position, an der es in der Bibel steht. Genauso wie der Schöpfungsbericht nur am Anfang stehen kann, so kann die Offenbarung nur am Ende der Bibel stehen. In vielerlei Hinsicht beendet sie die ganze „Story".

Wenn man die Bibel ganz einfach als unsere Weltgeschichte betrachtet, dann schließt die Offenbarung diese ab. Natürlich unterscheidet sich die biblische Geschichtsschreibung von allen anderen Publikationen. Sie beginnt früher, bevor es überhaupt Beobachter gab, um die Ereignisse aufzuschreiben. Und sie endet später, indem sie Dinge vorhersagt, die noch nicht beobachtet und aufgezeichnet werden können.

Das wirft natürlich die Frage auf, ob wir es hier mit menschlicher Einbildung oder göttlicher Inspiration zu tun haben. Die Antwort hängt vom Glauben ab. Man hat die Wahl: Glauben oder nicht glauben. Während der Glaube die Vernunft übersteigt, so widerspricht der Glaube dennoch nicht der Vernunft. Die biblischen Berichte über den Anfang und das zukünftige Schicksal unseres Universums erklären seinen gegenwärtigen Zustand am besten. Zu wissen, wie alles enden wird, ist von grundlegender Bedeutung für die Art und Weise, wie wir jetzt leben.

Das Interesse der Bibel richtet sich eher auf die menschliche Rasse als auf Natur und Umwelt, und ganz besonders auf Gottes auserwähltes Volk. Mit ihm hat er eine „Bündnisbeziehung", die in Analogie zu einer Ehe steht. Einerseits ist die Bibel ein Liebesroman, wo ein himmlischer Vater eine irdische Braut für seinen Sohn sucht. Wie jeder gute Liebesroman „heiraten sie und leben glücklich bis in alle Ewigkeit". Aber dieser Höhepunkt wird erst im Buch der Offenbarung erreicht, ohne das wir nie erführen, wie die Verlobung ausgeht (2.Kor 11,2).

Tatsächlich kann man sich schwer vorstellen, wie eine Bibel ohne Offenbarung aussehen würde, selbst wenn wir nicht viel darin lesen. Stell dir nur einmal vor, sie würde mit dem Judasbrief enden, der an eine Kirche von Christen der zweiten Generation gerichtet ist, deren Glaubensbekenntnis,

Wandel, Charakter und Konversation gestört war. Soll so etwa die Bibel enden? Das wäre kein Höhepunkt, sondern ein deprimierender Tiefpunkt!

Deshalb sind die meisten Christen froh, dass am Ende der Bibel die Offenbarung steht, auch wenn sie mit ihr nicht besonders gut vertraut sind. Sie kommen normalerweise mit den ersten und den letzten Kapiteln einigermaßen zurecht, fühlen sich aber in den Tiefen des umfangreichen mittleren Teils ziemlich verloren (Kapitel 6 – 18). Das liegt daran, dass dieser Teil so ganz anders ist. Er ist schwierig, weil er sich so sehr vom Gewohnten unterscheidet. Aber warum ist das so?

KAPITEL VIER

DAS WESEN DER APOKALYPTIK

Die Offenbarung unterscheidet sich nicht nur im Inhalt von allen anderen neutestamentlichen Büchern, sie ist auch einzigartig in ihrer Entstehungsweise.

Das Abfassen aller anderen Bücher war beabsichtigt. Jeder Autor entschied sich, Tinte aufs Papier zu bringen, entweder er selbst oder sein Sekretär, sein „amanuensis" (vgl. Röm16,22). Er überlegte, was er ausdrücken wollte, bevor er es zu Papier brachte. Die Resultate waren von seinem Temperament, seinem Charakter, seiner Einsicht und seiner Erfahrung geprägt – obgleich er vom Heiligen Geist inspiriert war, der seinen Gedanken und Gefühlen Ausdruck verlieh.

Gelehrte haben oftmals auf die Unterschiede zwischen der Offenbarung und den anderen Schriften des Apostels Johannes hingewiesen, der ein Evangelium und drei Briefe verfasste. Stil, Grammatik und Wortschatz seien so ungewöhnlich für ihn, dass sie daraus folgerten, dass sie von einem anderen „Johannes" stammen müsse. Sie haben tatsächlich eine ziemlich vage Verbindung zu einem obskuren Ältesten aus Ephesus gezogen, damit ihre Rechnung aufgeht. Aber der Mann, der die Offenbarung schrieb, stellt sich ganz einfach als „Ich, Johannes" (Offb1,9) vor, was beweist, dass er wohl recht bekannt gewesen sein muss.

Abgesehen vom Thema gibt es für den Kontrast zwischen seinen Schriften einen ganz einfachen Grund. Er hat nie beabsichtigt, die Offenbarung zu schreiben, er dachte nicht einmal daran. Sie kam über ihn als vollkommen unerwartete „Offenbarung" in akustischer und visueller Form. Als er diese erstaunliche Abfolge von Stimmen und Visionen „hörte" und „sah", wurde er wiederholte Male aufgefordert, alles „niederzuschreiben" (Offb1,11.19; 2,1.8.12.18; 3,1.7.14; 14,13; 19,9; 21,5). Der wiederholte Befehl lässt vermuten, dass er so von dem, was mit ihm geschah in Anspruch genommen war, dass er immer wieder vergaß, es aufzuschreiben.

Das erklärt auch das minderwertige Griechisch im Vergleich zu seinem normalen Schreibstil. Es wurde hastig und unter störenden Einflüssen geschrieben. Stell dir vor, du siehst einen Kinofilm und sollst alles aufschreiben, während der Film läuft. Studenten werden diesen bruchstückhaften Schreibstil nur zu gut aus ihren Aufzeichnungen während der Vorlesung kennen. Warum aber hat Johannes danach nicht alles aus seinen hastig gekritzelten Notizen ordentlich aufgeschrieben? Er hätte es wohl gemacht, wenn die letzten diktierten Worte nicht einen Fluch für jedermann enthalten hätten, dass nichts vom Niedergeschriebenen geändert werden darf!

All das bedeutet, dass Johannes nicht der Autor der Offenbarung war; er war nur der Sekretär, der aufgeschrieben hat. Wer aber war der „Autor"? Die Botschaft wurde ihm an den meisten Stellen von Engeln vermittelt. Aber es war auch das, was der Geist den Gemeinden sagt; und es war die Offenbarung Jesu Christi. Und sie wurde Jesus von Gott gegeben. Es handelte sich also um eine komplizierte Kommunikationskette – Gott, Jesus, Geist, Engel, Johannes. Mehr als einmal war der arme Johannes so verwirrt, dass er nicht wusste, wem er die Ehre für das, was er erlebte, geben soll (Offb19,10; 22,8.9). Es werden nur die ersten beiden Elemente der Kommunikationskette in diesem Buch angebetet.

DAS WESEN DER APOKALYPTIK

Mehr als jedes andere Buch im Neuen Testament verdient gerade dieses den Namen „Offenbarung". Das Wort, das gleich im ersten Vers verwendet wird, ist das griechische *apokalypsis,* von dem das Hauptwort „Apokalypse" und das Eigenschaftswort „apokalyptisch" stammen, und das heutzutage in Stil und Inhalt ähnliche Literaturgattungen bezeichnet. Die Grundbedeutung ist „enthüllen", wie wenn man einen Vorhang zur Seite zieht, um das dahinter Verborgene ans Licht zu bringen (wie man es bei der Präsentation von Bildern und Statuen macht).

Im Kontext der Bibel bedeutet es, dass das vor Menschen Verborgene, aber bei Gott Bekannte enthüllt wird. Es gibt einiges, was ein Mensch nicht wissen kann, bevor sich Gott nicht dazu entscheidet, es ihm zu zeigen. Insbesondere weiß der Mensch nicht, was sich im Himmel und was sich in der Zukunft abspielt. Deshalb ist der Mensch in seiner Möglichkeit, Dinge aufzuzeichnen und zu interpretieren, durch Zeit und Ort klar begrenzt. Er kann bestenfalls aufzeichnen, was im Laufe der Geschichte passiert ist, und auch das nur teilweise.

Wenn aber Gott Geschichte schreibt, dann liefert er ein vollständiges Bild, allein schon deswegen, weil er die Ereignisse anordnet und ihre Ausführung überwacht. Ein englisches Sprichwort sagt: „History is His Story". „Der ich von Anfang an den Ausgang verkünde und von alters her, was noch nicht geschehen ist" (Jes46,10). Vergangenheit, Gegenwart und Zukunft hängen in Ihm zusammen.

Und das trifft auch auf Himmel und Erde zu. Es besteht eine Wechselwirkung zwischen dem, was dort oben und hier unten geschieht. Das Verwirrende an der Offenbarung ist unter anderem der andauernde Szenenwechsel zwischen Erde und Himmel und wieder zurück. Es kommt daher, dass die Ereignisse oben und unten einfach zusammenhängen (z.B. führt der Krieg im Himmel zu Krieg auf der Erde; Offb12,7; 13,7).

Geschichtsschreibung ist dann „apokalyptisch", wenn sie aus Gottes Perspektive aufgezeichnet wird. Sie ergibt ein vollständiges Bild. Sie erweitert unser Verständnis von weltweiten Ereignissen, wenn wir diese aus beiden Perspektiven, von oben und von unten, betrachten können, und nicht mit unserer beschränkten Subjektivität. So erhalten wir Einsicht und Voraussicht, unser Begriffsvermögen für das Geschehen um uns herum wird erweitert, mehr als bei einem normalen Historiker möglich ist.

Strukturen und Absichten werden deutlich, für die der Historiker blind ist. Geschichte ist nicht einfach eine willkürliche Ansammlung von Ereignissen. Wenn man erkennt, wie Umstände sich fügen und zusammentreffen, dann erhält man Voraussicht. Geschichte entwickelt sich auf ein Ziel hin.

Zeit ist für die Ewigkeit von Bedeutung. Zeit und Ewigkeit hängen voneinander ab. Gott steht nicht außerhalb der Zeit, wie die griechische Philosophie es sich denkt. Er ist innerhalb der Zeit, oder vielmehr, die Zeit ist innerhalb Gottes. Er ist der Gott, der war, der ist und der kommen wird. Selbst Gott kann die Vergangenheit nicht ändern, wenn sie einmal passiert ist! Der Tod und die Auferstehung Jesu können nicht geändert oder rückgängig gemacht werden.

Gott gestaltet seine Pläne und Absichten innerhalb der Zeit (das klassische Werk zu diesem Thema ist *Christ and Time* von Oscar Cullmann, SCM Press, 1950). Gott ist Herr der Geschichte. Aber sein Muster und sein Schema können nur dann erkannt werden, wenn er die fehlenden Puzzleteile offenbart. Dinge, die vor den Menschen verborgen sind und von Gott offenbart werden, bezeichnet das Neue Testament als „Mysterien".

Im Licht der Zukunft wird ersichtlich, wo die Ereignisse der Vergangenheit und der Gegenwart hinführen. Die Konturen der Geschichte können nicht durch eine

DAS WESEN DER APOKALYPTIK

Kurzzeitanalyse, sondern nur durch eine Langzeitanalyse erkannt werden. Denn für Gott ist Zeit nicht nur relativ, sondern real. „Eintausend Jahre sind für ihn wie ein Tag" (Ps90,4; zitiert in 2.Petr3,8). Seine unglaubliche Geduld mit uns lässt ihn für uns „langsam" erscheinen (2.Petr3,9).

Die Bibel weist eine „Geschichtsphilosophie" auf, die sich von den hilflosen Versuchen der Menschen deutlich unterscheidet. Der Kontrast wird klar, wenn wir sie mit den vier häufigsten Modellen vergleichen:

i. *Zyklisch:* „Geschichte wiederholt sich". Es findet alles in einem endlosen Kreislauf immer wieder statt. Manchmal geht es besser, dann schlechter, dann besser und dann wieder schlechter usw. Das war die griechische Vorstellung.

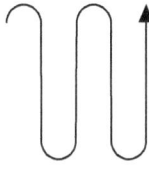

ii. *Rhythmisch:* Ist eine Variante der zyklischen Idee. Die Welt schaukelt immer zwischen besser und schlechter hin und her, wobei sich nichts exakt wiederholt. Es geht immer weiter, aber ob es dann an einem Höhepunkt oder einem Tiefpunkt endet, kann sich jeder selbst aussuchen.

iii. *Optimistisch*: Die Welt wird immer besser. So wie ein britischer Premierminister zu Beginn des zwanzigsten Jahrhunderts sagte: „höher und höher und höher, und weiter und weiter und weiter". Damals war das Wort „Fortschritt" in aller Munde. Geschichte war ein Aufzug, der nur nach oben fährt.

iv. *Pessimistisch*: Am Ende des zwanzigsten Jahrhunderts ist das Wort „Überleben" in aller Munde. Weltuntergangsexperten glauben, dass wir in einem Aufzug stehen, der abwärtsfährt. Eventuell kann man diese Fahrt verlangsamen, aber man kann sie nicht stoppen. Die Welt wird immer schlimmer, bis Leben unmöglich wird (nach heutigen Schätzungen wird das im Jahre 2040 soweit sein).

Das biblische Muster unterscheidet sich stark von den bis jetzt vorgestellten. Es kombiniert die pessimistische und die optimistische Sicht zu einer realistischen Sicht, die sich auf Tatsachen gründet.

v. *Apokalyptisch*: Die Welt wird immer schlimmer, und dann wird sie plötzlich besser als je zuvor, und dabei bleibt es dann auch.

Die letzte Ansicht wird von Juden, Christen und Kommunisten geteilt. Alle haben ein und dieselbe Quelle: Die hebräischen Propheten (Karl Marx hatte eine jüdische Mutter und einen lutherischen Vater). Der Unterschied besteht aber hauptsächlich darin, welcher Umstand den krassen Richtungswechsel verursacht. Die Kommunisten glauben, dass es eine menschliche Revolution ist. Juden glauben, dass es göttliche Intervention ist. Christen glauben, dass es die Wiederkunft des Gott-Menschen Jesus auf diesen Planeten Erde ist.

Wer das Buch der Offenbarung durchgelesen hat, wird erkennen, dass seine Struktur genau dem apokalyptischen Geschichtsbild entspricht. Nachdem es sich in den ersten

Kapiteln mit der Gegenwart beschäftigt hat, wendet es sich der zukünftigen Geschichtsentwicklung zu, welche sich zunehmend verschlimmert (in den Kapiteln 6 – 18), um dann plötzlich besser zu werden (in den Kapiteln 20 – 22), mit einem Wendepunkt bei der Wiederkunft Christi (in Kapitel 19).

Es gibt noch zwei weitere charakteristische Merkmale des „apokalyptischen" Geschichtsbildes, über die wir reden müssen, bevor wir fortfahren.

Das erste Kennzeichen ist, dass das Modell im Wesentlichen *moralisch* ist. Während die Geschichte von Gott verordnet ist, und er vollkommen gut und allmächtig ist, könnte man erwarten, dass seine Gerechtigkeit sich in der Ermutigung des Guten und der Bestrafung des Bösen ausdrücken wird.

Aber es scheint nicht so zu sein, weder auf internationalem noch auf individuellem Gebiet. Das Leben scheint furchtbar ungerecht zu sein. Die Geschichte verhält sich im Hinblick auf Moral ziemlich uneindeutig. Die Gerechten leiden und den Gottlosen geht es gut. Nach wie vor fragt man schreiend: „Warum lässt ein guter Gott das alles zu?" Die Bibel ist ganz ehrlich und berichtet von der Fassungslosigkeit Hiobs, Davids (Ps73,1-4), von Jesus selbst (Mk15,34, Worte aus Ps22,1), und von Christen, die für ihn Märtyrer wurden (Offb6,10).

All diese Zweifel entspringen einer Kurzzeitanalyse zumeist der Gegenwart und teilweise der Vergangenheit. Eine Langzeitanalyse zieht auch die Zukunft und die endgültigen Aussichten mit in Betracht. Dadurch kann sie das Verständnis völlig verändern (Hi42; Ps73,15-28; Hebr12,2; Offb20,4; Paulus fasst es in Röm8,18 zusammen).

Alle „apokalyptischen" Teile der Bibel ermutigen zu solcher Langzeit-Sichtweise und zeigen, dass die Geschichte durchaus mit Moral zu vereinbaren ist (die Daniel Kapitel 7-12, mit denen die Offenbarung vieles gemeinsam hat, sind ein hervorragendes Beispiel dafür). Wir leben in einem moralischen Universum. Der gute Gott sitzt nach wie vor auf dem Thron. Er wird alles zu einem gerechten Ende bringen. Er wird die Gottlosen bestrafen und die Gerechten belohnen. Er wird die Welt wieder zurechtbringen und sie denen geben, die willens waren, sich selbst zurechtbringen zu lassen. Die Geschichte wird mit einem „Ende gut – alles gut" enden.

Deshalb konzentriert sich apokalyptische Literatur auf Themen wie Belohnung, Vergeltung und Wiederherstellung. Aber vor allem „zeichnet sie ein Bild" von Gott, der auf einem Thron sitzt und die Welt in vollkommener Weise regiert. Bemerke den Ausdruck „Bild zeichnen", denn er weist auf eine weitere Qualität hin.

Das zweite Kennzeichen ist die *symbolische* Darstellung. So muss es auch sein, denn das Ungewohnte muss irgendwie vermittelt werden. Jeder Lehrer weiß, dass man Unbekanntes irgendwie mit Bekanntem verbinden muss, was man üblicherweise mit Analogien tut („es ist ungefähr so wie..."). In den meisten Gleichnissen vom Königreich verwendet Jesus irdische Situationen, um es verständlich zu machen („Das Königreich des Himmels ist wie...").

Wenn man jemandem etwas verständlich machen will, ist sowohl Vorstellungsvermögen als auch Information vonnöten. Wenn sie sich in ihren Gedanken davon „ein Bild machen" können, können sie es viel besser begreifen. Bezeichnenderweise ist die Reaktion dann: „Jetzt kann ich es sehen". Die Offenbarung ist voll von solcher Bildrede. Durch den fortwährenden Gebrauch von „Symbolen" können wir visualisieren, was ansonsten unverständlich bleiben würde. Man kann nicht genug betonen, dass dadurch beabsichtigt ist, unserem Verständnis zu helfen und nicht es zu behindern. Viele wurden durch die „höchst symbolische" Natur dieses Buches dazu verleitet, es zu ignorieren oder sogar seine Lehre abzulehnen, als ob die Symbole zu obskur wären, um eine klare Botschaft zu transportieren. Das ist einfach nicht der Fall, und es wird offensichtlich, wenn man die Symbole in vier Kategorien ordnet:

Einige haben eine *offensichtliche* Bedeutung. Der „Drache" oder die „Schlange" ist der Teufel. Der „Feuersee" ist die Hölle. Der „große weiße Thron" ist der Richterstuhl des Herrn.

Einige werden durch den Kontext *erklärt*. Die „Sterne" sind Engel. Die „Leuchter" sind Gemeinden. Die „Siegel", „Posaunen" und „Schalen" sind Katastrophen. Der „Weihrauch" stellt die aufsteigenden Gebete dar. Die „zehn Hörner" sind Könige.

Einige weisen *Parallelen* zu anderen Bibelstellen auf. So findet man im Alten Testament den Baum des Lebens, den Regenbogen, den Morgenstern, den eisernen Stab, die Reiter, und tyrannische Herrscher werden von wilden „Tieren" symbolisiert. Man kann sicher davon ausgehen, dass diese Bilder ihre ursprüngliche Bedeutung behalten haben.

Einige sind *geheimnisvoll*, aber nur sehr wenige. Ein Beispiel ist der „weiße Stein", für den Gelehrte schon viele Auslegungen angeboten haben. Ist er eine Unschuldserklärung? Ein Zeichen der Anerkennung? Ein Kennzeichen von Exzellenz? Vielleicht werden wir es erst dann wissen, wenn wir ihn erhalten haben!

Zahlen werden ebenso als Symbole verwendet. In der Offenbarung wird die „Sieben" sehr oft verwendet – Sterne, Leuchter, Lampen, Siegel, Posaunen, Schalen. Die sieben ist die „runde" Zahl in der Bibel, eine vollständige und perfekte Zahl. „Zwölf" wird mit dem alten (seine Stämme) aber auch mit dem neuen Volk Gottes (seine Apostel) in Verbindung gebracht; „vierundzwanzig" bringt altes und neues Volk zusammen. „Tausend" ist die größte Zahl. „Zwölftausend" von jedem Stamm Israels ergeben in der Summe „144.000".

„666" zieht die Aufmerksamkeit auf sich. Es besteht aus lauter Sechsen, einer Zahl, die immer auf die Unfähigkeit des Menschen hinweist, die „Sieben" der vollendeten Perfektion zu erreichen. Sie ist hier ein Hinweis auf die Identität des letzten Weltherrschers vor der eintausendjährigen Herrschaft Jesu (lateinisch, „millennium"). Es ist bedeutsam, dass „666" der Summe aller römischen Zahlenzeichen entspricht (I=1 + V=5 + X=10 + L=50 + C=100 + D=500) mit Ausnahme von einem (M=1000)!? Aber alle Versuche, seinen Namen herauszufinden, werden scheitern, bis sein Auftreten es klarmachen wird.

Vieles in der Offenbarung ist bereits jetzt schon einigermaßen klar, sodass wir damit zurechtkommen werden, dass noch einige Unklarheiten bestehen bleiben, weil wir glauben, dass sie durch zukünftige Ereignisse geklärt werden, und zwar dann, wenn man diese Informationen wirklich benötigt. In der Zwischenzeit dürfen wir Gott danken, dass er uns schon so viel gezeigt hat.

Natürlich redet er zu uns durch Menschenmund, durch den Mund seiner „Propheten". Johannes erkannte, dass die Botschaft nicht seine eigene war. Er nennt seine Schrift deshalb „diese Prophetie" (Offb 1,3; 22,7.10.18.19). Deshalb ist er nicht nur ein Apostel, sondern auch ein Prophet. Es ist das einzige prophetische Buch des Neuen Testaments.

Prophetie ist sowohl Ansage als auch Vorhersage (Wort Gottes für die Gegenwart und für die Zukunft). Die Offenbarung liefert beides, den größeren Teil machen aber Voraussagen der zukünftigen Ereignisse aus.

Wann werden sie sich erfüllen? Oder haben sie sich bereits erfüllt? Ist es in der heutigen Zeit soweit? Oder müssen sie sich noch erfüllen? Auf genau diese Fragen werden wir im Folgenden Antworten finden.

KAPITEL FÜNF

UNTERSCHIEDLICHE DENKSCHULEN

In fast einem Drittel aller Verse der Offenbarung geht es um Vorhersagen. Es werden sechsundfünfzig unterschiedliche Ereignisse angekündigt. Genau die Hälfte davon erscheint in eindeutiger Sprache, die andere Hälfte ist in symbolisch-bildlicher Form wiedergegeben.

Die meisten erscheinen nach Kapitel vier, welches mit einem deutlichen Perspektivwechsel beginnt – von der Erde in den Himmel und von der Gegenwart in die Zukunft („Komm hier herauf! Und ich werde dir zeigen, was nach diesem geschehen muss"; Offb 4,1).

Offensichtlich bezieht es sich auf Ereignisse, die für den Schreiber und die Leser des ersten Jahrhunderts n. Chr. in der Zukunft liegen. Aber wie weit liegen sie in der Zukunft? Auf welche Zeit erstrecken sie sich für die damaligen Leser? Betreffen die vorhergesagten Ereignisse für uns, die wir neunzehn Jahrhunderte später leben, die Vergangenheit, die Gegenwart oder die Zukunft? Müssen wir zurückschauen, um uns schauen oder nach vorne schauen, um ihre Erfüllung zu erkennen?

Genau dort beginnen die unterschiedlichen Ansichten. In der Zwischenzeit haben sich vier Hauptlehrmeinungen gebildet, die zu vier „Denkschulen" geführt haben. Die meisten Kommentare geben nur eine Sichtweise wieder. Wir müssen alle untersuchen, bevor wir eine für richtig erachten können. Es wäre viel zu leicht und auch zu riskant, der nächstbesten zu folgen.

Die vier Denkschulen sind mittlerweile so etabliert, dass man ihnen Namen gegeben hat: Die präteristische, die historische (wovon es zwei verschiedene Arten gibt), die futuristische und die idealistische Denkschule. Man darf sich nicht von dieser Fachsprache abschrecken lassen. Es ist nämlich wichtig, dass man die verschiedenen Ansätze identifizieren kann, wenn man ihnen begegnet.

1. Die präteristische Denkschule
Diese Schule betrachtet die Vorhersagen mit dem Niedergang und dem Fall des römischen Reiches als erfüllt, als die Kirche unter staatlicher Verfolgung litt. Es war für die Christen des ersten Jahrhunderts geschrieben, um sie darauf vorzubereiten, was im zweiten und dritten Jahrhundert geschehen wird. Die „große Stadt" Babylon, die auf „sieben Hügeln" sitzt, wird als Stadt Rom identifiziert (es scheint, dass Petrus denselben Vergleich anstellte; 1.Petr5,13).

Deshalb ist der Hauptteil der Offenbarung für uns Vergangenheit, was nicht bedeutet, dass er für uns nicht von Wert wäre. Wir können daraus lernen wie aus jeder Erzählung der Schrift. Und tatsächlich stellen Erzählungen den Hauptteil der Bibel dar. Wir können aus dem Vergangenen Inspiration und Anweisung erlangen.

Die Stärke dieser Sichtweise besteht darin, dass jedes Bibelstudium mit dem eigentlichen Kontext des Schreibers und der Leser beginnen sollte. Was hat es für die Leute damals bedeutet? Was beabsichtigte der Schreiber und wie würden die Leser das auf ihre Situation beziehen; das sind entscheidende Schritte auf dem Weg zur richtigen Interpretation und Anwendung.

Aber es gibt auch eine ganze Reihe von Schwachpunkten. Einer davon ist, dass nur wenig oder sogar nichts von den konkreten Voraussagen im Römischen Reich wahr wurde. Man kann höchstens ein paar wenige allgemeine

UNTERSCHIEDLICHE DENKSCHULEN

Entwicklungen, aber keine bestimmten Entsprechungen identifizieren (manche haben versucht, in der Zahl „666" die Worte „Kaiser Nero" herauszurechnen, obwohl die Offenbarung wahrscheinlich dreißig Jahre nach seinem Tod geschrieben wurde!). Es bedeutet außerdem, dass nach dem Fall Roms, der Hauptteil des Buches seine Relevanz verloren und der späteren Kirche nur wenig zu sagen gehabt hätte. Während fast alle Gelehrten annehmen, dass die letzten Kapitel das Ende der Welt betreffen, das noch vor uns liegt, so hinterlässt es doch eine große Lücke zwischen dem Anfang und dem Ende der Kirchengeschichte ohne direkte Anleitung für die vielen dazwischenliegenden Jahrhunderte. Diesem Mangel wird durch den zweiten Ansatz abgeholfen.

2. Die historische Denkschule

Diese Schule glaubt, dass die Vorhersagen das ganze „Kirchenzeitalter" zwischen dem ersten und dem zweiten Kommen Christi abdecken. Es ist quasi eine kodierte Geschichte der christlichen Zeitrechnung „anno Domini" in symbolischer Form, die die wichtigsten Phasen und Krisen des gesamten Zeitraums abdeckt. Deshalb findet die Erfüllung aus unserer Sicht in der Vergangenheit, der Gegenwart und der Zukunft statt. Wir sind mittendrin, und aus dem, was gerade abgelaufen ist, können wir ersehen, was als nächstes auf dem Programm steht.

Ein Gelehrter gab eine Kreuz-Verweis-Liste, die jeden Abschnitt der Offenbarung mit den vielen Bänden der *Cambridge Ancient and Modern History* verknüpfte, heraus. Man nimmt gemeinhin an, dass wir uns ungefähr zwischen Kapitel 16 oder 17 der Offenbarung befinden!

Diese Theorie hat auf alle Fälle die Offenbarung für jede Generation von Christen relevant gemacht. Sie hat auch Interesse geweckt. Aber leider überwiegen die Nachteile dieser Theorie.

Ein Nachteil ist, dass viele Details ziemlich gewaltsam umgebogen wurden, so dass sie zu den bekannten historischen Ereignissen passen, und das wirkt einfach künstlich. Das Hauptproblem ist aber, dass es keine zwei Historiker gibt, die den gleichen Korrelationen zwischen Schrift und Geschichtsschreibung zustimmen können! Wäre es die richtige Methode, gäbe es sicherlich ein größeres Maß an Zustimmung. Und so bleibt noch eine ganze Reihe ungelöster Details.

Wir haben bis jetzt nur eine Art der historischen Denkschule betrachtet. Wir wollen diese als *linear* bezeichnen, weil sie glaubt, dass im Hauptteil der Offenbarung ein Ereignis auf das andere in einer geraden Linie, beginnend mit dem ersten und endend mit dem zweiten Kommen Christi, folgt.

Aber es gibt noch eine andere Art, die wir zyklisch nennen wollen, und die glaubt, dass die Vorhersagen die ganze Kirchengeschichte mehr als einmal betreffen, und sie immer wieder an den Anfang zurückkehren und die Ereignisse aus einem anderen Standpunkt wiederholt beleuchten. Es gibt ein berühmtes Werk (*More than Conquerors* von William Hendiksen, Baker, 1960), das behauptet, sieben solcher Zyklen ausgemacht zu haben, die alle das ganze Kirchenzeitalter abdecken (in den Kapiteln 1-3, 4-7, 8-11, 12-14, 15-16, 17-19, 20-22)! Das hat ihn dazu ermutigt, das Millennium (Kap 20) vor das zweite Kommen (Kap 19) zu platzieren und damit die „post-millenaristische" Sicht einzunehmen (dazu kommen wir im letzten Teil des Buches). Aber man bekommt den Eindruck, dass dieser „progressive Parallelismus", wie man dazu sagt, dem Text der Offenbarung Gewalt antut, und man im eigentlichen Text so etwas gar nicht vorfindet. Insbesondere ist die radikale Trennung der Kapitel 19 und 20 völlig unzulässig.

Die historische Auslegung, sei es nun die lineare oder die zyklische Art, ist wahrscheinlich die am wenigsten zufriedenstellende und überzeugende Lösung.

3. Die futuristische Denkschule

Diese Schule glaubt, dass der zentrale Block der Vorhersagen sich auf die letzten wenigen Jahre bezieht und zum zweiten Kommen hinführt. Deshalb ist es für uns auch noch Zukunft, und daher auch das Label dieser Schule. Es betrifft also den Höhepunkt der Kontrolle des Bösen über die Welt, die „große Trübsal" für das Volk Gottes (Offb 7,14; auf die sich auch Jesus in Mt 24,12-22 bezieht).

Alle Ereignisse werden in eine kleine Zeitspanne hinein komprimiert – dreieinhalb Jahre, um genau zu sein (wörtlich als „Zeit, Zeiten und eine halbe Zeit" oder als „zweiundvierzig Monate" oder als „1260 Tage" bezeichnet; Offb 11,2.3; 12,6 und 12,14; Dan 12,7 zitierend).

Da die Ereignisse noch in der Zukunft liegen, tendieren sie dazu, eher wörtlich genommen zu werden, als eine genaue Beschreibung dessen, was noch passieren wird. Man muss nicht an ihnen herumbasteln, damit sie in die vergangene Geschichte hineinpassen. Ganz gewiss scheint die Abfolge der beschriebenen Katastrophen direkt auf das Ende der Welt hinzuweisen.

Was aber war ihre Botschaft für die Kirche in früheren Zeiten? In dem Fall wäre der Großteil des Buches ja nur für die letzte Generation von Gläubigen relevant. Es ist erstaunlich, dass viele Futuristen glauben, dass die Gemeinde in den Himmel „entrückt" wird, bevor die Drangsal beginnt (siehe Teil drei des Buches), sodass noch nicht einmal die letzten Christen von diesen Dingen etwas wissen müssen!

Ein weiterer Schwachpunkt ist, dass diese Futuristen dazu neigen, die Offenbarung als „Almanach" (=Zusammenstellung wichtiger Ereignisse) zu verwenden, was zu großem Interesse an Zeittafeln und Diagrammen der zukünftigen Ereignisse geführt hat. Die Tatsache, dass diese oft nicht übereinstimmen, zeigt, dass die Offenbarung nicht in erster Linie zu solch spekulativen Zwecken geschrieben wurde.

4. Die idealistische Denkschule
Dieser Ansatz lässt alle spezifischen Zeitangaben beiseite und versucht, die Zuordnung der einzelnen Ereignisse zu verhindern. Die Offenbarung zeichnet ein Bild vom „ewigen" Kampf zwischen Gut und Böse. Die „Wahrheiten", die in den Erzählungen stecken, können auf jedes Jahrhundert angewendet werden. Der Kampf zwischen Gott und Satan geht weiter, aber der göttliche Sieg kann von einer „überwindenden" Gemeinde jederzeit gelebt werden. Die eigentliche Botschaft hinter der Offenbarung kann in Raum und Zeit universell angewendet werden.

Der Hauptnutzen dieser Sichtweise – und wahrscheinlich ist es der einzige – ist, dass die Botschaft für alle Leser sofort relevant wird. Sie stecken in diesem beschriebenen Kampf und ihnen wird versichert, dass „welcher in euch ist, größer ist als der, welcher in der Welt ist" (1.Joh 4,4). Es ist möglich „mehr als Überwinder" zu sein (Röm 8,37).

Auf diese Weise jedoch behandelt man die Offenbarung als „Mythos". Sie ist zwar geistlich, aber nicht historisch wahr. Es handelt sich um Fiktion, wenn auch ihre Erzählungen Wahrheiten beinhalten – genauso wie die Fabeln des Äsop oder *Die Pilgerreise* von Bunyan. Man muss die Wahrheiten aus den Schilderungen zu Tage fördern, bevor man sie anwenden kann. Wenn man den Text jedoch auf diese Weise entmythologisiert, dann wirft man dadurch allerdings vieles darin Enthaltene über Bord, und lässt es einfach als poetische Freiheit, die nichts mit dem Inhalt zu tun hat, sondern zum Wesen einer Dichtung gehört, stehen.

Dahinter steht wieder einmal die griechische Philosophie, die Geistliches und Physisches, Heiliges und Weltliches, Ewigkeit und Zeit voneinander trennt. Man sagt, Gott sei zeitlos. Also ist Wahrheit auch zeitlos, obwohl sie für die Zeit gilt. Aber sie ist nicht innerhalb der Zeit. Ihre Bedeutung für die Geschichte ist zyklisch und die Bedeutung wird aus dem Konzept einer Endzeit herausgeschnitten, welches ja besagt, dass die Zeit einen Höhepunkt und einen Abschluss finden wird.

Das hat ernsthafte Konsequenzen für die „Eschatologie" (= Studium der letzten Dinge, vom griechischen *eschatos* = „Ende" oder „Letztes"). Ereignisse wie das zweite Kommen und der Tag des Gerichts werden von der Zukunft in die Gegenwart versetzt. Eschatologie wird zum „Existenzialismus" (d.h. was die Gegenwart und die Existenz betrifft) oder man sagt, dass man es „realisieren" muss (so wie man angelegtes Geld realisiert, um es jetzt auszugeben).

Dafür muss man allerdings die „Vorhersagen" ziemlich umändern, damit sie zur Gegenwart passen. Üblicherweise „spiritualisiert" man sie, was dem „platonischen" Denken entspricht. Zum Beispiel wird das „Neue Jerusalem" (in Offb21) dann zu einer Beschreibung eines Volkes und nicht eines Ortes, es wird zu einem „idealisierten" Bild für die Kirche, wobei man die architektonischen Details der Einfachheit halber unter den Tisch fallen lässt.

Wir müssen nun diesen Überblick zusammenfassen. Es gibt also vier unterschiedliche Antworten auf die Frage: Auf welche Zeitperiode bezieht sich die Offenbarung?

Der Präterist antwortet: Die ersten Jahrhunderte n. Chr.

Der Historist antwortet: Alle Jahrhunderte n. Chr. vom ersten bis zum zweiten Kommen.

Der Futurist antwortet: Die letzten Jahre des letzten Jahrhunderts n. Chr.

Der Idealist antwortet: Jedes beliebige Jahrhundert n. Chr. und kein spezielles.

Was ist nun richtig? Es gibt für jede Antwort ein Pro und ein Kontra. Können wir einfach wählen? Könnten sie alle richtig sein? Könnten sie alle falsch sein?

Folgende Beobachtungen sollen dem Leser helfen, zum Ergebnis zu kommen.

Erstens: Es ist offensichtlich, dass es nicht den alleinigen Schlüssel gibt, der das ganze Buch aufsperren kann. Jede Denkschule hat einige Wahrheiten erkannt, aber keine hat alle Wahrheiten freigelegt. Wenn man nur einen Denkansatz benutzt, muss man immer irgendwelche Manipulationen am Text vornehmen.

Zweitens: Es gibt keinen Grund, warum man nicht mehrere Denkansätze verwenden kann. Texte haben unterschiedliche Bedeutungen und Anwendungsweisen. Aber man muss auf der Hut sein, um eine willkürliche Verwendung der Denkansätze zu verhindern, um damit eine vorgefasste Meinung durchzuboxen, auf die man sich schon vor dem Textstudium festgelegt hat. Diese Zurückhaltung wird durch den Kontext und durch folgende Frage, die man sich fortlaufend stellen muss, unterstützt: War das die Bedeutung, die der göttliche Autor und der menschliche Schreiber beabsichtigt haben?

Drittens: Teile aller vier Methoden können uns beim Verständnis helfen. Einige Elemente von allen vier sind miteinander vereinbar und können, eines mit dem anderen verbunden, verwendet werden, obwohl man hinzufügen muss, dass andere Elemente ziemlich inkompatibel sind und nicht kombiniert werden können.

Viertens: Der Schwerpunkt kann sich bei den verschiedenen Abschnitten der Offenbarung ändern. Bei jedem Abschnitt muss die angemessene Methode (oder die Methoden) der Auslegung gewählt und angewendet werden. Im weiteren Teil dieses Kapitels werden wir das auf praktische Weise veranschaulichen, wenn wir die drei Hauptteile der Offenbarung betrachten:

A. Der Anfang (Kapitel 1-3)

Dieser Abschnitt ist nicht besonders umstritten und wird deshalb häufiger und mutiger kommentiert als der Rest (siehe dazu z.B. *What Christ thinks of the Church* von John Stott, Lutterworth Press, 1958). Die meisten sind mit der traditionellen Auslegung zufrieden (obwohl sie es nicht hinsichtlich der Anwendung sind!). Bei diesem Abschnitt besteht das Problem darin, *dass* wir es verstehen, ja oft sogar sehr gut. Nur ein paar wenige Details (die Engel) und Symbole (weißer Stein und verborgenes Manna) bereiten Probleme. Die Briefe an die sieben Gemeinden in Asien ähneln den anderen neutestamentlichen Briefen. Welche „Denkschule" ist hier also angemessen?

Die präteristische Schule, die unsere Aufmerksamkeit auf das erste Jahrhundert lenkt, ist hier sicherlich richtig. Jede wahre Auslegung muss damit beginnen, was es dem damaligen Leser zu sagen hatte. Aber ist das schon alles?

Die historische Schule glaubt, dass die sieben Gemeinden die gesamte Gemeinde aller Jahrhunderte repräsentieren, und zwar verteilt auf sieben Epochen der Kirchengeschichte. Ephesus stellt die frühe Kirche dar, Smyrna die von Rom verfolgte Kirche, Pergamon die Zeit von Konstantin dem Großen, Thyatira das Mittelalter, Sardes die Reformation, Philadelphia die weltweite Missionsbewegung und Laodizea das zwanzigste Jahrhundert. Aber die Parallelen sind irgendwie erzwungen (Westliche Kirchen mögen zwar Laodizea ähneln, aber für die dritte Welt trifft das überhaupt nicht zu!). Dieses Schema passt einfach nicht.

Die futuristische Schule kommt zu noch bizarreren Ergebnissen. Sie glaubt, dass die sieben Gemeinden an genau denselben Orten Asiens wiederaufgerichtet werden, bevor Jesus wiederkommt, weil sie die Worte „Ich werde kommen" (Offb 2,5.16; 3,3) missinterpretiert, als würden sie sich auf das zweite Kommen beziehen. In Wirklichkeit sind diese Gemeinden schon längst verschwunden, „ihre Leuchter wurden weggerückt".

Die idealistische Schule teilt normalerweise den

präteristischen Blickwinkel auf diesen Abschnitt, glaubt aber außerdem, dass die sieben damaligen Gemeinden, die Gesamtheit der Gemeinde losgelöst von Raum und Zeit darstellen. Ephesus repräsentiert die zwar orthodoxe jedoch lieblose, Pergamon die ausharrende, Thyatira die korrupte, Sardes die tote, Philadelphia die schwache und doch evangelistische und Laodizea die lauwarme Gemeinschaft.

Es ist allerdings fraglich, ob dadurch wirklich die ganze Charakterbandbreite von Gemeinden einbezogen ist. Aber sie bieten durch ihr Beispiel Trost und auch eine Herausforderung für jede beliebige Gemeinde.

Für den ersten Abschnitt der Offenbarung ist also die richtige Mischung von präteristischer und idealistischer Sichtweise angebracht.

B. Der Mittelteil (Kapitel 4-18)

Hier treten die Unterschiede offen zu Tage. Die Vision von Gottes Thron zu Anfang des Mittelteils macht wenig Probleme und hat die Anbetung in allen Epochen der Kirchengeschichte inspiriert. Die Diskussionen beginnen, wenn Jesus, der Löwe und das Lamm, die Katastrophen in der Welt und das Leiden der Kirche freisetzt. Wann passiert das? Es muss irgendwann zwischen dem zweiten Jahrhundert (also „nach" den sieben Gemeinden (Offb 4,1) und dem zweiten Kommen (in Kapitel 19) stattfinden.

Der „Präterist" beschränkt diesen Abschnitt auf den „Niedergang und Fall des Römischen Reiches". Aber es bleibt eine Tatsache, dass die meisten vorhergesagten Ereignisse, besonders die Naturkatastrophen, in dieser Zeit einfach nicht eingetreten sind. Den Großteil des Textes kann man dann also nur als „dichterische Freiheit" betrachten, die nur einen vagen Hinweis auf das bietet, was geschehen sein könnte.

Der „Historist" hat dasselbe Problem, wenn er versucht, diese Kapitel in die Kirchengeschichte einzupassen, sei es als

Ablauf oder als Wiederholungen der berichteten Ereignisse. Die Details passen einfach nicht zusammen.

Der „Futurist" ist in seinem Glauben an die buchstäbliche Erfüllung der detaillierten Voraussagungen natürlich frei, weil von alledem noch nichts passiert ist. Zwei Eigenheiten scheinen zu bestätigen, dass es die zutreffendste Herangehensweise ist. Erstens: Die Katastrophen sind eindeutig schlimmer als alles, was die Welt jemals gesehen hat (so wie es Jesus in Mt24,21 vorhergesagt hat). Zweitens: Es sieht so aus, als ob sie direkt zu den Ereignissen des Endes der Menschheitsgeschichte führen. Aber ist das alles? Ist dieser Abschnitt für die Zeit davor irrelevant?

Der „Idealist" liegt mit seiner „Entmythologisierung" dieses Abschnitts falsch, weil er es völlig von der Zeit trennt. Er liegt aber mit seiner Suche für eine Botschaft, die man auf alle Epochen der Kirchengeschichte anwenden kann, richtig. Die richtige Spur wird von der Schrift selbst gelegt, die ganz klar lehrt, dass zukünftige Ereignisse ihre Schatten schon in der Gegenwart vorauswerfen können. Die „Vorschattung" (das ist der theologische Ausdruck dafür) Jesu zieht sich durch das ganze Alte Testament (wie der Hebräerbrief erklärt). Dem kommenden Antichristen sind schon „viele Antichristen" vorangegangen (1.Joh2,18), und beim falschen Propheten ist es das gleiche (Mt24,11). Die kommende weltweite Verfolgung findet bereits jetzt in zahlreichen Regionen der Erde statt. Die „große Trübsal" unterscheidet sich nur in ihrem Ausmaß von den „vielen Trübsalen", die schon immer normal waren (Joh16,33; Apg14,22). Dieser Mittelteil der Offenbarung kann uns also helfen, die heutigen Strömungen und den Höhepunkt, auf den alles hinausläuft, zu verstehen.

C. Das Ende (Kapitel 19-22)

Die Offenbarung scheint immer klarer zu werden, je näher sie auf das Ende zukommt, jedoch gibt es immer noch einige Kontroversen. Die meisten beziehen diese Kapitel auf die endgültige Zukunft, auf die allerletzten Dinge, die geschehen müssen, die mit der Wiederkunft Christi ihren Anfang nehmen (Kapitel 19).

Der „Präterist" steigt hier einfach aus. Nur wenige versuchen, diese Kapitel auf die Tage der frühen Kirche anzuwenden.

Die „historische Denkschule" teilt sie strikt in zwei Teile. Die „linear-historische Denkschule" sieht diesen Abschnitt der Offenbarung als die „Endzeit" an, die auf das „Kirchenzeitalter" folgt. Aber die „zyklisch-historische Denkschule" sieht sogar hier Wiederholungen der Geschichte. Manche sehen im „Millennium" in Kapitel 20 eine Beschreibung der Kirche vor dem zweiten Kommen in Kapitel 19! Andere sehen das „Neue Jerusalem" in Kapitel 21 als Beschreibung des Millenniums vor dem endgültigen Gericht in Kapitel 20! Für solche einschneidenden zeitlichen Fehlplatzierungen bietet der Text keinerlei Anlass, und das ließe vermuten, dass hier eine Manipulation zugunsten von theologischen Systemen und Dogmen vorgenommen wurde.

Der „Futurist" hat wenig Einwände gegen diesen Abschnitt der Offenbarung. Das zweite Kommen, der Tag des Gerichts, der neue Himmel und die neue Erde sind ja noch gar nicht da.

Unter den „Idealisten" gibt es kaum Befürworter für diesen Abschnitt der Offenbarung. Sie tendieren dazu, die neue Erde völlig zu übersehen und reden vom „Himmel" als einer zeitlosen Sphäre, wohin die Gläubigen nach ihrem Tod hingelangen. Das „neue Jerusalem" ist ein Bild für dieses Gefilde (das himmlische Zion aus Hebr 12,22), von dem man niemals annehmen würde, dass es vom Himmel auf die Erde kommen wird (entgegen Offb 21,2.10!).

Und so hat der „Futurist" ein Monopol, um mit diesem Abschnitt umzugehen.

In einem späteren Kapitel dieses Buches werden wir eine

„Einführung" in den Text der Offenbarung unternehmen und die Werkzeuge, die wir gerade betrachtet haben, dabei benutzen (allerdings nicht die Werkzeuge der historischen Denkschule). Bevor wir das tun, müssen wir aber noch einen anderen wichtigen Punkt betrachten.

Die vier Denkschulen haben eine Annahme gemeinsam, nämlich dass die wichtigste Frage „WANN?" ist. Wann werden die Vorhersagen erfüllt?

Man beginnt also mit der Unterstellung, dass die Offenbarung in erster Linie eine Vorhersage der Zukunft sei, dass sie gegeben wurde, um unsere Neugier zu befriedigen oder unsere Ängste zu mindern, indem sie offenbart, was in der näheren oder ferneren Zukunft geschehen wird.

Das ist aber höchst fragwürdig. Das Neue Testament verliert sich nicht in vagen Spekulationen, sondern warnt sogar davor. Jede „Enthüllung" von zukünftigen Dingen hat einen ganz praktischen und sogar moralischen Zweck. Die Zukunft wird nur offenbart, damit die Gegenwart dadurch beeinflusst wird.

Die fundamentale Frage ist deshalb nicht „wann?", sondern „warum?". Warum wurde die Offenbarung geschrieben? Warum wurde sie dem Johannes offenbart? Warum sollte er sie weitergeben? Warum sollen wir diese Worte lesen und „bewahren"?

Nicht um uns einfach nur zu erzählen, was kommen wird, sondern um uns darauf vorzubereiten, was kommen wird. Wie kommen wir nun zu einer Antwort?

KAPITEL SECHS

DIE ABSICHT VERSTEHEN

Warum wurde das Buch der Offenbarung geschrieben? Die Antwort erhält man, wenn man eine andere Frage stellt: Für wen wurde sie geschrieben?

Sie war nie als Lehrbuch für Theologieprofessoren oder -studenten an einer Universität gedacht. Genau diese sind es aber, die es so komplex aussehen lassen, dass die Allgemeinheit dadurch eingeschüchtert wird. Wir wollen einen von ihnen zu Wort kommen lassen:

„Voller Zuversicht bestätigen wir, dass das Studium dieses Buches keinerlei Möglichkeit des Irrtums bieten würde, wenn nicht die unvorstellbare, ja oft lächerliche Voreingenommenheit von Theologen jedes Zeitalter es so behindert und es mit Schwierigkeiten überhäuft hätte, sodass die meisten Leser vor lauter Angst davor zurückschrecken. Ohne diese Vorurteile wäre die Offenbarung das einfachste, transparenteste Buch, das ein Prophet je geschrieben hat" (*Reuss*, im Jahre 1884, zitiert in *The Prophecy Handbook*, World Bible Publishers, 1991).

Seit damals hat sich die Situation kaum gebessert, wie man jüngst folgender Bemerkung entnehmen konnte:

„Es ist ein großes Unglück in unserer kompetenzorientierten Kultur, dass man alles, was schwierig erscheint, gleich an die Universitäten weiterreicht, um es dort erforschen zu lassen" (Eugene Paterson, über die Offenbarung in *„Reversed Thunder"*, Harper Collins, 1988, S.200).

Das führte zur weitverbreiteten Ansicht, dass dieses Buch von Laien (sowohl auf kirchlichem als auch auf wissenschaftlichem Gebiet) nicht verstanden werden kann.

Der ganz normale Leser
Man kann es nicht oft genug sagen: Die Offenbarung ist für ganz normale Leute geschrieben! Sie war an die Mitglieder von sieben Gemeinden adressiert, und das in einer Zeit, als „es nicht viele Weise nach dem Fleisch, nicht viele Mächtige, nicht viele Edle" gab (1.Kor1,26).

Über Jesus wird gesagt, dass „die große Volksmenge ihn gern hörte" (Mk12,37). Das war sowohl für ihn als auch für sie eine Auszeichnung. Sie erkannten, dass er mit Vollmacht sprach, dass er wusste, wovon er sprach. Es ist leichter, hoch gebildete Menschen zum Narren zu halten!

Das Buch der Offenbarung bietet seine Schätze denjenigen an, die es mit einfältigem Glauben, einem offenen Sinn und einem empfindsamen Herzen lesen.

In Amerika machte eine Geschichte die Runde, die diesen Punkt unterstreicht, obwohl sie sich wie ein zweifelhaftes Märchen eines Predigers anhört (so wie der kleine Junge eines Pastors einmal sagte: „Papa, ist die Geschichte wahr oder hast du nur gepredigt?")! Offensichtlich waren einige Theologiestudenten durch die Lektüre von „apokalyptischen" Schriften so ermüdet und verwirrt, dass sie sich dazu entschieden, in der Turnhalle eine Runde Basketball zu spielen. Während des Spiels bemerkten sie, wie der Hausmeister, ein Schwarzer, der darauf wartete, die Turnhalle wieder zusperren zu können, in der Bibel las. Sie fragten ihn, welchen Teil der Bibel er gerade lese und waren sehr überrascht, dass er in der Offenbarung las. „Du verstehst doch nicht etwa, was du da liest?" „Natürlich verstehe ich es." „Um was geht es denn da?" Mit leuchtenden Augen und breitem Grinsen antwortete er: „Ganz einfach! Jesus gewinnt!!"

DIE ABSICHT VERSTEHEN

Natürlich ist das nicht alles, aber es ist keine schlechte Zusammenfassung der Botschaft. Viele haben den Inhalt studiert und doch die Botschaft nicht verstanden. Man braucht dazu gesunden Menschenverstand. Niemand nimmt das ganze Buch wörtlich. Niemand nimmt alles symbolisch. Wo aber muss man die Grenze zwischen wörtlich und symbolisch ziehen? Das wird eine grundlegende Auswirkung auf die Auslegung haben. Gesunder Menschenverstand ist da eine große Hilfe. Die vier Reiter sind Symbole, aber die Kriege, das Blutvergießen, die Hungersnöte und Seuchen muss man wörtlich nehmen. Der „Feuersee" ist ein Symbol für die Hölle, aber die unendliche Qual im Feuersee ist wörtlich zu nehmen (Offb 20,10).

Die Regeln der Alltagssprache können auch zu Hilfe genommen werden. Worte sollten immer im offensichtlichsten und einfachsten Sinn verstanden werden, wenn nichts dagegenspricht. Man sollte immer annehmen, dass die Sprecher (das gilt auch für Jesus) und Schreiber (das gilt auch für Johannes) meinten, was sie sagten. Ihre Mitteilungen sollten für „bare Münze" genommen werden.

Eine weitere Regel besagt, dass man davon ausgehen sollte, dass dasselbe Wort im selben Zusammenhang dieselbe Bedeutung hat, wenn nicht klare Hinweise dagegensprechen. Wenn man die Bedeutung eines Wortes plötzlich und ohne Vorwarnung ändert, dann ist das genauso verwirrend, wie wenn man seine Betonung oder seine Schreibweise ändert. Diese Regel kann man beispielsweise direkt auf die zwei „Auferstehungen" in Offenbarung Kapitel 20 anwenden.

Nachdem wir das alles festgestellt haben, müssen wir jetzt nochmals darauf hinweisen, dass die Offenbarung für ganz normale Leute zu einer anderen Zeit und an anderen Orten geschrieben wurde. Es ist also normal, dass Dinge für sie klar waren, die für uns, die wir zweitausend Jahre später und zweitausend Kilometer entfernt leben, unverständlich erscheinen.

Es waren Heidenchristen unterschiedlicher Völker, die in einer römischen Provinz lebten. Sie sprachen Griechisch, lasen jüdische Schriften und waren durch den gemeinsamen christlichen Glauben vereint. Wir müssen also so viel wie möglich über ihren Hintergrund in Kultur und Sprache in Erfahrung bringen. Unsere Untersuchungen betreffen also das, was *sie* verstanden haben mussten, als *ihnen* die Offenbarung, möglicherweise in nur einer Sitzung in einer Versammlung, laut vorgelesen wurde. Sie haben dabei wahrscheinlich etwas ganz anderes wahrgenommen als wir, die wir es still über Tage hinweg Abschnitt für Abschnitt lesen.

Selbstverständlich ist das Buch auch für uns in unserer Zeit geschrieben, sonst stünde es nicht im Neuen Testament. Der Herr hat all das schon bedacht, als er Johannes das Buch gegeben hat. Die zeitliche und örtliche Entfernung sollte für uns kein unüberwindbares Hindernis sein.

Ein viel wichtigerer Faktor als der kulturelle Unterschied ist aber die völlig andere Situation, in der sie sich befanden. Eine wichtige Frage ist, welche Situation das Schreiben dieses Buches erforderlich machte. Das ist sozusagen der Generalschlüssel zum Öffnen des Verständnisses des ganzen Buches. Für jedes andere Buch im Neuen Testament gibt es einen Grund, warum es geschrieben wurde, eine Not, der begegnet werden sollte. Die Offenbarung ist da keine Ausnahme.

Praktische Gründe

Wir haben bereits gesagt, dass der vorrangige Zweck nicht darin bestand, einen Zeitplan für zukünftige Ereignisse zu liefern, sondern Menschen auf das, was geschehen wird, vorzubereiten. Worauf sollte dieses Buch sie denn vorbereiten? Die Antwort erscheint auf der ersten Seite (Offb1,9.10).

DIE ABSICHT VERSTEHEN

Johannes, der Verfasser, leidet bereits für seinen Glauben. Er befindet sich in Gefangenschaft, aber nicht wegen einer Straftat. Er ist ein „politischer" Gefangener auf der Insel Patmos in der Ägäis (man könnte es heute mit Alcatraz oder Robben Island vergleichen). Er wurde aus religiösen Gründen verhaftet und ins Exil geschickt. Sein ausschließlicher Glaube an „das Wort Gottes und das Zeugnis Jesu" wurde von der Staatsgewalt als Hochverrat angesehen, als eine Verletzung der „Pax Romana", die auf polytheistischer Toleranz und einem Kaiserkult basierte. Von den Bürgern wurde erwartet, dass sie an viele Götter glauben, und der Kaiser wurde als einer der Götter angesehen.

Am Ende des ersten Jahrhunderts steuerte die Situation auf einen Höhepunkt zu, was die Christen in große Gewissenskonflikte geraten ließ. Julius Cäsar war der erste gewesen, der sich zum Gott hatte ausrufen lassen. Sein Nachfolger Augustus hat den Bau von Tempeln für seine eigene Anbetung gefördert, von denen zahlreiche in Asien (der heutigen Westtürkei) errichtet wurden. Nero machte zwar den Anfang der Christenverfolgung (er tauchte sie in Pech und verbrannte sie als lebendige Fackeln für seine nächtlichen Gartenfeste oder nähte sie in Tierhäute ein, um sie von Hunden jagen und zerfleischen zu lassen), aber diese erste Verfolgungswelle war zeitlich und örtlich begrenzt. Erst das Auftreten von Domitian im letzten Jahrzehnt des ersten Jahrhunderts bescherte die heftigsten Angriffe auf Christen, die mit einigen Unterbrechungen zweihundert Jahre lang andauern sollten. Er verlangte unter Androhung der Todesstrafe die weltweite Anbetung seiner selbst. Einmal jährlich musste man vor einem Altar, auf dem seine Büste stand, Weihrauch unter dem Ruf „Cäsar ist Herr" darbringen. Dieser festgelegte Tag, an dem das zu geschehen hatte, wurde „Tag des Herrn" genannt.

Und genau an diesem Tag begann Johannes damit, die Offenbarung zu schreiben. Man muss den modernen Lesern nachsehen, dass sie glauben, dass damit der Sonntag gemeint ist. Es könnte sogar ein Sonntag gewesen sein, aber der Sonntag wurde in der frühen Kirche immer als „erster Tag der Woche" bezeichnet. Zwei Elemente des griechischen Textes zeigen auf, dass es sich um das jährliche „Kaiserfest" gehandelt haben muss. Eines ist der bestimmte Artikel („*der* Tag des Herrn", und nicht „*ein* Tag des Herrn"). Das andere ist die Tatsache, dass „Herr" nicht in der Form eines Hauptwortes, sondern eines Eigenschaftswortes auftaucht (Griechischer Text: *en tä kyriakä hämera*, im Deutschen gibt es keine vernünftige Entsprechung für das Wort *kyriakä*, würde man es mit „herrlich" übersetzen, so wäre das die falsche Bedeutung, am besten gibt man es wieder mit: „der *zum Herrn gehörige* Tag". Das war der Name, den Domitian diesem Tag gab. Er beanspruchte für sich den Titel „Herr und unser Gott".

Es standen harte Zeiten bevor. Für diejenigen, die sich weigerten, jemand anderen als nur Jesus „Herr" zu nennen, ging es um Leben und Tod. Das Wort „Zeuge" (griechisch: *martys* bekam eine neue, tödliche Bedeutung. Die Gemeinde hatte die bislang härteste Prüfung zu bestehen. Wie viele würden unter solchem Druck noch treu bleiben?

Schließlich war es nur noch Johannes, der von den zwölf Aposteln übriggeblieben war. Alle anderen hatten bereits den Märtyrertod erlitten. Die christliche Überlieferung berichtet, dass Andreas an einem X-förmigen Kreuz in Patras Achaia gestorben war, Bartholomäus (Nathanael) zog man in Armenien die Haut bei lebendigem Leibe ab, Jakobus (der Bruder des Johannes) wurde von Herodes Agrippa in Jerusalem enthauptet, Jakobus (der Sohn von Kleopas und Maria) wurde von der Zinne des Tempels herabgestürzt und gesteinigt, Judas (Thaddäus) wurde in Armenien von Pfeilen erschossen, Matthäus wurde in Parthien mit dem Schwert erschlagen, Petrus wurde in Rom mit dem Kopf nach unten gekreuzigt, Philippus wurde in Hierapolis, Phrygien an einer Säule erhängt, Simon (Zelotes) wurde in Persien gekreuzigt, Thomas wurde in Indien von einem Speer niedergestreckt, Matthias wurde gesteinigt und geköpft. Paulus war bereits auch schon in Rom enthauptet worden. Der Schreiber der Offenbarung wusste nur zu gut, welchen Preis die Treue zu Jesus hat. Er wusste nicht, dass er der einzige Apostel sein würde, der eines natürlichen Todes sterben würde.

Die Offenbarung ist ein „Handbuch für das Märtyrertum". Es ruft die Gläubigen dazu auf, „treu bis in den Tod zu sein" (Offb2,10). Märtyrer kommen in der Offenbarung sehr oft vor. Die Gläubigen werden aufgefordert durchzuhalten. Eine häufige Ermahnung lautet „ausharren", eine eher passive Haltung. Auf der Höhe der größten Drangsal kommt der Appell: „Hier ist das Ausharren der Heiligen, welche die Gebote Gottes und den Glauben Jesu bewahren" (Offb14,12). Das ist wohl der Schlüsselvers des ganzen Buches.

Aber es gibt auch einen Aufruf, im Leiden für Jesus aktiv zu sein, nämlich zu „überwinden". Dieses Wort wird sogar noch häufiger verwendet als „ausharren", und es stellt das Schlüsselwort des ganzen Buches dar.

Jeder Brief an die sieben Gemeinden endet mit einem Aufruf an jedes Gemeindeglied, ein „Überwinder" zu sein, was bedeutet, dass man alle Prüfungen und Drangsale sowohl innerhalb als auch außerhalb der Gemeinde überwinden soll. Vom wahren christlichen Glauben und Wandel abzufallen, bedeutet Jesus untreu zu sein.

Die Botschaft ist also nicht nur, dass Jesus siegt, sondern dass die Christen auch siegen müssen. Sie sollen dem Herrn folgen, der gesagt hat: „Seid guten Mutes, ich habe die Welt überwunden" (Joh16,33) und der jetzt in der Offenbarung sagt: „Ihr müsst die Welt auch überwinden".

Das ist auch der Grund, weshalb das Buch für Christen in Verfolgung so aussagekräftig ist, und weshalb es den

Christen in bequemen westlichen Gemeinden so wenig bedeutet. Es muss unter Tränen gelesen werden.

Das Buch bietet für die Verfolgten zwei Anreize zum Ausharren an. Der eine ist positiv: *Belohnung*. Denjenigen, die durchhalten, werden viele Belohnungen in Aussicht gestellt – das Anrecht vom Baum des Lebens im Paradies Gottes zu essen; vom zweiten Tod keinen Schaden zu erleiden; das verborgene Manna zu essen und einen weißen Stein mit einem geheimen neuen Namen zu erhalten; Vollmacht über die Nationen zu erhalten; mit Jesus auf seinem Thron zu sitzen; mit weißen Kleidern bekleidet zu werden und eine Säule im Tempel Gottes zu sein, seinen Namen zu tragen und nie mehr hinauszugehen. Vor allem aber wird dem Gläubigen nach all seinem Leid ein Platz im neuen Himmel und auf der neuen Erde versprochen, wo er sich der Anwesenheit Gottes für immer und ewig erfreuen kann. Diese Aussichten sind herrlich.

Aber es gibt auch negative Anreize: *Bestrafung*. Was ist das Schicksal der Gläubigen, die unter dem Druck untreu werden? Kurzum, sie werden keine dieser Segnungen erhalten. Aber es kommt noch schlimmer, sie werden das Schicksal der Ungläubigen im Feuersee erleiden. Nur zwei Verse, einer dem Anfang und einer dem Ende des Buches entnommen, bestätigen diese furchtbare Möglichkeit.

„Wer überwindet, ... ich werde seinen Namen aus dem Buch des Lebens nicht auslöschen" (Offb3,5). Wenn Sprache überhaupt irgendetwas bedeutet, dann heißt das, dass diejenigen, die nicht überwinden, in Gefahr sind, dass ihre Namen ausradiert werden (wörtlich: „herausgekratzt" mit einem Messer aus der Pergamentrolle). Das Buch des Lebens kommt in vier Büchern der Bibel vor (Ex32,32; Ps69,28; Phil4,3; Offb3,5). Im Kontext von drei dieser Bibelstellen geht es um das Ausradieren von Namen des Volkes Gottes, nachdem sie gegen den Herrn gesündigt hatten. Den betreffenden Vers in der Offenbarung so zu verstehen, dass diejenigen, die nicht überwinden, trotzdem die Belohnung erhalten, macht überhaupt keinen Sinn, und es macht vor allem die Belohnung bedeutungslos.

„Wer überwindet, wird dies erben (den neuen Himmel und die neue Erde mit dem neuen Jerusalem), und ich werde ihm Gott sein, und er wird mir Sohn sein. Aber den Feigen und Ungläubigen und Unzüchtigen...ist ihr Teil in dem See, der mit Feuer und Schwefel brennt; das ist der zweite Tod" (Offb 21,7.8). Wir müssen uns daran erinnern, dass sich die ganze Offenbarung an Gläubige und nicht an Ungläubige richtet. Sie ist durchgehend an „die Heiligen" und an „seine Knechte" adressiert. Diese Bibelstelle bezieht sich auf die feigen und treulosen Gläubigen. Bekräftigt wird sie durch das Wort „aber", das den Kontrast zwischen denen, die ein solches Schicksal verdienen, und den Gläubigen, die überwinden, bildet.

Die Offenbarung stellt also den *Christen* zwei Bestimmungen in Aussicht. Sie werden entweder mit Christus auferstehen und seine Herrschaft teilen, deren Ziel ein neues Universum ist. Oder sie werden ihr Erbe am Königreich verlieren und in der Hölle enden.

Diese Alternative wird auch an anderer Stelle im Neuen Testament bestätigt. Das Matthäusevangelium ist ein „Handbuch für Jüngerschaft" und enthält fünf große Lehrreden, die sich an die „Söhne des Königreichs" richten. Doch es enthält auch einen Großteil dessen, was Jesus je über die Hölle gelehrt hat, und es richtet sich bis auf zwei Warnungen an seine Schüler. Die Bergpredigt (Kapitel 5-7), wo die Verfolgten um Jesu Willen gepriesen werden, spricht dann weiter über die Hölle und schließt mit einer Mahnung, dass es nur zwei Schicksale gibt. Der Missionsbefehl (in Kapitel 10) beinhaltet die Aufforderungen: „Und fürchtet euch nicht vor denen, die den Leib töten, die Seele aber nicht zu töten vermögen; fürchtet aber vielmehr den, der sowohl Seele als auch Leib zu verderben vermag in der Hölle" (Vers 28); und: „Wer aber mich vor den Menschen verleugnen wird, den werde auch ich verleugnen vor meinem Vater, der in den Himmeln ist" (Vers 33). Die Lehre am Ölberg (Kapitel 24-25) verdammt die faulen und nachlässigen Knechte des Herrn damit, „ihnen ihren Teil festzusetzen bei den Heuchlern" (Mt24,51) und mit der „äußeren Finsternis, wo das Weinen und das Zähneknirschen sein wird" (Mt25,30). Paulus fährt dieselbe Linie, wenn er Timotheus an das „zuverlässige Wort" erinnert:

Denn wenn wir mitgestorben sind,
    werden wir auch mitleben,
wenn wir ausharren,
    werden wir auch mitherrschen,
wenn wir verleugnen,
    wird auch er uns verleugnen... (2.Tim2,11.12)

Die meisten Christen weisen die Konsequenzen von sich. Natürlich kann man noch mehr dazu sagen (der Autor beabsichtigt, sich noch tiefer mit diesem entscheidenden Thema in einem zukünftigen Buch auseinanderzusetzen, es soll den Titel tragen: Einmal gerettet – immer gerettet?; Anm. d. Übers.: inzwischen auch auf Deutsch im Handel erhältlich). Mittlerweile ist die Position, welche die Offenbarung einnimmt, ziemlich klar. Auch für Gläubige ist es durchaus möglich, ihren „Anteil am Baum des Lebens und an der heiligen Stadt" zu verlieren, wenn man den Text der Offenbarung verfälscht (Offb22,19), indem man seine Botschaft verändert.

Wir können die Zielsetzung der Offenbarung zusammenfassen, indem wir sagen, dass sie geschrieben wurde, um Christen, die vor großen Bedrängnissen stehen, zum Ausharren und zum Überwinden zu ermahnen und so den „zweiten Tod" abzuwenden, und ihre Namen im „Buch des Lebens" bestehen zu lassen. Wir werden noch sehen, dass jedes Kapitel und jeder Vers zu dieser allumfassenden Absicht passen, wenn wir den Umriss und die Struktur des ganzen Buches untersuchen.

KAPITEL SIEBEN

STRUKTURANALYSE

Wenn wir damit recht haben, dass die Absicht der Offenbarung darin besteht, Gläubige auf Verfolgung und Märtyrertum vorzubereiten, dann muss es möglich sein, diese in jedem Teil des Buches ausfindig zu machen. Darüber hinaus sollte auch die generelle Struktur eine Entwicklung dieses Themas aufzeigen.

Wir sollten also mehrere Profile anfertigen, in denen wir den Inhalt von unterschiedlichen Perspektiven aus und für unterschiedliche Zwecke analysieren, und wollen mit dem einfachsten beginnen. Die offensichtlichste Aufteilung des Buches erscheint in Kapitel 4,1 mit einem radikalen Perspektivwechsel von der Erde in den Himmel und von der Gegenwart in die Zukunft:

    Kapitel 1 – 3   GEGENWART
    Kapitel 4 – 22   ZUKUNFT

Der weitaus größere zweite Teil macht dann eine klare Trennung zwischen den schlechten und den guten Nachrichten. Der Wechsel kommt in Kapitel 19:

    Kapitel 1 – 3   GEGENWART
    Kapitel 4 – 22   ZUKUNFT
    Kapitel 4 – 18   Schlechte Nachrichten
    Kapitel 20 – 22   Gute Nachrichten

Jetzt untersuchen wir, wie jeder Abschnitt zur Hauptabsicht des Buches in Verbindung steht. Das heißt, wie bereitet jeder Abschnitt die Gläubigen auf die kommende „große Trübsal" vor? Wir können die Übersicht auf folgende Weise erweitern:

Kapitel 1 – 3   GEGENWART
Dinge müssen richtiggestellt werden.

Kapitel 4 – 22   ZUKUNFT
Kapitel 4 – 18   Schlechte Nachrichten: Dinge werden viel schlimmer bevor sie besser werden.

–

Kapitel 20 – 22   Gute Nachrichten: Dinge werden viel besser, nachdem sie schlechter geworden waren.

Es muss nur noch ein Punkt hinzugefügt werden, nämlich Kapitel 19. Was taucht in diesem Kapitel auf, das die ganze Situation ändert? Das zweite Kommen Jesu auf den Planeten Erde! Das ist tatsächlich der Rahmen des ganzen Buches, der auch dem Prolog und dem Epilog entspricht (Offb1,7 und Offb22,20). Wir können nun „Kapitel 19 – Jesus kommt wieder" zwischen die schlechten und die guten Nachrichten einfügen (wir wollen die Übersichten nicht unnötig wiederholen, die Leser dürfen es gerne selbst in die obige Lücke < > hineinschreiben).

Wenn man diese einfache Übersicht beim Lesen des Buches im Auge behält, vereinfacht es die Sache enorm. Darüber hinaus wird die Einheit des Buches offensichtlich. Seine Zielsetzung wird in drei Phasen erreicht:

Erstens: Jesus sagt den Gemeinden, dass sie interne Probleme angehen müssen, wenn externe Probleme vor ihnen liegen. Kompromisse im Glauben und im Wandel und das Tolerieren von Götzendienst oder Unzucht schwächen die Gemeinde von innen.

Zweitens: Jesus, der immer für seine Aufrichtigkeit bekannt war, zeigt ihnen auf, was das Schlimmste sein wird, das sie je erleben werden. Etwas Schlimmeres werden sie nie erleben. Aber diese vor ihnen liegende Zeit wird höchstens ein paar Jahre andauern.

Drittens: Jesus offenbart ihnen die Wunder, die darauf folgen werden. Diese Aussichten auf solch eine Ewigkeit zu verschmähen, nur um vorübergehenden Schwierigkeiten aus dem Weg zu gehen, wäre die schlimmste Tragödie, die ihnen je zustoßen könnte.

Auf diese drei Arten und Weisen ermutigt Jesus seine Nachfolger, auszuharren und zu überwinden bis er wiederkommt. Ein Vers fasst all das zusammen: „Doch was ihr habt, haltet fest, bis ich komme" (Offb 2,25). Denn dann kann er sagen: „Geh hinein in die Freude deines Herrn" (Mt 25,21).

Natürlich kann man das Buch auch auf andere Arten und Weisen analysieren. Eine Inhaltsangabe wäre eher ein Index von Sachthemen, der uns helfen könnte, uns im Buch zurechtzufinden.

Diese Art von Übersicht würde aber den Wechsel von der Erde zum Himmel und wieder zurück unterschlagen. Wir behandeln drei Zeitperioden:

A. Was passiert schon in der Gegenwart
(Kapitel 1 – 5)

B. Was wird in der näheren Zukunft passieren
(Kapitel 6 – 19)

C. Was wird in der fernen Zukunft passieren
(Kapitel 20 – 22)

Danach werden wir die Hauptmerkmale jeder einzelnen Periode feststellen und diese dergestalt auflisten, dass man sie sich leicht merken kann. Hier ein Beispiel dieser Katalogisierung von Ereignissen:

A. DIE GEGENWART
- 1 – 3   Ein aufgefahrener Herr
  Sieben verschiedene Leuchter

- 4 – 5   Schöpfer und Schöpfung
  Löwe und Lamm

B. DIE NAHE ZUKUNFT
- 6 – 16   Siegel, Posaunen, Schalen
  Teufel, Antichrist, falscher Prophet

- 17 – 19   Babylon – letzte Hauptstadt
  Harmagedon – letzte Schlacht

C. DIE FERNE ZUKUNFT
- 20   Tausendjähriges Reich
  Tag des Gerichts

- 21 – 22   Neuer Himmel und Neue Erde
  Neues Jerusalem

Man muss hier feststellen, dass die Kapitel 4 – 5 jetzt in der ersten Abteilung stehen. Das liegt daran, dass die Aktionen, die zur „großen Trübsal" führen, in Kapitel 6 beginnen. Kapitel 19 steht nun in der zweiten Abteilung, weil die „große Trübsal" hier endet, wenn Christus die „unheilige Dreieinigkeit" besiegt haben wird.

Diese Art von Übersicht kann man sich leicht merken und sie bietet eine „Soforthilfe" an, wenn man einzelne Themen nachschlagen will.

STRUKTURANALYSE

Es ist wichtig, dass man darin etwas bewandert ist, bevor man tiefer in die einzelnen Abschnitte des Buches einsteigt. Es gibt ein altbekanntes Sprichwort: „Den Wald vor lauter Bäumen nicht sehen". Beim Lesen der Offenbarung kann man sich leicht in den interessanten Details verlieren, sodass man die Hauptaussage aus den Augen verliert.

Es ist nun Zeit das Teleskop zur Seite zu legen und das Mikroskop hervorzuholen – oder zumindest eine Lupe!

KAPITEL ACHT

ZUSAMMENFASSUNG DES INHALTS

In einem Buch dieses Umfangs ist es unmöglich, zu jedem Detail einen vollständigen Kommentar abzugeben. Wir versuchen aber eine Einführung zu jedem Abschnitt zu liefern, die jeden Bibelstudenten befähigt, „zu lesen, zu markieren, zu lernen und dasselbe zu verinnerlichen", wie es so schön im *Book of Common Prayer* heißt.

Wir werden die wichtigsten Bestandteile hervorheben, einige Probleme in Angriff nehmen und dem Leser ganz allgemein helfen, die Richtung trotz mancher Hindernisse nicht aus dem Blick zu verlieren. So werden wir nicht alles beantworten können, aber es gibt ja auch Kommentare, die dem Leser weiterhelfen (der von George Eldon Ladd ist einer der besten; Eerdmans, 1972).

Es wird empfohlen, den betreffenden Teil der Offenbarung vor und nach dem jeweiligen Abschnitt in diesem Kapitel des Buches zu lesen.

KAPITEL 1 – 3: DIE GEMEINDE AUF DER ERDE

Diesen Teil kann man am leichtesten lesen und verstehen. Es ist ganz so, wie wenn man in einer stillen Meeresbucht paddelt, bevor man aufs weite Meer hinausfährt, wo man von Strudeln und Wasserströmungen hin- und hergerissen wird und manche Panik sich nicht vermeiden lässt!

Obwohl die Offenbarung sich selbst oft als Prophetie bezeichnet, so ist sie von der Form her trotzdem eher ein

Brief (vergleiche Kapitel 1,4 – 6 mit den übrigen Briefen des Neuen Testaments, wo der Adressat am Anfang genannt wird). Allerdings ist sie an sieben Gemeinden und nicht an eine einzelne gesandt. Während sie für jede einzelne eine eigene Botschaft hat, so ist doch klar beabsichtigt, dass alle Gemeinden jede einzelne Botschaft hören sollen.

Nach dem üblichen christlichen Gruß („Gnade und Friede"), wird das Hauptthema verkündet: „Er kommt", ein Ereignis, das in der Welt Unwohlsein, aber in der Gemeinde Freude verursacht. Dieses Ereignis steht absolut fest („Amen").

Der „Absender" des Briefes ist Gott selbst, der Herr der Zeiten, der ist, der war und der da kommt, das Alpha und das Omega (der erste und der letzte Buchstabe im griechischen Alphabet, was den Anfang und das Ende von allem symbolisiert). Dieselben Titel werden auch Jesus gegeben, und zwar gibt er selbst sich den Titel (Offb1,17; 22,13), was beweist, dass er von seiner eigenen Göttlichkeit überzeugt war.

Der „Sekretär", der den Brief aufschrieb, war der Apostel Johannes, der sich auf der acht mal vier Meilen großen Insel Patmos, die zu dem Dodekanes, einer Inselgruppe im Ägäischen Meer gehört, als politischer Gefangener wegen religiöser Gründe im Exil befand.

Die Inhalte wurden ihm in verbaler und visueller Form mitgeteilt. Es ist interessant festzustellen, dass er etwas „hörte" bevor er alles „sah". Der Stimme, die ihn zum Schreiben aufforderte, folgte eine überwältigende Vision von Jesus, wie ihn Johannes zuvor nie gesehen hatte: Schneeweißes Haar, glühende Augen, Donnerstimme, scharfe Zunge und glühende Füße. Selbst auf dem Berg der Verklärung hat er nicht so ausgesehen. Kein Wunder, dass Johannes in Ohnmacht fiel, bis er ein paar sehr vertraute Worte hörte: „Fürchte dich nicht".

Jede andere berühmte Persönlichkeit der Menschheitsgeschichte lebte und starb dann. Nur Jesus allein starb und lebte dann, und zwar „in alle Ewigkeit" (Offb1,18;

wörtlich: „in die Zeitalter der Zeitalter").

Johannes wurde angewiesen aufzuschreiben, „was jetzt ist" (Kapitel 1 – 3) und „was später stattfinden wird" (Kapitel 4 – 22); (Offb1,19). Das Wort für die Gegenwart betrifft den Zustand der sieben Gemeinden in Asien, von denen jede einen „Schutzengel" hat, und über die Jesus die Aufsicht hat (ebenso wie er auch alle Einsichten in ihren Zustand hat und alle Aussichten für ihre Zukunft kennt). In dieser ersten Vision werden sie durch sieben Sterne (die Engel) und durch sieben Leuchter (die Gemeinden) repräsentiert. Bezeichnenderweise wandelt Jesus inmitten dieser sieben umher; genauso wie es Johannes tat, als er noch frei war. In den Evangelien werden die meisten Botschaften und Wunder Jesu während seiner Reisen, als er unterwegs war, verkündet und gewirkt, und zwar sowohl vor seinem Tod als auch nach seiner Auferstehung.

Am besten studiert man die Briefe an die sieben Gemeinden alle zusammen und vergleicht sie miteinander. Wenn man sie nebeneinanderlegt und vergleicht, werden sowohl die Unterschiede als auch die Gemeinsamkeiten deutlich. Und das lässt tief blicken.

Es fällt sofort auf, dass ihre Form identisch ist. Jeder Brief enthält sieben (schon wieder sieben!) Elemente:

1. ADRESSE:
    „Dem Engel der Gemeinde in…"
2. EIGENSCHAFTEN:
    „Das sagt der, der…"
3. LOB:
    „Ich kenne deine Werke…"
4. TADEL:
    „Aber ich habe gegen dich…"
5. RATSCHLAG:
    „…andernfalls werde ich kommen und…"

6. ZUSICHERUNG:
„...wer überwindet, der..."
7. AUFFORDERUNG:
„Wer ein Ohr hat, höre, was der Geist sagt..."

Von dieser Anordnung der sieben Elemente weichen nur die letzten vier Briefe etwas ab (der Grund dafür ist nicht ersichtlich). Dort werden die letzten beiden Punkte in der Reihenfolge vertauscht. Wir werden jetzt die Briefe gegenüberstellen und vergleichen.

Die Adresse
Sie lautet in allen sieben Sendschreiben abgesehen vom Namen genau gleich. Die Städte liegen auf einem Rundkurs und starten beim Hauptseehafen von Ephesus (eine Gemeinde von der wir mehr als von allen anderen in dieser Zeit wissen). Der Rundkurs wendet sich der Küste entlang nach Norden zu, biegt dann östlich ins Landesinnere ab und endet südlich im fruchtbaren Tal des Flusses Mäander.

Der einzige Punkt, über den man uneins sein kann, ist, ob sich das Wort *angelos* (wörtlich: Botschafter) auf eine himmlische oder irdische Person bezieht. Wie an allen weiteren Stellen in der Offenbarung wird es richtigerweise mit „Engel" übersetzt, und deshalb muss man annehmen, dass es hier auch dasselbe bedeutet. Engel haben viel mit Gemeinden zu tun (sogar mit den Frisuren von Anbeter(innen)! 1.Kor 11,10). Weil Johannes von den Gemeinden völlig isoliert war, mussten „himmlische" Boten die Briefe zustellen. Nur dem modernen Skeptizismus, der die Existenz von Engeln in Frage stellt, ist es zu verdanken, dass man das Wort in einigen Bibelübersetzungen mit „Diener" (wahrscheinlich mit der Anrede „Euer Ehrwürden") wiedergibt.

ZUSAMMENFASSUNG DES INHALTS

Die Eigenschaften

Es ist auffällig, dass Jesus nie seinen Namen nennt, wenn er von sich spricht, sondern immer nur Titel verwendet, die zum Teil ganz neu sind. Jesus hat tatsächlich über 250 Titel, mehr als jede andere historische Person (es ist eine gute Anbetungsübung, wenn man sie alle in der Anbetung einmal aufzählt). Ganz behutsam wird in jedem Brief ein Titel Jesu ausgewählt, um damit einen Aspekt seines Charakters hervorzuheben, den die jeweilige Gemeinde anscheinend vergessen hat, und an den sie sich wieder von neuem erinnern muss. Einige Titel sind bereits in der Anfangsvision des Johannes ersichtlich geworden. Alle Titel aber sind von großer Bedeutung. Der „Schlüssel Davids" zeigt die Erfüllung der messianischen Hoffnung Israels an. „Der Anfang der Schöpfung Gottes" zeigt seine universale Vollmacht (Mt28,18).

Das Lob

In diesem Teil werden alle Briefe sehr intim, denn die dritte Person (er) wechselt zur ersten Person (ich). Handelt es sich noch um dieselbe Person? Das „er" bezieht sich sicherlich auf Christus, aber das „ich" könnte der Heilige Geist sein, der „Geist Christi" natürlich. Spätere Bemerkungen (z.B. „Ich habe Vollmacht von meinem Vater empfangen" in Offb2,28) lassen den Erstgenannten vermuten. Der Ausdruck „Ich kenne" sagt aus, dass alles, sowohl die innere Verfassung als auch die äußeren Umstände erkannt werden. Sein Wissen – und deshalb auch sein Verständnis – sind allumfassend. Sein Urteil ist absolut zutreffend, seine Meinung entscheidend und seine Offenheit glasklar.

Vor allem kennt er ihre Werke, also ihre Taten, das was sie tun. Diese Betonung auf Werke zieht sich durch die ganze Offenbarung; und zwar deshalb, weil es um Gericht geht. Jesus kommt wieder – um die Lebenden und die

Toten zu richten. Wir sind durch Glauben gerechtfertigt, werden aber aufgrund unserer Werke gerichtet werden (2.Kor5,10). Jesus lobt die guten Werke und ermutigt dazu, damit weiterzumachen.

Wenn man die Briefe nebeneinanderlegt und vergleicht, dann fällt sofort auf, dass Jesus nur über zwei Gemeinden ausschließlich Schlechtes zu sagen hat, nämlich über Sardes und Laodizea. Aber genau diese sind menschlich gesehen erfolgreich. Die Meinung Jesu kann von unserer eigenen Meinung sehr abweichen. Große Versammlungen und Kollekten und ein reichhaltiges Gemeindeprogramm sind nicht unbedingt ein Kennzeichen geistlicher Gesundheit.

Fünf Kirchen werden gelobt: Ephesus für ihre Mühe, ihre Geduld, ihr Ausharren und ihr Urteilsvermögen (indem sie die falschen Propheten zurückgewiesen hat); Smyrna für ihren Mut angesichts der Drangsale und Entbehrungen (zumal sich in der Nachbarschaft eine „Synagoge des Satans", evtl. eine okkulte jüdische Sekte, befindet); Pergamon, weil sie unter Anfechtungen den Glauben nicht verleugnet hat, und das sogar, als ein Gemeindemitglied den Märtyrertod erlitt (zudem wird sie vom „Thron des Satans" überschattet, einem riesigen Tempel, der heutzutage im Pergamonmuseum in Berlin wieder aufgebaut worden ist); Thyatira für ihre Liebe, ihren Glauben, ihre Geduld und ihr Wachstum; Philadelphia für ihre kostbare Treue (auch sie hat eine „Synagoge des Satans" in der Nachbarschaft).

Nebenbei stellen wir gerade fest, dass Jesus sehr oft von Satan spricht, der hinter allen Feindseligkeiten gegenüber den Gemeinden steckt. Er ist auch für die sich anbahnende Krise, die ihnen begegnen wird, die „Stunde der Versuchung, die über den ganzen Erdkreis kommen wird, um die zu versuchen, die auf der Erde wohnen", verantwortlich (Offb3,10).

Es ist für Jesus sehr bezeichnend, dass er Lob ausspricht, bevor er tadelt; ein Beispiel, dem die Apostel gefolgt sind. Paulus dankt Gott für die „geistlichen Gaben" der Korinther (1.Kor1,4-7) bevor er den Missbrauch, den sie damit treiben, tadelt. Andererseits begegnete er in Gemeinden auch Situationen, wo es nichts zu loben gab, so in Galatien. Aber das Prinzip sollte von jedem Christen nachgeahmt werden.

Der Tadel

Nochmals, Smyrna und Philadelphia werden als einzige nicht getadelt. Sie waren sicher sehr erleichtert, als ihre Briefe laut vorgelesen wurden! Sie waren schwächer als die anderen und litten schon die ganze Zeit. Aber sie blieben treu, worüber sich Jesus mehr als über alles andere freute. (Mt25,21,23).

Aber was war bei den übrigen falsch? Ephesus hatte seine „erste Liebe" verlassen (war es die erste Liebe für den Herrn, für die Brüder oder für den Sünder? Wahrscheinlich für alle drei, weil es zusammenhängt), Pergamon war in Götzendienst und Unzucht geraten (Synkretismus und Toleranz sind die modernen Gegenstücke); Thyatira hatte sich auf gleiche Weise schuldig gemacht (weil es auf Isebel, die falsche Prophetin gehört hatte); Sardes hatte immer wieder gut angefangen, seinen Anstrengungen den Anstrich eines lebendigen Gemeindelebens verpasst, und dann aber nichts richtig zu Ende gebracht (kommt uns das irgendwie bekannt vor?); Laodizea war krank, merkte es aber nicht.

Dieser letzte Brief ist wahrscheinlich der bekannteste und eindrucksvollste. Sie waren stolz darauf, eine warmherzige Gemeinschaft zu sein, die ihre zahlreichen Besucher herzlich willkommen hieß. Aber „lauwarme" Gemeinden machen Jesus einfach krank. Er kann mit eiskalten oder mit feurigen Gemeinden viel besser umgehen! Hier wird Bezug auf die salzigen heißen Quellen, die in den umliegenden Hügeln außerhalb der Stadt entspringen, genommen (die

Kalksinterterassen von Pamukkale sind heute immer noch ein Heilbad für Erholungssuchende); wenn das Wasser in Laodizea ankam, dann war es nur noch lauwarm und wurde als Brechmittel verwendet.

Jesus hatte aufgehört, den Gottesdiensten dieser Gemeinde beizuwohnen! Er ist nicht mehr drinnen – aber er steht draußen vor der Tür. Vers 20 ist der wohl am meisten missbrauchte Text in der Bibel und wird überall als evangelistische Einladung oder in der Seelsorge verwendet. Er hat aber mit Bekehrung gar nichts zu tun. Ja er vermittelt sogar einen ganz falschen Eindruck, wenn man ihn so gebraucht, denn eigentlich ist es der Sünder, der draußen steht, der anklopfen muss und dann das Königreich betritt, zu dem Jesus selbst die Tür ist; Lk 11,5-10; Joh 3,5; 10,7). Die Tür in Offb 3,20 ist die Kirchentür der Gemeinde in Laodizea. Der Vers ist ein prophetisches Wort an eine Gemeinde, die Christus verloren hat, und er steckt voller Hoffnung. Nur ein einziges Gemeindeglied ist notwendig, das mit Christus an seinem Tisch sitzen will, dann kann er wieder in die Gemeinde zurückkommen! Für eine ausführlichere Abhandlung dieses Verses und wie der neutestamentliche Weg, ein Christ zu werden, aussieht, siehe mein Buch: *The Normal Christian Birth*, Hodder and Stoughton, 1989; auf Deutsch: *Wiedergeburt – Start in ein gesundes Leben als Christ*, ProjektionJ, 1991.

Bevor wir diesen Abschnitt verlassen, müssen wir uns in Erinnerung rufen, dass diese Anschuldigungen der Liebe Jesu für die Gemeinden entspringen. Er selbst sagt: „Ich überführe und züchtige alle, die ich liebe" (Offb 3,19). Das Ausbleiben solcher Disziplinierung wäre viel eher ein Zeichen dafür, dass man nicht mehr zu seiner Familie dazugehört (Hebr 12,7.8)!

Er will sie dadurch nicht ab-, sondern viel eher aufbauen. Aber vor allen Dingen will er sie für die Drangsale, die ihnen bevorstehen und durch die sie geprüft werden, vorbereiten (Offb3,10). Wenn sie schon jetzt einknicken, wie sollen sie dann bestehen? Es würde sie um ihre Erbschaft bringen.

Der Ratschlag
Für jede der sieben Gemeinden gibt es einen Ratschlag. Selbst die beiden, für die er nur Lob ausgesprochen hat, werden ermahnt, am guten Werk festzuhalten: „Doch was ihr habt, haltet fest, bis ich komme" (Offb2,25).

Die anderen fünf Gemeinden werden mit zwei Worten gewarnt: „Erinnere dich" und „tue Buße". Sie sollen sich in Erinnerung rufen, wie sie einmal gewesen sind, und wie sie eigentlich zu sein hätten. Wirkliche Buße ist mehr als nur Reue und Bedauern; es erfordert Schuldbekenntnis und Korrektur.

Er warnt diejenigen, die seine Aufforderung verachten, dass er „kommen wird" und mit ihnen entsprechend verfahren wird. Irgendwann wird es zu spät sein, um Dinge zu berichtigen. Manchmal bezieht sich das auf sein zweites Kommen, wenn den Treuen, die sogar bis in den Tod hinein treu geblieben sind, „die Krone (Siegeskranz) des Lebens" gegeben wird, diejenigen aber, die nicht bereit waren, die furchtbaren Worte zu hören bekommen: „Ich kenne euch nicht" (Mt25,12).

Normalerweise bezieht man die Worte „ich werde kommen" auf die „Heimsuchung" einer Gemeinde, um deren Leuchter wegzurücken (Offb2,5). Jesus kann Gemeinden auch schließen! Eine kompromittierte Gemeinde, die sich nicht korrigieren lassen will, ist mehr als nur nutzlos für das Königreich Gottes. Es ist besser, solch eine schlechte Reklame für das Evangelium zu beseitigen.

Wir können diesen Teil der Briefe also wie folgt zusammenfassen: „Richtigstellen und durchhalten, sonst wird zugesperrt!"

Die Zusicherung
Es ist auffällig, dass der Aufruf zu „überwinden" nicht an die Gemeinde als ganze, sondern an die einzelnen Gemeindeglieder ergeht. Gericht ist immer individuell, sei es um zu belohnen oder zu bestrafen, und niemals gemeinschaftlich (achte auch auf das „jeder einzelne" in 2.Kor5,10). Auch wird nicht vorgeschlagen, eine korrupte Gemeinde zu verlassen und sich am anderen Ende der Stadt eine bessere zu suchen! Es kann sich auch niemand wegen seiner Fehltritte damit entschuldigen, dass die ganze Gemeinde im Argen liegt. Den verkehrten Strömungen in einer Gemeinschaft darf man nicht folgen. Mit anderen Worten: Ein Christ muss zuerst lernen, dem Druck innerhalb einer Gemeinde standzuhalten, bevor er dem Druck der Welt ausgesetzt werden kann. Wenn wir das erste nicht überwinden können, dann können wir das zweite umso weniger.

Jesus zögert nicht, Belohnungen und Anreize anzubieten (Offb5,12). „Er selbst erduldete das Kreuz und achtete nicht auf die Schande wegen der vor ihm liegenden Freude" (Hebr12,2). In jedem Brief ermutigt er die Überwinder, an die vor ihnen liegende Belohnung zu denken, die für diejenigen bereit liegt, „die auf das Ziel zujagen" (Phil3,14).

Genauso wie seine Titel in jedem Brief dem ersten Kapitel der Offenbarung entnommen sind, so sind die Belohnungen allesamt den letzten Kapiteln entnommen. Die Belohnungen gibt es aber nicht unmittelbar, sondern erst in der fernsten Zukunft. Nur wer daran glaubt, dass er seine Versprechen hält, kann von diesem fernen Lohn ganz am Ende motiviert werden.

Wir müssen nochmals bedenken, dass die Freuden des neuen Himmels und der neuen Erde nicht für alle Gläubigen sind, sondern nur für die Überwinder der Drangsale, der Versuchung und Verfolgung (Offb21,7.8 macht das völlig klar). „Wer aber ausharrt bis ans Ende, der wird gerettet werden" (Offb2,26; Mt10,22; 24,13; Mk13,13; Lk21,19).

ZUSAMMENFASSUNG DES INHALTS

Die Aufforderung

Der letzte Aufruf: „Wer ein Ohr hat, höre" ist ein vertrautes Schlusswort, das Jesus gerne bei seinen Predigten verwendete (z.B. Mt13,9). Seine Bedeutung wird durch das am häufigsten verwendete alttestamentliche Bibelzitat im Neuen Testament ersichtlich: „Hören, ja, hören sollt ihr und nicht verstehen…und mit den Ohren haben sie schwer gehört…sonst hätten sie…mit ihren Ohren gehört und mit ihren Herzen verstanden und sich bekehrt, und ich hätte sie geheilt" (Jes6,9.10, zitiert in Mt13,13-15; Mk4,12; Lk8,10; Apg28,26.27).

Jesus wusste, dass das die normale Reaktion der Juden sein würde. Jetzt aber fordert er die Christen heraus, nicht genauso zu reagieren. Er betont den Unterschied zwischen dem Hören und dem Bewahren einer Botschaft. Es ist die Frage, wie sehr man das, was er sagt, beachtet. Was er in der Offenbarung spricht, wird nur dann ein Segen sein, wenn man liest und bewahrt, und nicht, wenn man ihm lediglich ein Ohr leiht und es dann nicht zu Herzen nimmt (Offb1,3). Ein Vater, dessen Kind den Befehl „Hör damit auf!" ignoriert, und der dann sagt: „Hast du nicht gehört, was ich dir gesagt habe?", weiß genau, dass es zwar gehört hat, es aber nicht befolgt.

Diese letzte Aufforderung in jedem der Briefe an die sieben Gemeinden zeigt ganz einfach, dass Jesus eine Reaktion erwartet, und zwar in einer positiven Antwort des Gehorsams. Er hat jedes Recht, das zu erwarten. Er ist der Herr.

KAPITEL 4 – 5: GOTT IM HIMMEL

Dieser Abschnitt sagt geradeheraus, was er meint, und benötigt deshalb nur wenig Einführung. Besonders Kapitel 4 dürfte im Zusammenhang mit Lobpreis der Kirche ziemlich vertraut sein; er wird oft gelesen, um in den Lobpreis zu führen und ist zum Inhalt vieler Kirchenlieder geworden.

Er gibt einen Blick auf die himmlische Anbetung frei, und zeigt, dass der irdische Lobpreis nur ein Abglanz des himmlischen ist.

Johannes wurde mit einem „Komm hier herauf!" eingeladen, sich den Himmel anzuschauen, ein Privileg das nur wenigen in ihrem Leben zu Teil wurde (Paulus hatte eine ähnliche Erfahrung; 2.Kor 12,1-6). Es ist der Ort, an dem Gott herrscht und von dem aus er regiert. Das Schlüsselwort ist „Thron" und es erscheint sechzehn Mal. Man bemerke die Hervorhebung des „Sitzens" (Offb 4,2.9.10; 5,1). Hier ist das Kontrollzentrum des „Königreichs der Himmel".

Die Szenerie ist atemberaubend schön und über jede Beschreibung erhaben: Grüner Regenbogen (!), goldene Kronen, Donner und Blitz, strahlende Lampen – man kann sich vorstellen, wie Johannes seine Blicke umherschweifen lässt und eines nach dem anderen ehrfurchtsvoll anblickt. Als er versucht, das Aussehen Gottes zu beschreiben, kann er es nur mit den zwei schillerndsten Edelsteinen vergleichen, die er jemals gesehen hat (Jaspis und Karneol).

Vor allem aber bietet das „gläserne Meer", das sich bis zum Horizont ausweitet, eine ganz andere, friedvolle Schau auf die Erde mit ihrem andauerndem Tumult (beschrieben ab Kapitel 6); und das ist durchaus beabsichtigt. Die Herrschaft Gottes ist erhaben über allen Kämpfen zwischen Gut und Böse. Er muss sich nicht herumärgern; sogar Satan muss ihn um Erlaubnis bitten, bevor er einen Menschen antasten darf (Hi 1). Es überrascht ihn auch nichts. Er weiß genau, wie er mit allem und jedem umgehen muss, was da so auftaucht, denn es taucht ja nur auf, weil er es erlaubt.

Er ist Gott und kein Mensch. Deshalb ist er der Anbetung würdig (das englische Wort „worship" kommt von „worth-ship", also die „Wertschätzung", die man jemandem entgegenbringt). Der Schöpfer erhält von seinen Geschöpfen andauernden Lobpreis. Die vier „Lebendigen

Wesen" sind nur „wie" Löwe, Ochse, Mensch und Adler; zusammen repräsentieren sie alle Lebewesen aus allen vier Himmelsrichtungen der Erde (allerdings gibt es mindestens zwanzig weitere Interpretationen!). Ihr Lobpreis ist irgendwie „trinitarisch": Dreimal „Heilig" und Gott in drei zeitlichen Dimensionen – Vergangenheit, Gegenwart und Zukunft.

Die vierundzwanzig Ältesten bilden den himmlischen „Rat" ab (Jer 23,18). Sicherlich repräsentieren sie die beiden Bundesvölker Gottes, Israel und die Gemeinde (diese kommen z.B. auch vor bei den vierundzwanzig Namen an den Toren und den Grundsteinen des neuen Jerusalem; 21,12-14).

In Kapitel 4 findet keine eigentliche Handlung statt, sondern nur unaufhörlicher Lobpreis. Es ist eine immerwährende Szene ohne Zeitangaben. Aber mit Kapitel 5 beginnt die Handlung, und zwar mit der Suche nach jemandem „im Himmel und auf der Erde", der „würdig ist, die Siegel zu brechen und die Schriftrolle zu öffnen".

Die Bedeutung der Schriftrolle wird durch die Ereignisse beim Brechen der einzelnen Siegel ersichtlich. Es kann darauf nur das Programm stehen, das die Menschheitsgeschichte auf unserer Erde beenden wird. Mit dem Brechen der Siegel beginnt der Countdown.

Bis das geschieht, muss die Welt in ihrem jetzigen Zustand bleiben. Das „gegenwärtige böse Zeitalter" muss beendet werden, bevor das „kommende Zeitalter" beginnen kann. Die „Königreiche der Welt" müssen klar und deutlich beendet werden, wenn das „Königreich Gottes" weltweit aufgerichtet werden soll. Das ist auch der Grund, weshalb Johannes immerfort verzweifelt weinte, als niemand gefunden wurde, der würdig war, um diese Bewegung in Gang zu setzen.

Worin bestand aber das Problem? Gott hatte an der Erde doch schon oft Gericht geübt, warum also nicht auch ein finales Gericht? Entweder kann er sich nicht dazu entschließen oder er fühlt sich dafür nicht qualifiziert! Dieser letzte Gedanke ist im Lichte desjenigen, der für würdig befunden wurde, die Siegel zu brechen, gar nicht einmal so bizarr oder blasphemisch, wie man annehmen möchte.

Wer ist es? Es ist einer, der sowohl „Löwe" als auch „Lamm" ist! Genauer betrachtet ist der Unterschied zwischen den beiden nicht ganz so groß, wie viele meinen. Das Lamm ist männlich und ausgewachsen, wie jedes Lamm, das zum Opfer verwendet wurde („einjährig"; Ex12,5). Hier haben wir es eigentlich mit einem „Widder" zu tun, der sieben Hörner hat (eines mehr als die Schafsrasse der „Jakobsschafe"), die vollkommene Macht, und sieben Augen, die vollkommene Übersicht symbolisieren. Aber trotzdem wurde es als Opfer „geschlachtet".

Der Löwe ist der König der Wildnis, hier aber ist er der König des Stammes Juda, dessen Wurzeln in der davidischen Dynastie sind. Wir haben also eine einzigartige Kombination aus dem hoheitlichen Löwen und dem geopferten Lamm, die dem kommenden König und dem leidenden Gottesknecht entspricht, den die hebräischen Propheten vorhergesagt haben (z.B. Jes9 – 11 und 42 – 53).

Aber nicht nur das, was er ist, sondern auch das, was er getan hat, befähigt ihn, das Unheil, das die ganze Welt zum Ende bringt, auszulösen; wobei „Ende" zwei Dinge bedeuten kann: Beendigung oder Auslöschung. Er wird das letztere tun.

Er hat ein Volk vorbereitet, die Weltherrschaft zu übernehmen. Er hat es mit dem Preis seines eigenen Blutes aus jedem Volk der menschlichen Rasse erkauft. Er hat sie in königlichen und priesterlichen Aufgaben für den Dienst an Gott trainiert und sie auf diese Weise für die Verantwortung, diese Erde zu regieren, vorbereitet (dies wird in Offb20,4-6 dargelegt).

Nur wer all das erledigt hat, ist fähig, die Kette von Katastrophen, die alle anderen Regime zu Fall bringen werden, in Gang zu setzen. Denn, wenn man ein schlechtes System zerstört ohne ein gutes an seiner Stelle aufzurichten, würde das nur in Anarchie enden.

Er selbst ist ein würdiges Oberhaupt über die Regierung, die er vorbereitet hat, weil er bereit war, sich ganz und gar hinzugeben, um es zu ermöglichen. Weil er „gehorsam wurde bis zum Tod, ja, zum Tod am Kreuz, hat Gott ihn auch über alles erhoben" (Phil 2,8.9).

Deshalb stimmen auch tausende von Engeln mit musikalischer Anerkennung zu, dass es nur recht ist, ihm Macht und Reichtum, Weisheit und Stärke, Ehre und Ruhm und Lobpreis zu geben. Sodann stimmen alle Geschöpfe des Universums in den Lobgesang ein, fügen aber ein bedeutsames Detail hinzu: Macht, Ehre, Herrlichkeit und Lobpreis sollen zwischen dem, der auf dem Thron sitzt und dem, der vor ihm steht, zwischen dem Vater und dem Sohn geteilt werden. Denn es war ihre gemeinsame Anstrengung. Beide waren daran beteiligt. Beide litten, um alles zu ermöglichen, wenn auch auf unterschiedliche Weise.

Die Göttlichkeit unseres Herrn Jesus Christus wird durch nichts klarer offenbart, als durch diesen unterschiedslosen Lobpreis und die Anbetung, die er und Gott gemeinsam empfangen.

KAPITEL 6 – 16: SATAN AUF DER ERDE

Dieser Abschnitt bildet das Kernstück des Buches und ist am schwierigsten zu verstehen und anzuwenden.

Wir kommen zuerst zu den schlechten Nachrichten. Die Dinge müssen viel schlechter werden, bevor sie besser werden. Aber zumindest haben wir den Trost, dass es nicht schlimmer werden kann, als es in diesen Kapiteln vorhergesagt wird. Trotzdem ist es schlimm genug!

Die Ausleger der Bibel treffen auf drei große Probleme.

Erstens: Wie ist die *Reihenfolge* der Ereignisse? Es ist sehr schwierig, sie alle in einer Zeittafel anzuordnen, wie diejenigen bald feststellen werden, die solches versuchen.

Zweitens: Was bedeuten all diese *Symbole*? Bei einigen ist es klar. Einige werden erklärt. Aber einige machen Schwierigkeiten (die „schwangere Frau" in Kapitel 12 ist so ein Fall).

Drittens: Wann *erfüllen* sich diese Vorhersagen? In unserer Vergangenheit, Gegenwart oder Zukunft? Sind sie schon passiert, passieren sie momentan oder werden sie noch passieren? Nachdem wir das schon im Kapitel über die „Denkschulen" diskutiert haben, können wir diese Fragen jetzt beiseitelassen.

Wir konzentrieren uns also auf die Reihenfolge, die beim erstmaligen Durchlesen alles andere als klar ist, und dann auf die Symbole, wenn wir zu ihnen kommen. Diese Aufgabe wird durch die Einfügung von drei Elementen, die aus der Reihe tanzen, erschwert, die scheinbar zufällig in diese Kapitel eingestreut werden.

Erstens: *Exkurse*. In der Form von Zwischenspielen oder sogenannten Parenthesen (Einschüben) handeln sie von Dingen, die anscheinend außerhalb des Handlungsablaufs stehen.

Zweitens: *Wiederholungen*. Von Zeit zu Zeit scheint die Erzählung noch einmal zurück zu blicken und wiederholt bereits erwähnte Ereignisse.

Drittens: *Antizipationen*. Ereignisse werden ohne Erläuterung vorweggenommen, um sie erst später zu erklären. (z.B. erscheint „Harmagedon" erstmals in Kapitel 16,16, ereignet sich dann aber erst in Kapitel 19).

Das hat zu Missverständnissen und Spekulationen besonders in der zyklisch-historischen Auslegung geführt, die wir bereits diskutiert haben. Wir werden einen

ZUSAMMENFASSUNG DES INHALTS

einfacheren Weg einschlagen und uns vom Offensichtlichen zum Verborgenen vorarbeiten.

Wenn man den ganzen Abschnitt auf einmal durchliest, werden einem die drei Abfolgen der Siegel, Posaunen und Schalen ins Auge fallen. Die dahinterliegende Symbolik ist relativ einfach zu entschlüsseln.

Siegel:
1. Weißes Pferd – Militärische Aggression
2. Rotes Pferd – Blutvergießen
3. Schwarzes Pferd – Hungersnot
4. Fahles Pferd – Seuchen, Epidemien
***
5. Verfolgung und Gebet
6. Beben und Schrecken
***
7. Stille im Himmel, Erhörung der Gebete, die dann in einer finalen Katastrophe beantwortet werden: einem schweren Erdbeben

Posaunen:
1. Verbrannte Erde
2. Verschmutztes Meer
3. Verseuchtes Wasser
4. Verminderte Sonneneinstrahlung
***
5. Insekten und Plagen (5 Monate)
6. Invasion aus dem Osten (200 Millionen)
***
7. Das Königreich kommt, die Welt wird von Gott und Christus nach schwerem Erdbeben eingenommen

Schalen:
1. Geschwüre an der Haut
2. Blut im Meer

3. Blut aus den Quellen
4. Verbrennungen durch die Sonne
***
5. Finsternis
6. Harmagedon
***
7. Hagelsturm und schweres Erdbeben, was zu internationalem Kollaps führt

Wenn man sie, wie oben geschehen, ausbreitet, werden einige Dinge deutlich:

Die Ereignisse kommen uns bekannt vor. Sie erinnern uns in etwa an die Plagen Ägyptens, als Mose dem Pharao entgegentrat, teilweise sogar in Einzelheiten, wie Frösche und Heuschrecken (Ex 7 – 11). Sie treten bereits heute regional auf. Man kann die Abfolge der vier Pferde in vielen Teilen der Erde beobachten, wobei oftmals ein Ereignis aus dem anderen resultiert. Neu ist aber das weltweite Auftreten dieser Drangsale.

Jede Abfolge ist in drei Teile unterteilt. Die vier ersten gehören jeweils zusammen, was bei den vier „apokalyptischen Reitern", die, seitdem Albrecht Dürer sie gemalt hat, so genannt werden, am auffälligsten ist. Die beiden nächsten Teile sind nicht ganz so eng verbunden, und der letzte Teil steht für sich alleine. Die jeweils letzten Teile, werden mit „wehe" eingeleitet, ein Wort, das einen Fluch anzeigt.

Wenn man die drei Abfolgen zusammen betrachtet, so tritt eine *Intensivierung* im Schweregrad der Ereignisse von Abfolge zu Abfolge zu Tage. Während ein Viertel der Menschheit bei den Siegeln zu Grunde geht, kann ein Drittel der bis dahin Übriggebliebenen die Posaunen nicht überleben. Außerdem gibt es eine Steigerung in den Ursachen der Katastrophen. Die Siegel sind menschengemacht; die Posaunen scheinen Umweltkatastrophen zu sein; die Schalen werden direkt von Engeln ausgegossen.

Man kann auch eine *Beschleunigung* der Ereignisse beobachten. Die Siegel scheinen sich im Zeitablauf ziemlich gleichmäßig zu verteilen, aber die weiteren Abfolgen kann man in Monaten oder sogar nur in Tagen bemessen.

Nachdem wir in allen Abfolgen eine wie auch immer geartete Zunahme beobachtet haben, müssen wir uns nun fragen, wie sie untereinander in Beziehung stehen. Die einfachste Antwort wäre, dass sie aufeinander folgen, was man folgendermaßen darstellen könnte:

Siegel:1234567, dann Posaunen:1234567, dann Schalen:1234567.

Mit anderen Worten, die Serien folgen aufeinander.

Aber ganz so einfach ist es nicht! Ein genaues Studium zeigt, dass sich die jeweils siebten Ereignisse auf eine einzige Begebenheit beziehen (ein schweres weltweites Erdbeben ist bei allen drei letzten Ereignissen gleich; Offb 8,5; 11,19; 16,18). Das hat zu einer anderen Theorie geführt, die von der „zyklisch-historischen" Denkschule natürlich befürwortet wird, welche glaubt, dass die Abfolgen zeitgleich geschehen, nämlich so:

Siegel: 1234567
Posaunen: 1234567
Schalen: 1234567

Sie würden, anders ausgedrückt, alle dieselbe Zeitperiode betreffen (normalerweise nimmt man an, dass es die Zeit zwischen erstem und zweitem Kommen ist), eben nur aus einem anderen Blickwinkel.

Ein überzeugenderes aber komplizierteres Muster kombiniert die beiden Ansichten, und behandelt die ersten sechs als aufeinander folgend und das siebte als zeitgleich:

Siegel: 123456   7
Posaunen: 123456   7
Schalen: 123456   7

Jede Serie folgt auf die vorangehende und alle drei Serien erreichen ihren Höhepunkt in derselben letztendlichen Katastrophe gemeinsam. Diese Lösung scheint am besten zu den Befunden zu passen und wird von der „futuristischen" Denkschule vertreten, die zudem glaubt, dass alle drei Serien noch in der Zukunft liegen.

Alle drei Muster konzentrieren sich dabei auf das, was mit der Welt geschehen wird. Aber man sollte auch die Reaktionen der Menschen in Betracht ziehen. Während man erkennt, dass diese schrecklichen Katastrophen ein Ausdruck des Zornes Gottes (und des Lammes!) sind, besteht die menschliche Reaktion in Schrecken (Offb6,15-17), Lästerung gegen Gott (Offb12,21) und nicht in Buße (Offb9,20.21), obwohl auch dann noch das Evangelium der Vergebung erhältlich ist (Offb14,6). Das ist der traurige Zustand des menschlichen Herzens, er ist aber leider zutreffend. In Katastrophen wenden wir uns entweder Gott zu oder von ihm ab (mit den letzten Worten von Piloten vor einem Flugzeugabsturz wird Gott oft geflucht; das ergab die Analyse mehrerer Blackboxes).

Jetzt ist es an der Zeit, die Kapitel, die zwischen den drei Serien der Siegel, Posaunen und Schalen eingeschoben sind, zu betrachten – oder genauer gesagt, die sich innerhalb dieser Serien befinden, wie wir noch herausfinden werden. Es gibt drei solcher Einschübe: Kapitel 7, Kapitel 10 – 11 und Kapitel 12 – 14.

Die ersten beiden Einschübe befinden sich zwischen den sechsten und siebten Siegeln und Posaunen. Der dritte Einschub befindet sich vor der ersten Schale, so als ob keine Zeit mehr zwischen sechster und siebter Schale vorhanden wäre. In Diagrammform schaut es so aus:

Siegel:	123456	(Kap.7)	7
Posaunen:	123456	(Kap.10-11)	7
Schalen:		(Kap.12-14)	1234567

ZUSAMMENFASSUNG DES INHALTS

Das ist nun der vollständige Überblick der Kapitel 6 – 16 in Form eines Diagramms.

Während sich die drei Serien von Siegeln, Posaunen und Schalen mit dem beschäftigen, was mit der *Welt* geschieht, behandeln die drei Einschübe das, was mit der *Gemeinde* geschieht. Dort erhalten wir Informationen über das Volk Gottes während dieser schrecklichen Umwälzungen. Wie werden sie davon berührt? Wenn die Offenbarung das Ziel hat, die „Heiligen" auf das, was kommt vorzubereiten, dann sind gerade für sie diese Einschübe von Interesse.

Kapitel 7: *Die beiden Gruppen*. Zwischen dem sechsten und siebten Siegel erhaschen wir einen kurzen Blick auf zwei unterschiedliche Arten von Leuten an zwei unterschiedlichen Orten.

Auf der einen Seite steht eine abgezählte Anzahl von Juden, die auf der Erde beschützt werden (Verse 1 – 8). Gott hat Israel nicht verworfen (Röm 11,1.11). Er hat bedingungslos versprochen, dass sie überleben würden, solange das Universum fortbesteht (Jer 31,35-37). Er hält sein Wort. Sie haben eine Zukunft.

Die Zahlen schauen irgendwie willkürlich aus, sogar künstlich. Vielleicht sind sie auch nur „runde" Zahlen oder sind gewissermaßen symbolisch zu sehen. Eines aber ist klar: Es wird eine sehr beschränkte Anzahl aus einem Volk, das derzeit in die Millionen geht, geben. Ihre Summe ist gleichmäßig auf die zwölf Stämme aufgeteilt, ohne dass ein Stamm bevorzugt wird. Das bedeutet auch, dass die zehn Stämme, die nach Assyrien verschleppt wurden, bei Gott nicht „verloren" sind, und dass er Überlebende aus jedem Stamm, die nur er kennt, bewahren wird. Allerdings ist ein Stamm verloren, Dan, der gegen Gottes Willen rebellierte und ersetzt wurde – genau wie Judas Iskariot unter den zwölf Aposteln. Beides sind Warnungen an uns, dass wir unseren Platz in Gottes Vorsehung nicht für selbstverständlich und garantiert ansehen sollen.

Auf der anderen Seite steht eine unzählbare Menge von Christen, die im Himmel bewahrt sind (Verse 9 – 17). Diese internationale Menschenmenge steht an einem Ehrenplatz vor dem König und nimmt mit den Ältesten und den lebendigen Wesen an deren Lobpreis teil. Ihr Lobpreis hat aber eine zusätzliche Komponente: Sie danken für ihre „Errettung".

Johannes erkennt nicht, wer sie sind, und gibt zu, dass er nicht weiß, wie sie sich für solch eine Ehre qualifiziert haben. Einer der Ältesten klärt ihn auf: „Diese sind es, die aus der großen Bedrängnis kommen" (Vers 14; die Zeitform des Verbs lässt erkennen, dass es sich um einen kontinuierlichen Prozess handelt, bei dem sowohl Individuen als auch Gruppen aus dieser ganzen Trübsalszeit herauskommen). Wie sind sie entkommen? Nicht etwa durch eine plötzliche und geheime „Entrückung" (siehe dazu den dritten Teil des Buches), sondern durch den Tod, meistens durch Märtyrertod, der hier in diesen Kapiteln so deutlich zu Tage tritt (wir haben bereits den Schrei ihrer Seelen nach Vergeltung vernommen (Offb 6,9-11).

Aber nicht ihr eigenes Blut, sondern das Blut des Lammes hat sie gerettet. Es war sein und nicht ihr Leiden, es war sein Opfer, das ihre Sünden gesühnt und sie gereinigt hat, damit sie in Gottes Gegenwart stehen und ihm dienen können.

Aber Gott denkt an das, was sie um seines Sohnes Willen erlitten haben, und stellt sicher, dass sie „nie wieder" solchen Schmerz erfahren müssen. Kein sengendes Sonnenlicht wird ihnen zusetzen (Offb 16,8.9). Sie werden vom „guten Hirten" geweidet werden (Ps 23; Joh 10). Sie werden mit „lebendigem" Wasser erfrischt werden (also „mit Kohlensäure" und kein „stilles Mineralwasser", Joh 4,14; 7,8; Offb 21,6; 22,1.17). Und Gott wird, wie jeder gute Vater es mit seinem weinenden Kind tut, „alle Tränen aus ihren Augen abwischen" (Offb 21,4). Denke aber daran, dass der Himmel nur ein Vorgeschmack auf das Leben auf der neuen Erde ist.

Kapitel 10 – 11: Die *zwei Zeugen*. Zwischen der sechsten und siebten Posaune wird die Aufmerksamkeit auf zwei menschliche Sprachrohre, die die göttlichen Offenbarungen mitteilen, gerichtet. Das Schlüsselwort in beiden Kapiteln ist „weissagen" (Offb 10,11; 11,3.6). Zu Beginn der Kirchengeschichte war Johannes auf Patmos der Prophet; am Ende werden es zwei „Zeugen" sein, die in der Stadt Jerusalem weissagen werden.

Es macht sich eine Ahnung von bevorstehenden Katastrophen durch das Auftreten von zwei „mächtigen" Engeln breit. Der erste äußert mit einer Donnerstimme seine furchtbaren Wahrheiten, die aber nur für Johannes alleine bestimmt sind und an niemanden weitergegeben werden dürfen (vgl. 2.Kor 12,4). Der zweite kündigt an, dass es keinen Aufschub mehr für die folgenden Ereignisse gibt (was unsere Annahme bestätigt, dass die siebten Siegel, Posaunen und Schalen sich alle auf dasselbe „Ende" beziehen).

Nun ist die schlimmste der „schlechten Nachrichten" dabei, eröffnet zu werden. Es ist ein „kleines Büchlein" (ist es eine ausführlichere und detailliertere Version eines Teiles der bereits geöffneten größeren Schriftrolle?). Johannes wird angewiesen, es aufzuessen (wir würden sagen: „Es zu verdauen"). Es wird „süß und bitter" schmecken, zuerst süß, dann aber bitter, wenn es „verdaut" wird (eine Reaktion, die viele haben, wenn sie das ganze Buch der Offenbarung lesen und seine Bedeutung begreifen).

Johannes wird angewiesen, „nochmals zu weissagen", mit der Arbeit fortzufahren, die Zukunft dieser Welt vorherzusagen. Dann werden ihm die Stadt Jerusalem und ihr Tempel gezeigt. Er misst die Maße seiner Vorhöfe aus, lässt dabei aber den äußersten Vorhof für die heidnischen Anbeter aus, denn sie werden eher dazu geneigt sein, die Stadt zu „zertreten", als in ihr zu beten. Sie werden jedoch zwei außerordentlichen Personen begegnen, die ihnen den Gott verkündigen, den sie geringschätzen.

Im Endeffekt werden sowohl Prediger als auch Zuhörer sterben! Die beiden Zeugen werden übernatürliche Kraft haben, um Regen zu verhindern (wie Elia in 1.Kön17,1; Jak5,17) und Feuer auf ihre Feinde regnen zu lassen (wie Mose in Lv10,1-3). Dennoch werden sie getötet, wenn ihr Zeugnis vollendet ist. Ihr Leichnam wird drei Tage lang auf den Straßen liegen, während die multinationale Menge, die zunächst wegen der Worte der beiden Zeugen Gewissensbisse hatte, sich nun hämisch freut und ihren Tod feiert. Aber ihre Erleichterung wird sich in Schrecken verwandeln, wenn die beiden in aller Öffentlichkeit auferstehen werden. Eine laute Stimme vom Himmel „Kommt hier herauf" bewirkt, dass sie in den Himmel auffahren. Im Moment ihrer Himmelfahrt zerstört ein gewaltiges Erdbeben ein Zehntel der Gebäude der Stadt und siebentausend Menschen sterben.

Die Ähnlichkeit zwischen dem Schicksal der zwei Zeugen und dem „Propheten" Jesus ist auffallend. Man wird unweigerlich an seine Kreuzigung, Auferstehung und Himmelfahrt in genau derselben Stadt erinnert. Natürlich gibt es Unterschiede: In seinem Fall traf das Erdbeben mit seinem Tod zusammen (Mt27,51), und weder seine Auferstehung nach drei Tagen noch seine Himmelfahrt wurden in aller Öffentlichkeit bezeugt. Aber was den beiden Zeugen geschieht, wird ein lebendiges Zeugnis für die schon längst vergangenen Tage Jesu sein, und das ganz besonders für die jüdischen Einwohner. Es wird zur Furcht und zur Verherrlichung Gottes führen.

Uns wird nicht gesagt, wer die beiden Zeugen sind. Alle Versuche, sie zu identifizieren, sind reine Spekulation. Es gibt auch keinen Anlass, anzunehmen, dass sie reinkarnierte Personen aus einer vergangenen Zeit sind. Sie sind also nicht Mose und Elia, und auch nicht „Jesus", obwohl sie allen drei in mancherlei Hinsicht ähneln. Wir müssen „warten und sehen", wer sie sind, aber ganz offensichtlich spielt es keine Rolle. Was sie tun und was man ihnen antut, das ist wichtig.

Bevor wir diesen Abschnitt verlassen, müssen wir zwei „Vorwegnahmen" betrachten.

Eine ist, dass hier erstmals eine Zeitspanne von 1260 Tagen erwähnt wird, dasselbe wie 42 Monate und dasselbe wie dreieinhalb Jahre. Wir werden dieser Zeitspanne noch in den folgenden Kapiteln begegnen, wo sie höchstwahrscheinlich die Dauer der „großen Trübsal" anzeigt. Viele setzen sie mit der „halben Woche", die von Daniel vorhergesagt wurde, in Verbindung (Dan9,27; viele Übersetzungen übersetzen die „Woche" zutreffend als „sieben"). Es ist nur eine kurze Zeit und ruft die Vorhersage, die Jesus selbst gegeben hat, in Erinnerung, nämlich dass diese Zeit verkürzt werden wird (Mt24,22).

Außerdem wird hier das erste Mal das „Tier" erwähnt (Offb11,7), von dem im nächsten Einschub der fortlaufenden Erzählung so ausführlich berichtet wird.

Kapitel 12 – 14: Die *zwei Tiere*. Wenn man dem bisherigen Muster folgen wollte, so müsste dieser Einschub zwischen der sechsten und siebten Schale kommen. Aber diese folgen so dicht aufeinander, dass dazwischen weder Zeit noch Platz für andere Ereignisse ist. Diese drei Kapitel werden also vor der Ausgießung der sieben Schalen, als endgültiger Ausdruck des Zornes Gottes für eine rebellische Welt, eingefügt (siehe oben, letztes der drei Diagramme.)

Die sechs Siegel und die sechs Posaunen sind vorüber, und die letzte Serie von Katastrophen steht bevor. Für die Welt werden sie am schlimmsten sein, und für die Gemcinde wird es sehr schwer werden. Die Mächte des Bösen werden die Gesellschaft immer fester im Griff haben, jedoch wird ihr Joch bald zerbrochen werden.

Der Abschnitt führt drei Personen ein, die eine Allianz zur

Weltherrschaft schmieden. Einer ist von seiner Natur und von seinem Ursprung her ein Engel: Der „großer Drache" und die „alte Schlange", auch als „Satan" oder „Teufel" bekannt (Offb12,9). Die beiden anderen sind von ihrem Ursprung her Menschen, „Tiere", auch als „Antichrist" (1 Joh2,18; derselbe wie der „Mensch der Gesetzlosigkeit" in 2.Thess2,3) und als „falscher Prophet" bekannt (Offb16,13; 19,20; 20,10). Zusammen bilden sie eine Art „unheilige Trinität" mit einer grässlichen Nachahmung Gottes, Christus und des Heiligen Geistes.

Zum ersten Mal wird Satan, als Verantwortlicher für die Drangsale vorgestellt. Seit den Briefen an die sieben Gemeinden wurde er in der Offenbarung nicht mehr erwähnt (Offb2,9.13.24; 3,9). Während die Siegel und die Posaunen ihre Plagen auf der Erde entfesselt haben, befand sich Satan noch im Himmel. Als Engel hatte er Zugang zur „Himmelswelt" (Eph6,12; vgl. Hi1,6.7). Dort werden die wirklichen Kämpfe zwischen Gut und Böse ausgefochten, was jeder entdeckt, der im Gebet diese Gefilde betritt.

Dieser Kampf im Himmel zwischen guten und bösen Engeln dauert nicht ewig, denn die Mächte sind zahlenmäßig ungleich stark vertreten. Die Seite des Teufels umfasst ein Drittel der himmlischen Heerscharen (Offb12,4); zwei Drittel werden vom Erzengel Michael angeführt, der seine Streitmacht zum Sieg führen wird (eine Skulptur dieses Kampfes schmückt die Ostwand der Kathedrale in Coventry).

Der Teufel wird auf die Erde geschleudert werden. Später wird er dann noch einmal besiegt und in den „Abgrund" geworfen werden (Offb20,3). In den wenigen Jahren, die ihm in dieser Zwischenzeit bleiben, wird sich seine Wut und sein Frust auf unserem Planeten entladen. Weil er Gott im Himmel nicht länger direkt herausfordern kann, erklärt er dem Volk Gottes hier unten den Krieg. Obwohl er hofft, sein Königreich hier auf der Erde mit Hilfe von zwei

Marionettenherrschern (einer ist ein politischer, der andere ein religiöser Führer) wiedererlangen zu können, handelt es sich aber in Wahrheit um ein Rückzugsgefecht.

Die Botschaft von Kapitel 12, auch wenn sie unser Vorstellungsvermögen übersteigt, ist soweit klar. Wir haben bis jetzt aber (absichtlich) die andere Hauptfigur in unserem Drama aus dem Spiel gelassen – eine schwangere Frau, bekleidet mit der Sonne, der Mond unter ihren Füßen und eine Krone von zwölf Sternen auf ihrem Haupt.

Wer ist sie? Ist sie eine einzelne Person oder eine Personifikation eines Ortes oder eines Volkes (so wie beispielsweise die andere Frau, die „Prostituierte", die Babylon in den Kapiteln 17 und 18 repräsentiert)?

Natürlich hat diese Figur der schwangeren Frau für eine Menge von Diskussionen und Differenzen unter denen, die die Bibel studieren, gesorgt. Für manche steht die Sache fest, weil der Teufel „ihr Kind im Moment seiner Geburt verschlingen will" (Vers 4) und weil „sie einen Sohn gebar, ein männliches Kind, das alle Nationen mit eisernem Zepter regieren wird" (Vers 5). Das sei, so sagt man, ein unmissverständlicher Hinweis auf die Geburt Jesu und dem sofortigen aber erfolglosen Versuch des Herodes, ihn zu töten. Die Frau sei deshalb Maria, die Mutter Jesu (die katholische Interpretation); oder sie sei eine Personifikation Israels, aus dem der Messias stammt (die allgemeine protestantische Interpretation, um Maria auszuschließen).

Aber ganz so einfach ist es nicht. Warum sollte man mitten in der Passage, die die Endzeit beschreibt, plötzlich und unerwartet wieder an den Beginn des christlichen Zeitalters zurückkehren? Was hat Maria mit diesem Bild zu tun? (nach Apostelgeschichte Kapitel 1 verschwindet sie aus dem Neuen Testament, sie hat ihre Aufgabe erfüllt). Natürlich sehen die „zyklisch-historischen" Ausleger darin einen Beweis einer weiteren Wiederholung der Kirchengeschichte, die nochmals mit der Geburt Christi startet, und nehmen an, dass dies der Zeitpunkt war, an dem Satan besiegt und aus dem Himmel vertrieben worden war.

Es bleiben aber noch weitere Probleme bestehen. Offensichtlich wurde das Kind sofort nach seiner Geburt „zu Gott und zu seinem Thron entrückt". Das könnte man mit dem Zusammenrücken von Fleischwerdung und Himmelfahrt (wie bei einem Blick durch ein „zeitliches" Fernglas) erklären, aber die Abwesenheit jeglicher Bezugnahme auf den Dienst, den Tod und die Auferstehung Jesu lässt das eigentlich nicht zu. Und wenn die Frau die Mutter Jesu sein soll, wer sind dann „die Übrigen ihrer Nachkommenschaft" (Vers 17)? Wir wissen, dass sie noch andere Kinder hatte, vier Jungen und einige Mädchen (Mk6,3), aber diese kommen wohl kaum in Frage. Es steht auch keineswegs fest, dass der Satz „die Nationen mit eisernem Zepter regieren" notwendigerweise auf Jesus hindeutet; natürlich wird es auf ihn angewendet (Offb19,15, als Erfüllung von Ps2,9), aber es ist ebenso seinen treuen Nachfolgern verheißen (Offb2,27). Und dann ist da noch die Bewahrung der Frau „in der Wüste" für 1260 Tage (Offb12,6), ein bereits erwähnter Zeitabschnitt, in den die allergrößte Drangsal am Ende des Kirchenzeitalters fällt.

Eine Interpretation, die alle Einzelheiten einbezieht ist, dass die Frau eine Personifikation der Gemeinde in der Endzeit darstellt, die außerhalb von städtischen Gegenden während der größten Drangsale bewahrt wird. Ihr männliches Kind ist ebenso eine Personifikation, und zwar die der Gläubigen, die in dieser Zeit den Märtyrertod erleiden. Sie sind im Himmel gerettet und somit außerhalb der Reichweite Satans. Sie werden eines Tages wieder auf die Erde zurückkommen und mit Christus herrschen (Offb20,4 sagt dies ausdrücklich). „Die Übrigen ihrer Nachkommenschaft" sind diejenigen, die den Holocaust überleben, „welche die

Gebote Gottes halten und das Zeugnis Jesu haben" (Vers 17; vgl. Offb 1,9; 14,12). Bei dieser Sichtweise treten zwar noch einige Spannungen auf, aber es sind doch weniger als bei allen anderen Erklärungen.

Es scheint aber trotzdem ein Vergleich zwischen dem Erlebnis, das Jesus am Anfang des christlichen Zeitalters gemacht hat und seinen Nachfolgern am Ende desselbigen beabsichtigt zu sein, wie wir bereits im vorigen Kapitel gesehen haben. Das trifft besonders auf sein „Überwinden" zu (Joh 16,33), denn auch seine Nachfolger werden „überwinden, und ihr Leben nicht so sehr lieben, dass sie dem Tod aus dem Weg gehen" (Offb 12,11). Ihr Sieg demonstriert das „Königreich unseres Gottes und die Vollmacht seines Christus" (Offb 12,10; vgl. 11,15 und Apg 28,31).

Die beiden „Tiere" treten erstmalig in Kapitel 13 auf. Das erste und führende Tier ist eine politische Figur, ein Weltdiktator, der seine Herrschaft über alle bekannten ethnischen Gruppen ausübt. Er ist der „Antichrist" (1.Joh 2,18; man muss hier feststellen, dass „anti" im Griechischen „anstelle von" bedeutet und nicht so sehr „gegen", was andeutet, dass er eine Nachahmung und nicht so sehr ein Rivale ist), „der Mensch der Gesetzlosigkeit" (2.Thess 2,3.4), der kein Gesetz als nur sein eigenes anerkennt und deshalb Göttlichkeit und Anbetung einfordert. Das Tier ist ein Mensch, der das satanische Angebot, welches Jesus ausgeschlagen hat, annimmt (Mt 4,8.9); hätte Jesus es damals angenommen, wäre er „Jesus Antichristus" geworden!).

Aber er ist natürlich auch im anderen Sinne des Präfixes „anti-christlich". Er hat die Vollmacht, „Krieg gegen die Heiligen zu führen und sie zu überwinden" (Offb 13,7; er überwindet sie aber nur temporär, während sie ihn für immer überwinden, Offb 12,11).

Seine Merkmale gleichen denen von anderen wilden Tieren – Panther, Bär und Löwe. Es hat den Anschein, dass er einer politischen Herrscherklasse entstammt und die Aufmerksamkeit der Welt durch eine Erholung von einer tödlichen Wunde auf sich zieht, vermutlich ein Attentat. Sein gotteslästerlicher Egotismus verbreitet sich zweiundvierzig Monate lang.

Seine Position wird von einem zweiten Tier, seinem religiösen Genossen, gestärkt, das übernatürliche Kraft besitzt, und damit die Anbetung der Welt auf seinen Vorgesetzten lenkt. Seine Wundertaten, mit denen es sogar Feuer vom Himmel herabrufen und Nachbildungen des ersten Tieres sprechen lassen kann, verführen alle Nationen.

Sein Auftreten gleicht einem „Lamm", einem jungen Schaf mit nur „zwei Hörnen", wodurch eher Milde als Christusähnlichkeit angedeutet wird, was aber in scharfem Kontrast zu seiner „drachengleichen" Stimme steht.

Sein Geniestreich wird sich aber nicht im Vollführen von Wundern, sondern in der Beherrschung der Wirtschaft zeigen. Nur wer eine spezielle Zahl an gut sichtbarer Stelle seines Köpers (Hand oder Stirn) trägt, darf Handel treiben, dabei wird diese Zahl nur denjenigen zuteil, die diesen staatlichen Götzendienst mitmachen. Juden und Christen werden auf diese Weise von jeglichem Handel ausgeschlossen und können noch nicht einmal Lebensmittel kaufen.

Die Zahl „666" ist der kodierte Name des Diktators. Wir haben seine Bedeutung bereits diskutiert. Alle Versuche sie zu dekodieren sind nutzlose Spekulationen, denn erst wenn er auftreten wird, werden sowohl seine Identität als auch das Geheimnis dieser Zahl offenkundig werden. Aber eines steht fest, er wird in jeder Hinsicht hinter der Perfektion (die durch die Zahl 7 repräsentiert wird) zurückbleiben.

In Kapitel 14 wird ein Ausgleich zu diesen schrecklichen Szenen geschaffen, indem unsere Aufmerksamkeit auf eine Gruppe von Menschen gelenkt wird, die (buchstäblich) in krassem Gegensatz zu denjenigen steht, die sich selbst in

Gefangenschaft dieses Systems begeben haben. Anstelle des kryptischen Namens des Tieres tragen diese den Namen des Vaters des Lammes auf ihren Stirnen (diese Eigenschaft sehen wir in Offb22,4). Sie sind nicht durch arrogante Lügen, sondern durch Reinheit ihrer Sprache und ihrer sexuellen Beziehungen bekannt.

Bezüglich ihres Aufenthaltsortes besteht etwas Unsicherheit, ob es nun der Himmel oder die Erde ist, aber der Kontext des Lobpreises der lebendigen Wesen und der Ältesten (Offb14,3, was wohl eine Wiederholung von Offb4,4-7 ist) lässt auf Ersteres schließen. Es sind Lieder, die nur die Erlösten lernen und singen können. Die Zahl 144.000 gibt Rätsel auf. Sie darf nicht mit derselben Zahl in Kapitel 7 verwechselt werden. Dort bezieht sie sich auf Juden hier auf der Erde, hier auf Christen im Himmel. Dort setzt sie sich aus den zwölf Stämmen zusammen, und hier gerade nicht. Sie kann auch nicht mit der „großen Menge, die niemand zählen kann" desselben Kapitels gleichgesetzt werden. Aber auch hier ist sie wohl eine „runde" Zahl. Der entscheidende Hinweis wird uns aus dem Satz – „Diese sind aus den Menschen als Erstlingsfrucht für Gott und das Lamm erkauft worden" – geliefert (Vers 4). Sie sind also nur ein kleiner Vorgeschmack einer viel größeren Ernte. Es könnte aber auch bedeuten, dass die Gesamtzahl der Juden, die auf Erden bewahrt bleiben, nur ein Teil einer viel größeren Zahl von Christen ist, die im Himmel anbeten.

Im restlichen Kapitel werden in einem feierlichen Umzug von Engeln verschiedene Botschaften Gottes zu den Menschen gebracht.

Der erste Engel ruft zur Gottesfurcht und zur Anbetung auf, indem er daran erinnert, dass das Evangelium immer noch zur Verfügung steht, um jeden vom „kommenden Zorn" zu erretten (Lk3,7).

Der zweite Engel kündigt den Fall Babylons an. Wir haben

es hier mit einer weiteren Vorwegnahme zu tun, da hier zum ersten Mal dieser Name erwähnt wird. Im nächsten Abschnitt (Kapitel 16 – 17) wird dann aber alles klar.

Der dritte Engel warnt die Gläubigen vor den schrecklichen Konsequenzen, wenn sie dem Druck des totalitären Systems nachgeben. Dabei verwendet er eine „höllische" Sprache: Nicht endende „Qual" (mit demselben Wort wird das beschrieben, was dem Satan, dem Antichristen und dem falschen Propheten im Feuersee bevorsteht; Offb20,10). Sie werden, mit anderen Worten, genau das Schicksal derer erleiden, denen sie sich unterworfen haben. Dass auch „Heiligen" dasselbe schreckliche Schicksal widerfahren kann, wird durch den Aufruf zu „geduldigem Ausharren" unmittelbar nach der Warnung unterstrichen (Vers 12, der Offb13,10 wiederholt). Beide Kontexte machen klar, dass einige ihre Treue mit dem Leben bezahlen werden. Für sie ist aber ein besonderer Segen aufgeschrieben: „Glückselig die Toten, die von jetzt an im [sinngemäß wäre sogar „für den"] Herrn sterben" (Vers 13). Der Segen ist zweifältig: Sie können sich jetzt von der Mühe ausruhen, weil ihre Treue aufgezeichnet bleibt, und sich auf ihre Belohnung freuen. Selbst diejenigen, die in dieser Zeit eines natürlichen Todes sterben, dürfen sich an derselben Segnung erfreuen. Allerdings sollte dieser Vers (noch) nicht bei Beerdigungen gebraucht werden, die in der heutigen Zeit stattfinden; diese Verheißung gilt nur für die, die „von jetzt an im Herrn sterben", was sich auf die Herrschaft des Tieres bezieht.

Der vierte Engel ruft jemandem zu, der „wie ein Menschensohn in den Wolken" ist (ein eindeutiger Verweis auf Dan7,13), und sagt ihm, dass es höchste Zeit für die Ernte sei. Ob es nun an der Zeit ist, das Unkraut zu verbrennen oder den Weizen einzufahren (Mt13,40-43), wird nicht sofort klar.

Der fünfte erscheint ganz einfach mit einer Sichel in seiner Hand.

ZUSAMMENFASSUNG DES INHALTS

Der sechste richtet die Sichel auf die „Trauben", die in der „großen Kelter des Zornes Gottes" zertreten werden, die sich „außerhalb der Stadt" befindet. Dass es sich dabei um ein massenhaftes Abschlachten von Menschen handeln muss, wird durch die riesige Blutlache verdeutlicht (ein Meter tief und 180 Quadratmeilen breit, was wie eine Übertreibung erscheint). Hier handelt es sich um eine Vorwegnahme der Schlacht von Harmagedon, wo Vögel die Leichen fressen (Offb19,17-21). Bei dieser Gelegenheit merken wir den Zusammenhang von Blut, Wein und dem Zorn Gottes, der ziemlich häufig vorkommt. Hier erscheinen das Kreuz und das qualvolle Gebet im Garten Gethsemane (Hebräisch=Ölpresse) in einem ganz neuen Licht. Der metaphorische Gebrauch des „Kelches" bezieht sich ausnahmslos auf den Zorn Gottes (Jes51,21.22; Mk14,36; Offb16,19).

Auf diese sechs Engel folgen weitere sieben, die nicht mehr über den Zorn Gottes sprechen, sondern ihn ausführen. Sie tragen sieben Schalen – und nicht nur Becher – voll des Zornes und schütten sie auf die Erde.

Dabei werden sie von einem Triumphgesang der Märtyrer im Himmel begleitet, der ganz bewusst das Lied Moses, das nach der Vernichtung des ägyptischen Heeres im Roten Meer gesungen wurde, wie ein Echo wiederholt (Offb15,2-4). Das Lied handelt von der Gerechtigkeit Gottes, die sich in großen und wunderbaren Taten seiner Heiligkeit durch die Bestrafung der Unterdrücker äußert. Der „König der Zeitalter" lässt sich zwar mit der Bestrafung der Schuldigen Zeit, aber sein Gericht kommt ganz gewiss – und ist jetzt gekommen.

Bevor wir diesen großen mittleren Teil verlassen, müssen wir noch zwei Beobachtungen anstellen.

Die erste betrifft die *Anordnungen* der Ereignisse. Wir haben einen Versuch angestellt, die Siegel, Posaunen und Schalen zusammen mit den Einschüben in einen Handlungsablauf einzuordnen. Ob das erfolgreich war, muss der Leser, der vielleicht einen anderen Terminplan ausgearbeitet hat, beurteilen.

Tatsache bleibt, dass es extrem schwierig, wenn nicht gar unmöglich ist, alle vorhergesagten Ereignisse in ein kohärentes Schema einzupassen. Aber Jesus ist ein zu guter Lehrer, um seine so wichtige Botschaft in solch einer komplexen Erzählung zu verbergen. Was sagt uns das?

Ganz einfach: Es geht in diesem Abschnitt *nicht in erster Linie um die Abfolge und Anordnung*. Es geht vielmehr darum, was geschehen wird, und nicht wann es geschehen wird. Die Absicht all dessen ist nicht, uns in unserer prophetischen Genauigkeit zu schulen, sondern uns zu zuverlässigen Dienern des Herrn zu machen, die bereit sind, dem Allerschlimmsten die Stirn zu bieten. Werden wir das erleben?

Die zweite Beobachtung betrifft die *Erfüllung* der Vorhersagen. Wenn sich die „große Trübsal" nur auf die letzten wenigen Jahre bezieht, dann könnte es sein, dass wir sie nicht erleben. Wäre es also für alle anderen Generationen der Heiligen Zeitverschwendung, sich dafür vorzubereiten?

Eine Antwort ist, dass die gegenwärtigen Trends und die Geschwindigkeit der Weltereignisse die Wahrscheinlichkeit erhöhen, dass diese Drangsalszeit unmittelbar bevorsteht.

Diesem Gedanken, dass es uns wohl nicht betrifft, sollte man aber hauptsächlich mit der Vergegenwärtigung der Tatsache begegnen, dass zukünftige Ereignisse ihre Schatten schon in der Gegenwart vorauswerfen. „Kinder, es ist die letzte Stunde, und, wie ihr gehört habt, dass der Antichrist kommt, so sind auch jetzt viele Antichristen aufgetreten" (1.Joh2,18). Der falsche Prophet wird kommen, aber schon jetzt treten viele falsche Propheten auf (Mt24,11; Apg13,6; Offb2,20).

Mit anderen Worten, was die gesamte Kirche eines Tages weltweit erleben wird („von allen Nationen gehasst"; Mt24,9) geschieht schon jetzt im lokalen und regionalen Umfeld. Jeder Christ kann schon jetzt durch große Trübsale gehen, bevor alle durch die „große Trübsalszeit" gehen werden. Wir alle müssen bereit sein für die Trübsale, die irgendwann ihren Höhepunkt erreichen werden, jetzt aber schon kommen können (siehe auch die weisen Worte von Corrie ten Boom am Ende des dritten Teils des Buches).

Deshalb ist dieser Abschnitt (Kapitel 6 – 16) für alle Gläubigen unabhängig von ihrer gegenwärtigen Situation relevant. In den meisten Staaten ist die Kirche bereits jetzt schon großem Druck ausgesetzt, und es werden von Jahr zu Jahr weniger Staaten, wo das nicht der Fall ist.

Hinter allem steht die Wiederkunft unseres Herrn Jesus Christus, für die jeder Gläubige bereit sein muss. Die Hauptmotivation, sich auf die Verfolgung vorzubereiten, sollte immer sein, ihm ohne Schamgefühl begegnen zu wollen. Vielleicht erklärt das auch den kurzen, mahnenden Einschub zwischen der sechsten und der siebten Zornschale (was übrigens bestätigt, dass es in dieser Zeit noch Christen auf der Erde geben wird): „Siehe, ich komme wie ein Dieb. Glückselig, der wacht und seine Kleider bewahrt, damit er nicht nackt umhergehe und man nicht seine Schande sehe" (Offb16,15; es fällt dabei auf: Dieselbe Hervorhebung der Kleidung wie in Mt22,11; Lk12,35 und Offb19,7.8).

KAPITEL 17 – 18: DER MENSCH AUF ERDEN

Dieser Abschnitt gehört zwar noch zur „Großen Trübsal", aber nur gerade eben noch. Denn er betrifft die allerletzte Zeit des schweren Erdbebens, von dem das jeweils siebte der Siegel, Posaunen und Schalen berichten (s.a. Offb16,17-19). Die Weltgeschichte eilt auf das Ende zu. Die finale Auflösung steht bevor. Entgegen aller göttlichen Warnung in Wort und

Tat, weigern sich die Menschen immer noch, Buße zu tun und fluchen Gott wegen ihrer Drangsale (Offb16,9.11.21).

Der restliche Teil der Offenbarung wird von zwei weiblichen Figuren dominiert, die eine ist eine schmutzige Hure und die andere ist eine reine Braut. Beide sind keine Personen, sondern Personifizierungen. Sie repräsentieren Städte. Wir könnten der Offenbarung ab jetzt den Titel geben: „Eine Sage von zwei Städten". Es sind Babylon und Jerusalem, die Stadt der Menschen und die Stadt Gottes. In diesem Abschnitt geht es um die erstere, die ja bereits schon benannt wurde (Offb14,8; 16;19).

Städte werden in der Bibel generell als schlechte Orte angesehen. Bei der ersten Erwähnung in der Bibel (und die „Ersterwähnung" ist meist besonders signifikant) wird eine Stadt mit der Geschlechterline des Lamech und mit der Herstellung von Massenvernichtungswaffen in Verbindung gebracht. Dort ballen sich die Menschen zusammen; und weil Menschen Sünder sind, konzentriert sich dort auch die Sünde. Weil dort weniger Zusammenhalt und mehr Anonymität herrscht, gedeihen dort Laster und Verbrechen. In städtischen Gebieten gibt es mehr Lust (Prostitution) und Zorn (Gewalttat) als in ländlichen.

Hier werden zwei Sünden besonders hervorgehoben: Habsucht und Stolz. Beide hängen mit dem Götzendienst des Geldes zusammen. Weil es unmöglich ist Gott UND dem Mammon gleichzeitig zu dienen (Lk16,13), vergisst man in einer wohlhabenden Stadt den Schöpfer von Himmel und Erde viel leichter. Der Mensch betet normalerweise den an, der ihn gemacht hat, und das gilt auch für Selfmade-Menschen! Der Hochmut zeigt sich auch in der Architektur; Gebäude sind oftmals Monumente des menschlichen Ehrgeizes und Erfolgs.

Der Turm zu Babel am Fluss Euphrat an der Hauptverbindungsstraße zwischen Asien, Afrika und

Europa gehörte ganz sicherlich zu dieser Kategorie. Der Grundstein wurde von Nimrod, dem gewaltigen Jäger (von Tieren) und Krieger (unter Menschen) gelegt. Er war davon überzeugt, dass Macht erstrebenswert sei und dass nur die besten überleben können.

Typischerweise sollte der Turm das höchste menschengemachte Bauwerk der Welt werden, um damit nicht nur Menschen, sondern auch Gott zu beeindrucken. Der Ausdruck „um uns einen Namen zu machen" (Gen 11,4) deutet auf einen aufkommenden Humanismus hin, eine Selbstvergötterung des Menschen. Gott übte Gericht an dieser Anmaßung, indem er seinen Bewohnern die Gabe der Sprachenrede austeilte! Aber der Entzug ihrer gemeinsamen Sprache führte zu einem unverständlichen Durcheinander, von dem sogar unser umgangssprachliches Wort „babbeln" herkommt (es ist interessant zu sehen, dass an Pfingsten diese Gabe das Gegenteil bewirkte, denn sie brachte Einheit; Apg 2,44).

Babylon wurde später die Hauptstadt eines riesigen und mächtigen Reiches, insbesondere unter Nebukadnezar, einem grausamen Tyrannen, der bei seinen Eroberungsfeldzügen alles kurz und klein schlagen ließ – sogar Säuglinge, Tiere und Bäume mussten daran glauben (Hab 2,17; 3,17).

Zwischenzeitlich hatte König David in Israel die Stadt Jerusalem zu seiner Hauptstadt auserkoren. Im krassen Gegensatz zu Babylon, war Jerusalem nicht an einem für Handel strategisch wichtigen Ort gelegen, weil dort kein Meer, kein großer Fluss und keine Hauptstraße war. Aber es war die „Stadt Gottes", der Ort, auf den er seinen Namen legte, und an dem er unter seinem Volk wohnen wollte – zuerst in einem Zelt, das Mose zusammengebaut hatte, und später in einem von Salomo gebauten Tempel.

Babylon wurde für Jerusalem zur größten Herausforderung. Im Endeffekt zerstörte Nebukadnezar die heilige Stadt mit ihrem Tempel und führte ihre Einwohner zusammen mit allen Schätzen des Tempels für siebzig Jahre ins Exil. Gott hatte es zugelassen, weil ihre Einwohner sie zu einer ebenso „unheiligen" Stadt wie alle anderen auch gemacht hatten.

Es war aber nur eine vorübergehende Züchtigung und keine endgültige Bestrafung. Durch seine Propheten verhieß Gott nicht nur den Wiederaufbau Jerusalems, sondern auch die Zerstörung Babylons (z.B. Jes 13,19.20 und Jer 51,6-9.45-48). Und tatsächlich wurde diese üble Stadt wie vorhergesagt ein unbewohnter Trümmerhaufen, in dem wilde Wüstentiere hausten.

Es ist kein Zufall, dass zwischen dem Buch Daniel und der Offenbarung eine tiefgreifende Ähnlichkeit besteht. Beide enthalten erstaunlich übereinstimmende Visionen der Endzeit. Allerdings wurden sie Daniel in der Zeit Nebukadnezars gegeben (Daniel wurde als junger Mann in der ersten von drei Deportationen nach Babylon verschleppt). Er schaute die zukünftige Abfolge der Weltreiche bis hin zu Christus und noch darüber hinaus. Er sah das Ende der Weltgeschichte, die Herrschaft des Antichristen, das tausendjährige Reich, die Auferstehung der Toten und den Tag des Gerichts.

Beide Bücher erzählen von der Stadt Babylon. Handelt es sich aber in beiden Büchern um denselben Ort?

Wenn es so wäre, müsste sie wiederaufgebaut werden. Wer das Babylon der Offenbarung mit dem antiken Babylon gleichsetzt, wird darüber begeistert sein, dass der Präsident des Irak, Saddam Hussein Teile davon wiederaufgebaut hat. Aber er wollte keine lebendige Stadt aufbauen, sondern nur eine Kulisse für sein eigenes Prestige (Laserlicht strahlt sein Gesicht neben dem Porträt Nebukadnezars in die Wolken). Es ist sehr unwahrscheinlich, dass das antike Babylon, selbst wenn es vollständig wiederaufgebaut werden würde, wieder zu einem strategischen Zentrum würde.

ZUSAMMENFASSUNG DES INHALTS

Die präteristische Denkschule sieht in Babylon die römische Metropole. Das ist nicht ganz unberechtigt, denn ebenso haben es wahrscheinlich auch die ursprünglichen Leser der Offenbarung verstanden. Ein Brief des Petrus, dessen Abfassung den gleichen Zweck wie die Offenbarung (Heilige auf das Leiden vorzubereiten) hatte, endete auch mit diesem kodierten Hinweis (1.Petr5,13). Auch durch den Hinweis auf die „sieben Hügel" könnte man sich auf Rom festlegen (Offb17,9; wobei die sieben Hügel allerdings für sieben Könige stehen).

Die Dekadenz Roms würde auch zur Beschreibung in der Offenbarung passen. Ihre Verführungskünste mit Tauschwaren und Reichtümern als Gegengabe für Gefälligkeiten und ihre Herrschaft über unbedeutende Vasallenkönige passen gut in dieses Bild.

Dass es aber die vollständige Erfüllung dieser Vision ist, muss man anzweifeln. Rom war sicherlich eine Art Babylon. Aber es war nur eine Vorschattung des Babylons, das in der Endzeit herrscht, und in diese Zeit verortet es auch die Offenbarung.

Manche haben dieses Problem damit gelöst, dass sie ein wiedererstehendes Römisches Reich postulieren. Sie bekamen richtig Herzklopfen, als zehn Staaten (Offb17,12) die „römischen Verträge" ratifizierten und damit eine Grundlage für eine neue Großmacht, die Europäische Union, schufen. Das Interesse nahm aber deutlich ab, als immer mehr Staaten hinzukamen; jetzt gab es einfach zu viele „Hörner"!

Aber auch in der historischen Denkschule will man nicht von Rom als Hauptkandidat für Babylon ablassen. Weil man die Offenbarung als Gesamtschau der ganzen Kirchengeschichte sah, setzten alle Protestanten ohne Ausnahme das Papsttum und den Vatikan, mit ihrer politischen und religiösen Macht, dem „scharlachroten

Weib" Babylon gleich, was zu den Aufständen in Nordirland führte. Die Katholiken erwiderten dieses Kompliment und ließen die Reformer in einem ähnlichen Licht erscheinen!

In Wirklichkeit liefert die Offenbarung aber keinen Hinweis darauf, dass Babylon ein religiöses Zentrum ist. Die Betonung liegt vielmehr auf Handel und Wohlstand, mit dem sich seine Bewohner abgeben.

Die futuristische Denkschule liegt wohl etwas näher an der Wahrheit, wenn sie die Stadt als neue aufstrebende Metropole, die alle anderen in der Endzeit dominiert, ausmacht. Weil sie aber als „Mysterium" bezeichnet wird (d.h. ein Geheimnis, das noch offenbart werden wird), wird sie wohl eher als etwas neues, menschengemachtes in Erscheinung treten und nicht als eine Wiederaufrichtung einer früheren Stadt (sei es nun Babylon oder Rom).

Sicherlich wird es ein Handelszentrum oder auch das bedeutendste Handelszentrum sein, ein Ort, wo man Geld verdient und ausgibt (man beachte die Kaufleute, die von seinem Fall betroffen sind; Offb 18,11-16). Aber es wird auch ein kulturelles Zentrum sein (man beachte die Musik in Offb 18,22).

Aber es wird verdorben sein und andere verderben. Es zeichnet sich durch Materialismus ohne Moral, Reiz ohne Reinheit, Wohlstand ohne Weisheit, Lust ohne Liebe aus. Die Metapher der Hure trifft ganz genau zu, denn sie gibt für Geld jedem das, was er will.

Bis jetzt haben wir nur die „Frau" betrachtet, aber sie reitet auf einem „Tier" mit sieben Köpfen und zehn Hörnern, die ziemlich sicher einen Zusammenschluss von politischen Führern darstellen. Uns wird nicht gesagt, wer es ist, und wir kennen nur wenige Einzelheiten. Es sind mächtige Menschen, die aber kein Territorium für ihre Herrschaft besitzen. Ihre Vollmacht erhalten sie von dem Tier, wahrscheinlich dem Antichristen, dem sie treu ergeben sind. Vor allem aber sind sie antichristlich eingestellt und verbergen das noch nicht einmal. Sie führen „Krieg gegen das Lamm" und gegen diejenigen, die dem Lamm angehören (Offb 17,14), weil sie vermutlich doch von Gewissensbissen geplagt werden.

Aber Babylon ist dem Untergang geweiht. Es wird zusammen mit diesen Führern fallen. Seine Tage sind gezählt. Wie das geschehen wird, kann man sich gerade in unserer modernen Welt sehr gut vorstellen.

Die Frau reitet auf einem Tier. Eine Königin reitet auf dem Rücken von Königen (was übrigens eine Umkehr der Geschlechter, und zwar gegen den Schöpfungsplan darstellt). Man könnte auch sagen, dass die Wirtschaft die Politik beherrscht, und die Macht des Geldes ganz oben steht. Nachdem im Jahre 2000 der Großteil der Weltproduktion und des Welthandels in der Hand von nur 300 riesigen Firmen liegt, kann man sich das Szenario leicht ausmalen.

Ehrgeizige und machthungrige Politiker nehmen diesen wirtschaftlichen Einfluss aber übel. Sie sind sogar bereit, wirtschaftliche Katastrophen zu verursachen, damit sie an die Macht kommen. Man mag dabei an Hitler denken, wie er mit den Juden umgegangen ist, die ja viele Banken in Deutschland kontrollierten.

Die Könige werden auf die Frau, die auf ihnen reitet, eifersüchtig werden und sie schließlich vernichten. Die Stadt wird durch Feuer vernichtet werden. Es wird die größte wirtschaftliche Katastrophe sein, die die Welt je gesehen hat. Unzählige Menschen werden wegen ihrer Ruinen „weinen und klagen".

Gott hat diese Katastrophe verursacht, und das nicht durch irgendein sichtbares Handeln. „Denn Gott hat in ihre Herzen gegeben, seinen Sinn zu tun" (Offb 17,17). Er hat sie sogar dazu ermutigt, eine Allianz mit dem Tier gegen diese Stadt einzugehen. Der Antichrist wird die politische und der falsche

Prophet wird die religiöse Kontrolle besitzen; die Könige werden ihnen jetzt die wirtschaftliche Kontrolle im Gegenzug für delegierte Macht anbieten. Daran werden sie sich aber nur sehr kurz erfreuen können („eine Stunde"; Offb17,12).

Der Fall Babylons steht absolut fest, sodass die Offenbarung davon berichtet, als sei es bereits geschehen. Christen können sich dessen absolut sicher sein. Es gibt aber auch ganz praktische Gründe, warum sie davon erfahren sollen. Welche Beziehung haben das Volk Gottes und dieses letzte Babylon zueinander? Es werden drei Empfehlungen ausgesprochen:

Erstens: In dieser Stadt wird es viele Märtyrer geben. „Die Frau ist trunken vom Blut der Heiligen und vom Blut der Zeugen Jesu". Dieser Vers (Offb17,6), sowie weitere Verse (Offb1,9; 12,17; 14,12; 19,10; 20,4) in der Offenbarung zeigen an, dass Christen vorhanden sein werden, wenn sich die Ereignisse dieses Kontextes abspielen. Heilige Menschen haben in dieser Stadt, die sich der Unmoral in solchem Ausmaß hingibt, keinen Platz. Die Bevölkerung will sich durch die Heiligen kein schlechtes Gewissen machen lassen.

Zweitens: Die Christen werden aufgefordert: „Geht aus ihr hinaus, mein Volk, damit ihr nicht an ihren Sünden teilhabt, und damit ihr nicht von ihren Plagen empfangt! Denn ihre Sünden sind aufgehäuft bis zum Himmel, und Gott hat ihrer Ungerechtigkeiten gedacht" (Offb18,4.5). Diese Worte sind mit den Worten Jeremias, die an die Juden im antiken Babylon gerichtet waren, fast identisch (Jer51,6). Man beachte dabei, dass sie selber herauskommen müssen; nicht der Herr wird sie herausführen. Natürlich werden nicht alle Gläubigen den Märtyrertod erleiden; manche werden mit ihrem Leben davonkommen, müssen allerdings ihr Geld und ihren Besitz zurücklassen.

Drittens: Wenn Babylon fällt, wird ein Lobgesang angestimmt werden: „Sei fröhlich über sie, du Himmel, und ihr Heiligen und Apostel und Propheten! Denn Gott hat für euch das Urteil an ihr vollzogen" (Offb18,20). Und das geschieht in Offb19,1-5. Nur wenige wissen, dass der berühmte Chorus „Halleluja" in Händels Messias Oratorium den Kollaps der Weltwirtschaft, das Ende der Börsen, den Bankrott von Banken und den Zusammenbruch von Wirtschaft und Handel bejubelt! Nur das Volk Gottes wird an diesem Tag „Halleluja" (Hebräisch: Lobet den Herrn) singen!

Die Prostituierte tritt ab und die Braut tritt an. Das „Hochzeitsmahl des Lammes" steht bevor. Jesus geht zu seiner Hochzeit – vielmehr: Er kommt zu seiner Hochzeit (Mt25,1-13). Die Braut hat „sich selbst bereit gemacht" und ein Kleid aus reinem Leinen erworben (hier ist schon wieder ein Hinweis auf „Kleider"); dieses Kleid symbolisiert die „gerechten Taten der Heiligen" (Offb19,8). Die Gästeliste steht fest, und gesegnet ist, wer darin verzeichnet ist.

Wir sind schon ein wenig zu Kapitel 19 vorausgeeilt, das in den nächsten Abschnitt hineinführt, und haben dabei das bisherige abgerundet. Andererseits muss man wissen, dass die Kapiteleinteilungen nicht zum ursprünglichen Text gehören und dass sie oft falsch platziert sind. Sie trennen Dinge, die Gott zusammengefügt hat. Das trifft ganz besonders auf den vorletzten Abschnitt der Offenbarung zu.

KAPITEL 19 – 20: CHRISTUS AUF ERDEN

Mit dieser Serie von Ereignissen wird die Weltgeschichte, so wie wir sie kennen, beendet. Ganz zum Schluss wird unsere Welt beendet. Wir behandeln also das, was am entferntesten liegt.

Aber leider hat dieser Abschnitt zu mehr Kontroversen als jeder andere in diesem Buch geführt, die zumeist im Zusammenhang mit dem „Millennium" stehen, die immer wieder erwähnten „eintausend Jahre". Weil dieses Thema überaus wichtig ist, wird es im letzten Teil des vorliegenden Buches behandelt werden. Weil wir später eine ausführliche Exegese vornehmen werden, wird jetzt nur eine kleine Zusammenfassung gebracht.

Es ist äußerst wichtig, den Wechsel von verbalen zu visuellen Offenbarungen zu erkennen. In den vorhergehenden Abschnitten sagte Johannes immer: „Ich hörte" (Offb 18,4; 19,1.6). Aber jetzt wird daraus ein „Ich sah", bis es dann schließlich wieder zum „Ich hörte" wechselt (Offb 21,3).

Analysiert man den visuellen Teil, kann man eindeutig eine Serie von sieben Visionen erkennen. Aber leider wird durch diese eigenwillige Kapiteleinteilung (20 und 21) diese siebenfache Offenbarung von den meisten Lesern übersehen, und die wenigsten erkennen sie als solche. Aber sie ist die letzte große Siebenerreihe der Offenbarung. So wie es bei den ersten Siebenerreihen der Fall ist, hängen auch hier die ersten vier Elemente und dann die nächsten zwei zusammen, und das letzte steht alleine (wir werden das noch genauer untersuchen, wenn wir bei Kapitel 20 – 22 angelangt sind). Man kann diese sieben „Ich sah" wie folgt auflisten:

i. PAROUSIA (19,11-16)
   König der Könige, Herr der Herren
   und logos = Das Wort)
   Weiße Pferde, blutgetränkte Gewänder

ii. MAHL GOTTES (19,17.18)
   Einladung der Engel an die Vögel…
   …die Leichen zu fressen

iii. HARMAGEDON (Offb 19,19-21)
   Könige und Armeen werden zerstört
   (durch das Wort = logos)
   Die zwei Tiere werden in den Feuersee geworfen

iv. SATAN (Offb20,1-3)
    Gebunden und in den „Abyssos" verbannt
    Aber nur für eine Zeit

***

v. MILLENNIUM (Offb20,4-10)
    Heilige und Märtyrer regieren
    (erste Auferstehung)
    Satan wird freigelassen und dann in den
    Feuersee geworfen

vi. GERICHT (Offb20,11-15)
    Allgemeine Auferstehung des „Restes"
    Bücher und „Buch des Lebens"
    werden geöffnet

***

vii. NEUE SCHÖPFUNG (Offb21,1.2)
    Neuer Himmel und Neue Erde
    Neues Jerusalem

Ganz offensichtlich stellt dies eine Abfolge von Ereignissen dar, die mit dem zweiten Kommen beginnt und mit der neuen Schöpfung endet. Es wird durch zahlreiche Kreuzreferenzen innerhalb des Buches bekräftigt (z.B. bezieht sich Offb20,10 auf Offb 19,20). Unglücklicherweise haben Kommentatoren diese Abfolge zugunsten ihres theologischen Systems zerrissen (indem sie beispielsweise behaupten, dass Kapitel 20 vor Kapitel 19 stattfinde). Aber die Reihenfolge in diesen letzten Kapiteln tritt viel klarer zu Tage als im großen Mittelteil – und das ist sehr bedeutsam.

Zum Beispiel verschwinden die Feinde des Volkes Gottes in umgekehrter Reihenfolge wie sie auftreten. Satan tritt in Kapitel 12 auf, die zwei Tiere in Kapitel 13 und Babylon in Kapitel 17. Babylon verschwindet in Kapitel 18, die zwei Tiere in Kapitel 19 und Satan in Kapitel 20. Die Stadt

Babylon fällt vor der Ankunft Christi. Christus aber muss hier auf der Erde mit der „unheiligen Dreieinigkeit" von Teufel, Antichrist und falschem Propheten verfahren.

Die erste Vision wird von fast allen Gelehrten als das zweite Kommen Christi angesehen (nur ein paar wenige sagen, um ihr theologisches System aufrechtzuerhalten, dass es das erste Kommen darstelle). Die Wiederkunft Jesu auf die Erde verursacht großes Entsetzen bei den Machthabern. Sie sind von seinem Wiedererscheinen schockiert und planen ein zweites Attentat. Dieses Mal wird eine kleine Schar von Soldaten und Wachen nicht ausreichen, denn Millionen seiner hingegebenen Nachfolger werden mit ihm in Jerusalem zusammenkommen (1.Thess 4,14-17). Ein riesiges Aufgebot von Armeen wird sich einige Meilen nördlich in der Jesreel-Ebene am Fuße des „Hügels von Megiddo" (Hebräisch: Harmagedon) versammeln: Dort kreuzen sich die Hauptstraßen der Welt, und von Nazareth aus kann man auf diesen Ort herabschauen. Hier wurden viele Schlachten ausgetragen; viele Könige starben hier (unter ihnen Saul und Josia).

Jesus muss nur ein Wort sprechen, um die Toten lebendig zu machen, und um die Lebendigen zu töten. Eigentlich ist es nur ein Urteilsspruch und kein Kampf. Vögel räumen mit den Leichen auf, denn es sind zu viele, um sie zu begraben.

An dieser Stelle machen wir ein paar erstaunliche Entdeckungen. Die beiden Tiere werden nicht getötet, sondern lebendig in die Hölle geworfen; als allererste Menschen kommen sie dort hinein. Der Teufel wird dort zunächst nicht hineingeschickt, sondern in Gefangenschaft genommen – um später wieder freigelassen zu werden!

Erstaunlich ist auch, dass Jesus diese Welt nicht jetzt beendet, sondern selbst die Herrschaft übernimmt und das politische Vakuum, welches die „unheilige Dreieinigkeit" hinterlassen hat, mit seinen eigenen treuen Nachfolgern auffüllt, besonders mit den Märtyrern. Natürlich müssen sie aus den Toten auferweckt werden, um diese Verantwortung zu übernehmen. Dieses Königreich wird eintausend Jahre andauern und dann beendet werden, wenn ein auf Bewährung entlassener Teufel die Nationen zu einer finalen aber erfolglosen Revolte anführt, die durch Feuer vom Himmel beendet wird.

Diese Zwischenzeit zwischen der Wiederkunft Jesu und dem Tag des Gerichts wird in der heutigen Kirche weitgehend abgelehnt, obwohl es in der frühen Kirche durchaus zum Glaubensgut gehörte. Die Gründe dafür und viele andere Fragen werden ausführlich in Teil D dieses Buches „Die 1000 Jahre" behandelt.

Aber über das, was dann folgt, ist man sich weitgehend einig. Der Tag der endgültigen Abrechnung wird im ganzen Neuen Testament gelehrt.

Zwei außergewöhnliche Vorzeichen kündigen ihn an. Himmel und Erde verschwinden. Wir wissen (von Petrus; 2.Petr3,10), dass beide durch Feuer ausgelöscht werden. Die Toten, auch die im Meer verschollen sind, werden zurückkommen. Das ist die zweite, oder „allgemeine" Auferstehung (Offb20,5), und sie bestätigt, dass sowohl die Bösen als auch die Gerechten einen neuen Leib erhalten, bevor sie zu ihrer endgültigen Bestimmung gelangen (Dan12,2; Joh5,29; Apg24,15). Sowohl Seele als auch Körper der Bösen werden in den Feuersee geworfen werden (Mt10,28; Offb19,20). Die Qual ist körperlich und seelisch (Lk16,23.24). Das ist auch der Grund, weswegen sowohl der „Tod", der den Körper von der Seele trennt, als auch der „Hades", der Aufenthaltsort der körperlosen Geister, jetzt beseitigt werden (Offb20,14). Nun übernimmt der „zweite Tod", der weder Körper und Geist voneinander trennt, noch auslöscht, das Regiment.

Nun ist nichts anderes mehr sichtbar als nur der Richter, der auf dem Thron sitzt, und die zu Richtenden, die zusammen mit einem riesigen Stapel von Büchern, vor diesem Thron stehen. Der Thron ist groß und weiß. Er repräsentiert absolute Macht und Reinheit. Wahrscheinlich ist dieser Thron nicht derselbe, den Johannes im Himmel sah (Offb4,2-4). Jener wurde nicht als groß und weiß beschrieben. Außerdem ist es undenkbar, dass es auferstandenen bösen Menschen erlaubt sein sollte, auch nur in die Nähe des Himmels zu kommen. Tatsächlich gibt es keinen Hinweis darauf, dass die Szene in Kapitel 20 wieder zurück in den Himmel gewechselt wäre; viel eher deutet alles darauf hin, dass das Gericht dort stattfindet, wo einmal die Erde war. Die Erde ist ja verschwunden und hat ihre früheren und jetzigen Bewohner übriggelassen. Aber vor allem ist es nicht Gott (so wie in Offb4,8-11), der auf dem Thron des Gerichts sitzt. Von anderen Schriftstellen wissen wir, dass er das Gericht über die Menschen einem Menschen übergeben hat, nämlich seinem Sohn Jesus: „Weil er einen Tag festgesetzt hat, an dem er den Erdkreis richten wird in Gerechtigkeit durch einen Mann, den er dazu bestimmt hat" (Apg17,31; vgl. Mt25,31.32; 2.Kor5,10). Menschen werden durch einen Menschen gerichtet werden.

Es wird kein langer Prozess werden. Alle Beweise sind bereits herbeigeholt und vom Richter überprüft worden. Es steht alles in Büchern, die den Titel verdienen: „Das war dein Leben!" Es wird aber nicht eine Auswahl erfreulicher Momente sein (wie bei der gleichnamigen englischen Fernsehshow), sondern eine komplette Aufzeichnung der Taten (und Worte; Mt5,22; 12,36) des ganzen Lebens von der Geburt bis zum Tod. Wir werden zwar durch Glauben gerechtfertigt, aber nach unseren Taten gerichtet.

Wenn das nun alles wäre, dann würden wir alle zum „zweiten Tod" verdammt werden. Gäbe es dann für irgendjemanden noch Hoffnung?

Aber Gott sei Dank wird an diesem schrecklichen Tag noch ein anderes Buch geöffnet werden. Es handelt sich um die Aufzeichnungen des Lebens des Richters selbst auf dieser Erde, die nicht nur ihn selbst freisprechen, sondern ihn auch dazu qualifizieren, andere zu richten. Es ist das „Buch des Lebens des Lammes" (Offb21,27). Aber unter seinem Namen sind auch noch andere Namen darin verzeichnet. Darin stehen diejenigen, die „in Christus" sind, die in ihm gelebt haben und gestorben sind, die den „wahren Weinstock" gewählt haben und in ihm geblieben sind (Joh15,1-8). So haben sie Frucht gebracht, die ihre beständige Gemeinschaft mit ihm bezeugt (Phil4,3; im Gegensatz zu Mt7,16-20). Fruchtbarkeit ist der Beweis ihrer Treue.

Ihre Namen wurden in dieses Buch aufgenommen, als sie zu Christus kamen, als sie Buße taten und glaubten (der Ausdruck „von Grundlegung der Welt an" in Offb17,8 bezieht sich auf diejenigen, deren Namen *nicht* im Buch aufgeschrieben sind und bedeutet ganz einfach „in der ganzen Menschheitsgeschichte"; genauso wie in Offb13,8, wobei es sich dort auf das Schlachten des Lammes bezieht). Ihre Namen wurden aus dem Buch des Lebens nicht ausradiert, weil sie „überwunden" haben (Offb3,5).

Nur wessen Name noch im Buch des Lebens steht, der wird dem „zweiten Tod" und dem „Feuersee" entkommen. Mit anderen Worten, außerhalb des Christus gibt es keinerlei Hoffnung, „denn alle haben gesündigt und erlangen nicht die Herrlichkeit Gottes" (Röm3,23). Das Evangelium ist deshalb *exklusiv*: „Und es ist in keinem anderen die Rettung; denn auch kein anderer Name [als nur Jesus] unter dem Himmel ist den Menschen gegeben, in dem wir gerettet werden müssen" (Apg4,12). Deshalb muss das Evangelium aber auch *inklusiv* sein: „Geht hin in die ganze Welt und predigt das Evangelium der ganzen Schöpfung" (Mk16,15; vgl. Mt28,19; Lk24,47).

Die Menschheit wird dann dauerhaft in zwei Gruppen geteilt sein (Mt13,41-43.47-50; 25,32-33). Für die einen ist ihr Bestimmungsort bereits „vorbereitet" (Mt25,41).

Der Feuersee hat zu diesem Zeitpunkt schon mindestens eintausend Jahre existiert (Offb19,20). Für die anderen wurde eine neue Metropole „vorbereitet" (Joh14,2), aber es gibt keine Erde, wo sie platziert werden kann und auch keinen Himmel über ihr. Ein neues Universum wird benötigt.

KAPITEL 21 – 22: HIMMEL AUF ERDEN
Mit großer Erleichterung kommen wir nun zum letzten Abschnitt. Die Atmosphäre hat sich dramatisch verändert. Die dunklen Wolken sind abgezogen und die Sonne scheint wieder – mit der Besonderheit, dass die Sonne auch verschwunden ist, um der strahlenden Herrlichkeit Gottes Platz zu machen (Offb21,23).

Es ist der letzte Akt der Erlösung, der dem ganzen Universum Rettung bringt. Es ist das „kosmische" Werk Christi (Mt19,28; Apg3,21; Röm8,18-25; Kol1,20; Hebr2,8), die Wiederherstellung von Himmel und Erde (hier muss man feststellen, dass „Himmel" unseren sichtbaren Himmel meint; es ist dasselbe Wort wie in Offb20,11 und 21,1). Die Christen haben bei der Rückkunft Jesu auf die alte Erde bereits ihre neuen Körper erhalten. Jetzt erhalten sie eine neue Umgebung, die perfekt zu ihren Körpern passt.

Die ersten beiden Verse beinhalten die letzte der sieben Visionen, die Johannes „sah" (19,11 bis 21,2), es ist der Höhepunkt der letzten Ereignisse der Geschichte. Das neue Universum ist noch nicht alles. Mitten in der „allgemeinen" befindet sich eine „spezielle" Neuschöpfung. Ebenso wie Gott im ersten Universum eine „Gartenstadt" (Gen2,8) angelegt hatte, so hat er auch hier eine „Gartenstadt" entworfen und geschaffen, von der bereits Abraham wusste und nach der er sich sehnte (Hebr11,10).

Ebenso wie der neue Himmel und die neue Erde so viel Ähnlichkeit mit den Vorgängern besitzen, um weiter als Himmel und Erde erkannt zu werden, so wird dieser neuen

Stadt derselbe Name wie der Hauptstadt Davids gegeben werden. Jerusalem hat damit sowohl im Neuen als auch im Alten Testament seinen festen Platz. Jesus nannte sie einmal die „Stadt des großen Königs" (Mt5,35; vgl. Ps48,3). Als Jesus starb, auferstand und in den Himmel auffuhr, geschah dies außerhalb der Stadtmauern. Aber wenn er wiederkommt, wird er zu dieser Stadt kommen und in dieser Stadt auf dem Thron Davids sitzen. Im Millennium wird Jerusalem „das Heerlager der Heiligen und die geliebte Stadt" sein (Offb20,9).

Natürlich war die irdische Stadt gewissermaßen eine vorläufige Nachbildung des „himmlischen Jerusalems, der Stadt des lebendigen Gottes", deren Bürger bereits jetzt schon alle an Jesus Christus gläubigen Menschen sind, zusammen mit den hebräischen Heiligen und den Engeln (Hebr12,22.23). Aber das bedeutet nicht, dass das Original irgendwie weniger real wäre als die Nachbildung, dass das eine materiell und das andere spirituell wäre. Was den großen Unterschied ausmacht, ist der Ort an dem sich dieses Jerusalem momentan befindet; dieser wird sich nämlich ändern.

Die himmlische Stadt wird „vom Himmel herabkommen" und auf der neuen Erde ihren Platz haben. Es wird eine reale Stadt sein, eine greifbare Konstruktion, obwohl sie aus ganz anderen Materialien besteht! Leider hat die Kirche seit der platonischen Trennung von physischer und geistiger Welt, die sie Augustinus zu verdanken hat, große Schwierigkeiten, das Konzept einer neuen Erde zu begreifen, geschweige denn einer neuen Stadt darin. Die Gleichsetzung von „geistig" und „nicht greifbar" hat der christlichen Hoffnung großen Schaden zugefügt. Das neue Universum und seine Metropole werden nicht weniger „materiell" als die alten sein.

Verse 3 – 8 sind eine Erklärung dieser letzten Vision. Die Aufmerksamkeit wird sogleich von der neuen Schöpfung auf deren Schöpfer gelenkt. Das passt auch gut zum Wechsel der

Kommunikationsmethode („ich sah" wird zu „ich hörte"). Aber wessen „laute Stimme" hörte er? Sie spricht von Gott in der dritten Person und danach in der ersten. Ganz bestimmt spricht hier Christus (vgl. Offb1,15). Der Ausdruck „sitzend auf dem Thron" ist derselbe wie im vorhergehenden Kapitel (vgl. Offb20,11 mit 21,5). Der Kontext ist jedes Mal das Gericht und der Feuersee (vgl. Offb20,15 mit 21,8). Außerdem wird dieselbe Behauptung, wie sie Jesus in der Einleitung und dem Schlusswort äußert, von dieser Stimme aufgestellt (vgl. Offb21,6 mit 22,13). Wie auch immer, der „Thron Gottes und des Lammes" werden später als ein und derselbe gesehen (Offb22,1).

Nun folgen drei erstaunliche Aussagen:

Bei der ersten handelt es sich um die wohl bemerkenswerteste Offenbarung des ganzen Buches bezüglich der Zukunft. Gott selbst wird seinen Wohnsitz vom Himmel zur Erde wechseln! Er wird kommen und zusammen mit den Menschen an ihrem Wohnort leben. Er wird nicht mehr länger „unser Vater, der du bist im Himmel" (Mt6,9), sondern „unser Vater, der du bist auf Erden" sein und die innigste Gemeinschaft, die je zwischen menschlichen und göttlichen Personen bestand, anleiten. Und weil jeglicher Gedanke an Tod, Sorge und Schmerz ihm völlig widersprechen, wird es solches nicht mehr geben. Es wird keine Trennung und keine Tränen mehr geben. Nebenbei wollen wir uns die einzige andere Erwähnung in der Bibel, wo Gott auf der Erde war, in Erinnerung rufen: Sein abendlicher Spaziergang im Garten Eden (Gen3,8). Auch hier schließt sich in der Bibel wieder einmal ein Kreis.

Die zweite Aussage ist die Ankündigung, dass „Ich alles neu mache" (Offb21,5). Der Zimmermann aus Nazareth beansprucht, der Schöpfer des neuen Universums zu sein, so wie er auch der Schöpfer des alten Universums war (Joh1,3; Hebr1,2). Sein Werk beschränkt sich nicht nur auf die Wiederherstellung von Menschen, obwohl das auch eine „Neuschöpfung" ist (2.Kor 5,17). Er macht alle Dinge wieder neu. Über das Wort „neu" in diesem Zusammenhang wird viel diskutiert. Wie „neu" ist „neu"? Handelt es sich bei diesem „neuen" Universum um eine „Renovierung" des alten oder um ein brandneues Werk? Es gibt zwar zwei griechische Worte für „neu" (*kainos* und *eos*), aber sie werden weitgehend synonym verwendet, und dass das Erstere an dieser Stelle verwendet wird, sagt nicht allzu viel aus. Aber weil vom alten Universum gesagt wird, dass es „durch Feuer zerstört werden wird" (2.Petr 3,10) und dass es „vergangen" ist (Offb 21,1), lässt das viel eher auf „Auslöschung" und nicht auf „Umgestaltung" oder „Renovierung" schließen. Der Prozess hat aber durch die Auferstehung Jesu schon längst begonnen. Sein alter Körper verschwand inmitten der Leichentücher, und er kam von den Toten in einem „verherrlichten" Leib zurück (Phil 3,21); siehe dazu auch mein Buch: *Explaining the Resurrection* (Sovereign World, 1993). Die genaue „Beziehung", die zwischen den beiden Körpern bestand, ist im Dunkel des Grabes verborgen, und doch wird das, was damals geschah, eines Tages in einem weltumfassenden Ausmaß geschehen.

Die dritte Aussage spricht über die praktischen Auswirkungen der neuen Schöpfung auf die Leser der Offenbarung (dabei muss man daran denken, dass Johannes hier zum wiederholten Male daran erinnert werden musste, das Gehörte aufzuschreiben, denn „diese Worte sind gewiss und wahrhaftig"; Offb 21,5). Der positive Gesichtspunkt dieser Verheißung ist, dass der Durst derer, die das „Wasser des Lebens" suchen, gestillt wird (Offb 21,6; 22,1.17). Aber das soll einen „überwindenden" Lebensstil zur Folge haben, sodass man einen Platz auf der neuen Erde erben und die dortige vertraute Gemeinschaft mit Gott wirklich genießen kann.

Der negative Aspekt ist die Warnung an alle, die nicht überwinden, sondern feige, treulos, unmoralisch und betrügerisch sind, dass sie keinen Anteil daran haben werden, sondern im „See, der mit Feuer und Schwefel brennt; das ist der zweite Tod" enden werden (Offb 21,8). Man muss immer wieder betonen, dass diese Warnung, wie auch alle anderen in diesem Buch, eigenwilligen Gläubigen und nicht Ungläubigen gelten. Die meisten Warnungen vor der Hölle, die Jesus früher bereits ausgesprochen hat, richteten sich nicht an Sünder, sondern an seine eigenen Jünger (siehe dazu mein Buch *Der Weg zur Hölle*, Anchor Recordings, 2021).

An dieser Stelle begleitet ein Engel Johannes auf einer Führung durch das neue Jerusalem und das Leben in dieser Stadt (die Idee, dass das nun Folgende eine „Wiederholung" des alten Jerusalems im Millennium wäre, ist so absurd, dass wir sie hier nicht mehr erörtern; Vers 10 ist eine Erweiterung des Verses 2). Die Beschreibung ist atemberaubend und mit Worten kaum zu fassen, sodass man sich eine grundlegende Frage stellen muss: Was ist wörtlich und was ist symbolisch zu verstehen?

Einerseits scheint es falsch zu sein, alles wörtlich zu nehmen. Natürlich beschreibt Johannes hier das Unbeschreibliche (Paulus hatte dieselbe Schwierigkeit, als ihm himmlische Realitäten gezeigt wurden; 2.Kor 12,4). Das wird ersichtlich an den vielen Vergleichen, die er anstellen muss („gleich" oder „wie"; Offb 21,11.18.21; 22,1), aber alle Vergleiche sind nur ungefähr und völlig unzureichend. Die Realität, die hier so mangelhaft beschrieben wird, muss um ein Vielfaches wunderbarer sein.

Wenn man es aber nur symbolisch nimmt, dann scheint das auch falsch zu sein. Und wenn man es auf die Spitze treibt, bleibt von der ganzen Beschreibung nur eine „geistige Nicht-Wirklichkeit", die der neuen Erde als einem eindeutigen Ort nicht gerecht wird.

ZUSAMMENFASSUNG DES INHALTS

Um das Problem klar zu benennen, könnten wir folgende Frage stellen: Repräsentiert das „neue Jerusalem" einen Ort oder ein Volk? Die Frage ist deshalb berechtigt, weil Jerusalem als „Braut" bezeichnet wird, was zuvor eindeutig auf ein Volk hinweist, nämlich die Gemeinde (in Offb19,7.8). Zunächst ist es eine Analogie (in Offb21,2 heißt es: „wie eine Braut"). Jeder, der schon einmal eine semitische Hochzeit erlebt hat, wird die Ähnlichkeit mit den farbigen, mit Juwelen verzierten Hochzeitskleidern wiedererkennen. Später jedoch wird die Stadt ausdrücklich als „die Braut, die Frau des Lammes" (Offb21,9) bezeichnet. Der Engel, der Johannes versprochen hat, ihm die „Braut" zu *zeigen*, *zeigt* ihm eine Stadt (Offb21,10), obschon die Vision damit fortfährt, das Leben in dieser Stadt und seiner Einwohner zu zeigen (Offb21,24 – 22,5).

Die Antwort auf dieses Dilemma ist für einen Juden viel leichter zu verstehen als für einen Christen. „Israel", die Braut Jahwes, war schon immer ein Volk *und* ein Ort gewesen, untrennbar miteinander verwoben, weswegen alle prophetischen Verheißungen auch immer die Wiederherstellung eines Volkes in ihrem eigenen Land vorhersagten. Demgegenüber sind Christen ein Volk, das hier keine bleibende Wohnung hat, sie sind Fremde, Pilger, vorbeireisende Gäste, die „neue" Diaspora, ein verstreutes Volk Gottes im Exil (Jak1,1; 1.Petr1,1) Der Himmel ist unsere „Heimat". Aber der Himmel wird am Ende auf die Erde herabkommen. Juden und Heiden werden zusammen ein Volk an einem Ort sein. Deshalb trägt die Stadt die Namen der zwölf Stämme Israel und der zwölf Apostel (Offb21,12-14).

Diese zweifache Vereinigung sowohl von Juden und Heiden, als auch von Himmel und Erde, ist für Gottes Absichten grundlegend, „der alle Dinge… unter eine Hand, nämlich Christus zusammenfassen will" (Eph1,10; Kol1,20).

Sowohl für die Braut selbst, als auch im Hinblick auf ihren Ehemann gilt Folgendes: Aus zweien wurde eins. Sie ist ein Volk und sie ist ein Ort. Und wie herrlich ist doch dieser Ort!

Die Maße der Stadt sind sehr bedeutsam, sie sind immer ein Vielfaches der Zwölf. Die *Größe* ist enorm: Über zweitausend Kilometer in allen drei Dimensionen; die Stadt würde ganz Europa bedecken oder in den Mond passen, wenn er hohl wäre. Mit anderen Worten, sie ist groß genug, um das ganze Volk Gottes zu beherbergen. Die Form ist auch bedeutend, sie gleicht einem Würfel und nicht etwa einer Pyramide, und zeigt damit an, dass sie ebenso heilig wie das würfelförmige Allerheiligste in der Stiftshütte oder im Tempel ist. Die Mauern begrenzen sie nach außen und dienen keinen Verteidigungszwecken, denn die Tore stehen allezeit offen. Es gibt keine Gefahren mehr, und so können ihre Einwohner ohne Sorge allezeit aus und eingehen.

Obwohl die Baumaterialien dieser Stadt uns schon bekannt sind, geben uns die seltenen und kostbaren Edelsteine einen kleinen Einblick in den Himmel. Die Auflistung dieser Edelsteine beweist eindrucksvoll die göttliche Inspiration dieses Buches. Heutzutage, wo man die Möglichkeit hat, „reines" Licht (polarisiertes Laserlicht) zu verwenden, tritt eine bislang unbekannte Eigenschaft von wertvollen Steinen zu Tage. Wenn man sehr dünne Scheiben dieser Steine kreuzpolarisiertem Licht aussetzt (genauso wie man polarisierte Sonnenbrillengläser kreuzweise übereinanderlegt), ist man in der Lage, sie in zwei Kategorien einzuteilen. „Isotropische" Steine verlieren unter kreuzpolarisiertem Licht ihre Farbe, weil ihre Brillanz durch normales, nicht-polarisiertes Licht entsteht (z.B. Diamant, Rubin und Granat). „Anisotropische" Steine hingegen erstrahlen in herrlichsten Regenbogenfarben, vollkommen unabhängig von ihrer normalen Farbe. Alle Steine im neuen Jerusalem gehören zu dieser letztgenannten Kategorie. Als die Offenbarung geschrieben wurde, konnte das kein Mensch wissen – nur Gott selbst!

Weiterhin sticht bei dieser Beschreibung der Stadt ins Auge, dass in nur zweiunddreißig Bibelversen über fünfzig Anspielungen auf das Alte Testament gemacht werden (hauptsächlich Genesis, Psalmen, Jesaja, Hesekiel und Sacharja). Jede wichtige Eigenschaft dieser Stadt stellt im Grunde genommen eine Erfüllung der jüdischen Hoffnung, wie sie in der Prophetie zum Ausdruck kommt, dar. Auch dadurch wird bewiesen, dass alt- und neutestamentliche Prophetie die selbe Quelle haben (1.Petr1,11; 2.Petr1,21). Die Offenbarung ist der Höhepunkt und der Abschluss der ganzen Bibel.

Als der Engel dem Johannes bei ihrem Rundgang durch die Stadt die Lebensweise seiner Einwohner zeigt, gibt es einige Überraschungen. Der wahrscheinlich größte Unterschied zum alten Jerusalem besteht darin, dass im neuen Jerusalem gar kein Tempel mehr vorhanden ist, also der Ort (bzw. der Zeitpunkt), an dem sich die Anbetung konzentriert. Die gesamte Stadt stellt den Tempel dar, wo die Erlösten „ihm Tag und Nacht dienen" (Offb7,15), womit auch angedeutet wird, dass Arbeit und Anbetung wieder ineinander aufgehen, so wie es bei Adam der Fall war (Gen2,15; Adam wurde nämlich nicht befohlen, am siebten Tag anzubeten).

Die Stadt wird mit Kulturgütern aus der ganzen Welt angefüllt sein (Offb21,24.26). Sie wird nie mehr durch unmoralisches Verhalten beschmutzt werden können (Offb21,27). Das ist auch der Grund, weswegen Gläubige, die sich in Sünde begeben, Gefahr laufen, dass ihre Namen aus dem „Buch des Lebens des Lammes" ausradiert werden (Offb3,5; 21,7.8).

Der Fluss und der Baum des Lebens werden immerwährende Gesundheit garantieren. Und genauso wie ganz am Anfang wird man sich wieder vegetarisch ernähren

(Gen 1,29); momentan gibt es allerdings keine Verpflichtung dazu (Gen 9,3; Röm 14,2; 1.Tim 4,3).

Am besten ist aber, dass die Heiligen allezeit in der Gegenwart Gottes leben werden. Sie werden sogar sein Angesicht sehen, ein Privileg, das bisher nur wenige hatten (Gen 32,3; Ex 33,11) nun aber alle erhalten (1.Kor 13,12). Ihre Gesichter werden sein Strahlen reflektieren, sein Name wird auf ihren Stirnen sein, dort wo andere einst den Namen des Tieres trugen (Offb 13,16). Sie werden „in alle Ewigkeit regieren", und zwar über die neue Schöpfung, und nicht einer über den anderen, sondern so wie es ursprünglich geplant war (Gen 1,28). Das ist die Art und Weise, wie sie ihrem Schöpfer „dienen" werden.

Wir müssen nochmals klarstellen, dass Menschen nicht in den Himmel gehen müssen, um für immer beim Herrn zu sein, sondern dass er auf die Erde kommen wird, um für immer unter den Menschen zu sein. Das „neue Jerusalem" ist göttlicher und menschlicher Wohnort zugleich, eine endgültige Bleibe.

Der Epilog (Offb 22,7-21) hat mit dem Prolog (Offb 1,1-8) vieles gemeinsam. Sowohl Gott als auch Christus werden mit demselben Titel benannt (Offb 1,8; 22,13). Die abschließende Ermahnung ist durch und durch trinitarisch: Gott, das Lamm und der Geist, sie sind alle vertreten.

Es wird ausdrücklich betont, dass nur noch wenig Zeit bleibt. Jesus kommt „bald" (Offb 22,7.12.20). Die Tatsache, dass zwischen diesen Worten und heute viele Jahrhunderte vergangen sind, sollte uns nicht zur Bequemlichkeit verleiten; wir sind jetzt viel näher an den Dingen, „die bald geschehen müssen" (Offb 22,16).

Aber auch heute besteht noch die Gelegenheit, dass der „Durstige vom Wasser des Lebens umsonst trinken" kann (Offb 22,17). Aber man muss sich jetzt entscheiden. Es kommt die Zeit, in der es für eine Entscheidung zu spät sein wird und unser Schicksal besiegelt sein wird (Offb22,11). Der Pharao verhärtete sieben Mal sein Herz gegenüber dem Herrn, erst danach verhärtete Gott drei Mal sein Herz (Ex7-11; Röm9,17.18). Es kommt ein Zeitpunkt, an dem das mit allen passieren wird, die seinen Willen verachtet haben und ihm ungehorsam waren.

Am Ende wird es nur zwei Kategorien von Menschen geben: Diejenigen, die „ihre Kleider weiterhin waschen" (Offb22,14; vgl. 7,14) und deshalb die Stadt betreten können – und diejenigen, die draußen bleiben müssen (Offb22,15), so wie heute im Nahen Osten die Straßenköter. Uns begegnet bereits zum dritten Mal in diesem ehrfurchtsgebietenden Finale eine Auflistung von bösen Taten, die einen disqualifizieren, das neue Jerusalem zu erben (Offb21,8.27; 22,15). Es scheint so, dass der Leser niemals vergessen soll, dass diese zukünftigen Herrlichkeiten nicht automatisch zu den Gläubigen gelangen, weil sie an Jesus geglaubt und einer Kirche angehört haben, sondern dass sie nur für diejenigen bestimmt sind, die „auf das Ziel zujagen, hin zu dem Kampfpreis der Berufung Gottes nach oben in Christus Jesus" (Phil3,14) und die „dem Frieden mit allen nachjagen und der Heiligung, ohne die niemand den Herrn schauen wird" (Hebr12,14).

Aber man kann auch auf andere Weise seine Zukunft verwirken. Wenn man nämlich dieses Buch der Offenbarung verfälscht, indem man ihm etwas hinzufügt oder wegnimmt. Weil es eine Prophetie ist und Gott durch seinen Diener spricht, kommt eine Änderung einem Sakrileg gleich, das die schlimmste Strafe nach sich zieht. Es ist schwer vorstellbar, dass sich Ungläubige ernsthaft mit der Fälschung der Offenbarung abgeben. Viel eher kommt das aber bei denjenigen in Frage, die sich der Aufgabe widmen, die Offenbarung anderen zu erklären und sie auszulegen. Gott möge mit dem armen Autor vorliegenden Buches Erbarmen haben, wenn er sich dieses zuschulden kommen ließ!

Aber die letzte Aussage ist positiv und nicht negativ, und man kann sie mit einem Wort zusammenfassen: „Komm!"

Dieses Wort im Mund der Gemeinde ist eine Einladung an die Welt, – wer es auch sei – auf das Evangelium zu reagieren (Offb22,17; vgl. Joh3,16). Aber dieses Wort ist auch an den Herrn gerichtet: „Amen. Komm, Herr Jesus!" (Offb22,20).

Dieser zweifache Appell ist für die wahre Braut charakteristisch, die vom Geist bewegt ist (Offb22,17), und die die Gnade des Herrn Jesus erfährt (Offb22,21). Alle Heiligen rufen der abtrünnigen Welt und dem wiederkehrenden Herrn zu: „Komm!"

KAPITEL NEUN

DIE ZENTRALE BEDEUTUNG CHRISTI

Das letzte Buch der Bibel ist die „Offenbarung Jesu Christi" (Offb1,1). Der Genitiv („Jesu Christi") kann auf zweierlei Weise verstanden werden: Sie ist „von" ihm und sie ist „über" ihn. Vielleicht ist diese zweifache Bedeutung sogar beabsichtigt. Auf jede Weise stellt er den Mittelpunkt der Botschaft dar.

Wenn das Thema das Ende der Welt ist, dann ist er „das Ende", genauso wie er „der Anfang" war (Offb22,13). Es ist Gottes Plan, „alles zusammenzufassen in dem Christus, das, was in den Himmeln, und das, was auf der Erde ist" (Eph1,10).

Sowohl die Einleitung als auch das Schlusswort fokussieren sich auf seine Rückkehr auf den Planeten Erde (Offb1,7; 22,20). Das Ereignis, bei dem sich die zukünftige Geschichte vom Schlechten zum Guten wendet, ist seine Wiederkunft (Offb19,11-16).

Er ist „derselbe Jesus" (Apg1,11), der wiederkommen wird. Er ist das Lamm Gottes, der das erste Mal kam, um „die Sünde der Welt" wegzunehmen (Joh1,29). In der ganzen Offenbarung sieht das Lamm aus „als ob es geschlachtet wäre" (Offb5,6). Vermutlich werden die Narben an Kopf, Seite, Rücken, Händen und Füßen immer noch sichtbar sein (Joh20,25-27). Sie sind andauernde Zeugen dafür, dass er sein Blut vergossen hat, um Menschen jeglicher Coulcur zu erlösen (Offb5,9; 7,14; 12,11).

Trotzdem unterscheidet sich der Jesus der Offenbarung erheblich von diesem Mann aus Galiläa. Als er zu Anfang dem Johannes erschien, da war das so furchterregend, dass Johannes, der doch so vertraut mit ihm gewesen war (Joh 21,20), wie tot in Ohnmacht fiel. Wir haben bereits sein schneeweißes Haar, seine funkelnden Augen, seine scharfe Zunge, sein strahlendes Gesicht und seine glühenden Füße erwähnt.

In den Evangelien erhaschen wir zwar einige flüchtige Blicke auf einen zornigen Jesus (Mk 3,5; 10,14; 11,15), sein andauernder „Zorn" in der Offenbarung verursacht aber bei den verschiedenen Menschen solch einen Schrecken, dass sie lieber von herabfallenden Felsen erschlagen werden wollen, als in seine Augen sehen zu müssen (Offb 6,16.17). Das ist kein „lieber, sanfter und milder Jesus" mehr. Obwohl das schon immer eine etwas zweifelhafte Beschreibung für ihn war, so ist es doch hier und jetzt völlig unangemessen.

Obwohl er eigentlich das Gegenteil behauptet hat („Meint nicht, dass ich gekommen sei, Frieden auf die Erde zu bringen; ich bin nicht gekommen, Frieden zu bringen, sondern das Schwert" Mt 10,34; Lk 12,51), glauben viele Menschen, dass Jesus Pazifismus gepredigt und ausgeübt habe. Natürlich kann man seine Worte „vergeistigen", aber in der Offenbarung ist es nicht möglich, sie wegzuerklären, wo der endgültige Kampf doch nur als ganz „handgreiflich" verstanden werden kann.

Jesus reitet auf einem Kriegsross vom Himmel herab und nicht auf einem „Friedensesel" (Sach 9,9; Offb 19,11; vgl. 6,2). Sein Gewand ist „blutdurchtränkt" (Offb 19,13), aber nicht von seinem eigenen Blut. Obwohl das einzige „Schwert", das er führt, seine Zunge ist, so führt doch sein Gebrauch zur Abschlachtung von Tausenden von Königen, Generälen und Mächtigen (Freiwillige und Wehrpflichtige), in derselben Weise wie einst seine Zunge mit dem Feigenbaum verfuhr (Mk 11,20.21).

Jesus wird hier eindeutig als jemand dargestellt, der eine Massentötung exekutiert, wobei danach die Vögel sein Massaker aufräumen! Diese bildliche Beschreibung schockiert den braven Anbeter, der gewohnt ist, Jesus milde lächelnd von Kirchenfenstern herabblicken zu sehen. Wer die Adventswochen damit zubringt, in Krippenspielen ein hilfloses Baby zu präsentieren, der wird noch mehr überrascht sein. Denn so wird er niemals mehr sein.

Hat sich Jesus denn geändert? Wir wissen, dass es so etwas wie „Altersmilde" gibt, während andere im hohen Alter mürrisch und sogar bösartig werden können. Ist ihm das in den vergangenen Jahrhunderten auch passiert? Gott bewahre!

Nicht sein Charakter oder seine Persönlichkeit haben sich geändert, sondern seine Mission. Sein erster Besuch galt dem „Suchen und dem Retten was verloren ist" (Lk19,10). Er kam nicht, „dass er die Welt richte, sondern dass die Welt durch ihn gerettet werde" (Joh3,17). Er kam, um Menschen die Möglichkeit zu geben, sich von ihren Sünden zu trennen, bevor die Sünde als solche zerstört werden wird. Sein zweiter Besuch hat die gegenteilige Absicht – zu zerstören und nicht zu retten, die Sünde zu bestrafen und nicht, sie zu vergeben, „die Lebendigen und die Toten zu richten", so wie es im Nicänischen Glaubensbekenntnis heißt. Dass Jesus „den Sünder liebt und die Sünde hasst", wurde zu einem Sprichwort. Das Erstere sah man ganz deutlich in seinem ersten Kommen, und das Letztere wird bei seinem zweiten Kommen ebenso offensichtlich werden. Wer an seinen Sünden festhält, wird die Konsequenzen zu spüren bekommen. Dann „wird der Sohn des Menschen seine Engel aussenden, und sie werden aus seinem Reich alle Ärgernisse zusammenlesen und die, die Gesetzloses tun" (Mt13,41). Dieses „Zusammenlesen" wird ebenso gründlich wie gerecht sein. Wenn es aber gerecht sein soll, dann muss es für die Gläubigen genauso wie für die Ungläubigen gelten (wie es auch Paulus in Röm2,1-11 lehrt, und deshalb zu dem Schluss kommt, dass es „vor Gott kein Ansehen der Person gibt").

Wieder einmal müssen wir uns vor Augen halten, dass sich die Offenbarung ausschließlich an „wiedergeborene" Gläubige richtet. Sein leidenschaftliches Auftreten gegen die Sünde soll in den „Heiligen" eine gesunde Furcht hervorrufen, die sie zum „Gehorsam gegenüber Gottes Geboten und zum Glauben an Jesus" anreizt (Offb14,12).

Nur zu leicht vergessen diejenigen, die die Gnade Jesu Christi erfahren haben, dass er einst ihr Richter sein wird (2.Kor5,10). Die ihn als Freund und Bruder erlebt haben (Joh15,15; Hebr2,11), sind geneigt, diese herausfordernden Eigenschaften zu übersehen. Aber auf alle Fälle ist er würdig, „den Lobpreis und die Ehre und die Herrlichkeit und die Macht von Ewigkeit zu Ewigkeit" zu empfangen" (Offb5,13).

Eine beträchtliche Anzahl der Namen und Titel, die Jesus in der Schrift gegeben werden, stehen in diesem Buch, und einige sind sogar einmalig und werden an anderer Stelle nicht genannt. Er ist der Erste und der Letzte, der Anfang und das Ende, das Alpha und das Omega. Er ist der Herrscher über Gottes Schöpfung. Das ist *seine Stellung im Universum*. Er war mit seiner Schöpfung befasst, ist jetzt für ihr Fortbestehen verantwortlich und wird sie zum Abschluss bringen.

Er ist der Löwe aus dem Stamm Juda, die Wurzel (der Ursprung) Davids. Das ist *sein Verhältnis zu Gottes auserwähltem Volk Israel*. Er war, ist und wird immer der jüdische Messias sein.

Er ist heilig und wahrhaftig, treu und wahr, der treue und wahrhaftige Zeuge. Er ist der Lebende, der tot war und von Ewigkeit zu Ewigkeit lebt, der die Schlüssel des Todes und des Hades hat. Das ist *sein Verhältnis zur Gemeinde*. Diese muss sich an sein leidenschaftliches Eintreten für die Wahrheit erinnern, was Echtheit und Lauterkeit bedeutet, und was das Gegenteil von Heuchelei ist.

Er ist König der Könige und Herr der Herren. Er ist der

helle Morgenstern, der Einzige, der noch strahlt, wenn alle anderen verloschen sind (Pop- und Filmsternchen miteingeschlossen!). Das ist *sein Verhältnis zur Welt*. Eines Tages wird die ganze Welt seine Autorität anerkennen.

Viele dieser Titel werden mit dem uns aus dem Johannesevangelium wohlbekannten Ausdruck „Ich bin" präsentiert. Dabei handelt es sich nicht um eine persönliche Behauptung. Dieser Ausdruck erinnert so sehr an den Namen, mit dem Gott selbst sich offenbart hat, dass sein Gebrauch beinahe zu einem Attentat auf Jesus geführt hätte und schließlich auch zu seiner Hinrichtung geführt hat (Joh 8,58.59; Mk 14,62.63). Die Offenbarung beabsichtigt ganz eindeutig, die gemeinsame und gleichwertige Göttlichkeit von Vater und Sohn aufzuzeigen, indem sie für beide dieselben Titel verwendet: z.B. „Alpha und Omega" (Offb 1,8 und 22,13).

Die Welt kommt zu einem Ende, aber dieses Ende ist sehr persönlich. Das Ende ist im Grunde genommen eine Person. Jesus ist das Ende.

Wenn man die Offenbarung in erster Linie deshalb studiert, um zu erfahren, *was* auf die Welt zukommt, wird man diesen wichtigen Punkt übersehen. Die wichtigste Botschaft ist, auf *wen* diese Welt zukommt, oder viel eher, *wer* zu dieser Welt kommt.

Die Christen sind die einzigen, die sich nach „dem Ende" sehnen; jede Generation von Christen hofft, dass es während ihrer Lebensspanne passieren wird. Für sie ist „das Ende" kein Ereignis, sondern eine Person. Sie warten sehnsüchtig auf „Ihn" und nicht auf „es".

Der vorletzte Vers (Offb 22,20) beinhaltet eine sehr persönliche Zusammenfassung des ganzen Buches: „Der diese Dinge bezeugt, spricht: ‚Ja, ich komme bald.'". Für den, der das verstanden hat, gibt es nur eine einzige Antwort: „Amen, komm Herr Jesus!"

KAPITEL ZEHN

DER LOHN DES STUDIUMS

Wir haben bereits festgestellt, dass die Offenbarung das einzige biblische Buch ist, das sowohl einen Segen für die, die es lesen, als auch einen Fluch für die, die es verändern, beinhaltet (Offb1,3; 22,18.19). In einer Zusammenfassung wollen wir nun zehn Vorteile für diejenigen auflisten, die seine Botschaft erfassen; alle unterstützen ein authentisches Christenleben.

1. VERVOLLSTÄNDIGUNG DER BIBEL

Wer die Offenbarung studiert, wird anfangen an Gottes Kenntnis „des Endes vom Beginn an" (Jes46,10) teilzuhaben. Die Geschichte ist abgeschlossen. Das Happyend ist bekannt. Der Liebesroman endet mit einer Hochzeit, und die echte Beziehung kann beginnen. Ohne all das wäre die Bibel unvollständig. Sie wäre dann unter dem Namen „Amputierte Version" bekannt (Anm. d. Ü.: in Anlehnung an eine englische Bibelübersetzung „Amplified Version")! Die verblüffenden Ähnlichkeiten zwischen der ersten und der letzten Seite der heiligen Schrift (z.B. der Baum des Lebens) geben allem, was dazwischensteht, erst einen Sinn.

2. VERTEIDIGUNG GEGEN IRRLEHRE

Es kommt oft vor, dass Mitglieder von Sekten an unserer Haustüre stehen und mit der Offenbarung aufwarten. Ihre scheinbare Kenntnis der Offenbarung macht großen Eindruck auf Kirchgänger, die die Botschaft der Offenbarung aus Mangel an richtiger Belehrung und aus Mangel an kompetenten Lehrern nie richtig verstanden haben. Sie sind nicht in der Lage, die Auslegungen der Sekten, die ziemlich bizarr sein können, einzuordnen. Dagegen kann man sich nur mit überlegener Kenntnis zur Wehr setzen.

3. DEUTUNG DER GESCHICHTE

Oberflächliche Wahrnehmung des aktuellen Zeitgeschehens kann ziemlich verwirrend sein. Weil aber zukünftige Ereignisse ihren Schatten schon in die Gegenwart werfen, wird derjenige, der die Offenbarung studiert, eine erstaunliche Übereinstimmung des Weltgeschehens mit der Offenbarung entdecken, weil alles auf eine Weltregierung mit ihrer globalisierten Wirtschaft hinausläuft. Jeder Prediger, der die Offenbarung systematisch auslegt, kann davon ausgehen, dass seine Zuhörer ihn bald mit zahlreichen Zeitungsausschnitten eindecken werden.

4. GRUND FÜR HOFFNUNG

Alles läuft nach Plan, und zwar nach Gottes Plan. Er sitzt nach wie vor auf dem Thron und steuert alles auf das Ende zu, welches Jesus ist. Die Offenbarung versichert uns, dass das Gute über das Böse triumphieren wird, dass Jesus Satan besiegen wird, und dass die Heiligen eines Tages in der Welt herrschen werden. Unser Planet wird sowohl von jeder physischen als auch moralischen Verschmutzung gereinigt werden. Sogar das Universum wird wiederhergestellt werden. All das ist die Hoffnung, „der Anker der Seele" in den Stürmen des Lebens (Hebr 6,19). Heidentum, Weltlichkeit und Humanismus gewinnen nur scheinbar an Boden. Ihre Tage sind gezählt.

5. MOTIVATION FÜR EVANGELISATION

Es gibt keine eindeutigere Präsentation der beiden Schicksale, die der Menschheit bevorstehen – der neue

Himmel und die neue Erde oder der Feuersee, ewige Freude oder ewige Qual. Die Wahlmöglichkeit wird nicht ewig bestehen. Der Tag des Gerichts muss kommen, an dem sich jeder Mensch verantworten muss. Aber es gibt immer noch einen Tag des Heils: „Wen dürstet, der komme! Wer da will, nehme das Wasser des Lebens umsonst" (Offb 22,17). Die Einladung zu „kommen" wird gemeinsam vom „Geist und der Braut (d.i. die Gemeinde)" ausgesprochen.

6. ANSPORN ZUR ANBETUNG

Die Offenbarung ist voll des Lobpreises, der von vielen Stimmen gesungen, ja gerufen wird. Es gibt insgesamt elf große Lieder in der Offenbarung, die die Kirchenlieder aller Zeiten inspiriert haben, angefangen von Händels *Messias* bis hin zur „Schlachthymne der Republik" („Mein Auge sah die Ankunft unseres Herrn in ihrem Ruhm"; Anm. d. Ü.: Eine berühmte patriotische Hymne in den USA). Die Anbetung wird direkt an Gott und an das Lamm gerichtet, nicht zum Geist und schon gar nicht zu den Engeln. Das Bekenntnis vor dem Abendmahl in den Kirchen des englischsprachigen Raumes lautet: „Deshalb machen wir zusammen mit Engeln und Erzengeln deinen heiligen Namen groß…"

7. GEGENMITTEL GEGEN WELTLICHKEIT

So schnell kann man weltlich gesinnt werden. Schon William Wordsworth erinnerte uns in seinem Sonett „The World is too much with us": „Die Welt umgarnt uns so sehr, von früh bis spät, wir bekommen, wir geben, vergeuden unsere Kraft, achten nicht auf die Natur, die doch uns gehören sollte". Die Offenbarung lehrt uns, mehr über unsere ewige himmlische Heimat als über unser vorübergehendes Zuhause nachzudenken, und mehr über unseren neuen Auferstehungsleib als über unsere sterbliche Hülle.

8. ANSPORN ZUR GOTTESFURCHT

Gottes Wille für uns hier und jetzt ist Heiligkeit, damit wir dann später das Glück erben; und zwar genau in dieser Reihenfolge, obwohl es viele gerne anders hätten. Heiligkeit ist unbedingt notwendig, wenn wir die kommenden Drangsale überleben wollen, wenn wir interne Versuchungen und externe Verfolgung überwinden wollen. Die Offenbarung rüttelt uns aus unserer Lauheit, Selbstgefälligkeit und Gleichgültigkeit wach, indem sie uns erinnert, dass Gott „heilig, heilig, heilig" ist (Offb4,8), und dass nur heilige Leute an der ersten Auferstehung, wenn Jesus wiederkommt, teilnehmen werden (Offb20,6). Das ganze Buch und besonders die sieben Sendschreiben am Anfang bekräftigen das Prinzip, dass „ohne Heiligung niemand den Herrn sehen wird" (Hebr12,14).

9. VORBEREITUNG AUF VERFOLGUNG

Selbstverständlich ist das die vorrangige Absicht der Offenbarung. Diese Botschaft zieht sich durch das ganze Buch und ist an Christen gerichtet, die für ihren Glauben leiden, und ermutigt sie „auszuharren" und zu „überwinden", damit ihre Namen im Buch des Lebens stehenbleiben, und sie ihre Erbschaft an der neuen Schöpfung behalten. Jesus sagte den weltweiten Hass voraus, dem seine Nachfolger am Ende begegnen werden (Mt24,9). Deshalb müssen wir alle darauf vorbereitet werden.

Lieber Leser, wenn das momentan in deinem Land noch nicht zutrifft, so wird es doch ganz sicher kommen. Genauso wie Jesus kommen wird, vor dem die Schande jedes Feiglings bloßgestellt wird (Offb16,15), was zur Verdammung in die Hölle führen wird (Offb21,8).

10. VERSTÄNDNIS VON CHRISTUS

Erst durch die Offenbarung wird das Bild unseres Herrn und

Retters abgerundet. Ohne sie wäre es unausgewogen, ja sogar verdreht. Wenn die Evangelien seine Rolle als Prophet und die Briefe seine Rolle als Priester aufzeigen, so verdeutlicht doch erst die Offenbarung seine Rolle als König, dem König der Könige und dem Herrn der Herren. Hier tritt der Christus zu Tage, so wie ihn die Welt noch nie gesehen hat, dann aber sehen wird. Es ist der Christus, den die Christen jetzt schon im Glauben sehen und dem sie eines Tages ganz real begegnen werden.

****

Wer die Offenbarung studiert hat, der kann nicht mehr derselbe bleiben. Dennoch kann ihre Botschaft in Vergessenheit geraten. Ihr Segen gilt deshalb nicht nur für diejenigen, die lesen oder anderen laut vorlesen, sondern für diejenigen, die „bewahren", was darin geschrieben ist. Wir müssen es uns also „zu Herzen nehmen" (so wie die New International Version Offb1,3 übersetzt), genauso wie wir es mit dem Verstand erfassen müssen, und wir müssen es in die Tat umsetzen. „Seid aber Täter des Wortes und nicht allein Hörer, die sich selbst betrügen. Tut, was es euch sagt" (Jak1,22).

C.
DIE ENTRÜCKUNG

KAPITEL ELF

DIE NEUARTIGE LEHRE

Im frühen neunzehnten Jahrhundert tauchte ein völlig neues Verständnis des zweiten Kommens Jesu auf. Es hat sich mittlerweile auf dem ganzen Globus verbreitet. In den meisten Büchern, die sich mit diesem Thema befassen, wird diese Ansicht vertreten.

Kurzum, es wird die Ansicht vertreten, dass die Wiederkunft Jesu zweigeteilt vonstattengeht. Somit gibt es ein „zweites" und ein „drittes" Kommen, auch wenn im Gegensatz zu seinem ersten und zweiten Kommen dazwischen nur ein paar Jahre liegen.

Das „zweite" Kommen wäre für die Welt nicht wahrnehmbar und somit ein privates Ereignis. Es wäre nur ein flüchtiger Besuch, der nur einen Zweck hat: Alle wahren Gläubigen in den Himmel mitzunehmen, *bevor* die „Große Trübsal" der letzten wenigen Jahre beginnt, die von Satan, dem Antichristen und dem falschen Propheten dominiert sein wird.

Diese plötzliche Hinwegnahme der Gemeinde würde von der Welt nur deshalb bemerkt werden, weil ein nicht unbeträchtlicher Teil der Bevölkerung auf einmal fehlen würde, mit dem daraus resultierenden Chaos. Aufsehenerregende Predigten und Filme berichten von zukünftigen Unfällen und Flugzeugabstürzen, weil Autos plötzlich keinen Fahrer mehr haben und Flugzeuge keinen Piloten.

Von größerer Bedeutung für die Gläubigen ist aber, dass dies ohne jegliche Vorzeichen passieren würde. Weil sich alle noch nicht erfüllten Prophetien der Schrift (ca. 150 von 700, gemäß der *Encyclopedia of Biblical Prophecy* von J. Barton Payne, Hodder and Stoughton, 1973) auf die Große Trübsalszeit und später beziehen, sei das „geheime" Kommen Jesu, um seine Gemeinde in den Himmel mitzunehmen, das nächste größere Ereignis auf dem Kalender Gottes. Deshalb könne es auch „jederzeit" geschehen, was Anhänger dieser Lehre gerne betonen; andere sprechen von „unmittelbarem Bevorstehen". Das Fehlen jeglicher Vorwarnung ist natürlich ein gewaltiges Motiv dafür, „allzeit bereit" zu sein.

Das „dritte" Kommen ist ganz öffentlich und entspricht der traditionellen kirchlichen Erwartung. Jesus wird in derselben Weise wie er aufgefahren ist, aus den Wolken herabkommen (Apg1,11). Der Hauptunterschied besteht darin, dass er nicht nur von Engeln, sondern auch von seiner Gemeinde begleitet werden würde, die er einige Jahre zuvor in den Himmel genommen habe. Die zwei „Kommen" würden deshalb mit den beiden Ausdrücken: „*für* die Heiligen" und „*mit* den Heiligen" unterschieden.

Der erste Besuch wird gerne als „geheime Entrückung" oder einfach nur als „Entrückung" bezeichnet. Dies hat nichts mit der Konnotation „Verzückung" zu tun, obwohl es durchaus diesen Nebeneffekt haben könnte. Das englische Wort „rapture" kommt aus dem lateinischen „raptura", das Wort, das die lateinische Vulgata-Übersetzung für das griechische „harpazo" in 1.Thess4,17 verwendet; beides bedeutet „zusammenraffen" bzw. „zusammengerafft werden". Selbst im Alt-Englischen bedeutet „rapture" „von einem Ort zu einem anderen transportiert (entrückt) werden", und es hat somit ebenfalls eine doppelte Bedeutung, eine physische und eine emotionale.

Man muss verstehen, dass man bezüglich der „Entrückung"

an sich ganz einer Meinung ist. Die oben zitierte Bibelstelle lehrt eindeutig, dass die lebenden Gläubigen im Gegensatz zu den „toten" Gläubigen, die „zuerst auferstehen werden" (1.Thess4,16), zusammen mit letzteren „in Wolken mitgenommen werden, um dem Herrn in der Luft zu begegnen". Der Streitpunkt besteht darin, *wann* das geschehen wird, ob es im Geheimen oder bei seiner öffentlichen und sichtbaren Wiederkunft passieren wird. Bezeichnenderweise gibt diese Bibelstelle keine Antwort darauf, so als ob diese Stelle keine Fragen offenließe!

Spätestens jetzt müssen wir einige „technische" Begriffe untersuchen, die in dieser Debatte verwendet werden, um die unterschiedlichen Ansichten, die es bezüglich des Zeitpunktes dieses großen Ereignisses gibt, welches alle bibelgläubigen Christen erwarten, zu definieren. Was wir bis jetzt beschrieben haben, wird mit dem Ausdruck „Prätribulationismus" bezeichnet, denn es nimmt an, dass Christen von der Bildfläche verschwinden, bevor („prä") die schlimmsten Drangsale beginnen, vor denen sie bewahrt bleiben. Die ältere Ansicht wird „Posttribulationismus" genannt, denn sie glaubt, dass Christen erst nach („post") diesen Drangsalen, die sie durchstehen müssen, dem Herrn in der Luft begegnen werden. Vor nicht allzu langer Zeit ist eine dritte Ansicht aufgekommen, die man „Mediotribulationismus" nennt. Diese glaubt, dass die Christen die ersten Drangsale erleben müssen, aber vor den letzten und schlimmsten entrückt werden („medio" = in der Mitte). Auf diese dritte Ansicht werden wir später noch zurückkommen, allerdings hat sie sich nie besonders durchsetzen können und ist im Grunde genommen eine Variante des Prätribulationismus. Die größten Unterschiede bestehen zwischen Prä- und Posttribulationismus. Wir wenden uns in unserer Betrachtung noch einmal dem Ersten zu.

Nachdem wir kurz dargestellt haben, dass es sich um eine neue Lehre handelt, ist es aufschlussreich, ihre Geschichte zu untersuchen. Diese beginnt mit einem Engländer, einem Iren und einem Schotten! Vor dem Jahre 1830 gab es keine Spur von dieser Lehre, weswegen man sich fragen muss, ob es in der Schrift eigentlich Hinweise dafür gibt.

Der Ursprung ist etwas mysteriös, obwohl einige behaupten, dass er in einer „Prophetie", die von einer gewissen Margaret MacDonald in Port Glasgow, Schottland gegeben wurde, zu finden ist (dazu gibt es zahlreiche Bücher von Dave MacPherson; z.B. *The Great Rapture Hoax*, New Puritan Library, 1983).

Sie taucht aber eindeutig in der Lehre von Rev. Edward Irvine auf (der eine schottische Gemeinde verließ, um die katholisch-apostolische Gemeinde zu gründen, deren leerstehende „Kathedrale" in Albury, nahe Guildford in Surrey steht), sowie von Dr. Henry Drummond (dem Eigentümer eines Landgutes in Albury, in dessen Bibliothek prophetische Konferenzen stattfanden, woraus diese neue Lehre entstand), und von Rev. John Nelson Darby (der die anglikanische Kirche in Dublin verließ, um die „Brüdergemeinden" zu gründen).

Letztgenannter trug am meisten dazu bei, diese neue Lehre zu verbreiten. Obwohl einige seiner Mitstreiter in dieser Bewegung (wie z.B. Georg Müller, berühmt durch seine Waisenhäuser), dieser Vorstellung einer „geheimen Entrückung" nie zugestimmt haben, wurde sie dennoch zur „orthodoxen" Lehre, von der später wenige abzuweichen wagten.

Darby überquerte den Atlantik und überzeugte den Rechtsanwalt Dr. C.I. Scofield, dieses Konzept anzunehmen. Dieser wiederum verleibte es seiner „Scofield-Bibel" ein, in der er die Auslegungskommentare und den Bibeltext derart miteinander verwob, dass die Leser sich schwer damit tun, eines vom anderen zu unterscheiden. Diese jedenfalls haben die „geheime Entrückung" in der Bibel gefunden! Diese Bibelausgabe war ein Bestseller und wahrscheinlich der größte Faktor bei der enormen Ausbreitung dieser Idee.

Sie wird seitdem in Bibelschulen (Dallas, Texas ist die bekannteste) gelehrt und man begegnet ihr in vielen Büchern (Hal Lindsay, der das berühmte Buch *The Late Great Planet Earth* schrieb, ist beispielsweise ein früherer Schüler der Bibelschule in Dallas).

Wir müssen jetzt aber einmal ganz klar sagen, dass diese Lehre höchst selten für sich alleine steht. Sie wird ausnahmslos als Teil eines ganzen theologischen Pakets präsentiert, das als „Dispensationalismus" bezeichnet wird (dies wird in Kapitel 18 behandelt, wo es um das Millennium geht).

Der Dispensationalismus entsprang dem theologischen Gedankengebäude eines J.N.Darby. Er betonte sehr stark die Notwendigkeit des „rechten Schneidens des Wortes der Wahrheit" (2.Tim2,15). Aber diese Methode des Aufteilens der Schrift wurde auf dreierlei Weise übertrieben.

Erstens: Er unterteilte den biblischen Bericht in sieben einzelne Zeitalter bzw. „Dispensationen" (woher der Name dieses Systems kommt). Diese sind:

1. Unschuld (Adam)
    DER FALL

2. Moralische Verantwortung (Kain bis Henoch)
    DIE FLUT

3. Menschliche Regierung (Noah bis Terach)

4. Patriarchen (Abraham bis Joseph)

5. Gesetz (Mose bis Maleachi)
   DAS ERSTE KOMMEN

6. Gnade (die Gemeinde)
   DAS ZWEITE KOMMEN

7. Das Millennium (Israel)

Wenn man es als Zusammenfassung einer sich entfaltenden Geschichte betrachtet, so ist dies nichts Außergewöhnliches. Dieser Analyse wurde aber ein entscheidendes Prinzip hinzugefügt, nämlich dass Gott seine Beziehungen mit den Menschen in jedem dieser Zeitalter auf unterschiedliche Weise eingegangen ist. Für jedes Zeitalter machte Gott einen besonderen Bund, und die Schriften müssen unter den Bedingungen dieser jeweiligen Bündnisse, in die sie fallen, verstanden werden.

Zweitens: Er unterschied die zukünftige Bestimmung der Gemeinde (Gottes himmlisches Volk) von der Bestimmung Israels (Gottes irdisches Volk). Das christliche „Kirchenzeitalter" und das jüdische Millennium wurden voneinander getrennt. In der Ewigkeit werden die Christen im Himmel, und die Juden auf der Erde sein. Der Zeitpunkt der sogenannten „geheimen Entrückung" stellt die feierliche Eröffnung dieser permanenten Trennung dar. Israel wird die Berufung der Gemeinde übernehmen, nämlich bereitwillig Leiden zu erdulden und das Evangelium auf der Erde zu verkünden.

Drittens: Übereinstimmend mit diesen Lehren teilte er, wie schon erwähnt, das zweite Kommen in zwei Besuche auf, die einige Jahre auseinanderliegen.

Deshalb kann man den Glauben an eine „geheime Entrückung" so gut wie nie isoliert, sondern immer nur in das dispensationalistische Schema eingebunden vorfinden.

DIE NEUARTIGE LEHRE

Man kann nur das ganze Paket annehmen oder eben auch verwerfen.

Dass es große Akzeptanz gefunden hat, kann man gut verstehen. Abgesehen vom Fehlen eines eindeutigen biblischen Befundes, der dafür herangezogen werden könnte (dies werden wir im nächsten Abschnitt genauer und in den darauffolgenden Abschnitten kritisch betrachten), ist es zunächst einmal eine willkommene Neuigkeit. Und es ist ein großer Trost. Es ist sehr beruhigend zu erfahren, dass die Christen vor der „großen Trübsal" weggenommen werden, die in Offenbarung Kapitel 6 – 18 beschrieben wird. Man muss sich nicht auf diese schreckliche Zeit vorbereiten, denn wir werden nicht mehr da sein, wenn es wirklich katastrophal wird. Eschatologie macht der „Eskapologie" Platz!

Andererseits ist diese Lehre sehr herausfordernd. Dass Jesus jederzeit ohne Vorwarnung wiederkommen kann, um seine Nachfolger mitzunehmen, setzt Ungläubige unter großen Druck, sich den Gläubigen anzuschließen bevor es zu spät ist. Bei den Brüdergemeinden haben sich viele Kinder bekehrt, weil sie Angst hatten, dass ihre Eltern über Nacht für immer verschwinden könnten (neutestamentliche Evangelisation kennt diese Art von Druckausübung nicht). Aber auch nach der Bekehrung ist diese Lehre ein kraftvoller Anreiz, in Glauben und Heiligung voranzupreschen (das wiederum findet man im Neuen Testament, obwohl nicht der Zeitpunkt der Wiederkunft Jesu, sondern die anschließende Rechenschaftspflicht die meiste Schubkraft entfaltet).

Praktisch gesehen hat diese Lehre im Leben sowohl von Sündern als auch von Heiligen beträchtliche Resultate hervorgebracht. Ist es aber die Wahrheit? Ist es die richtige Auslegung der biblischen Aussagen über das zweite Kommen? Sowohl Befürworter als auch Gegner sind sich darin ganz sicher.

KAPITEL ZWÖLF

BIBLISCHE AUSSAGEN

Tatsache ist, dass es keine einzige klare Aussage im Neuen Testament über eine „geheime Entrückung" der Gemeinde vor der „Großen Trübsalszeit" gibt. Viele führen den ersten Thessalonicherbrief, Kapitel 4 als Beweistext an. Während er von der Entrückung spricht, deutet aber nichts darauf hin, dass diese geheim sein soll. Auch bietet er keinen Hinweis auf andere Zeitabläufe, sondern nur, dass die Entrückung bei seinem „einen" Kommen stattfinden wird.

Wegen des Fehlens einer ausdrücklichen Erwähnung in der Bibel berufen sich seine Befürworter auf indirekte Hinweise in mehreren Bibelstellen, die in ihrer Gesamtschau den Beweis erbringen sollen. Wenn sich Lehre aber auf eine solche Vorgehensweise gründet und nicht auf eindeutige Aussagen, dann läuft man Gefahr, etwas in die Schrift hineinzulesen (*eisegesis*), was eigentlich nicht vorhanden ist. Vielmehr sollte man das aus der Schrift auslegen (*exegesis*), was tatsächlich enthalten ist.

Schauen wir uns aber zunächst die Aussagen an und heben wir die Kritik für das nächste Kapitel auf. Es gibt sieben Hauptargumentationslinien, wobei sich einige davon überschneiden. Wir wollen uns in Erinnerung rufen, dass alle dazu dienen sollen, die Idee einer „spontanen und geheimen Entrückung" der Gemeinde, die vor den schlimmsten Drangsalen stattfinden soll, zu stützen.

1. Aussagen über die *Geschwindigkeit* seines

Kommens. Der wiederholte Ausdruck „ich komme bald" (Offb 22,7.12.20; in manchen Übersetzungen mit „schnell" übersetzt) lässt zu dem Schluss kommen, dass es ein unmittelbar bevorstehendes Ereignis ist. Andere Aussagen wie „er steht vor der Tür" (Jak 5,9; vgl. Mt 24,33) legen nahe, dass er mit dem nächsten Schritt schon drinnen stehen wird. Es lässt uns annehmen, dass sein Kommen sowohl zeitlich als auch räumlich nahe bevorsteht.

2. Aussagen über sein *überraschendes* Kommen. Der Ausdruck „wie ein Dieb in der Nacht" wird sowohl von Jesus als auch Paulus verwendet (es gibt sogar einen gleichnamigen Film, der genau dieses Thema zum Inhalt hat). Jesus hat seinen Jüngern gesagt, dass niemand weiß, wann er wiederkommen wird, „nicht einmal die Engel, noch der Sohn, sondern nur der Vater" (Mt 24,36). Im Anschluss daran ermahnte er sie: „Wacht also! Denn ihr wisst nicht, an welchem Tag euer Herr kommt" (Mt 24,42). Wiederholt wird das überraschende Element seiner Wiederkunft hervorgehoben.

3. Der unterschiedliche *Sprachgebrauch*, um seine Wiederkunft zu beschreiben. Im Griechischen werden drei Substantive verwendet: *parousia*, *epiphaneia* und *apokalypsis* (wir haben sie im ersten Teil des Buches besprochen). Jesus wird als derjenige beschrieben, der „für" die Heiligen und „mit" den Heiligen kommt. Manchmal wird dieses Ereignis als „der Tag des Christus" und manchmal als „der Tag des Herrn" bezeichnet. Man behauptet nun, dass durch die unterschiedlichen Ausdrücke eine Unterscheidung zwischen den beiden Besuchen angedeutet wird; der eine Besuch ist geheim und der andere öffentlich. Die Ausdrücke würden nicht synonym verwendet, sondern bezögen sich auf zwei unterschiedliche Ereignisse.

4. Die *Erwartung* der ersten Gemeinde. Der Aufruf zur beständigen Bereitschaft zieht sich durch das gesamte Neue

Testament. Es hat den Anschein, dass einige Bemerkungen Jesu wie: „Es sind einige von denen, die hier stehen, die den Tod nicht schmecken werden, bis sie das Reich Gottes in Kraft haben kommen sehen" (Mk9,1) und: „Wahrlich, ich sage euch: Dieses Geschlecht wird nicht vergehen, bis dies alles geschehen ist" (Mt24,34), dies bekräftigen. Wenn nun die erste Gemeinde ihn „jederzeit" wiedererwartete, wieviel mehr wir, nachdem schon so viel Zeit vergangen ist?

5. Das Fehlen des Wortes „*Gemeinde*" in den Passagen, welche die Trübsalszeit beschreiben (z.B. Mt24). Während es in Offenbarung Kapitel 1 – 3 sehr oft erscheint, fehlt es im gesamten Mittelteil (Kapitel 4 – 18), welcher die schrecklichen letzten Jahre vor der Rückkunft Christi beschreibt (Kapitel 19). Die Worte „Auserwählte" und „Heilige", die in diesen Kapiteln erscheinen, sind gebräuchliche Ausdrücke im Alten Testament und können sich deshalb nur auf die Juden beziehen, die während der „Trübsalszeit" auf der Erde zurückbleiben (Offb7,1-8), während sich die Gemeinde an ihrer Befreiung im Himmel erfreut (Offb7,9-17). Man meint auch, dass die an Johannes auf der Insel Patmos ausgesprochene Einladung, in den Himmel „herauf zu kommen" (Offb4,1), den Zeitpunkt anzeigt, an dem die Gemeinde weggenommen wird und all dem, was dann folgt, entkommt.

6. Die „Trübsal" ist eine Ausgießung des *Zorns*. Nach den Siegeln und Posaunen werden Schalen des Zorns auf die Erde ausgegossen, die die Leiden und Nöte verstärken (Offb14,10.19; 15,7; 16,1). Christen können von diesem Zorn Gottes nicht betroffen sein, weil sich sein Zorn durch den Sühnetod Christi am Kreuz von ihnen abgewendet hat (Röm5,9). „Denn Gott hat uns nicht zum Zorn bestimmt" (1.Thess5,9; man bemerke, dass dieser Satz im unmittelbaren Zusammenhang mit dem zweiten Kommen steht). Es scheint, dass dies mit dem Versprechen in Offenbarung

3,10 zusammenhängt, was denen, die geduldig ausharren, verspricht: „Ich werde dich bewahren vor der Stunde der Versuchung, die über den ganzen Erdkreis kommen wird, um die zu versuchen, die auf der Erde wohnen."

7. Die Hervorhebung von *Trost* und Ermutigung. Genau deswegen offenbart Paulus ja den Thessalonichern die Erkenntnis über die Entrückung (1.Thess4,13.18). Wäre das etwa ein guter Trost, wenn die Gläubigen vor der Entrückung noch solch schlimme Dinge erleiden müssten? Aber die Entrückung holt uns von der Erde hinweg, bevor diese schlimmen Dinge überhaupt beginnen. Das ist wirklich Balsam für die Seele. Die gute Botschaft besteht nicht in erster Linie darin, dass Jesus wiederkommt, sondern dass er für uns wiederkommt, um uns aus den bevorstehenden Drangsalen zu befreien.

Das also sind die Grundlagen für den Glauben an eine geheime Entrückung. Man gibt normalerweise zu, dass kein einzelner Punkt für sich den Ausschlag gibt, aber die Zusammenschau dieser sieben Punkte lasse keine andere Schlussfolgerung zu.

KAPITEL DREIZEHN

EINE FRAGWÜRDIGE BEHAUPTUNG

Weil die Beweisführung dieser Lehre nur in ihrer Gesamtschau Sinn ergibt, wird sie sehr geschwächt, wenn sich nur einer ihrer Bestandteile als falsch herausstellt. Die Anzahl der Beweise, die einer eingehenden Untersuchung standhalten, wird entscheiden, wie überzeugend diese Lehre ist.

Wir müssen die sieben Punkte also nochmals im Licht der Aussagen der Bibel genauer untersuchen.

GESCHWINDIGKEIT

Was sollen wir mit den Ausdrücken „bald" und „schnell" nach einer Verspätung von fast zwei Millennien anfangen? Es ist ziemlich offensichtlich, dass diese Ausdrücke in Beziehung gesetzt werden müssen. Aber womit müssen wir sie in Beziehung setzen? Oder besser gesagt mit wem? Die Antwort ist: Mit Gott selbst, für den „ein Tag wie tausend Jahre und tausend Jahre wie ein Tag sind" (Ps90,4).

Genau dieser Vers wird im Neuen Testament zitiert (2.Petr3,8), um diese Frage für uns zu beantworten: „Wo ist die Verheißung seiner Ankunft? Denn seitdem die Väter entschlafen sind, bleibt alles so von Anfang der Schöpfung an" (2.Petr3,4). Der Schreiber hebt hervor, dass es für Gott nur ein paar wenige Tage her ist, dass er seinen Sohn zu dessen ersten Besuch sandte, und ihm deshalb nicht vorgeworfen werden kann, dass er „langsam" ist. Aber für diese Verzögerung, die uns so lange vorkommt, gibt es eine Erklärung: Die unglaubliche Geduld Gottes und seine Sehnsucht, von uns so viele wie möglich in seine Familie aufzunehmen, wofür es allerdings eine Bedingung gibt, nämlich Buße. Er hat seinen Sohn gesandt, um Vergebung möglich zu machen, indem dieser den Zorn Gottes, der gegen uns gerichtet war, am Kreuz ertrug. Dieser Tag war das erste Mal, dass er von seinem Sohn getrennt war, und er muss ihm vorgekommen sein wie tausend Jahre!

Natürlich ist diese Verspätung für diejenigen belastend, die „sein Erscheinen liebgewonnen haben" (2.Tim4,8). Bernard von Clairvaux rief laut zu Gott: „Nennst du das eine kleine Weile, in der wir dich nicht sehen? Diese kleine Weile ist wirklich eine lange kleine Weile!" Wir müssen dieses „bald" und „schnell" mit anderen Bibelstellen abgleichen, die ganz deutlich eine längere Periode zwischen erstem und zweitem Kommen aufzeigen. Man beachte die Verzögerung in allen Gleichnissen Jesu über seine Wiederkunft (Mt24,48; 25,5.19 – bei allen handelt es sich um eine „lange Zeit"). Außerdem gibt es den häufigen Vergleich mit der Erntezeit (Mt13,30.40.41). Man erntet nicht unmittelbar nach dem Säen, weswegen Jakobus, der Bruder Jesu, seine Leser ermahnt: „Habt nun Geduld, Brüder, bis zur Ankunft des Herrn! Siehe, der Bauer wartet auf die köstliche Frucht der Erde und hat Geduld ihretwegen, bis sie den Früh- und Spätregen empfange. Habt auch ihr Geduld, stärkt eure Herzen! Denn die Ankunft des Herrn ist nahegekommen" (Jak5,7.8). In diesem letzten Vers muss man besonders darauf achten, dass zur Geduld für ein Ereignis aufgerufen wird, das „nahe" ist. Dies ist ein Paradox, welches im ganzen Neuen Testament auftaucht. Das zweite Kommen liegt noch „lange Zeit" vor uns und ist dennoch „nahe". Beide Bemerkungen müssen gegeneinander abgewogen werden. Aus unserer Perspektive können wir die „lange Zeit" durchaus verstehen, wir haben aber Schwierigkeiten mit dem „bald".

„Bald" ist es nur aus Gottes Perspektive, aber warum hat er solch eine „Zeitangabe" in der Bibel gegeben, die uns doch so verwirren kann? Zum Teil deshalb, damit wir lernen, so wie er zu denken und Dinge aus einer Langzeitperspektive zu betrachten. Aber selbst dann, wenn wir das Wort menschlich verstehen, kann es hilfreich sein. Es kann uns auf Trab halten, indem wir die Zukunft schon auf die Gegenwart beziehen, und uns ständig daran erinnern, dass wir Rechenschaft über unsere jetzigen Taten ablegen werden müssen, wenn er kommt.

Dieses „bald" ist allerdings kein Beweis dafür, dass er „jederzeit" kommen kann, sondern es ist ein relativer Ausdruck sowohl für menschliche als auch göttliche Zeitrechnung.

ÜBERRASCHUNG

Während es wahr ist, dass sowohl Jesus als auch Paulus von seinem Kommen sagten, dass es so unerwartet wie ein Dieb ist („wie ein Dieb in der Nacht"; Mt24,43; 1.Thess5,2), zu einer „Stunde", die niemand kennt noch erwartet, so kann man dennoch daraus nicht folgern, dass es dafür keinerlei Warnung gibt, und dass er „jederzeit" kommen kann.

Diesbezüglich wird nämlich eine klare Trennlinie zwischen Ungläubigen und Gläubigen gezogen. Für die ersteren wird es als völlige Überraschung, ja wie ein plötzlicher Schock kommen. Es wird mit den ersten Wehen einer Schwangeren verglichen (1.Thess5,3). Außerdem wird es noch durch die Belastungen, die „Nacht" und „Dunkelheit" mit sich bringen, verstärkt, wo die Dinge nicht richtig erkannt werden können, und wo die meisten Menschen ohnehin schlafen. Auch das Wort „Dieb" im Zusammenhang mit der Ankunft Christi ist für die Welt bezeichnend, denn es bedeutet für sie den Verlust aller selbstsüchtigen Vergnügen und Ausschweifungen.

Die Gläubigen werden nicht überrascht sein, denn sie leben im Licht und bleiben „wach", sie „wachen" wegen der Dinge, die um sie herum passieren (1.Thess5,5-7). Der

Hausherr, der wach bleibt und Ausschau hält, wird das Nahen des Diebes bemerken, *bevor* dieser das Haus erreicht (Mt24,43). Er tut dies, weil er darüber informiert wurde, dass sich ein Bösewicht in der Nachbarschaft aufhält!

Das Wort „wachen", zumeist mit „beten" verknüpft, ist ein Schlüsselwort, wenn es darum geht, für das Kommen Jesu bereit zu sein. Dass er damit lediglich gemeint habe, dass wir über unseren eigenen Lebensstil „wachen" sollen, damit wir ihn ohne Scham willkommen heißen können, ist unwahrscheinlich. Er hat sicherlich auch nicht gemeint, dass wir gespannt auf den Himmel schauen sollen, wenn sich Wolken zeigen (Apg1,11). In unserer modernen Welt wäre das ziemlich gefährlich – und wenn überhaupt – dann wäre es nur in Jerusalem sinnvoll.

Der Kontext der unterschiedlichen Bibelstellen, in denen „wachen" verwendet wird, zeigt unmissverständlich, dass er gemeint hat, wir sollen nach den Zeichen seiner Wiederkunft Ausschau halten, also nach den Zeichen der Zeit und nicht zu den Enden des Himmels. Als die Jünger ihn über diese Zeichen befragten, gab er ihnen eine klare Auflistung zur Antwort (Mt24; siehe dazu die Erläuterungen im ersten Teil des Buches). Bevor nicht „alle diese Dinge geschehen sind" und von seinen Nachfolgern klar erkannt werden können, können sie nicht mit seiner Wiederkunft rechnen.

Das letzte Zeichen ist unmissverständlich: „Die Sonne wird verfinstert werden und der Mond seinen Schein nicht geben, und die Sterne werden vom Himmel fallen, und die Kräfte der Himmel werden erschüttert werden" (Mt24,29, wo Jes13,10 und 34,4 zusammen zitiert werden). „Und dann werden sie den Sohn des Menschen kommen sehen in einer Wolke mit Macht und großer Herrlichkeit. Wenn aber diese Dinge anfangen zu geschehen, so blickt auf und hebt eure Häupter empor, weil eure Erlösung naht" (Lk21,27.28).

Es besteht aber immer die Möglichkeit, dass so mancher

Gläubige geistig schläfrig wird und die Situation um ihn herum nicht wachsam beobachtet, vielleicht sogar seine Selbstbeherrschung verliert und sich berauscht, was eigentlich für die Welt charakteristisch ist (1.Thess5,6.7). Dann werden diese ebenso „ausgesperrt", wenn der Bräutigam kommt (das ist die Botschaft des Gleichnisses von den zehn Jungfrauen in Mt25,1-13; die Hälfte wird von der Hochzeit ausgesperrt).

Es gibt einfach keinen Anhaltspunkt für eine Wiederkunft „jederzeit" und „ohne Warnung". Aber es gibt die Notwendigkeit für alle Gläubigen, ihre „Augen offen zu halten", damit sie nicht genauso überrascht werden wie die Welt.

SPRACHGEBRAUCH

Es gibt keinen Grund, die Worte und Sätze, die das zweite Kommen beschreiben, zu unterteilen, als ob sie zwei unterschiedliche Ereignisse im Abstand von mehreren Jahren beschreiben würden. Nehmen wir einmal an, dass diese Theorie wahr wäre, dass es eine „geheime Entrückung" der Gemeinde vor der öffentlichen Erscheinung Christi gäbe. Gibt es denn wirklich eine klare Abgrenzung im Sprachgebrauch, die eines vom anderen unterscheidet?

Man kann es einfach nicht finden. Die griechischen Worte wie *parousia*, *epiphaneia* und *apokalypsis* sind eindeutig Synonyme für dasselbe Ereignis, die die unterschiedlichen Aspekte seines Kommens beschreiben. „Der Tag Christi" und „der Tag des Herrn" werden untereinander austauschbar verwendet.

Die Bemerkung, dass sein Volk „versammelt" wird, wird sowohl für das Zusammentreffen seines Volkes mit ihm in der Luft, als auch für seine Begleitung zur Erde gebraucht (vgl. Mk13,27 mit 2.Thess2,1).

Die unterstellte Trennung seines Kommens, zum einen „*für* seine Heiligen" und zum anderen „*mit* seinen Heiligen" muss noch genauer untersucht werden. Zum einen ist „Heilige" die Übersetzung des griechischen Wortes (*hagioi*), was wörtlich „die, die heilig sind" bedeutet. Es wird im Neuen Testament ganz ungezwungen sowohl auf Engel als auch auf Gläubige angewendet. Es ist nicht ganz leicht zu erkennen, bei welcher Gelegenheit es sich auf welche Gruppe bezieht, und man kann es meist nur aus dem Kontext erkennen. Dieses Problem des „für" und „mit" kann man nicht mit der Hypothese beantworten, dass es zwei getrennte Ereignisse sind, sondern indem man erkennt, dass Jesus *mit* seinen Engeln *für* die Gläubigen zurückkehrt. Während es Bibelstellen gibt, die ganz klar aussagen, dass er Engel mit sich bringt (Mt24,31; 25,31; 1.Thess3,13; 2.Thess1,7 Judas14), würde man es sich mit dieser Lösung zu einfach machen, weil einige Kontexte nahelegen, dass die „Heiligen", die mit ihm kommen, die Gläubigen beinhalten.

Andererseits muss das immer noch kein Hinweis darauf sein, dass Jesus zweimal wiederkommt. Die Lösung liegt in dem Wort, welches am häufigsten seine Wiederkunft beschreibt: *parousia* (aus den griechischen Worten „daneben" und „sein", woraus die Bedeutung „Ankunft" wurde). Es wurde üblicherweise dazu gebraucht, um den Besuch eines Königs in einer der Städte seines Königreiches zu beschreiben, weswegen sich dieses Wort für das zweite Kommen besonders gut eignet. Man begegnete dem königlichen Besucher mit einer auserlesenen Schar von Ehrenbürgern und der Verwandtschaft, die der König in der Stadt hatte, außerhalb der Stadt, damit diese Delegation ihn in einem feierlichen Zug durch die Stadttore geleitet, sodass nun auch die Stadtbewohner ihn sehen können (genauso wie die Queen heute an einem Flughafen empfangen wird, bevor sie in der Stadt ein Bad in der Menge nimmt).

Das ist das Ereignis, welches das Neue Testament aufzeigen will. Sowohl die bereits verstorbenen als auch die dann noch lebenden Gläubigen werden „dem Herrn in der

Luft begegnen" (1.Thess 4,17) und ihn auf der letzten Strecke seiner Reise zurück zur Erde begleiten. Es gibt keinerlei Hinweis darauf, dass dazwischen Zeit vergeht, und ebenso wenig, dass es für die Gläubigen vorher eine Himmelfahrt und einen mehrjährigen Aufenthalt im Himmel gibt.

Auf alle Fälle wird diese Begegnung mit dem Herrn nicht lautlos vonstattengehen. 1.Thess 4,16 wurde schon immer der „lauteste Vers in der Bibel" genannt – es ist also keine „geheime" Entrückung!

Wir können daraus nur schließen, dass der Sprachgebrauch, der das zweite Kommen beschreibt, keine Grundlage für zwei unterschiedliche Kommen Christi liefert. Weil wir nur wenige Schriftstellen angegeben haben, wird jedem Leser empfohlen, mit Hilfe einer Konkordanz unsere Schlussfolgerungen zu überprüfen.

ERWARTUNG

Es wird häufig behauptet, dass die neutestamentliche Gemeinde ganz allgemein erwartet hat, dass der Herr Jesus jederzeit wiederkommen kann, und dass sie in täglicher Erwartung seiner Rückkehr gelebt hat. Man kann auf alle Fälle feststellen, dass sie gehofft haben, es würde zu ihren Lebzeiten geschehen. Der Apostel Paulus teilte seine Sehnsucht ganz offen mit (2.Kor 5,2.3; man achte auch auf das „*wir*, die noch am Leben sind" in 1.Thess 4,15), obwohl er später einsehen musste, dass es für ihn wohl nicht eintreffen werde (2.Tim 4,6).

Jesus hat zugelassen, dass sie diese Hoffnung haben. Sie hat ihren Ursprung in einem Wortwechsel zwischen Petrus und seinem Herrn nach der Auferstehung am Ufer des Sees Genezareth (aufgezeichnet in Joh 21,18-25). Jesus hatte den Tod des Petrus durch Kreuzigung vorausgesagt, was diesen vermutlich deshalb nicht sonderlich berührte, weil es erst geschehen sollte, wenn er alt sein würde. Ihn interessierte aber viel mehr, was mit Johannes, dem Lieblingsjünger Jesu geschehen würde (war Petrus vielleicht ein wenig eifersüchtig auf das vertraute Verhältnis, und wollte er vielleicht wissen, ob Johannes dieses schmerzhafte und demütigende Schicksal gerade wegen des besonderen Verhältnisses, das er zu Jesus hatte, erspart bleiben würde?). Die Antwort bestand darin, dass sich Petrus nur um seine eigenen Angelegenheiten kümmern, also Jesus sogar bis ans Kreuz nachfolgen solle. Er wurde nochmals daran erinnert, dass Jesus allein für das Schicksal des Johannes verantwortlich sei: „Wenn ich will, dass er bleibe, bis ich komme, was geht es dich an?"

Diese letzte Bemerkung wurde zur Quelle wilder Spekulationen unter den Jüngern, nämlich dass Johannes bei der Wiederkunft Jesu noch am Leben sein würde, wenn alle anderen schon gestorben sind. Er hat tatsächlich alle anderen Apostel überlebt; und er war, soweit wir wissen, der Einzige, der eines natürlichen Todes gestorben ist. Aber auch er starb, bevor Jesus wiedergekommen ist. Als er am Ende seines Lebens sein Evangelium schrieb (wahrscheinlich in den Jahren 85 – 90 n.Chr.), gab er sich große Mühe aufzuzeigen, dass bei den damaligen Spekulationen das so wichtige Wort „wenn" (wenn ich will…) in der Bemerkung Jesu übersehen worden war (Joh 21,23).

Wir können daraus schließen, dass Jesus die Möglichkeit seiner Rückkehr zu Lebzeiten eines Apostels nicht ausschloss (er hatte ja bereits bekannt, dass er keine Ahnung habe, wann es sein würde; Mt 24,36, obwohl manche Urtexte die Worte „auch nicht der Sohn" auslassen). Wir können es aber nicht als Beweis dafür verwenden, dass alle Apostel ihn jederzeit zurückerwarteten. Tatsächlich zeigt dieser Wortwechsel zwischen Petrus und Jesus genau in die andere Richtung, denn Petrus wusste ja nach dieser Unterhaltung, dass er erst im Alter sterben würde (Joh 21,18).

EINE FRAGWÜRDIGE BEHAUPTUNG

Mit dem Gedanken, dass viele Jahre zwischen dem ersten und zweiten Kommen Jesu liegen, stimmt der Missionsbefehl „macht zu Jüngern aus allen Nationen" (Mt28,19), „predigt das Evangelium der ganzen Schöpfung" (Mk16,15) und „seid Zeugen... bis zu den Enden der Erde" (Apg1,8) überein. All das würde viel Zeit in Anspruch nehmen. Hätte man das innerhalb einer Generation bewerkstelligen können? Man mag da an die Pläne des Paulus denken, Spanien zu evangelisieren, das westliche „Ende" der damals bekannten Welt, was er möglicherweise sogar durchgeführt hat (Röm15,24).

Eine weitere Argumentationslinie gegen die „Jederzeit-Erwartung" der frühen Gemeinde stellen die Vorhersagen der Ereignisse, die vorher stattfinden müssen, dar. Zum Beispiel sah Jesus ganz eindeutig die Zerstörung Jerusalems und des Tempels durch eine militärische Belagerung voraus (Mt24; Mk13 und Lk21). Dies musste vor seiner Wiederkunft passieren, aber trotzdem kam es während der Lebenszeit einer ganzen Generation nicht dazu.

Ein weiteres Beispiel taucht in der Korrespondenz zwischen Paulus und den Gläubigen in Thessaloniki auf. Man hatte sie durch gefälschte Briefe, die angeblich von Paulus stammen würden, zur Annahme verleitet, dass der „Tag des Herrn" bereits gekommen wäre (2.Thess2,1.2; der letzte Ausdruck „bereits gekommen" wird normalerweise mit „unmittelbar bevorstehen", so wie in 1.Kor7,26 und 2.Tim3,1, übersetzt). Paulus stellt klar, dass das nicht sein könne, weil vorher noch einiges passieren müsse, insbesondere weil der „Mensch der Gesetzlosigkeit" noch nicht aufgetreten sei (2.Thess2,3). Das wird normalerweise auf „den Antichristen" bezogen (1.Joh2,18) und auf das „Tier, das aus dem Meer hervorkommt" (Offb13,1). Wer es auch immer sein wird, eines ist klar: Die Wiederkunft des Herrn kommt nicht ohne Vorwarnung und kann deshalb auch nicht „jederzeit" sein.

Manchmal wird dieses „Jederzeit-Konzept" auf die Auswirkungen, die es auf die christliche Verhaltensweise hat, gerechtfertigt. Man sagt, dass es einen gesunden und korrigierenden Einfluss hat, wenn man sich fragt: „Würde ich das und das tun, wenn Jesus jetzt wiederkäme?" In Wirklichkeit kann diese Art zu denken zu einer unausgewogenen Haltung führen. Der Gläubige kann Gewissensbisse bekommen, wenn er sich einen wohlverdienten Urlaub gönnt, wenn er Sex mit seinem Ehegatten hat oder wenn er auch nur ein gutes Essen genießt. Der Autor kennt eine bemitleidenswerte junge Frau, die ihre gesamte Freizeit auf Friedhöfen verbrachte, um die Auferstehung nicht zu verpassen!

Wenn man die guten oder schlechten psychologischen Auswirkungen einmal beiseitelässt, so wird doch klar, dass diese Art der Motivation konträr zur Lehre Jesu sein muss, wie wir seine erwartete Wiederkunft auf unser tägliches Leben anwenden sollen. Der eigentliche Test besteht nämlich nicht darin, wie es um unsere Treue bei seinem unmittelbar bevorstehenden Kommen steht, sondern ob man treu und beständig bleibt, wenn man „lange Zeit" auf seine Wiederkunft warten muss (Mt 24,48; 25,5.19). Er will keine panischen Reaktionen, sondern einen treuen Dienst. Es kommt nicht darauf an, was wir bei seiner Wiederkunft tun, sondern was wir in der ganzen Zeit seiner Abwesenheit getan haben. Letzteres empfängt das Lob: „Gut gemacht!"

GEMEINDE

Es wird großes Gewicht auf das Fehlen des Wortes „Gemeinde" (auf Griechisch *ekklesia*, was wörtlich „Herausgerufene" bedeutet und normalerweise für Versammlungen verwendet wurde), ein Schlüsselwort im Neuen Testament gelegt. Damit soll die Bibel aufzeigen, dass die Gemeinde und ihre Glieder nicht von den beschriebenen Ereignissen betroffen sind, weil sie vorher entrückt wurden. Deshalb müssen sich auch die Bezeichnungen „Auserwählte" und „Heilige", die in den betreffenden Bibelpassagen auftauchen, auf das jüdische Volk beziehen, welches zu dieser Zeit noch auf der Erde sein wird.

Wahrscheinlich ist es das schwächste Argument für eine „geheime Entrückung". Aber es muss trotzdem beantwortet werden.

Als erstes müssen wir feststellen, dass sich die betreffenden Bibelpassagen ganz direkt an christliche Gläubige richten und nicht an den „Überrest Israels". Matthäus 24 ist beispielsweise ein privates Gespräch zwischen Jesus und seinen Jüngern, wo durchgehend die zweite Person Plural als Anrede gebraucht wird: „Ich habe *euch* gesagt... wenn *ihr* seht... seht zu, dass *euch* niemand verführe".

Das führt auch zu der berechtigten Frage: Welchen Wert können solche Beschreibungen dieser bevorstehenden, schlimmen Ereignisse für die christliche Ermahnung und Erbauung haben, wenn die Christen gar nicht davon betroffen sein werden, weil sie schon längst weggenommen wurden? Man könnte natürlich sagen, dass dadurch ihre Dankbarkeit zunimmt, andererseits könnte dadurch aber auch Bequemlichkeit und Selbstzufriedenheit hervorgerufen werden. Und warum werden die Leiden so detailliert beschrieben? Das steht doch im starken Kontrast zu den eher spärlichen Informationen über die Hölle, die ja schon ausreichen, um Schrecken hervorzurufen, ohne dass man dabei noch ein ungesundes Entsetzen produzieren muss (nicht jeder Prediger enthält sich dessen!).

Als nächstes muss man feststellen, dass sowohl „Auserwählte" als auch „Heilige" im gesamten Neuen Testament die üblichen kollektiven Bezeichnungen für die Christen sind. Ersteres kommt fünfundfünfzig, letzteres achtundvierzig Mal vor. Dass es sich dabei nur auf die Juden in den Kapiteln 4 – 18 der Offenbarung beziehen soll, ist absolut willkürlich (diese Rechnung geht schon deshalb nicht auf, weil man am Ende der Offenbarung in Kapitel 22,21 doch wieder zum üblichen „christlichen" Verständnis des Wortes „Heilige" zurückkehrt; Anm.d.Ü.: Das Wort „Heilige" fehlt in manchen deutschen Übersetzungen in Offb22,21).

Es gibt sechs neutestamentliche Briefe, die den Gebrauch des Wortes „Gemeinde" ebenso vermeiden, wie es der Mittelteil der Offenbarung tut (2.Tim; Tit; 1.u.2.Petr; 2.Joh und Judas). Bedeutet das etwa, dass sich diese an Juden richten, nachdem die Gemeinde entrückt worden ist? Diese Schlussfolgerung wäre natürlich lächerlich! Bezeichnenderweise benutzen fünf dieser Briefe nur den Ausdruck „Auserwählte", während Judas nur „Heilige" verwendet.

Noch überzeugender dürfte sein, dass das Wort „Gemeinde" auch in den Passagen fehlt, in denen es um die „Entrückung" geht, wenn die Christen Jesus wiedersehen (z.B. Joh14; 1.Kor15; 1.Thess4-5). Es fehlt sogar in der Beschreibung des neuen Himmels und der neuen Erde oder des neuen Jerusalem (Offb21-22). Bedeutet das etwa, dass nur die Juden die neue Schöpfung erleben werden?

Wenn dem so wäre, dann wüssten die Christen überhaupt nicht, was mit ihnen nach ihrem Freispruch am Tag des Gerichts passieren wird!

Dass Christen während der schrecklichen letzten Jahre auf der Erde sein werden, die in den mittleren Kapiteln der Offenbarung beschrieben werden, wird eindeutig durch den erläuternden Kommentar in Kapitel 14 bewiesen: „Hier ist das Ausharren der *Heiligen*, welche die Gebote Gottes und den Glauben Jesu bewahren" (Offb14,12). Dies wird auch durch den Gebrauch des Ausdrucks „Zeugnis Jesu" in diesen Kapiteln bestätigt (Offb12,17; was sicherlich dasselbe bedeutet wie in Offb1,9 und 19,10). Selbst wenn man behauptet, dass es sich nur auf bekehrte Juden (die es ja durchaus gibt) bezieht, warum werden dann diese nicht als Teil der Gemeinde ebenfalls entrückt? Diese erzwungene Auslegung bereitet jedenfalls mehr Probleme als sie löst.

Jedoch könnte es noch einen anderen Grund geben, warum die Offenbarung ab Kapitel 3 das Wort „Gemeinde" nicht verwendet. Gott hat die Juden nicht verworfen, obwohl sie ihn verworfen haben (Röm 11,1). Gott ist mit ihnen noch nicht fertig (Röm 11,11). Gott liebt sie immer noch und hat mit ihnen immer noch etwas vor. Er kümmert sich nach wie vor um ihren Erhalt als Volk, wie er es bedingungslos versprochen hat (z.B. in Jer 31,35-37).

Dass dem so ist, wird im Neuen Testament und in den mittleren Kapiteln der Offenbarung (Offb 7,1-8) klar zum Ausdruck gebracht. Was auch immer wir mit den genauen Zahlenangaben der Überlebenden (12.000 von jedem Stamm, insgesamt 144.000) machen, die Hauptaussage bleibt, dass Gott nämlich einen Überrest seines alten Volkes bis zum Ende der Zeit bewahren wird (eine Randbemerkung in der New International Version führt eine alternative Übersetzung von Mt 24,34 auf: „Ich sage euch die Wahrheit, diese *Rasse* wird sicherlich nicht vergehen, bis alle diese Dinge geschehen sind").

Gott handelt während der „großen Trübsal" also an zwei Gruppen von Menschen hier auf der Erde: An seinem alten Bundesvolk Israel und an seinem neuen Bundesvolk, der Gemeinde. Vielleicht werden die Worte „Auserwählte" und „Heilige" für beide verwendet. Jesus könnte es so verwendet haben, als er sagte: „Aber um der Auserwählten Willen werden jene Tage (der Bedrängnis, wie sie von Anfang der Welt bis jetzt nicht gewesen ist) verkürzt werden" (Mt 24,22).

Der bewahrte Überrest Israels wird an Jesus gläubig werden, „wenn sie ihn sehen, den sie durchstochen haben" (Sach 12,10; bezeichnenderweise in Offb 1,7 zitiert), und das wird wahrscheinlich dann passieren, wenn er wiederkommt (Offb 19,11-16). Sodann vereinigen sich die Bestimmungen der Juden und der Christen in einem neuen Jerusalem, welches die Namen der zwölf Stämme Israels und der zwölf Apostel trägt (Offb 21,12-14).

Diese Begründung für das Fehlen des Wortes „Gemeinde" und die Ersetzung durch die Worte „Auserwählte" und „Heilige" ist natürlich auch spekulativ und daher mit Vorsicht zu genießen. Diese Theorie ist keineswegs allgemein anerkannt. Sie wird auch gar nicht als Argument gegen die hier kritisierte Theorie aufgeführt, denn schon längst haben wir gezeigt, dass der Nichtgebrauch des Wortes „Gemeinde" überhaupt kein Beweis für die Abwesenheit der Christen während der „großen Trübsal" ist.

Wir wenden uns nun vom schwächsten Argument für die „geheime Entrückung" dem wahrscheinlich stärksten Argument zu:

ZORN

Auf den ersten Blick ist dieses Argument sehr gewichtig, wenn nicht sogar schlüssig. Man kann es ganz einfach so ausdrücken: Wenn die „große Trübsal" ein Ausgießen des Zornes Gottes auf die Welt ist, wie sollten Christen davon betroffen sein, wenn sie nicht „zum Zorn bestimmt sind" (1.Thess 5,9)?

Hierzu gibt es viel zu sagen, und wir werden einige Zeit dafür benötigen.

Vielleicht ist jetzt der geeignete Zeitpunkt, um die letzte Variante, den „Mediotribulationismus" zu erörtern. Die Aufmerksamkeit hat sich auf die Tatsache gerichtet, dass das Wort „Zorn" nicht im Hinblick auf die ersten beiden Siebenerserien der Siegel und Posaunen, sondern nur im Hinblick auf die letzte Serie der sieben Schalen verwendet wird. Man nimmt deshalb an, dass die Christen durch den *ersten* Teil der „großen Trübsal" gehen müssen, nicht aber durch den *schlimmsten* Teil, der ein konkreter Ausdruck des göttlichen Zorns ist.

EINE FRAGWÜRDIGE BEHAUPTUNG

Es gibt sogar noch eine weitere Variante, die „Teil-Entrückung", welche behauptet, dass nur die „Überwinder" weggenommen werden, während die schwächeren Gläubigen bleiben!

Wir werden noch erkennen, dass diese vorgeschlagenen Lehrmeinungen in fast jeder Hinsicht mit dem „Prätribulationismus" übereinstimmen. Abgesehen von der Zeitverschiebung gibt es nach wie vor zwei Kommen Jesu, ein geheimes *für* die Heiligen und ein öffentliches *mit* den Heiligen. Alle Befürworter argumentieren mit dem „Zorn"; sie unterscheiden sich lediglich darin, wie viele der Drangsale durch dieses Wort „Zorn" beschrieben werden.

Eigentlich erscheint das Wort „Zorn" bereits in Verbindung mit den Siegeln und den Posaunen (Offb 6,16.17); und über die „sieben Zornschalen Gottes" (Offb 16,1) wird nur ausgesagt, dass sie den Zorn Gottes vollenden (Offb 15,1). Mit anderen Worten: Bei der gesamten Abfolge aller Katastrophen handelt es sich um den Zorn Gottes. Christen werden entweder allem entkommen oder alles mitmachen müssen. Es muss also alles noch einmal durchdacht werden.

Vielleicht sollten wir zuerst noch einmal festhalten, dass die Christen und ihre Familien nicht von den ganz normalen Tragödien, die in einer gefallenen Welt nun mal eben vorkommen, ausgenommen sind. Während der Autor an diesen Zeilen schreibt, wurde er von einem jungen christlichen Ehepaar um Seelsorge gebeten, deren Baby mit einer Missbildung (Spina bifida) zur Welt kam. Christen können in Hungersnöten und Erdbeben sterben. Solche Tragödien waren vom Schöpfer ursprünglich nie beabsichtigt und spiegeln auch nicht den geistigen Stand derer wider, die davon betroffen sind. Auch sie gehören zu einer gefallenen Schöpfung und jedes Geschöpf kann davon betroffen sein.

Als nächstes muss man sich in Erinnerung rufen, dass die Jünger Jesu mehr als viele andere Menschen in dieser

Welt leiden mussten. Zu den ganz normalen Risiken kam die Feindseligkeit der Gesellschaft hinzu. Jesus war ganz aufrichtig, als er seinen Nachfolgern ankündigte: „In dieser Welt habt ihr Bedrängnis" (Joh16,33). Paulus sagte seinen Neubekehrten, „dass sie durch viele Bedrängnisse in das Reich Gottes hineingehen müssen" (Apg14,22); er nahm auch an, dass solches Leiden unausweichlich sei: „Alle aber auch, die gottesfürchtig leben wollen in Christus Jesus, werden verfolgt werden" (2.Tim3,12). Das Wort „Trübsal" taucht im Neuen Testament ungefähr fünfzig Mal auf, und nur dreimal bezieht es sich auf die „große Trübsal".

Hinzu kommt, dass die „Gläubigen" bereits jetzt schon in einer Welt leben, die den *Zorn* Gottes zu spüren bekommt (Röm1,18-32). So wie die Menschen die Wahrheit über Gott, die ihnen in der Schöpfung um sie herum und im Gewissen in ihrem Inneren offenbart wird, zurückweisen, so zieht er seine schützende Hand von ihnen ab, was sich in ihrem Verhältnis, das sie zu sich selbst und das sie untereinander haben, bemerkbar macht. So wie sie Gott aufgeben, so gibt er auch sie auf – in unkontrollierbare Lüste und unnatürliche Beziehungen, die insbesondere homosexueller Natur sind. Ihr Sinn und ihre Körper werden geschändet, was sich in unsozialen Einstellungen und Verhaltensweisen in Familie und Gesellschaft äußert. Es ist für Christen unmöglich, von solch einem dekadenten Umfeld nicht betroffen zu sein.

Wir wollen damit aussagen, dass Christen jetzt schon in einer Welt leben, die vom letzten Zorn Gottes bereits betroffen ist. Der Unterschied zwischen heute und der „großen Trübsal" besteht im Ausmaß und nicht in der Art und Weise. Die Tatsache, dass es ein globales Ausmaß der Katastrophen geben wird, macht für eine Person, die jetzt schon von einem lokal begrenzten Unglück betroffen ist, keinen Unterschied.

Aber wenn die Christen auch in einer Welt, die unter den Auswirkungen des Zornes Gottes leidet, leben müssen, so ist ihre Einstellung diesbezüglich doch eine ganz andere. Zum einen wissen sie, dass sich der Zorn nicht gegen sie persönlich richtet; sie werden nicht mit schlechtem Gewissen aufschreien und darum betteln, dass sie doch von herabfallenden Felsen versteckt werden mögen (Offb6,16.17). Sie werden auch wissen, dass die Dauer dieses ausgegossenen Zorns klar begrenzt ist. Außerdem wissen sie, dass sie niemals dem ultimativen Höhepunkt des göttlichen Ärgers, dem „kommenden Zorn" ausgesetzt sein werden, der nicht in der „großen Trübsal", sondern im Feuersee, der Hölle selbst besteht. Und vor allem werden sie wissen, dass die Wiederkunft Jesu ganz nahe sein muss. Alle diese Faktoren machen die Situation erträglich.

Was aber sollen wir von dieser Verheißung Jesu halten: „Ich werde dich bewahren vor der Stunde der Versuchung, die über den ganzen Erdkreis kommen wird" (Offb3,10)? Diese Stelle wird als erstrangiger Beweistext für den Prätribulationismus ins Feld geführt. Aber jeder Text muss im Lichte des Kontexts betrachtet werden, sonst wird daraus ein Scheinbeweis!

Eine solche Zusicherung kann man nämlich im Brief an die Gemeinde in Philadelphia, die eine der beiden Gemeinden in Asien ist, die Jesus nicht tadelt, sondern durchwegs lobt, nicht finden. Dieses Versprechen, sie zu bewahren, ist *ausschließlich* dieser Gemeinde und nicht den anderen sechs Gemeinden, noch nicht einmal der anderen Gemeinde, die Jesus lobt, gegeben worden. Es gilt nur dieser speziellen treuen Gemeinde. Bestätigt wird es durch die Tatsache, dass dieses spezielle Versprechen genau in dem Teil des Briefes gemacht wurde, der sich mit der spezifischen Situation dieser Gemeinde befasst. Hingegen richten sich die allgemeineren Versprechen an Personen, die „überwinden". Diese allgemeinen Versprechen werden am Ende eines jeden Briefes vorgefunden und werden später auf *alle* Gläubigen angewendet.

Dieses Versprechen könnte nur dann von den anderen Gemeinden beansprucht werden, wenn sie im selben tadellosen Zustand wie die Gemeinde in Philadelphia wären. Es kann nicht auf Gemeinden, die Korrektur nötig haben, und noch viel weniger auf alle Gläubigen ausgedehnt werden.

Wir müssen uns auch fragen, ob „die Stunde der Versuchung, die über den ganzen Erdkreis kommen wird", überhaupt ein Verweis auf die „große Trübsal" darstellt.

Die Gemeinde in Philadelphia ist längst von der Bildfläche verschwunden! Erfüllt Jesus etwa auf diese Weise seine Verheißungen? Wenn ja, so hat es nichts mit der „geheimen Entrückung" zu tun. Wenn nein, wie ist es Jesus möglich, etwas zu bewahren, was vor dem Eintreffen der „großen Trübsal" gar nicht mehr existiert, wie die längst verschwundene Gemeinde in Philadelphia? Für die damaligen Hörer, denen dieses Versprechen galt, macht das jedenfalls überhaupt keinen Sinn.

Es ergibt aber dann einen Sinn, wenn man die „Stunde der Versuchung" als die staatliche Verfolgung, die sich im römischen Reich im zweiten und dritten Jahrhundert breit machte, versteht. Das würde mit der Aussage zusammenpassen, dass die „Stunde der Versuchung" ein Test und keine Bestrafung für diejenigen wäre, die auf der Erde wohnen. Wie würde Jesus die Christen in Philadelphia davor bewahren? Es gibt keinerlei Hinweis darauf, dass er sie schnell in den Himmel mitgenommen hat, bevor die Verfolgung losging. Viel eher kann man sich vorstellen, dass er verhindert, dass sich die Welle der Verfolgung dieser Stadt nähert, indem er zum Beispiel den Autoritäten der Stadt ein weiches Herz gibt, wozu er durchaus in der Lage ist.

Genau das hat Gott auch getan, als er die Plagen Ägyptens entfesselte. Er sagte: „Ich werde aber an jenem Tag das Land Goschen, in dem sich mein Volk aufhält, besonders behandeln... damit du erkennst, dass ich, der HERR (wörtlich: JHWH, sein Bundesname), mitten im Land bin. Und ich werde einen Unterschied setzen zwischen meinem Volk und deinem (d.h. Pharaos) Volk (Ex8,18.19; vgl. 10,23; 11,7). Obwohl er seinen Zorn auf das ganze Land ausgoss, war er doch ohne weiteres in der Lage, sein Volk vor den zerstörerischen Folgen zu bewahren. Vielleicht wird genau dasselbe in der „großen Trübsal" passieren. Viele haben schon die Ähnlichkeiten zwischen den Katastrophen der „großen Trübsal" und den Plagen Ägyptens festgestellt (bis hin zu den Heuschrecken! Ex10,13-15; Offb9,3). Wenn die Frau in Offenbarung 12 die Gemeinde repräsentiert, dann wird sie an einem Ort versorgt, der für sie „in der Wüste für eine Zeit, Zeiten und eine halbe Zeit vorbereitet ist". Dieser Zeitraum ist sicherlich derselbe wie die zweiundvierzig Monate oder die dreieinhalb Jahre der „großen Trübsal" (Offb12,14). Ihre Nachkommen werden als diejenigen, „welche die Gebote Gottes halten und das Zeugnis Jesu haben" identifiziert (Offb12,17; vgl. 14,12).

Es kann sein, dass wir uns damit ins Reich der Spekulationen begeben haben. Unser Ausgangspunkt war, dass wir die äußerst fragwürdige Anwendung von Offenbarung 3,10 auf die „geheime Entrückung" untersucht haben. Wir müssen jetzt wieder zum Hauptthema zurückkehren: Werden die Christen durch die „große Trübsal" gehen müssen?

Wenn es nicht so ist, warum um alles in der Welt richtet sich dann der Großteil der Offenbarung mit seiner detaillierten Beschreibung der Ereignisse dieser schrecklichen Zeit an die Gläubigen? Wenn aber der Zweck des ganzen Buches darin besteht, sie auf die kommenden Ereignisse vorzubereiten, warum wird ihnen dann soviel von Dingen gesagt, auf die sie sich gar nicht vorbereiten müssen? Wenn sie gar nicht anwesend sind, um Zeugnis von den Ereignissen, die in Kapitel 6 – 18 beschrieben sind, abzugeben, dann ist dieser ganze Abschnitt, um es überspitzt auszudrücken,

Papierverschwendung! Es wäre vollkommen schleierhaft, warum er überhaupt in der Bibel steht.

Diesbezüglich muss man noch etwas beachten, was wir schon zuvor in einem anderen Zusammenhang erwähnt haben: Genau in der Mitte dieses großen Mittelteils der Offenbarung steht ein Aufruf, Jesus treu zu bleiben (Offb 14,12). Das kann nur bedeuten, dass die Christen mittendrin stecken!

Wenn man diesen direkten Aufruf all den indirekten und unterschwelligen Hinweisen, die erst in ihrer Zusammenschau das Argument des „Zornes" ausmachen, gegenüberstellt, dann kann man sich nur für das erstere entscheiden, egal wie logisch das letztere auch scheinen mag.

Wenn wir uns daran erinnern, dass der Beweis für eine „geheime Entrückung" kumulativer Natur ist, was man ja durchaus einräumt, dann sehen wir bereits jetzt, dass keine einzige „Zutat" dieses Beweises genug Substanz hat, um den Gesamtbeweis zu untermauern. Genau dasselbe gilt auch für den letzten Teilbeweis:

TROST

Hier geht es um die innere Haltung der Gläubigen. Man sagt natürlich, dass die vorzeitige Wiederkunft Christi kaum eine „segensreiche Aussicht" wäre, wenn es bedeutet, dass wir zuerst noch durch die „große Trübsal" gehen müssen!

Mit dieser Aussage vermischt man aber den subjektiven Effekt von „Hoffnung" mit ihrer objektiven Grundlage. Eine Lüge kann keinen dauerhaften Trost spenden. Eine sichere und feste Hoffnung kann sich nur auf die Wahrheit stützen.

Das Wort „Trost" hat verschiedene Nebenbedeutungen. Man verwendet es oft im Zusammenhang mit Erleichterung von Schmerzen oder Stress. Seine Grundbedeutung ist aber zu stärken und zu ermutigen. Trost ist sozusagen der Bruder der „*Stärkung*". Trost kommt, wenn man der Wahrheit ins Auge blickt, und zwar der ganzen Wahrheit über eine bestimmte Situation.

EINE FRAGWÜRDIGE BEHAUPTUNG

Erinnern wir uns doch an die „tröstenden" Worte Jesu in Joh16,33: „In der Welt habt ihr Bedrängnis;" (das ist die Wahrheit) „aber seid guten Mutes, ich habe die Welt überwunden" (das ist die ganze Wahrheit). Wenn die „große Trübsal" kommt, dann spricht er: „Jetzt wirst du überwinden, genauso wie ich es getan habe. Sei mutig! Ich komme bald" (Dieser Satz steht zwar nicht in der Bibel, ist aber eine exakte Zusammenfassung der Botschaft der Offenbarung!).

Wer vorgewarnt ist, ist auch zugerüstet. Im selben Zusammenhang, in dem Jesus die letzte und größte „Drangsal" beschrieb, sagte er: „Siehe, ich habe es euch vorhergesagt" (Mt24,25). Es ist sehr weitsichtig von ihm, dass er uns auf diese Weise vorbereitet.

Das ist der wahre Grund, warum Passagen wie Matthäus 24 und Offenbarung 6 – 18 in unserem Neuen Testament vorhanden sind: Wir sollen dadurch auf das Schlimmstmögliche vorbereitet werden. Und wenn es dann tatsächlich eintrifft, sind wir in der Lage, es durchzustehen, weil wir wissen, dass das „Beste erst noch kommt" und bald eintreffen wird.

Unsere Studie der Entrückung ist beendet. Der Leser mag vielleicht durch die dargelegten Gedanken und Schlussfolgerungen nicht überzeugt worden sein. Der Autor mag vielleicht daneben liegen, aber lieber liegt er auf diese Weise daneben als auf die andere Weise! Es ist bestimmt besser, wenn man Gläubige warnt, damit sie für die „große Trübsal" gewappnet sind, und danach entdeckt, dass sie sie gar nicht durchmachen müssen, als dass man ihnen sagt, dass sie sich nicht vorbereiten müssen, und danach herausfindet, dass es besser gewesen wäre, sie darauf vorzubereiten.

Ob die Idee einer „geheimen Entrückung" in einer falschen Prophetie ihren Ursprung hat, wie manche behaupten, oder nicht, sei dahingestellt. Dass es aber von der Schrift her kaum Hinweise dafür gibt, zeigt an, dass es sich bei dieser Idee, wenn sie anderen mitgeteilt wird, um eine falsche Prophetie handelt. Alle falschen Vorhersagen sind gefährlich, und die hier behandelte birgt ein besonderes Risiko. Führe dir bitte das folgende Zeugnis einer heiligen holländischen Frau, Corrie ten Boom zu Gemüte, die während ihrer letzten Krankheitsjahre die Vorträge des Autors auf Tonband zu hören bekam:

Ich war in Ländern, wo die Heiligen bereits jetzt schreckliche Verfolgung erleiden. In China wurde den Christen gesagt: „Macht euch keine Sorgen, denn bevor die Drangsale kommen, werdet ihr abgeholt und entrückt." Dann kam eine schreckliche Verfolgung, und Millionen von Christen wurden zu Tode gefoltert. Später hörte ich, wie ein Bischof aus China traurig sagte: „Wir haben versagt. Wir hätten die Leute auf die Verfolgung vorbereiten müssen, anstatt ihnen zu sagen, dass Jesus vorher wiederkommt." Er wandte sich an mich und sagte: „Sag den Leuten, wie sie in Zeiten der Verfolgung stark sein können, wie sie standhaft bleiben können, wenn die Drangsale kommen – wie sie standhaft bleiben und nicht den Glauben verlieren." Ich glaube, dass ich ein göttliches Mandat habe, hinzugehen und den Leuten zu sagen, dass es möglich ist, im Herrn Jesus Christus stark zu sein. Wir bereiten uns auf die Trübsalszeit vor. Weil ich selbst bereits um Jesu Willen im Gefängnis war, und weil ich diesem Bischof aus China begegnet bin, denke ich jedes Mal, wenn ich einen guten Bibeltext lese: „Hey, das kann ich in Zeiten der Drangsal gut brauchen." Dann schreibe ich den Text ab und lerne ihn auswendig.

Man könnte es nicht besser als sie – mit ihren Lippen und ihrem Leben – ausdrücken. Sie ist nun beim Herrn und ist durch ihre ganz persönliche Trübsalszeit gegangen. Wenn wir durch die unsere gehen müssen, sei sie nun persönlich, lokal oder global, mögen wir unter den „Überwindern" sein, so wie sie es war und ist.

D.

DIE 1000 JAHRE

KAPITEL VIERZEHN

DIE ALLGEMEINE ENTTÄUSCHUNG

Die ganze Welt ist von Jesus enttäuscht. Er ist den Erwartungen sowohl der Juden als auch der Heiden nicht gerecht geworden.

DIE JUDEN

fühlten sich als erste von Jesus im Stich gelassen. Als er kam, sehnten sich viele danach, dass das „Königreich" oder die „Herrschaft" Gottes auf dem Planeten Erde wiederaufgerichtet wird. Sie glaubten, dass er ihnen den „gesalbten" König (Hebräisch: Ha maschíach), aus dem Königshaus David senden würde, um diese Aufgabe mit Hilfe seines auserwählten Volkes, Israel zu erfüllen. Ihre Hoffnungen waren daher sowohl nationaler als auch internationaler Natur.

Einerseits würde die wiederhergestellte Monarchie ihnen die politische Freiheit bescheren, die sie fünf Jahrhunderte zuvor verloren hatten und die nur für kurze Zeit während des letztendlich gescheiterten Aufstands der Makkabäer gegen die Griechen hatte wiedererlangt werden können. Jetzt unter der römischen Herrschaft setzte sich die Sehnsucht nach Freiheit fort; sie wurde mit Sätzen wie „der Trost Israels" und „die Erlösung Jerusalems" ausgedrückt (Lk2,25.38).

Andererseits erwarteten sie, dass diese Befreiung von anderen Nationen ihnen wieder eine führende Position unter den Nationen verschaffen würde, dass aus dem „Schwanz" wieder ein „Haupt" würde (Dt28,13). Jerusalem wäre dann nicht nur ihre eigene Hauptstadt, sondern würde zum Regierungszentrum der ganzen Welt werden (Mi4,1-5; Jes2,1-5). Die von Zion ausgehende gerechte Schlichtung von Konflikten wäre die echte Basis für einen Frieden, der zu multilateraler Abrüstung führen würde.

In den späteren Prophetien von Jesaja wird dieser doppelte Traum von nationaler Freiheit und internationaler Führung besonders deutlich (man achte auf das Zusammenspiel zwischen „Jerusalem" und „Nationen/Inseln/Enden der Welt" in den Kapiteln 40 – 66). Er äußert sich in den Worten des alten Simeon, als er das Baby Jesus in den Tempelhöfen zu Gesicht bekam. Er sagte dem Herrn, dass er nun glücklich sterben könne, nachdem er das „Licht zur Offenbarung für die Nationen und zur Herrlichkeit deines Volkes Israel" gesehen habe (Lk2,32).

Dreiunddreißig Jahre später verließ Jesus diese Erde ohne diese beiden Ziele erreicht zu haben. Zwischen seiner Auferstehung und seiner Himmelfahrt wurde diese enttäuschte Erwartung mehr als einmal zum Ausdruck gebracht. „Wir aber hofften, dass er der sei, der Israel erlösen solle" war der Herzensschrei von zwei Männern auf dem Weg nach Emmaus (Lk24,21). Die allerletzte Frage der Jünger war: „Herr, stellst du in dieser Zeit für Israel das Reich wieder her?" (Apg1,6; man bemerke, dass Jesus diese Frage so stehen ließ und nicht korrigierte, ihnen aber sagte, dass das Datum, welches der Vater dafür festgesetzt habe, nicht ihre Angelegenheit sei).

Es hat den Anschein, dass Jesus selbst in den letzten sechs Wochen auf der Erde sein Augenmerk bezüglich des Königreichs weg von der nationalen hin zur internationalen Ebene gerichtet hat (Mt28,19; Mk16,15; Lk24,47; Apg1,3). Schon früher hatte er angekündigt: „das Reich Gottes wird von euch weggenommen und einer Nation gegeben werden, die seine Früchte bringen wird" (Mt21,43). Das war keine komplette Aufgabe des nationalen Aspekts, wie viele meinen. Es gibt zu viele Schriftstellen, die einen zukünftigen Platz für Israel und Jerusalem in Gottes Absichten aufzeigen, als dass man auf solche Schlussfolgerungen kommen könnte (z.B. Mt23,39; Lk21,24; 22,29.30; Röm11,1.11). Ihr Anteil wurde lediglich zurückgestellt. Die Reihenfolge der Ereignisse wurde umgedreht. Die Heiden werden das Königreich vor den Juden erhalten (Röm11,25.26). Die Ersten werden die Letzten sein und die Letzten werden die Ersten sein.

Hat sich aber die Herrschaft Gottes unter den Nationen gemäß seinem geänderten Plan etabliert?

DIE HEIDEN

haben auch ihre Enttäuschung über Jesus kundgetan. Es wird ganz allgemein gesagt, dass das Christentum seit fast zweitausend Jahren in der Welt ist, sich die Welt aber nicht gebessert hat, ja sie scheint sogar noch schlimmer geworden zu sein! Das zwanzigste Jahrhundert hat zwei große Kriege und den Holocaust im zivilisierten Europa gesehen. Es hat den Anschein, dass sich das Böse mehr denn je verbreitet und festsetzt, obwohl ein Drittel der Weltbevölkerung als Christen bezeichnet wird.

Natürlich kann man sagen, dass die meisten von ihnen nur „Namenschristen" seien. Wir könnten mit G.K.Chesterton sagen, dass „das christliche Ideal zwar noch nicht ausprobiert worden sei, es aber als zu mangelhaft empfunden wurde; es schien zu schwierig und blieb leider ungenutzt". Wir könnten auch eine lange Liste von Vorteilen, die die christliche Barmherzigkeit der Menschheit gebracht hat, aufstellen: Abschaffung der Sklaverei, Emanzipation der Frau, Krankenpflege, Behindertenpflege, Waisenhäuser, Kampf gegen Analphabetismus… Die moderne Wissenschaft mit ihren Errungenschaften hat ihren Ursprung ebenfalls im Christentum.

Trotzdem muss man das Christentum auch kritisieren. Nur wenige sind so kühn, zu behaupten, dass die Welt heute sicherer, glücklicher und ein besserer Ort zum Leben geworden ist. Noch wenigere werden behaupten, dass dies mit dem Einfluss Christi zu tun hat. Die Feststellung des Neuen Testaments, dass „die ganze Welt im Bösen liegt" (1.Joh5,19) scheint heute genauso wie damals zuzutreffen.

DIE CHRISTEN

haben aber auch ihre Zweifel. Der Großteil scheint akzeptiert zu haben, dass sich diese Welt nicht ändern wird. Ihre Hoffnung richtet sich auf die nächste Welt. Ihre Aufgabe sehen sie darin, so viele wie möglich aus einer unheilbar kranken Gesellschaft zu retten.

Überraschenderweise gibt es aber auch eine ganz andere Haltung in der Christenheit, wahrscheinlich als Reaktion auf diesen Pessimismus. Diese ist voller Zuversicht, dass die Gemeinde drauf und dran ist, die nationalen und internationalen Regierungen zu übernehmen. Die Christen könnten zur Mehrheit der Weltbevölkerung werden und so eine entscheidende Rolle in sozialen, politischen und globalen Angelegenheiten spielen.

Wahrscheinlich befinden sich die meisten Gläubigen irgendwo zwischen diesen beiden Positionen, wollen realistisch bleiben und nicht einem düsteren Pessimismus oder einem blauäugigen Optimismus verfallen. Sie glauben, dass man abgesehen von der Evangelisation alles investieren müsse, um die Welt besser zu machen und das Wohl von Individuen und Gemeinschaften zu fördern.

Nicht jeder fragt nach dem letztendlichen Ziel seiner Anstrengungen. Die meisten sind damit zufrieden, in einigen unmittelbaren Nöten geholfen zu haben. Auch wenn alles schlimmer wird, so bereitet es ihnen doch Genugtuung, ihren Teil beigetragen zu haben. Das sei auf alle Fälle besser, als sich vom Gang der Dinge herunterziehen zu lassen und nichts zu tun.

Aber die Frage nach dem letztendlichen Ziel kann nicht ausgeblendet werden. Glaube und Liebe reichen nicht aus, das christliche Dienen zu stärken. Es gibt noch eine dritte Dimension, nämlich die Hoffnung. Sie ist ein „Anker der Seele" (Hebr 6,19), besonders wenn man Enttäuschungen erfährt und man resignieren möchte. Der Gedanke an einen letztendlichen Erfolg gibt Stärke, die zwischenzeitlichen Widerstände zu überwinden.

Jesus lehrte seine Nachfolger, jeden Tag zu beten, dass das Königreich Gottes, die göttliche Herrschaft „auf Erden kommen soll… so wie es im Himmel ist" (Mt 6,10). Natürlich ist das noch nicht eingetroffen, sonst müssten wir es ja nicht weiter erbitten. Aber wofür beten wir eigentlich? Was erwarten wir eigentlich, wenn das Gebet einmal beantwortet sein wird? Es hat einmal jemand gesagt, dass unsere ganze Theologie von der Antwort auf diese Frage abhängt!

Wird das Königreich auf diese Erde kommen? Wenn ja, wie und wann? Wird es schrittweise oder plötzlich kommen? Wird es durch menschliche Einflussnahme oder göttliches Eingreifen kommen? Wird es rein geistig oder genauso politisch sein?

Mit anderen Worten, wird der Herr Jesus Christus jemals diese Welt in solch sichtbarer Weise regieren, dass jedermann erkennt, dass ihm alle Macht im Himmel und auf Erden gegeben worden ist (Mt 28,18), dass er der König der Könige und Herr der Herren ist (Offb 19,16) und, dass jedes Knie sich beugen und jede Zunge bekennen wird, dass er Herr ist (Phil 2,10.11)? Oder werden nur die Christen diese Dinge im Glauben „sehen"?

Wir sind bereits mitten in der Diskussion über das Thema „Millennium"! Genau diese Fragen sind das Herz der Debatte.

Zu viele verwerfen das Thema, weil sie es als rein akademische Debatte ohne große praktische Bedeutung betrachten. Welchen Sinn hat es, über die Auslegung einer „obskuren Passage in einem höchst symbolischen Buch" zu streiten? Die daraus resultierenden Differenzen könnten doch, so sagt man, die Einheit der Kirche beschädigen und sie von ihrem Missionsauftrag abhalten.

Aber wir haben bereits gesehen, dass die zukünftigen Erwartungen die Grundlage der Hoffnung sind, dieser so wichtigen christlichen Tugend. Wir werden durch Glauben und auf Hoffnung hin gerettet (Röm 8,24).

An dieser Stelle müssen wir festhalten, dass weitgehende Übereinstimmung über die *nächste* Welt, über den „neuen Himmel und die neue Erde" besteht (Offb 21,1), die die Nachfolge dieses alten Universums antritt, obwohl sie üblicherweise als „Himmel" mit wenig Betonung auf „Erde" bezeichnet wird. Über die letzten beiden Kapitel der Bibel gibt es wenig Uneinigkeit!

Die wirklichen Differenzen treten auf, wenn die zukünftige Hoffnung für *diese* Welt diskutiert wird. In welchem Ausmaß wird Jesus göttliche und sichtbare Autorität in dieser Welt gegeben werden, bevor sie zu Ende geht? Wie bereits angedeutet, gibt es ein weites Spektrum an Meinungen in der Christenheit, welches in den Jahrhunderten der Kirchengeschichte immer größer geworden ist.

Im Zentrum der teils sehr heftig geführten Kontroversen steht das zwanzigste Kapitel der Offenbarung. Das überrascht kaum, denn es behandelt die letzten Ereignisse dieses Zeitalters und führt zum letzten Tag des Gerichts, welcher wiederum in die neue Schöpfung überleitet.

Aus diesem Kapitel kann ein einfacher Leser ganz einfach den Schluss ziehen, dass Christus und seine Nachfolger, besonders die, die für ihren Glauben den Märtyrertod erlitten haben, tatsächlich über diese Welt eintausend Jahre lang

„herrschen" werden, bevor sie zu Ende geht.

Von diesem oft wiederholten Ausdruck „eintausend Jahre" kommt das Wort *Millennium* (Lateinisch: *mille* = tausend und *annus* = Jahr). Deshalb beschreibt das Hauptwort „Millennialismus (oder auch Millenarismus)" den Glauben, dass Christus in diesem Zeitraum auf der Erde regieren wird. Manchmal sagt man auch „Chiliasmus" dazu (Griechisch: *chilia* = tausend).

Weil wir auf das Ende des zwanzigsten Jahrhunderts zugehen, wird das Wort wieder häufig verwendet, denn wir betreten am 1. Januar 2001 das dritte Jahrtausend n.Chr.. Dieses Datum hat das Interesse an der verheißenen Wiederkunft unseres Herrn neu geweckt und somit indirekt zur Wiederaufnahme der Debatte über seine „Millenniums-Herrschaft" auf der Erde geführt, insbesondere unter denjenigen, die glauben, dass mit dem einundzwanzigsten Jahrhundert das siebte Jahrtausend seit der Schöpfung begonnen hat, da sie annehmen, dass die Schöpfung im Jahre 4004 v.Chr. stattgefunden hat, so wie es in manchen alten Bibeln als Randbemerkung zu finden ist.

Wir dürfen nicht zulassen, dass solche Datierungsversuche vom eigentlichen Thema ablenken, und dass die Debatte durch solche Spekulationen in Misskredit gerät. Die vorrangige Frage ist nicht wann, sondern ob. Wird Christus jemals diese Welt für eintausend Jahre regieren?

Selbstverständlich müssen wir bei der Bibelpassage beginnen, durch die schon viele zu einer positiven Schlussfolgerung gelangt sind, nämlich Offenbarung, Kapitel 20. Wir werden sie sehr ausführlich und im Kontext studieren. Dann werden wir uns rückwärts durch das Neue und Alte Testament durcharbeiten und sehen, ob wir Bestätigung oder Widerspruch zu unseren Ergebnissen vorfinden. Dann werden wir uns durch die Kirchengeschichte arbeiten und aufzeigen, wann und warum die sehr unterschiedlichen

Auslegungen aufgekommen sind. Diese Auslegungen werden wir anhand der angewandten exegetischen Sorgfalt und der praktischen Auswirkungen beurteilen. Schließlich werde ich die Gründe für meine eigene Schlussfolgerung und Überzeugung darlegen.

Die momentane Situation ist viel komplexer als die meisten annehmen. Die meisten Leser werden wahrscheinlich mit den folgenden drei Bezeichnungen vertraut sein: Amillenarismus, Prämillenarismus und Postmillenarismus: Einer meiner Freunde wurde nach seiner diesbezüglichen Sichtweise gefragt, er antwortete: „Das ist eine A-präpostalische Frage!" Andere weichen dieser Frage aus, indem sie sagen, sie wären „Pan-Millenaristen", und wollen mit der Vorsilbe „Pan" (Griechisch: alles) ausdrücken, dass sich schon *alles* regeln wird, wenn es soweit ist, ganz gleich, was wir jetzt darüber denken!

Jedoch können spaßige Ausflüchte nicht die Wichtigkeit, zu einem Ergebnis zu kommen, mindern. Wie wir noch sehen werden, hat unsere echte Überzeugung eine enorme Auswirkung auf unsere Haltung zu dieser Welt und auf unsere Verantwortung für diese Welt. Wir sollten wirklich einen klaren Blick haben.

Ein Problem besteht darin, dass jeder dieser drei Denkansätze jeweils zwei ziemlich unterschiedliche Varianten hat, so dass es in Wirklichkeit sogar sechs Positionen gibt, für die man sich entscheiden kann. Als weitere Komplikation kommt hinzu, dass die meisten, die sich Amillenaristen nennen, eigentlich zu einer Unterabteilung des Postmillenarismus gehören, obwohl sie das gar nicht wahrhaben. Lies einfach weiter, und es wird klarwerden!

Unterdessen wollen wir uns aber der Schrift zuwenden, was für manchen Leser erst einmal eine Erleichterung sein wird, und anschauen, was die Bibel eigentlich sagt, bevor wir betrachten, wie andere es verstehen. Wir müssen uns dabei immer daran erinnern, dass die Offenbarung für ganz normale Gläubige in sieben Gemeinden Asiens (jetzt Westtürkei) geschrieben wurde. Sie ist keine komplexe Rätselaufgabe, damit Theologieprofessoren und Bibelgelehrte eine Beschäftigung haben. Es gibt ein ganz gesundes Prinzip für das Bibellesen, nämlich den Text in seinem schlichten und einfachen Sinn zu lesen und zu verstehen, solange es keinen eindeutigen Grund dafür gibt, dass man ihn anders verstehen soll. Wir müssen also versuchen, die Botschaft, die den ursprünglichen Lesern vermittelt werden sollte, aufzudecken.

Mit diesen wenigen Anleitungen können wir uns nun an die Schlüsselstelle machen, über die so viele Debatten geführt worden sind.

KAPITEL FÜNFZEHN

DIE ZUGRUNDELIEGENDE BIBELSTELLE (OFFENBARUNG 20)

Ohne Zweifel ist dies die eindeutigste Passage über das „Millennium" in der ganzen Bibel. Manche würden sogar sagen, es ist die einzige Bibelstelle. Sicherlich wäre das tausendjährige Reich ohne dieses Kapitel kein Thema. Das Leben wäre ohne dieses Kapitel viel einfacher! Wer das wünscht und es ignoriert, der sei an den Fluch für jeden, der etwas von dieser Prophetie wegnimmt, erinnert (Offb 22,19); er könnte seinen Platz in der Ewigkeit verlieren!

Diejenigen, die glauben, dass die Bibel das inspirierte Wort Gottes ist, und dass sie es nicht lediglich enthält, werden dieses Kapitel ernst nehmen. Selbst wenn es die einzige Erwähnung dieses Teils seines Vorsatzes wäre, wäre es doch immer noch sein Wort. Wie oft muss Gott etwas sagen, damit wir es glauben?

Wir müssen also diese Passage für sich sprechen lassen. Aber zuerst müssen wir den Kontext betrachten – nicht nur den unmittelbaren Kontext (Kapitel 19 und 21), sondern auch den weitergefassten Kontext.

Diese Bibelstelle steht im Neuen Testament und nicht im Alten. Sie gehört zum „neuen" Bund Jesu und nicht zu dem „alten" Bund Moses. Sie richtet sich an Christen und nicht an Juden. Obwohl sie in einem „jüdischen" Stil gehalten ist (die Offenbarung enthält vierhundert Anspielungen auf die hebräischen Schriften, allerdings kein einziges Zitat), richtet sie sich doch an Gläubige aus den Heiden und muss für sie nicht erneut ausgelegt werden (wie z.B. die Gesetze aus dem Buch Deuteronomium). Sie wurde von einem Christen für Christen geschrieben.

Dieses Kapitel ist Teil eines einzigartigen Buches im Neuen Testament. Im zweiten Teil des vorliegenden Buches haben wir die Offenbarung genauer untersucht; aber wir müssen nochmals eine kleine Zusammenfassung geben.

Eigentlich handelt es sich um einen Brief, ein zusammengesetztes Rundschreiben an eine Gruppe von Gemeinden – aber hier enden auch schon die Ähnlichkeiten zu den sonstigen Briefen (z.B. Epheserbrief). Seine Abfassung war nie beabsichtigt worden! Er ist eine Niederschrift (Protokoll) von verbalen und visuellen Eindrücken, die völlig unerwartet über einen Mann im Gefängnis kamen. Er wurde von einem Engel aufgefordert, sie aufzuschreiben und weiterzugeben. Wahrscheinlich wurde dieser Brief auch deshalb als „Prophetie" bezeichnet, übrigens die einzige im Neuen Testament. Diese Prophetie enthält sowohl ein Wort für die Gegenwart (Aussage) als auch über die Zukunft (Vorhersage), wobei das letztere überwiegt. Fast zwei Drittel der „Verse" enthalten Vorhersagen und zeigen sechsundfünfzig verschiedene Ereignisse auf. Es wird notwendigerweise eine Bildsprache verwendet, um das Unbekannte und sogar Unvorstellbare zu beschreiben; sie wird verwendet, um Dinge zu erklären, und sie ist selten unklar.

Das Buch, bzw. die Prophetie/der Brief soll laut vorgelesen werden (man beachte den Segen für Leser und Hörer in Offb1,3). Wahrscheinlich entfaltet sie nur in solch einem Umfeld ihre tiefste Bedeutung und hat die größte Auswirkung.

Aber vor allem müssen wir uns immer wieder daran erinnern, dass der Zweck der Offenbarung ein ganz praktischer ist: Den einzelnen Christen und die einzelnen Gemeinden auf die harten Zeiten vorzubereiten, die vor

DIE ZUGRUNDELIEGENDE BIBELSTELLE

ihnen liegen. Ihr Ziel ist es, Gläubige zu ermutigen, für ihren Glauben Leiden sogar bis zum Märtyrertod durchzustehen, und alle Anfeindungen zu „überwinden", damit ihre Namen im „Buch des Lebens" stehen bleiben (Offb3,5). Jeder Teil des Buches ist auf eben dieses Ziel hin ausgerichtet. Bei jeder Passage und ihrer Auslegung muss man sich also fragen: Wie hilft das den verfolgten Jüngern?

Das Buch ist in eindeutige Abschnitte aufgeteilt. Die offensichtlichste Aufteilung wird nach den ersten drei Kapiteln, die die *gegenwärtige* Situation der Leser behandeln, und dem restlichen Teil vorgenommen, der ihnen die *Zukunft* offenbart (siehe Kap4,1). Der letzte Abschnitt geht geradewegs bis zum Ende der Welt und noch weiter, ist aber aufgeteilt in zwei Phasen, die man „schlechte Nachrichten" und „gute Nachrichten" nennen könnte.

Diese einfache dreifältige Botschaft könnte man folgendermaßen einteilen:

i. Dinge, die jetzt richtiggestellt werden müssen (1 – 3).
ii. Dinge, die viel schlimmer werden, bevor sie esser werden (4 – 18).
iii. Dinge, die viel besser werden, nachdem sie schlimmer geworden waren (19 – 22).

Der zweite Abschnitt handelt von der unmittelbareren Zukunft, während der dritte von der fernsten Zukunft handelt. Es ist die Wiederkunft Christi auf den Planeten Erde, der den großen Umschwung im ganzen Geschehen bringt.

Kapitel 20 befindet sich mitten in diesem dritten Abschnitt. Es gehört zu den letzten Dingen. Es ist Teil der guten Nachrichten. Es ist Teil dieser ermutigenden Zukunft, auf die die Verfolgten schauen können, und für die sie sogar zu sterben bereit sein sollen.

An dieser Stelle wird es notwendig, ein sehr wichtiges Prinzip des Bibelstudiums einzuführen: *Man muss die Kapiteleinteilungen ignorieren!* Es gab sie im ursprünglichen Text nicht. Obwohl sie sehr praktisch für das Zitieren sind, sind sie nicht von Gott inspiriert und befinden sich oft an der falschen Stelle, und trennen das voneinander, was Gott zusammengefügt hat! Diese große Zahl „20" im fortlaufenden Text kann sehr irreführend sein (das wäre noch ein Argument für das laute Vorlesen des Buches). Die Kontinuität, die im Original so schön ersichtlich ist, wird gewaltsam auseinandergerissen, was die Kommentatoren erst befähigt hat, dieses Kapitel aus seinem Kontext zu trennen, seine Botschaft und Anwendung ganz radikal zu überarbeiten und das Millennium in der Menschheitsgeschichte ganz anders zu platzieren (mehr dazu später).

Wenn man die Kapiteleinteilungen ignoriert und die „Kapitel" 18 – 22 als eine durchgehende Erzählung liest, erscheint ein bemerkenswertes Muster. Man könnte ihm den Titel geben: „Eine Sage der zwei Städte" (Babylon und Jerusalem), die von zwei Frauen personifiziert werden: eine schmutzige Hure und eine reine Braut. Die Zerstörung der einen Metropole und das Herabkommen der anderen werden von einer außerordentlichen Serie von Ereignissen voneinander getrennt, die in einer siebenfältigen Vision offenbart werden.

Es ist sehr aufschlussreich, wenn man den Wechsel zwischen verbaler und visueller Offenbarung entdeckt. Der Fall Babylons wird von einem Engel berichtet und wird von Johannes „gehört" (Offb 18,4), ebenso wie der himmlische Jubel darüber (Offb 19,1.6). Daraufhin wird Johannes gesagt, dass er aufschreiben soll, was er *gehört* hat (Offb 19,9). Nach diesen Stimmen kommt eine Serie von Visionen, die Johannes *sah* (19,11.17.19; 20,1.4.11; 21,1). Es werden sieben Dinge „gesehen" bevor das nächste wieder „gehört" wird (Offb 21,3). Diese Serie von Visionen kann folgendermaßen aufgelistet werden:

DIE ZUGRUNDELIEGENDE BIBELSTELLE

1. Ein Reiter auf einem weißen Pferd an einer offenen Tür im Himmel.
2. Ein Engel lädt die Vögel zum „letzten Mahl" menschlichen Fleisches ein.
3. Die Schlacht mit allen gottfeindlichen Armeen bei Harmagedon.
4. Ein Engel bindet, verbannt und inhaftiert den Teufel.
5. Die Heiligen regieren mit Christus für eintausend Jahre, an deren Ende Satan freigelassen, besiegt und in den Feuersee geworfen wird.
6. Die Auferstehung der Toten und der endgültige Tag des Gerichts.
7. Die Schaffung eines neuen Himmels und einer neuen Erde; und das Herabkommen des neuen Jerusalem.

Die Sieben ist natürlich eine sehr vertraute Zahl in diesem Buch. Es beginnt mit den sieben Gemeinden Asiens und den sieben Briefen, die an sie gerichtet sind. Noch eindrucksvoller sind die drei Serien der sieben Siegel, Posaunen und Schalen.

Letztere zeigen eine Serie von Ereignissen, die an Intensität zunehmen. Bei jeder Serie gehören die ersten vier zusammen (das ist bei den vier Reitern der ersten vier Siegel in Offb 6,1-8 am deutlichsten ersichtlich). Die beiden nächsten gehören ebenfalls zusammen, und das letzte, das siebte steht alleine. Dasselbe 4 – 2 – 1 Muster wird am eindeutigsten in der finalen Serie der Visionen erkannt, die wir jetzt untersuchen werden (zwischen Offb 19,11 und 21,2).

Wenn man einmal die Kapiteleinteilung (20 und 21) entfernt hat, zeigt die Serie der sieben Visionen ganz klar eine Serie von Ereignissen auf, wobei sich jedes Ereignis auf das vorhergehende bezieht. Durch diesen inneren Beweis werden die Visionen als zeitlich aufeinanderfolgend erkannt. Zwei

Beispiele sollen ausreichen, dies anschaulich zu machen:
  i. Der Teufel wird *nach* dem Tier und dem falschen Propheten in den Feuersee geworfen (vergleiche Offb20,10 mit 19,20).
  ii. Der neue Himmel und die neue Erde erscheinen, *nachdem* die alte verschwunden ist (vergleiche Offb21,1 mit Offb20,11).

Ganz besonders durch die Trennung des Kapitels 20 von Kapitel 19 wird die ganze Abfolge zerstört. Aber genau das wird von vielen zugunsten ihrer amillenaristischen und postmillenaristischen Positionen vorgenommen, die Kapitel 20 gerne zu einer „Rekapitulation" des gesamten Kirchenzeitalters machen wollen und nicht als Folge der Ereignisse von Kapitel 19 sehen wollen. Man sollte das aber als eine künstliche Trennung, die sich sehr stark auf die mittelalterliche Kapiteleinteilung stützt, betrachten.

Die ganze Serie gehört zusammen. Die einzig gültige Frage lautet: Welchen Zeitraum deckt diese Zeitperiode ab?

Alle stimmen darin überein, wann sie *endet*. Der Tag des Gerichts (Vision 6) und der neue Himmel und die neue Erde (Vision 7) nehmen uns mit in das letzte Ende dieses Zeitalters, das wir Menschheitsgeschichte nennen.

Wann aber *beginnt* diese Zeit? Wer ist der Reiter auf dem weißen Pferd und wann kommt er, um mit den himmlischen Streitmächten zu kämpfen?

Über seine Identität gibt es keinen Zweifel. Die Titel „Treu und Wahrhaftig" (auf Jesus in Offb3,14) angewendet), „Wort Gottes" (für Jesus nur an einer Stelle im Neuen Testament verwendet und zwar in Joh1,1.14) und „König der Könige und Herr der Herren" (mit „dem Lamm" in Offb17,14 gleichgesetzt), lassen keinen Raum für irgendwelche Zweifel. Es ist der Herr Jesus Christus. (Man beachte auch, dass dieses bei Offb6,2 nicht notwendigerweise zutreffend ist, wo der Reiter nicht identifiziert ist, einen Bogen und kein Schwert führt, und das Hauptaugenmerk auf die Farbe des Pferdes gerichtet ist – welches ganz allgemein ein Symbol für Krieg ist.)

Man ist sich teilweise uneinig über seinen Auszug aus dem Himmel. Die einen meinen, es sei sein erstes, die anderen meinen, es sei sein zweites Kommen.

Die Minderheit der Gelehrten, die behaupten, dass es seinen *ersten* Besuch auf der Erde darstellt, setzen das Millennium mit der Kirchengeschichte gleich, um an einer siebenfachen Abfolge festhalten zu können. Um diese Lehre aufrechtzuerhalten, müssen die Details sehr stark „allegorisiert" werden. Das weiße Pferd der Eroberung ist dann nur ein „spirituelles" Symbol, weil er doch eigentlich auf einem Esel geritten ist (Mt 21,4.5, um damit Sach 9,9 zu erfüllen). Das blutgetränkte Gewand ist von seinem eigenen Blut durchtränkt. Das Niederschlagen der Nationen ist nur eine Metapher; für was die Metapher steht, wird allerdings meist verschwiegen. Aber dieser ganze Versuch, die Abfolge aufrechtzuerhalten, scheitert, weil es beinhalten würde, die entscheidende Schlacht von Harmagedon auf die Kreuzigung zu beziehen, womit man ja sagen würde, dass das Tier und der falsche Prophet bereits während des Geschehens auf Golgatha „lebendig in den Feuersee geworfen worden wären"! Dann wäre ihr Auftreten in Kapitel 13, ein Ereignis, das zu den Dingen gehört, die „danach geschehen werden" (Offb 4,1), vollkommener Unsinn. Dieser Auslegungsansatz bereitet mehr Probleme, als er löst, und er überzeugt auch nur sehr wenige.

Die meisten stimmen darin überein, dass sich die erste Vision (Offb 19,11-16) auf das *zweite* Kommen Christi bezieht. Für diese Schlussfolgerung gibt es viele vernünftige Gründe. Erstens: Diese „kriegerische" Mission passt viel besser zu seinem zweiten Kommen, wo er „die Lebenden und die Toten richten wird". Zweitens: Er zerstört hier sowohl menschliche als auch dämonische Feinde, was er bei seinem ersten Kommen nicht getan hat. Drittens: Der vorhergehende Kontext zeigt eine Ankündigung einer Hochzeit und eine „bereitete" Braut, was natürlich das Kommen eines Bräutigams zur Folge haben muss (vergleiche Mt25,6). Viertens, und das ist der entscheidende Punkt: Wenn die zweite Ankunft hier nicht angezeigt werden würde, dann wäre die Wiederkunft unseres Herrn im gesamten Hauptteil dieser ganzen Prophetie nie erwähnt worden, obwohl doch sowohl in der Einleitung (Offb1,7) als auch im Nachwort (Offb22,20) klargestellt wird, dass es das Hauptthema ist. Es ist daher keine Überraschung, dass die meisten Kommentatoren diese Interpretation akzeptieren. Die Serie beginnt bei der zweiten Ankunft.

Wir wollen aus der siebenfachen Vision einige Hauptereignisse herausstellen:

1. Die zweite Ankunft (Kap19)
2. Die tausendjährige Herrschaft (Kap20)
3. Der Tag des Gerichts (Kap20)
4. Die neue Schöpfung (Kap21)

Fast alle rechtgläubigen Gelehrten akzeptieren, dass die Ereignisse unter den Punkten 1, 3 und 4 genau in dieser Reihenfolge zum Ende der Geschichte gehören! Aber was die Einreihung von Punkt 2 in diesen Ablauf betrifft, ist man sehr zögerlich, obwohl er ganz klar dazugehört. Die Ursache liegt in einer sehr alten Kirchentradition, die den sogenannten Prämillenarismus (der Glaube, dass Punkt 1 dem Punkt 2 vorangeht, dass Jesus wiederkommt, *bevor* er und seine Heiligen herrschen) abgelehnt hat. Das hat zu außergewöhnlichen Versuchen geführt, die beweisen wollen, dass Offenbarung 19 – 21 dem Leser eigentlich sagen will, dass die richtige Reihenfolge der Ereignisse 2 – 1 – 3 – 4 ist, obwohl sie eigentlich in der Reihenfolge 1 – 2 – 3 – 4 präsentiert werden!

Diese subtile Umstellung der Reihenfolge ist durch den Text selber nicht gerechtfertigt, sondern kommt daher, dass man eine zuvor erlangte Überzeugung in den Text hineinlegen will (was eigentlich einem Vorurteil gleichkommt); man ist nämlich überzeugt, dass auf die Wiederkunft Christi sogleich der Tag des Gerichts folgt. Das war für viele Jahrhunderte die herrschende Lehrmeinung der Kirche und hat seinen Niederschlag sowohl im Apostolischen als auch im Nicänischen Glaubensbekenntnis gefunden. Man meinte, dass Christus wiederkommt, um sogleich zu richten und nicht um zu herrschen.

Es gibt einige Schriftstellen, die eine solche Verdichtung der Ereignisse rechtfertigen könnten, aber dazu kommen wir später noch. Man sagt gerne, dass diese Schriftstellen ganz offensichtlich wären, während Offenbarung 20 „obskur" wäre. Nachdem man so darüber geurteilt hat, fordert man, dass das letztere im Lichte der ersteren ausgelegt werden muss – was normalerweise bedeutet, dass man es so zurechtbiegt bis es zum anderen passt.

Selbst wenn es „obskur" wäre, so wäre das kein Grund, es zu verwerfen. Manche meinen anscheinend, dass sie, wenn sie es als „höchst symbolisch" abtun, eine Entschuldigung dafür hätten, es nicht ernst nehmen bzw. seine Symbolik nicht erklären zu müssen. Dabei sind sie gerne bereit, die ersten und die letzten Visionen, in die das tausendjährige Reich eingebettet ist, sofort als Realität anzunehmen!

Aber ist es denn wirklich so obskur? Der Autor vorliegenden Buches kann in dieser Vision keinen übermäßigen Gebrauch symbolischer Sprache feststellen, im Gegenteil. Die meisten Ereignisse werden als Tatsache hingestellt, als reales Geschehen. Die Sprachfiguren sind überhaupt nicht mysteriös: „Die vier Ecken der Erde" sind ganz offensichtlich und müssen nicht etwa so verstanden werden, dass der Schreiber meinte, die Erde wäre viereckig. Versteht etwa niemand, was der „große weiße Thron" ist? Das einzige etwas Knifflige ist „Gog und Magog", aber ein Blick in Hesekiel 39 gibt den Hinweis, dass sie für den letzten Herrscher und das letzte Volk stehen, die das Volk Gottes *nach* der Wiederherstellung des Königshauses Davids angreifen werden.

Es wird Zeit, diesen Abschnitt der Offenbarung (Offb20,1-10), über den wir jetzt schon so lange geredet haben, im Detail zu untersuchen und ihm zu erlauben, für sich selbst zu sprechen, bevor wir ihn mit anderen relevanten Schriftstellen vergleichen. Wir wollen ihn mit der Ehrfurcht, die dem inspirierten Wort Gottes gebührt, und der Lauterkeit eines offenen Herzens, das eine objektive Auslegung sucht, studieren.

Als erstes stellen wir fest, dass der Ausdruck „eintausend Jahre" sechsmal in diesem Abschnitt gebraucht wird. Zweimal wird der bestimmte Artikel („die" eintausend Jahre) verwendet, wodurch er noch mehr hervorgehoben wird. Präziser könnte man es nicht ausdrücken.

Manche wollen diesen Zeitraum symbolisch sehen und meinen, dass 10^3 (10x10x10) ein besonderer Ausdruck von Vollkommenheit wäre. Aber auch sie sagen üblicherweise, dass es ein langer Zeitraum sein müsse und keine kurze Zeitspanne. Es ist viel mehr als nur ein Zwischenspiel. Es ist eine ganze Epoche, die ihre eigene Bedeutung hat.

Man sollte diesen Ausdruck (eintausend Jahre) wörtlich nehmen, weil es in der Offenbarung auch andere ganz spezifische Zeitangaben gibt. Zum Beispiel die Dauer der „großen Trübsal", über die gesagt wurde, dass sie „eine Zeit, Zeiten und eine halbe Zeit" (Offb12,14) oder „1.260 Tage" (Offb12,6) oder „zweiundvierzig Monate" (Offb13,5) andauern würde.

DIE ZUGRUNDELIEGENDE BIBELSTELLE

Der Kontrast zwischen diesen dreieinhalb Jahren des schlimmsten Leidens der Gläubigen und den darauffolgenden eintausend Jahren der Herrschaft zusammen mit Christus ist vollkommen im Einklang mit der allgemeinen Absicht der Offenbarung, zur Treue in der Gegenwart durch das Denken an die Zukunft zu ermutigen. So wie auch Paulus schrieb: „Denn ich denke, dass die Leiden der jetzigen Zeit nicht ins Gewicht fallen gegenüber der zukünftigen Herrlichkeit, die an uns offenbart werden soll" (Röm 8,18).

Wenn wir nun die zehn Verse um die es geht, genauer betrachten, dann müssen wir uns fragen: Wann, wo und wer?

WANN werden „die eintausend Jahre" beginnen? Die zweifache Antwort geht klar aus einer der „sieben Visionen" hervor: *Nachdem* der Reiter des weißen Pferdes (Jesus) das Tier und den falschen Propheten besiegt hat und *bevor* der große weiße Thron erscheint. Mit anderen Worten: Das Millennium liegt *zwischen* dem zweiten Kommen und dem Tag des Gerichts.

WO regieren Christus und seine Heiligen? Im Himmel oder auf der Erde? Die Erzählungen im Buch der Offenbarung spielen sich abwechselnd im Himmel und auf der Erde ab (Offb 4,1; 7,1; 8,1 usw.). Der Ort wird normalerweise immer klar bezeichnet. Welche Situation finden wir in Kapitel 20 vor?

Wir müssen bereits in Kapitel 19 beginnen. Der Himmel hat sich für den Reiter geöffnet (Offb 19,11), und dann ist es ganz klar ersichtlich, dass er zur Erde kommt, um mit den bösen Mächten zu kämpfen (Offb 19,19). Auch der Engel, der den Satan bindet, kommt aus dem Himmel (Offb 20,1). Dessen spätere Freilassung erfolgt auf der Erde (Offb 20,8.9). Die Erde verschwindet schließlich vor dem finalen Gericht (Offb 20,11).

In der ganzen Passage richtet sich der Fokus immer auf die Erde. Weil es keinen gegenteiligen Hinweis gibt, müssen wir die tausendjährige Herrschaft der Heiligen auf dieser

„alten" Erde verorten, bevor diese verschwindet. Wenn die Verse 4 – 6 einen plötzlichen Wechsel zum Himmel darstellen würden, wäre dies bestimmt klar angezeigt worden. Außerdem regieren die Heiligen „mit Christus" (Offb20,4), der zu diesem Zeitpunkt bereits auf die Erde zurückgekommen ist (Offb19,11-21).

Der weitergefasste Kontext des ganzen Buches bestätigt dies durch drei frühere Ankündigungen. Denjenigen, die überwinden, wird die „Vollmacht über die Nationen" gegeben (Offb2,26). Diejenigen, die durch das Blut des Lammes erlöst sind, werden „auf Erden herrschen" (Offb5,10). Die „Königsherrschaft der Welt" wird die Königsherrschaft Christi sein (Offb11,15). Keine dieser Verheißungen ist vor Kapitel 20 erfüllt worden.

WER ist die zentrale Figur in dieser Passage? Überraschenderweise ist es nicht Christus! Er wird nur beiläufig erwähnt. Die meiste Beachtung findet zum einen Satan, obwohl er nur ganz am Anfang und ganz am Ende eine Rolle spielt. Den anderen Teil übernehmen die Heiligen, die in den dazwischenliegenden Jahrhunderten im Vordergrund stehen. Der Aufbau dieser Passage gleicht also einem „Sandwich":

      Verse 1 – 3   Satan entfernt (kurz)
      Verse 4 – 6   Heilige regieren (lang)
      Verse 7 – 10   Satan freigelassen (kurz)

Es muss einen Grund für dieses außergewöhnliche inhaltliche Missverhältnis geben. In der Zwischenzeit wollen wir aber alle drei Teile etwas genauer untersuchen.

Um zu verstehen, was hier vor sich geht, müssen wir nochmals den weitergefassten Kontext betrachten.

SATAN ENTFERNT (20,1 – 3)
Es wurden bereits vier fremde und feindliche Figuren

vorgestellt. Drei sind echte Personen, zwei davon menschlicher Natur: Satan (der in Kapitel 12 auf die Erde geschleudert wurde), der „Antichrist" und der falsche Prophet (die in Kapitel 13 auftauchen). Zusammen bilden sie eine „unheilige Dreieinigkeit", übernehmen die Weltherrschaft am Höhepunkt der Geschichte und verursachen die größten Drangsale für das Volk Gottes. Alle sind männlich. Die vierte Figur ist eine Frau, aber sie ist keine Person. Diese Prostituierte ist eine Personifikation einer Stadt, „Babylon", des Wirtschaftszentrums der Welt.

Diese vier dominieren die finale aber nur sehr kurze Periode dieses „gegenwärtigen bösen Zeitalters". Mit ihnen wird in umgekehrter Reihenfolge zu ihrem Erscheinen verfahren:

Babylon fällt (Kapitel 18).

Der Antichrist und der falsche Prophet werden als erste

Menschen überhaupt in die Hölle geworfen (Kapitel 19).

Satan wird entfernt, freigelassen und dann selbst in die Hölle geworfen werden (Kapitel 20).

Man muss anmerken, dass Satans Untergang sich in Etappen vollzieht und einen erstaunlichen Werdegang hat (Verse 7 – 10).

In der ersten Etappe wird er von der Erde entfernt. Seine beiden menschlichen Marionetten, der politische Führer und sein religiöser Kompagnon sind bereits dem Feuersee übergeben worden (Offb19,20). Sein Schicksal ist das nicht – noch nicht. Er wurde eingesperrt (und nicht übergeben) und in Gefangenschaft genommen, um das endgültige Gericht abzuwarten (ebenso wie einige seiner Kollegen bereits jetzt schon eingesperrt sind; 2.Petr2,4; Jud6).

Wer wird ihn entfernen? Nicht Gott, auch nicht Christus, auch nicht die Gemeinde, sondern ein namenloser Engel. Was für eine Demütigung für einen, der doch einmal die ganze Welt beherrscht hat (1.Joh 5,19)! Das ist ein wichtiger Punkt, denn dieser Vorgang wurde manchmal mit Aussagen in den Evangelien vermischt (z.B. Mt 12,29; 16,19).

Wie wird er entfernt werden? Es wurde von manchen, die diesen Vorgang mit dem Sieg Jesu über den Teufel, als er in der Wüste versuchte wurde (Lk 4,13.14; Mt 12,29), gleichsetzen wollen, als „Bindung Satans" bezeichnet, was aber irreführend ist. Denn es ist viel mehr, als nur gebunden zu werden. Fünf Verben werden hierfür gebraucht und nicht nur eines: Satan wird ergriffen, gebunden, geworfen, verschlossen und versiegelt. Und so spielt er absolut keine Rolle mehr, so als ob es ihn gar nicht gäbe, er hat keinerlei Einfluss auf der Erde. Dieser Vorgang sollte viel eher mit „Die Verbannung Satans" überschrieben werden. Der Meister der Täuschung und Verdrehung ist nicht mehr da. Er kann die „Nationen nicht mehr verführen" (Offb 20,3).

Wenn man behauptet, das sei schon geschehen, gehört man selbst zu den Verführten. Aber das wird sehr häufig getan, weil man das „Millennium" gerne mit dem gegenwärtigen Kirchenzeitalter gleichsetzen will. Seine „Bindung" begrenzt man darauf, dass er nicht in der Lage ist, die Verbreitung des Evangeliums zu verhindern, während die Ungläubigen weiter fest unter seiner Kontrolle sind. Die Absurdität dieser Auslegung ist offensichtlich. Wenn das der Zustand der Welt sein soll, nachdem Satan ergriffen, gebunden, geworfen, verschlossen und versiegelt ist, was wird erst passieren, wenn er wieder freigelassen wird?! Wer ist so vermessen zu behaupten, dass er jetzt in dieser Zeit die Nationen nicht verführt?

Wo wird er eingekerkert? Nicht auf der Erde, sondern „unter" ihr. Das für diesen Ort verwendete Wort (Griechisch *abyssos:* bodenlos) bezieht sich auf die nicht messbare

Unterwelt, die tiefste Region des Aufenthaltsortes der Toten, das Zuhause der Dämonen (vgl. Röm 10,7; Lk 8,31); es wird in der Offenbarung sieben Mal verwendet (Offb 9,1.2.11; 11,7; 17,8; 20,1.3). Ein anderer Name für dieses Gefängnis ist „Tartarus" (dieser in der heidnischen Welt weit verbreitete Begriff wird in 2.Petr 2,4 verwendet). Wo auch immer das ist, es ist sicherlich nicht auf der Erde.

Aber diese Einkerkerung ist nicht von Dauer. Gott hat mit Satan noch etwas vor, was einen am Ende des Kapitels völlig überrascht. Was aber passiert zwischenzeitlich, zwischen seiner Inhaftierung und seiner Freilassung?

DIE HEILIGEN HERRSCHEN (20,4 – 6)

Die Entfernung des Tieres, des falschen Propheten (Offb 19,20) und des Teufels hinterlässt in dieser Welt ein politisches Vakuum. Wer wird ihre Herrschaft übernehmen? Vorher müssen wir uns aber noch etwas fragen: Besteht überhaupt eine Notwendigkeit, dass jemand die Herrschaft übernimmt? Oder anders ausgedrückt: Wird überhaupt irgendjemand übrigbleiben, über den regiert werden soll?

Wird es irgendjemanden geben, der die Schlacht von „Harmagedon", die in Kapitel 19 beschrieben ist, überlebt? Auf den ersten Blick scheint es nämlich so, dass auf der Erde niemand überlebt hat. Die Vögel wurden herbeigerufen, um „das Fleisch von allen Menschen zu fressen" (Offb 19,18). Nachdem die beiden Führer lebendig gefangen genommen worden waren, wurden die „Übrigen" getötet (Offb 19,21). Man hat dies auf die gesamte Weltbevölkerung bezogen. Wenn man aber genauer liest, dann erkennt man, dass „die Übrigen" dadurch gekennzeichnet sind, dass sie sich „mit den Königen und ihren Armeen" also mit den gewaltigen Heerscharen, zum Krieg „versammelt" haben (Offb 19,19).

Dass viele Leute in diesen Krieg gar nicht verwickelt waren, geht aus der nachfolgenden Schilderung klar hervor, wo Satan daran gehindert wird, „die Nationen" (Offb20,3) weiterhin zu verführen, und später nach seiner Freilassung in der Lage sein wird, eine große Menge von Nachfolgern zu versammeln (Offb20,8).

Es wird also nach wie vor die Notwendigkeit einer Weltregierung bestehen. Wer wird sie errichten? Die Antwort ist sowohl individuell als auch gemeinschaftlich: Christus und seine treuen Nachfolger.

Das Wort „Throne" steht im Plural (im sonstigen Buch nur in Kapitel 4,4 zu finden). Weil das Geschehen auf der Erde stattfindet, dürfen diese Throne weder mit Gottes ewigem Thron im Himmel (Offb 4 und 5) noch mit dem „großen weißen Thron" des finalen Gerichts nachdem die Erde „entflohen" ist (Offb20,11), verwechselt werden. Dieser gemeinschaftliche Ausdruck „Throne" schließt alle „Herrschaftsbereiche" mit ein, seien sie lokaler, regionaler, nationaler oder internationaler Natur. Ihr Zweck ist die Regierung der Gerechtigkeit; sie wird von denjenigen ausgeübt werden, denen „die Vollmacht des Gerichts" gegeben wurde (Offb20,4). Wer aber sind diese?

Wir begegnen hier einem grammatikalisch schwierigen Punkt: Zeigt der Text eine, zwei oder drei Gruppen von „Herrschern" an? Auf den ersten Blick scheint es so, dass nur diejenigen, die um Christi Willen den Märtyrertod erlitten haben, mit ihm herrschen werden. „Die um des Zeugnisses Jesu und um des Wortes Gottes Willen enthauptet worden waren (Offb20,4; diese zweifache Anklage war auch der Grund für die Inhaftierung des Johannes und der Anlass für ihn, zum Ausharren aufzurufen, Offb1,9; 14,12). Sie waren treu bis zum Tod gewesen (Offb2,10), was nicht bedeutet, dass sie einfach nur bis zu ihrem Lebensende gläubig gewesen waren, sondern dass sie ihre Treue mit einem gewaltsamen Tod bezahlt haben; deshalb ist dieser Vers für normale Beerdigungen unpassend.

DIE ZUGRUNDELIEGENDE BIBELSTELLE

Eine genauere Untersuchung zeigt, dass „diejenigen, denen die Vollmacht zum Gericht gegeben wurde" nicht notwendigerweise auch diejenigen sind, die „enthauptet" worden waren. Man beachte den besonderen Ausdruck „*und ich sah*", der zwischen den beiden Gruppen eingefügt ist. Es klingt so, als ob es sich nicht um exakt dieselben Gruppen handeln würde, aber es ist auch nicht so, dass sie völlig verschieden voneinander sind! Die einfachste Erklärung hierfür ist, dass die letztgenannten eine Teilmenge der erstgenannten darstellen. Johannes sieht die treuen Nachfolger Jesu, wie sie mit Jesus an dessen Regierung teilnehmen, und erkennt unter ihnen ganz besonders diejenigen, die es vorgezogen haben zu sterben, anstatt ihren Herrn zu verleugnen. Das stimmt sehr gut mit der Verheißung überein, dass *alle*, die standhaft bleiben bis er kommt und die seinen Willen „bis ans Ende" tun, über die Nationen regieren werden (Offb 2,25 – 27), wobei es für *einige* den Märtyrertod bedeutet.

Man kann leicht erkennen, warum die letzteren besonders erwähnt werden. Es ist für sie ganz besonders ermutigend, zu wissen, dass sie, die von irdischen Richtern zum Tode verurteilt worden waren, jetzt den Platz dieser Richter einnehmen werden und auf deren „Thronen" sitzen werden. Denn das bedeutet nicht nur Freispruch, sondern auch Wiedergutmachung. Dass sie Ungerechtigkeit vor Gericht erduldet haben, wird sie in besonderem Maße dazu ermutigen, selbst fair und gerecht zu richten, wenn ihnen diese Verantwortung übertragen wird. Dieser Rollentausch ist wirklich bemerkenswert!

Manche haben sogar noch eine weitere Untergruppe unter denjenigen ausgemacht, die „das Tier und sein Bild nicht angebetet und das Malzeichen nicht an ihre Stirn und an ihre Hand angenommen hatten" (Offb 20,4). Es könnte sich auf diejenigen beziehen, die nicht klein beigegeben haben und trotzdem mit ihrem Leben davongekommen sind.

Dass es solche geben wird, wird an anderer Stelle in der Offenbarung angedeutet (z.B. Offb12,6.17 und 18,4). Wenn es keine Überlebenden gäbe, würde es keine lebendigen Heiligen bei der Rückkehr Jesu geben, die ihn, nachdem sie in einem Augenblick verwandelt worden waren, begrüßen könnten (1.Kor15,51.52; 1.Thess4,17). Ob sich Offenbarung Kapitel 20 auf genau diese bezieht oder zusätzlich die „Enthaupteten" definiert, ist nicht geklärt; der Autor neigt dazu, die letzteren zu erkennen. Die ersteren würden dann zur größeren Menge gehören, die zuerst erwähnt wurde.

Wir blicken also auf eine allumfassende Gruppe, wobei der Fokus auf einen Teil im Vordergrund gerichtet ist – alle sind sie Heilige, und Märtyrer machen einen Teil davon aus. Wie könnten Märtyrer diese Erde regieren? Sie wurden wegen ihres Glaubens aus der Welt hinausgeworfen, sind jetzt aber wieder zurück. Sie müssen also wieder lebendig geworden sein. Ihre körperlosen Geister müssen wieder einen Leib erhalten haben, damit sie hier auf der Erde leben können. Sie werden - anders ausgedrückt - eine „Auferstehung" erfahren (Offb20,5; dieses Hauptwort *anastasis* wird im Neuen Testament zweiundvierzig Mal verwendet, und es bezieht sich immer auf ein physisches Wunder, auf die Auferstehung eines Körpers; es wird nie im Sinne von „Wiederherstellung" oder „Wiedergeburt" verwendet). Der Sprachgebrauch legt nahe, dass Johannes diese Auferstehung in seiner Zukunftsvision sah; dieses „Bild" war also eigentlich ein Film! Vorher hatte er bereits gesehen, wie die „Seelen" der Märtyrer nach Vergeltung für ihre Mörder rufen (Offb6,9). Jetzt sieht er, wie sie mit auferstandenen Leibern auf der Erde regieren.

Auch das ist ein klares Zeichen dafür, dass das tausendjährige Reich auf das zweite Kommen Jesu folgt, denn es ist genau der Zeitpunkt, wenn diejenigen „die ihm angehören" ihre neuen Leiber erhalten (1.Kor15,23; 1.Thess4,16).

DIE ZUGRUNDELIEGENDE BIBELSTELLE

Die Unterscheidung zwischen dieser „ersten Auferstehung" der „Gesegneten und Heiligen" und „den Übrigen der Toten" könnte nicht klarer sein. Von anderen Bibelstellen wissen wir, dass die ganze Menschheit, die Bösen ebenso wie die Gerechten, vor dem Tag des Gerichts von den Toten auferstehen wird (Dan 12,2; Joh 5,29; Apg 24,15). Wenn man jedoch diese Tatsache als „allgemeine Auferstehung" bezeichnet, was übrigens ein unbiblischer Ausdruck ist, dann ist das irreführend, denn man würde damit ein *einziges* Ereignis andeuten, was es jedoch nicht ist. Die Offenbarung lehrt uns, dass die beiden Gruppen von Menschen zu verschiedenen Zeitpunkten auferstehen werden, die weit auseinanderliegen. Es wird zwei Auferstehungen geben, die „erste" und die „restliche", und zwar zu Beginn und am Ende der „eintausend Jahre".

Dass die beiden Ereignisse in ihrer Natur identisch sind, wird durch die Verwendung genau desselben Verbs für beide bestätigt (die dritte Person Plural Indikativ im Aorist von *zao*, was bedeutet: lebendig sein, hier mit „lebendig werden" übersetzt). Es ist wahr, dass dieses Wort in einem geistigen Sinn verwendet werden kann, wenn auch nur sehr selten (z.B. in Joh 5,25, wo der Kontext diesen metaphorischen Gebrauch anzeigt); aber die normale Bedeutung ist physischer Natur (so wie in Joh 11,25; Röm 14,9), insbesondere in der Offenbarung (Offb 1,28; 2,8; 13,14).

Außerdem steht das „wurden lebendig" in Vers 4 im klaren Kontrast zu dem Ausdruck „enthauptet", beide sind ganz physische Ereignisse. Die Enthaupteten mussten schon lange vor ihrem Märtyrertod „mit Christus geistlich auferstanden" gewesen sein; und nach ihrem Tod waren sie bei vollem Bewusstsein und konnten mit ihm kommunizieren (Offb 6,9.10). Genauso wie er erfuhren sie einen physischen Tod und eine physische Auferstehung – aber keines von beiden unterbrach ihr „seelisches" oder gar ihr „geistliches"

Leben, das sich seit ihrer Bekehrung ständig fortsetzte. Es waren ihre Körper, die „lebendig wurden", und die ihnen so ermöglichten, wieder an dieser physischen Welt teilzunehmen.

Dieser Punkt kann nicht deutlich genug betont werden, auch wenn es den Anschein hat, dass man ihn übermäßig strapaziert, denn sowohl die amillenaristische als auch die postmillenaristische Sichtweise geben diesem Verb (lebendig werden) zwei vollkommen verschiedene Bedeutungen: Geistige Wiedergeburt in Vers 4 und physische Auferstehung des Leibes in Vers 5, obwohl der Text selbst zu diesem Bedeutungswechsel keinerlei Anlass gibt. Damit wird eine Grundregel der Bibelauslegung verletzt: Dasselbe Wort im selben Kontext hat dieselbe Bedeutung, wenn keine Hinweise das Gegenteilige nahelegen. Wir wollen einen alten Gelehrten, Dean Alford, diese Widersprüchlichkeit zusammenfassen lassen:

…wenn in einer solchen Passage die erste Auferstehung als *spirituelle* Auferstehung mit Christus verstanden werden soll, während die zweite eine *buchstäbliche* Auferstehung aus dem Grab ist, dann bedeutet das das Ende aller sprachlichen Aussagekraft, und die Schrift wird überhaupt nichts mehr bezeugen können. Wenn die erste Auferstehung geistlich ist, dann auch die zweite, was wohl keiner ernsthaft behaupten wird; aber wenn die zweite buchstäblich ist, dann ist es auch die erste. Damit stimmen sowohl die bodenständige Gemeinde als auch die besten Bibelkommentatoren der Moderne überein. Ich verfechte es und habe es empfangen als einen Grundpfeiler des Glaubens und der Hoffnung (Zitiert in William E. Biederwolf, The Prophecy Handbook, World Bible Publishers, 1991 Neuauflage des Originals aus dem Jahre 1924, S. 697).

Das Konzept der beiden Auferstehungen, der Gerechten und der Bösen, welche zeitlich lange auseinanderliegen, hat seinen Ursprung nicht in der Offenbarung. Diese Idee war zur der Zeit Jesu unter den Juden weit verbreitet. Viele erwarteten die Auferstehung der „gerechten" Toten vor der messianischen Herrschaft auf der Erde, während die Bösen nur zum Gericht am Ende der Tage auferstehen werden (es haben einige sogar damals schon gesagt, dass dazwischen eintausend Jahre liegen würden). Deswegen konnte sich Jesus bei seinem Gespräch mit den Pharisäern ohne weitere Erklärung auf die Auferstehung der Gerechten beziehen (Lk14,14). Sie glaubten nämlich auch an zwei Auferstehungen, während die Sadduzäer glaubten, dass es keine Auferstehung gibt (Lk20,27).

Es werden drei Anmerkungen über diejenigen, die an der ersten Auferstehung „Anteil haben", gemacht. Erstens: Ihre *Heiligkeit*. Sie sind „gesegnet und heilig". Das lässt den Rückschluss zu, dass die Menschen der zweiten Auferstehung verflucht und böse sind. Zweitens: Ihre *Sicherheit*. Beim zweiten Kommen werden sie endgültig von der Sünde errettet sein (Phil1,6; 1.Joh3,2). Sie werden in Sicherheit sein, denn es besteht keine Gefahr mehr, den „zweiten Tod" erleiden zu müssen, welcher der Feuersee ist (Offb20,6.14). Drittens: Ihre *Herrschaft*. Ihre „Königsherrschaft" ist mit ihrem „Priestertum" vereinigt (vgl. Offb1,6 mit Offb20,6). Sie werden als Bevollmächtigte für Christus und als Vermittler für das Volk handeln. Diese zweifache Funktion ersetzt die politische Rolle des Tieres und die religiöse Rolle des falschen Propheten.

Aber diese Situation währt nicht ewig. Die „Herrschaft" auf dieser Erde wird zusammen mit der Erde enden, allerdings wird sie auf der neuen Erde fortgesetzt werden (Offb22,5). Die „eintausend Jahre" gehen auf ganz überraschende Weise zu Ende:

SATAN FREIGELASSEN (20,7 – 10)

Was sich jetzt ereignet, ist so völlig unerwartet, dass es von menschlicher Vorstellungskraft kaum erfunden worden sein kann. Die totale Fremdartigkeit ist ein Prüfsiegel göttlicher Inspiration.

Jetzt sehen wir, warum Satan nicht bereits früher mit seinen beiden menschlichen Handlangern in die Hölle geworfen worden war (Offb19,20). Gott wird ihn noch ein einziges Mal gebrauchen. Ihm wird noch einmal ein finaler Coup gestattet! Er wird auf Bewährung freigelassen, und es wird ihm erlaubt, ein letztes Mal die „Nationen zu verführen".

Die Art und Weise dieser Verführung hat viel mit seiner allerersten Trickserei bei den Menschen gemeinsam (Gen3). Damals waren es zwei Personen, jetzt sind es viele ethnische Gruppen. Aber der Aufruf ist derselbe: Moralische Autonomie und Freiheit von Gottes Herrschaft (die nun auch von Christus und seinen Heiligen ausgeübt wird). Weil dieses „Königtum" auf der Erde leibhaftig vertreten ist, kann es mit militärischer Gewalt angegriffen werden. Von den „vier Ecken der Erde" wird eine riesige Streitmacht versammelt, um gegen den Regierungssitz, „die (von Gott) geliebte Stadt" – es ist sicherlich Jerusalem, das „Hauptquartier der Vereinten Nationen des Tausendjährigen Reiches" – zu marschieren (Offb20,9; vgl. Jes2,1-5; Mi4,1-5; Mt5,35).

Diese letzte Schlacht darf nicht mit „Harmagedon" verwechselt werden, was bei der sechsten Zornschale (Offb16,16) und vor den eintausend Jahren stattgefunden hat (Offb19,19-21). Die jetzige Schlacht wird unter einer anderen Bezeichnung geführt: „Gog und Magog", Namen die von Hesekiel für den „Fürsten" und sein Gefolge verwendet wurden, die das Land Israel *nachdem* Gottes Volk wieder dort sesshaft geworden sein und das Königshaus Davids wieder die Herrschaft erlangt haben wird, angreifen werden (siehe Hesekiel Kap 37 – 39). Es hat den Anschein, dass „Gog" in der Offenbarung der letzte von einer Reihe von Namen ist, die Satan gegeben werden (wie „Apollyon" in Offb9,11 und „Beelzebul" in Mt10,25). „Magog" hingegen bezieht sich auf die internationale Armee, die er zum Kampf verleitet.

Der Angriffsversuch auf die Welthauptstadt scheitert

komplett. Der Kampf findet gar nicht statt. Weder die Christen noch Christus selbst müssen sich mit dem Feind abgeben. Gott selbst sendet „Feuer vom Himmel" (Gen 15,17; Lv 9,24; Ri 13,20; 1.Kö 18,38; 2.Chr 7,1; Lk 9,54; Offb 9,18). Obwohl der Teufel selbst mit solch einer zerstörerischen Kraft umgehen kann (Offb 13,13), wird sie doch jetzt dazu verwendet, seine ganze Streitmacht zu zerstören. Er selbst wird in den Feuersee geworfen, wo sich seine zwei menschlichen Handlanger schon seit eintausend Jahren aufhalten.

Der Vers 10 ist sehr wichtig. Er enthält die klarste Aussage über das Wesen der Hölle im Neuen Testament. Die Sprache ist klar und deutlich; man kann sie nicht als „höchst symbolisch" abtun. Es ist ein Ort der „Qual", was nichts anderes als bewusstes Empfinden von Schmerz, sei er körperlich, seelisch oder beides, bedeuten kann. Dieses Verständnis der Hölle geht auf Jesus selbst zurück (Mt 25,30; Lk 16,23-25). Das Leiden ist andauernd („Tag und Nacht") und ohne Ende („von Ewigkeit zu Ewigkeit" ist die deutsche Übersetzung des griechischen Ausdrucks *eis tous aionas ton aionon*, wörtlich „in die Zeitalter der Zeitalter", der deutlichste Ausdruck in der griechischen Sprache für eine unendlich lange Zeit, vgl. Offb 4,9.10; 5,13.14; 7,12; 10,6; 11,15; 14,11; 15,7; 19,3; 22,5).

Weil in Vers 10 das Subjekt des Satzes „sie" auch zwei menschliche Wesen (das Tier und der falsche Prophet) beinhaltet, ist die moderne Auffassung des „Annihilationismus" (der Glaube, dass die „Bösen" dem Vergessenwerden durch Auslöschung entweder beim Tode oder nach dem Tag des Gerichts anheimfallen), ziemlich ausgeschlossen. Jesus lehrte ebenso, dass es eine Bestrafung für alle geben wird, die er im Gericht verurteilen wird (Mt 25,41.46). Zur Vertiefung dieses wichtigen Themas verweise ich auf mein Buch: *Der Weg zur Hölle* (Anchor Recordings, 2021).

So endet die Herrschaft Satans in dieser Welt. Er war der Fürst, der Herrscher, ja sogar der „Gott" dieser Welt (Joh12,31; 2.Kor4,4), wird jetzt aber verdammt und teilt dasselbe Schicksal mit allen, die gegen die königliche Herrschaft Gottes rebelliert haben, ob es nun Menschen oder Engel gewesen sind (Mt25,41; Offb12,4).

Hat er damit etwa nicht gerechnet? Hatte er erwartet, dass sein letzter Versuch, irdische Herrschaft zu erlangen, erfolgreich sein würde? War er selbst ebenso verführt, wie er die Nationen verführt hat? Dachte er wirklich, er wäre stärker als Gottes Volk und somit stärker als Gott selbst? Oder versuchte er, weil er wusste, dass sein Schicksal besiegelt und sein Ende gekommen ist, so viele wie möglich als Ausdruck eines frustrierten Zorns mit ins Verderben zu reißen? Vielleicht werden wir das niemals wissen. Vielleicht müssen wir das auch gar nicht wissen.

Tatsächlich wirft diese ganze Passage viele quälende Fragen auf, die nicht beantwortet werden. Es ist längst nicht alles über das Millennium selbst und darüber, welche praktischen Auswirkungen es hat, gesagt. Wir können daraus nur schließen, dass solche Informationen für den Zweck der Offenbarung nicht relevant sind. Es genügt, dass man weiß, dass die Kräfte des Guten öffentlich rehabilitiert und die Kräfte des Bösen letztendlich beseitigt werden.

Wir sind in Besitz der grundlegenden Fakten. Uns wurde gesagt, *was* am Ende passiert, uns wurde allerdings nicht gesagt, *warum* es solch einen Lauf nehmen muss. Natürlich ist Gott nicht verpflichtet, uns die Gründe für all sein Handeln zu offenbaren, wie schon Hiob auf schmerzliche Weise vor vielen Hunderten von Jahren erfahren musste (Hi40,1-5; 42,1-6). Man muss es einfach ehrfürchtig anerkennen (Röm9,20).

Trotzdem bleibt dieses Rätsel. Warum um alles in der Welt hat der Teufel am Ende nochmals die Gelegenheit bekommen, ganz am Ende der tausend Jahre einer guten Herrschaft so viel

DIE ZUGRUNDELIEGENDE BIBELSTELLE

Schaden anzurichten? Und warum um alles in der Welt gibt es diese tausend Jahre überhaupt? Während wir uns vor reiner Spekulation hüten, wollen wir uns an eine Antwort auf diese Fragen herantasten, indem wir die geistigen Auswirkungen dieser zwei Entwicklungen überdenken.

Zuerst zur positiven Entwicklung: Die tausendjährige Herrschaft Christi und seiner Heiligen auf dieser Erde wird eine sichtbare Rehabilitation für ihn und für sie vor den Augen der ganzen Welt sein. Dadurch wird demonstriert, wie die Welt sein kann, wenn Satan nicht mehr ist, und wenn Jesus wieder da ist. Ja, es wird zeigen, wie sie die ganze Zeit hätte sein können, wenn sie nicht durch die Sünde verunreinigt gewesen wäre.

Auf einer tieferen Ebene betrachtet wird das Millennium bestätigen, dass es Gottes Welt ist, die er für seinen Sohn geschaffen hat, und dass sie wieder ganz in seiner Hand ist. Die Schöpfung ist grundsätzlich gut, und die Erde muss nicht als „nicht erlösungsfähig" abgeschrieben werden. Die Geschichte muss mit einer Zusammenfassung und nicht in einer Katastrophe enden, mit Erlösung und nicht mit Zerstörung.

Wenn man sich fragt, warum dieser Höhepunkt auf einer „alten" Erde erreicht wird, bevor die „neue" Erde erscheint, dann muss man darauf hinweisen, dass die „Welt" (d.h. die ungläubigen Menschen auf der Erde) sonst niemals den Sieg des Guten über das Böse erfahren würde.

Wir können eine bemerkenswerte Parallele zwischen unserer eigenen Erlösung und der Erlösung unseres Planeten feststellen. In beiden Fällen geht der physischen eine geistige Wiederherstellung voran. Wir müssen die Errettung ausarbeiten, während wir noch in unserem „alten" physischen Körper sind, bevor er in einen neuen verwandelt wird (Phil 3,21). Das ist kennzeichnend für die volle Wiederherstellung in unseren Originalzustand. In derselben Weise wird die neue Erde den Prozess beenden, der während des Millenniums begonnen hat.

Der negative Aspekt ist etwas komplizierter. Warum wird Satan am Ende dieser „idealen" Herrschaft freigelassen? Man kann nur zu dem Schluss kommen, dass dadurch überzeugend demonstriert werden soll, dass die äußeren Umstände das menschliche Herz nicht ändern. Die große Lüge, dass die Sünde durch äußere Einflüsse verursacht wird, ist endgültig entlarvt. Nach einer Zeit von eintausend Jahren Frieden und Wohlstand gibt es immer noch undankbare und unzufriedene Leute.

Man muss sich natürlich daran erinnern, dass die tausendjährige Herrschaft nicht demokratisch sein wird, sondern eine „wohlwollende Diktatur", nicht vom Volk gewählt, sondern durch göttliche Entscheidung verordnet. Aus diesem Blickwinkel muss man die Herrschaft „mit eisernem Stab" (oder Szepter) durch Christus und durch die Christen sehen (Offb 2,27; 12,5; 19,15). Der eiserne Stab ist kein Symbol für eine grausame Tyrannei, wie viele annehmen, sondern für eine starke Herrschaft, die nicht zerbrochen werden kann. Sie wird beispielsweise eine strenge Zensur mit sich bringen, die von den Ungerechten natürlich übelgenommen wird.

Trotz der vielen Vorteile dieser „guten" Regierung, seiner unparteiischen Verwaltung mit vollkommener Gerechtigkeit und seinem großzügigen Wohlstand für alle, wird es immer noch viele Untertanen geben, die auf all das verzichten wollen, um ihre moralische (bzw. unmoralische) Autonomie zu erlangen. Ihre verärgerten und rebellischen Herzen wollen frei von den Beschränkungen sein, die vom Herrn und seinem Volk auferlegt worden sind. Und so kann Satan eine weltweite Streitmacht sammeln. Er kann nur diejenigen verführen, die das, was er anbietet, ersehnen.

Jetzt wird klar, warum das Millennium das passende Vorspiel zum Tag des Gerichts ist. Es ist sogar kristallklar: Es geht um die Annahme oder die Zurückweisung der göttlichen

DIE ZUGRUNDELIEGENDE BIBELSTELLE

Herrschaft, des Königreichs des Himmels auf der Erde. Genau um das geht es in der ganzen Menschheitsgeschichte, und im Millennium tritt es klar zum Vorschein. Und es ist der doppelte Beweis dafür, dass eine ewige Trennung der menschlichen Rasse vonnöten ist. Das neue Universum, das Gott schaffen will, kann nur von denen bewohnt werden, die freiwillig und eifrig „in das Königreich eingegangen sind", und den Willen Gottes, den er für seine Geschöpfe hat, mit frohem und dankbarem Herzen angenommen haben.

Deshalb ist es vollkommen richtig, dass auf das Millennium (Offb20,1-10) die Trennung am großen Tag des Gerichts folgt, um dessentwillen „die Übrigen der Toten", auch die auf hoher See verschollen waren, wieder „lebendig werden". Die „Bücher", die die Aufzeichnungen ihres gottlosen Lebens auf der Erde enthalten, sind ein ausreichender Beweis für ihre Strafe. Das „Buch des Lebens" hingegen enthält die Namen aller, die Jesus treu geblieben sind (Offb3,5), die einen Anteil an der ersten Auferstehung hatten und mit ihm tausend Jahre lang regierten.

KAPITEL SECHZEHN
DER WEITERGEFASSTE KONTEXT

Unsere bis jetzt unternommene Studie hat uns zu einem prämillenaristischen Verständnis von Offenbarung Kapitel 20 geführt. Das bedeutet, dass das zweite Kommen Christi seiner eintausendjährigen Herrschaft vorangeht, welche wiederum vor dem letzten Gericht kommt.

Diese Ansicht wird aber in der christlichen Kirche bei weitem nicht von allen geteilt. Man geht sowohl mit „biblischen" als auch mit „philosophischen" Argumenten gegen sie vor. Wir werden zunächst das erstere betrachten, da göttliche Offenbarung mehr Gewicht als menschliche Spekulation besitzt.

Es wird regelmäßig betont, dass dieses Kapitel die einzige Passage in der ganzen Bibel ist, die klar von einem „Millennium" spricht. Manche gehen sogar soweit, dass sie der ganzen Passage keine Bedeutung zumessen, weil die Offenbarung „höchst symbolisch" und deswegen insgesamt sehr obskur sei. Entweder aus diesem oder aus beiden Gründen hält man es für unangemessen, eine grundlegende Lehre auf diese Verse zu stützen.

Die vorausgegangene Auslegung dieser Textstelle wird hoffentlich gezeigt haben, dass diese Passage weit davon entfernt ist, rätselhaft zu sein, wenn man ihr erlaubt, für sich selbst zu sprechen ohne vorgefertigte Ansichten in sie hineinzulegen. Selbst wenn es die einzige Bibelstelle wäre, so ist sie immer noch Teil des Wortes Gottes. Eigentlich sollte es ausreichen, wenn Gott ein einziges Mal etwas sagt, damit wir darauf hören (und wir sollten uns auch daran erinnern, dass die „eintausend Jahre" sechs Mal wiederholt werden, und das ganze dadurch sehr an Nachdruck gewinnt).

Außerdem hat die Kirche nie gezögert, andere Lehren auf eine Passage, ja sogar auf nur einen Vers zu gründen! Man denke nur an das Festhalten an der trinitarischen Taufformel, die sich auf Mt28,19 stützt, während alle anderen Bibelstellen die Taufe auf den Namen Jesus bezeugen. Dann gibt es auch die Anwendung des Namens „Israel" auf die Gemeinde, die sich nur auf einen einzigen doppeldeutigen Satz in Gal6,16 gründet, während sich über siebzig Bibelstellen im Neuen Testament nur auf das jüdische Volk beziehen.

Es hat den Anschein, dass Vorurteile am Werk sind, wenn das Millennium zur Sprache kommt!

Aber es gibt auch „biblische" Einwände, Überzeugungen auf nur eine Passage zu bauen, insbesondere zwei:

i. Negativ betrachtet: Das Fehlen einer Bestätigung
ii. Positiv betrachtet: Das Vorhandensein eines Widerspruchs

Das bedeutet ganz einfach: Wenn keine Bibelstelle in dieselbe Richtung zeigt oder wenn viele andere Bibelstellen in eine andere Richtung zeigen, dann muss aufgrund dieser Tatsachen eine Passage noch einmal beleuchtet werden. Dabei ist das letztere schwerwiegender.

DAS FEHLEN EINER BESTÄTIGUNG

Natürlich gibt es sonst keine andere unmissverständliche Aussage über das Millennium im Neuen Testament. Es gibt aber zahlreiche indirekte Verweise, die vielleicht umso eindrucksvoller sind, weil sie eher beiläufig erwähnt werden.

Selbstverständlich gibt es im restlichen Buch der Offenbarung einige klare Verheißungen. Die „Überwinder" werden über die Nationen herrschen (Offb2,26.27). Die Erlösten werden „auf

Erden herrschen" (Offb5,10). Das „Königreich der Welt" wird das „Königreich Christi" werden (Offb11,15). Kapitel 20 ist sicherlich die Erfüllung dieser Verheißungen.

Wenn wir uns den Paulusbriefen zuwenden, finden wir viele versteckte Hinweise. Den wahrscheinlich eindeutigsten Hinweis finden wir im ersten Korintherbrief. Als er die Korinther wegen ihrer Rechtsstreitigkeiten vor heidnischen Gerichten rügt, sagt er: „Oder wisst ihr nicht, dass die Heiligen die Welt richten werden? Und wenn durch euch die Welt gerichtet wird, seid ihr dann nicht würdig, über die geringsten Dinge zu richten?" (1.Kor6,2). Dies kann sich nicht auf das Jüngste Gericht beziehen, denn dieses liegt ganz alleine in den Händen des Herrn. Aber es zeigt auf eine Zeit, wenn Christen für die Rechtsprechung auf Erden verantwortlich sein werden. Man achte darauf, dass Paulus unterstellt, dass die Korinther bereits darüber Bescheid wussten.

Im Verlauf desselben Briefes behandelt er das Thema der Auferstehung und beschreibt dabei, in welcher Reihenfolge die Menschen auferstehen, nämlich in drei Phasen:
  i. Der Erstling Christus;
  ii. sodann die, welche Christus gehören bei seiner Ankunft;
  iii. dann wird das Ende kommen" (1.Kor15,23.24).

Zugegebenermaßen wird in der dritten Phase die Auferstehung nicht eigens erwähnt. Aber dennoch behauptet er nicht, dass es eine allgemeine Auferstehung der gesamten menschlichen Rasse geben wird, wenn Jesus wiederkommt. Aber die zwei griechischen Worte, die hier mit (so)dann übersetzt wurden (*epeita* und *eita*) haben eine zeitlich nachordnende Bedeutung; wenn die dritte Phase gleichzeitig mit der zweiten wäre, hätte er ein anderes Wort gebrauchen müssen (*tote*). Er fährt dann sogleich fort, über die „Herrschaft" Christi zu sprechen, die „dem

Ende" vorausgeht und in der letztendlichen Auslöschung des Todes selbst ihren Höhepunkt erreicht (1.Kor15,25.26; vgl. Offb20,14).

Dass Paulus an die Auferstehung der gläubigen Christen, die vor der Auferstehung der übrigen Menschen stattfindet, geglaubt hat, wird durch den Gebrauch eines sehr unüblichen Ausdrucks bestätigt (in Phil3,11). Normalerweise mit „Auferstehung aus den Toten" übersetzt, weist der hier verwendete griechische Ausdruck eine doppelte Präposition auf: „ex". So lautet der griechische Urtext: _exanastasin tän ek nekron_. Die wörtliche Übersetzung lautet daher: „Heraus-Auf-Erstehung, die aus Toten", was man auch so umschreiben könnte: „Heraus von unter den Toten auferstehen". Anders ausgedrückt, ist dies keine allgemeine Auferstehung aller Toten, sondern eine Teilauferstehung, die schon vorher stattfindet. Es überrascht nicht, dass dieser Ausdruck auf Jesus selbst angewendet wurde (z.B. 1.Petr1,3). Hier wendet es Paulus auf Christen an, die „vorwärtsdrängen" sollen, um diese Auferstehung zu „_erlangen_". Um die allgemeine Auferstehung zu erlangen, muss man nichts tun (außer sterben!). Paulus bezieht sich hier also eindeutig auf die erste Auferstehung der „Glückseligen und Heiligen" (Offb20,6).

Im selben Brief freut sich Paulus auf den Tag, an dem „in dem Namen Jesu jedes Knie sich beugen wird,… und jede Zunge bekennen wird, dass Jesus Christus Herr ist" (Phil2,10.11; vgl. Jes45,23 und Offb5,13). Für welche Zeit erwartet Paulus denn diese universale Huldigung?

Als er an Timotheus schreibt und dabei wahrscheinlich ein frühes Kirchenlied zitiert, verspricht Paulus: „Wenn wir ausharren, werden wir auch mit ihm herrschen" (2.Tim2,12; vgl. Offb3,21). Dieses Sprichwort stellt eine hervorragende Zusammenfassung der ganzen Botschaft der Offenbarung dar. Man beachte auch, dass fast alle Verweise auf eine Herrschaft der Christen im Neuen Testament in der

Zeitform des Futurs stehen. (Röm 5,17 ist eine der wenigen Ausnahmen; denn hier geht es um das Herrschen über die Sünde und nicht über andere Menschen). Nachfolger Jesu müssen in seinen Fußstapfen wandeln – Leiden führt zur Herrlichkeit, das Kreuz kommt vor der Krone.

Diese Verweisstellen aus den Paulusbriefen sind nicht sehr zahlreich, aber es ist kein Grund, sie zu verwerfen. Er erwähnt das Abendmahl ja auch nur einmal in einem Brief, und auch nur deshalb, um Missstände zu beseitigen – und dennoch wird seine Lehre diesbezüglich von allen sehr ernst genommen. Und seine Randbemerkungen sind bemerkenswerterweise sehr präzise, denn sie zeigen seine Grundüberzeugungen.

Wenn wir uns zurück durch das Neue Testament durcharbeiten, kommen wir zur Apostelgeschichte. Dort stoßen wir bei der apostolischen Verkündung der Auferstehung durch Jesus auf denselben Ausdruck: „heraus von unter den Toten" (Apg 4,2).

Der entscheidende Verweis steht aber ganz am Anfang der Apostelgeschichte, als die Jünger Jesus eine letzte Frage stellten, bevor er in den Himmel auffuhr: „Herr, stellst du in dieser Zeit für Israel das Königreich wieder her? (Apg 1,6). Alle Gelehrten sind sich darüber einig, dass mit „Königreich" die politische Autonomie unter einem König des Königshauses Davids gemeint war. Die Frage enthält vier Voraussetzungen:

i. Israel hatte einmal ein „Königtum".
ii. Israel hat dieses „Königtum" verloren.
iii. Israel wird dieses „Königtum" wiedererlangen.
iv. Jesus ist derjenige, der es erlangen wird.

Nur was die Zeit betrifft, sind sie sich unsicher: Soll es jetzt geschehen oder erst später?

Ganz entscheidend ist, dass Jesus ihre Frage nicht korrigierte, was er ansonsten des Öfteren getan hat, wenn sie auf falsche Annahmen gegründet war. Jesus akzeptiert alle vier Prämissen und behandelt nur die Frage des Timings: „Es ist nicht eure Sache, Zeiten oder Zeitpunkte zu wissen, die der Vater in seiner eigenen Vollmacht festgesetzt hat" (Apg1,7). Mit anderen Worten: Dieses Ereignis wird geschehen. Es ist schon auf Gottes Kalender vorgemerkt. Aber das Datum geht sie nichts an. Es gibt nämlich noch etwas Dringlicheres zu tun: Zeugen zu sein in der Kraft des Heiligen Geistes bis ans Ende der Welt (Apg1,8). Dass Jesus dies mit seiner Antwort ausdrücken wollte, soll an folgender fiktiver Frage deutlich werden. Nehmen wir an, die Jünger hätten gefragt: „Herr, wirst du in dieser Zeit ein Attentat auf Pilatus und Herodes verüben?" Überlege doch einmal, welche Schlussfolgerungen dieselbe Antwort dieses Mal in dir hervorrufen würde: „Es ist nicht eure Sache, Zeiten oder Zeitpunkte zu wissen, die der Vater in seiner eigenen Vollmacht festgesetzt hat". Wie hätten die Jünger das wohl verstanden?

Es gibt aber noch einen späteren Hinweis darauf, zu welcher Überzeugung die Apostel bezüglich der Beantwortung ihrer Frage gelangt sind. In seiner zweiten öffentlichen Predigt sagt Petrus, dass Jesus „im Himmel bleiben muss bis die *Zeit* kommt, an der Gott alle Dinge *wiederherstellen* wird" (Apg3,21); die kursiv gedruckten Worte sind dieselben ungewöhnlichen Worte, die in Apg1,6 verwendet werden. Man kann wohl kaum der Tatsache widersprechen, dass die Apostel nach der Himmelfahrt eins und eins zusammengezählt haben und zu dem Schluss gekommen sind, dass das Königreich für Israel bei seiner Wiederkunft wiederhergestellt wird, auch wenn sie immer noch nicht „die Zeit oder die Zeitpunkte wussten, die der Vater festgesetzt hat" (Apg1,7).

Jesus hat also ihre Überzeugung, dass eines Tages die Monarchie für Israel wiederhergestellt werden wird, akzeptiert. Wann aber kann ein Nachkomme Davids wieder auf einem Thron in Jerusalem sitzen? Und wer wird es sein? Das Neue Testament lässt uns keine andere Wahl: Es ist die Herrschaft Christi im Millennium.

Wenn wir uns den Evangelien, insbesondere Matthäus und Lukas, zuwenden, finden wir in den Texten ähnliche Hinweise, verstreut über das ganze Evangelium. Zu Beginn verheißt ein Engel der Maria, dass der Herr, Gott ihrem Sohn „den Thron seines Vaters David" geben wird (Lk1,32). Es würde ein irdischer und kein himmlischer Thron sein, nur so konnte Maria dies verstehen.

Jesus wurde als „König der Juden" geboren (Mt2,2) und ist als „König der Juden" gestorben (Lk23,38). Die Tafel auf der sein Verbrechen geschrieben und die am Kreuz seiner Hinrichtung angebracht war, entlockte dem sterbenden Verbrecher neben ihm die Bitte: „Jesus, gedenke meiner, wenn du in dein Königreich kommst" (Lk23,42). Entgegen allem Anschein und aller Umstände glaubte er, dass Jesus der Messias war, und dass er eines Tages zurückkehren würde, um den Thron Israels zu beanspruchen. Jesus sagte ihm, dass sie schon viel eher, ja noch am selben Tag zusammen „im Paradies" sein würden (Lk23,43; man beachte, dass Jesus das Wort „Königreich" vermied und an seiner Stelle ein persisches Wort für einen königlichen Garten verwendete, womit ein privilegierter Platz in königlichem Umfeld gemeint ist).

Auch andere haben diese kommende Monarchie vorweggenommen. Die ehrgeizige Mutter von Jakobus und Johannes forderte, „dass diese meine zwei Söhne einer zu deiner Rechten und einer zu deiner Linken sitzen mögen in deinem Königreich" (Mt20,21). Zweifellos betrachtete sie dieses „Königreich" auf irdische Weise, als eine wiederhergestellte Monarchie in Israel, das einen Premierminister und untergeordnete Minister benötigt. Jesus akzeptierte auch diese Sichtweise, stellt aber klar, dass er für ihre Ernennungen nicht zuständig ist. Wiederum entscheidet der Vater über diese Dinge (Mt20,23, man beachte dabei, dass die Plätze für die Menschen vorbereitet sind und nicht anders herum).

Jesus versprach seinen Jüngern: „Ihr, die ihr mir nachgefolgt seid, auch ihr werdet, wenn der Sohn des Menschen auf seinem Thron der Herrlichkeit sitzen wird, auf zwölf Thronen sitzen und die zwölf Stämme Israels richten" (Mt19,28). Wenn wir über diese Worte nachdenken, dann machen wir uns doch unweigerlich auf die Suche nach einem Ort, wo sich so etwas erfüllen könnte; genauso wie die eher allgemeinen Vorhersagen wie „die Sanftmütigen werden die Erde erben" (Mt5,5). Wann wird das geschehen?

Bei vielen Gelegenheiten bot Jesus irdische Belohnungen für einen treuen Dienst an. Er bot „Reiche" und „Eigentum" denjenigen an, die mit Geld und dem Besitz anderer rechtschaffen umgegangen waren (Lk16,11.12). In den Gleichnissen für seine Wiederkunft werden zuverlässige Knechte mit größeren Verantwortungsbereichen belohnt: „Über vieles gesetzt" (Mt25,21.23) oder „über fünf oder zehn Städte" (LK19,17.19). Die Ratsversammlungen und die Gerichte (1.Kor6,2) werden in christlicher Hand sein.

Dass Jesus selbst auch an zwei zeitlich auseinanderliegende Auferstehungen glaubte, wird durch den Gebrauch eines wohlbekannten Ausdrucks, „die Auferstehung der Gerechten" (Lk14,14) und die Befürwortung der moralischen Qualifikation für dieselbe ersichtlich: „die aber, die für würdig gehalten werden, jener Welt teilhaftig zu sein und der Auferstehung aus den [wörtlich: heraus von unter den] Toten" (Lk20,35).

Bis jetzt haben wir nur Seiten des Neuen Testaments durchstreift. Aber die Erwartungen der Apostel auf die Zukunft haben ihre Wurzeln in den Prophetien des Alten

Testaments, denen wir uns nun zuwenden.

Es gibt natürlich viele Prophetien von einer umgestalteten Erde unter Gottes Herrschaft; einer Zeit noch nie dagewesenen Friedens und Wohlstands, in der sich wohlbehütete Nationen um multilaterale Abrüstung bemühen. Die Harmonie wird sich auch in der Langlebigkeit der Menschen äußern. Die in ihren Originalzustand wiederhergestellte Erde durchzieht die ganzen Propheten, aber besonders in Jesaja kommt sie ganz klar zum Ausdruck.

Allerdings gibt es in dieser hebräischen Hoffnung zwei Elemente, die mehrdeutig sind. Erstens: Würde dies durch Gott selbst oder durch einen Menschen, den Messias, bewirkt werden? Zweitens: Würde dies auf dieser alten Erde geschehen, oder wäre dazu die Schöpfung einer neuen Erde erforderlich? Diese zweifache Spannung wird im Kanon der jüdischen Schriften nicht aufgelöst. Aber in der Zeit Jesu konnte man hier und da in anderen Schriften verschiedene Pläne dafür finden (in der zwischentestamentlichen Literatur, die heute als „Apokryphen" und „Pseudoepigraphien" bekannt sind). Eine zunehmende Erwartungshaltung nahm das messianische Zeitalter auf dieser alten Erde vorweg (die Schätzungen für seine Dauer variieren von vierzig bis eintausend Jahre) bevor Gott eine neue Erde schafft (Jes 65,17). Dieses Muster stellt eine erstaunliche Parallele zu dem in Offenbarung 20 skizzierten Geschehen dar.

Es gibt eine Bibelstelle die ausdrücklich eine Zeit voraussagt, wenn das Volk Gottes über diese Welt regieren wird. Bezeichnenderweise gehört sie zur selben „apokalyptischen" Schriftgattung wie die Offenbarung, es ist die zweite Hälfte des Buches Daniel. Die zwei Schriften haben vieles gemeinsam und beleuchten sich gegenseitig.

Besonders das siebte Kapitel des Buches Daniel spricht ganz deutlich über eine zukünftige Herrschaft des Volkes Gottes auf dieser Erde, im Speziellen die Verse 13 – 22.

Der Abschnitt beginnt folgendermaßen: „Und siehe, mit den Wolken des Himmels kam einer wie der Sohn eines Menschen" (Dan7,13). Diesen Text zitierte Jesus selbst (Mk14,62), und er ist zweifelsohne ein Hinweis auf sein zweites Kommen. Es folgt der Text: „Und ihm wurde Herrschaft und Ehre und Königtum gegeben, und alle Völker, Nationen und Sprachen dienten ihm" (Dan7,14). Dann folgen drei Bestätigungen, dass er seine Autorität mit seinem Volk teilen wird: „Aber die Heiligen des Höchsten werden das Königreich empfangen" (Dan7,18); „bis der, der alt an Tagen war, kam und das Gericht den Heiligen des Höchsten gegeben wurde und die Zeit anbrach, dass die Heiligen das Königreich in Besitz nahmen" (Dan7,22); „Und das Königreich und die Herrschaft und die Größe der Reiche *unter dem ganzen Himmel* wird dem Volk der Heiligen des Höchsten gegeben werden" (Dan7,27). Die bisherigen Königreiche werden somit auf sie übertragen werden. Diese übertragenen Königreiche werden als „von der *Erde* her" definiert (Dan7,17).

Man kann unmöglich leugnen, dass zwischen Daniel und der Offenbarung eine Verbindung besteht. Die Parallelen sind zu zahlreich, um zufällig zu sein, ja sie gehen sogar in solch kleine Details wie z.B. die Farbe der Haare (Dan7,9 und Offb1,14). Dieses allumfassende Bild eines Alten an Tagen, eines Menschensohns und der Heiligen, die die Königsherrschaft übernehmen, all das bezieht sich auf das tausendjährige Reich in der Offenbarung.

Wenn wir diesen Teil unserer Studie zusammenfassen, dann können wir wirklich sagen: Ja, es gibt beachtliche Beweise, sowohl direkte als auch indirekte, dass es andere Schriftstellen gibt, die das Konzept eines tausendjährigen Reichs auf der Erde bestätigen. Aber was ist mit den Schriftstellen, die dieser Auffassung zu widersprechen scheinen?

DIE SICH WIDERSPRECHENDEN AUSSAGEN

Es wird behauptet, dass einige Texte die Möglichkeit ausschließen, dass Jesus jemals über ein irdisches Königreich herrschen wird.

Dazu wird sehr oft seine Aussage in der Verhandlung vor Pontius Pilatus angeführt: „Mein Reich ist nicht von dieser Welt" (Joh 18,36). Diesem kleinen Wort „von" werden viele verschiedene Bedeutungen beigemessen – nicht *in* dieser Welt, nicht *wie* diese Welt, nicht *für* diese Welt usw. Jedoch betrifft diese Aussage eher den Ursprung und die Quelle seines Königreichs, als die Art und Weise und den Ort. Er hat ja außerdem sinngemäß gesagt: „Mein Königreich kommt *von* einem anderen Ort her". Aber es gibt auch einen ganz praktischen Aspekt, nämlich die Kraft durch die es aufgerichtet und beschützt wird, die nicht militärischer Natur ist. Es ist bezeichnend, dass in Offenbarung 19 und 20, wenn sich die Armeen im Nahen Osten versammeln, um das Volk Gottes anzugreifen und zu zerstören, das Volk Gottes sich nicht aufrüstet und selbst verteidigt; das Wort des Christus und das Feuer Gottes erringen beide Male den Sieg.

Aber in erster Linie wird ein Widerspruch zum Millennium dadurch begründet, dass man eine *Gleichzeitigkeit* der Ereignisse annimmt, anstatt zu erkennen, dass sie durch eine große dazwischenliegende Zeitspanne voneinander getrennt sind, nämlich durch das Millennium.

Zum Beispiel gibt es Verse, die anscheinend eine gleichzeitige „allgemeine" Auferstehung aller Menschen andeuten, der Gerechten wie der Bösen. Man denkt sofort an die Worte Jesu: „Denn es kommt die Stunde, in der alle, die in den Gräbern sind, seine Stimme hören und hervorkommen werden; die das Gute getan haben zur Auferstehung des Lebens, die aber das Böse verübt haben zur Auferstehung des Gerichts" (Joh 5,28.29; dabei muss man allerdings beachten, dass in Vers 25 eine vorangehende „selektive" Auferstehung stattfindet, die der anderen vorausgeht).

Es gibt auch Verse, die nahelegen, dass das zweite Kommen und das endgültige Gericht zeitlich zusammenfallen. „Wenn aber der Sohn des Menschen kommen wird in seiner Herrlichkeit und alle Engel mit ihm... wird er die Menschen voneinander scheiden" (Mt 25,31.32). Es (Gottes Vergeltung gegen die Bedränger) wird passieren „bei der Offenbarung des Herrn Jesus vom Himmel her mit den Engeln seiner Macht, in flammendem Feuer" (2.Thess 1,7.8).

Dann gibt es noch Bibelstellen, die nahelegen, dass die Auflösung des alten Himmels und der alten Erde und die Schöpfung eines neuen Himmels und einer neuen Erde unmittelbar auf seine Wiederkunft erfolgen (2.Petr 3,3-10). Tatsächlich haben Kommentatoren des zweiten Jahrhunderts n.Chr. den Vers 8 häufig als Beweistext für das Millennium verwendet, weil ja die dort erwähnten „eintausend Jahre" *zwischen* der Diskussion über sein Kommen (Vers 3 – 6) und der Ankündigung der neuen Schöpfung (Vers 13) im Text erscheinen! Diese Art der Auslegung erscheint uns heute ziemlich sonderbar, weil dieser Vers ja eine allgemeine Bemerkung ist, die auf jede Epoche der Geschichte angewendet werden kann. Aber die weitverbreitete Anwendung dieses Verses auf diese Art und Weise zeigt, dass die frühe Christenheit an eine tausendjährige Herrschaft Christi nach seiner Wiederkunft geglaubt hat.

Die vorgenannten Fälle sind ein Beispiel für ein ganz allgemeines Merkmal von Prophetien – nämlich die zusammenfassende Verkürzung von getrennten zukünftigen Ereignissen in einer einzigen Vorhersage. Oft wird dieses Phänomen mit einem Blick durch ein Fernrohr auf ein Gebirge veranschaulicht, wo weit voneinander entfernte Berggipfel als ein zusammenhängender Gipfel erscheinen. Ein herausragendes Beispiel im Alten Testament ist, dass nur ein einziges Kommen Christi gesehen wird, während doch spätere Offenbarungen zeigen, dass es zwei Kommen Chrisi geben wird, die zeitlich weit auseinander liegen. In einem besonderen Fall in Jesaja (Jes65,17-25) wird in einer Vision das Millennium auf der alten Erde und die Ewigkeit in der neuen Erde vermischt; in der ersten werden die Menschen in hohem Alter sterben und in der zweiten werden sie gar nicht mehr sterben.

Es gibt hierfür auch Beispiele in den Vorhersagen Jesu. Ein ganz einfaches ist die zeitliche Komprimierung des vorläufigen Aufenthalts im Hades mit dem letztendlichen Aufenthalt in der Hölle im Gleichnis des reichen Mannes und Lazarus (Lk16,19-26). Ein komplexeres Beispiel ist die zeitliche Komprimierung der Zerstörung Jerusalems im Jahre 70 n.Chr. mit den Katastrophen, die seiner Wiederkunft vorangehen in einer einzigen Rede, womit die Unterscheidung, auf was sich die einzelnen Aussagen beziehen, sehr erschwert wird (Mt24; Mk13; Lk21).

Jesus hatte es bei seinen Aussagen über die Zukunft nicht nötig, alle Details zu erörtern. Es hätte nur unnötige Wiederholungen und Ablenkungen verursacht. Jedes Mal war er darauf bedacht, nur die Aspekte auszuwählen, die für seine jeweilige Lehraussage relevant waren, manchmal hat er dabei auch verschiedene Punkte zusammengefasst.

Dasselbe kann man auch zum Ausdruck „Tag des Herrn" sagen. Dieser Ausdruck wird sowohl für sein zweites Kommen als auch für das letzte Gericht verwendet. Wenn man aber meint, darauf bestehen zu müssen, dass diese beiden Ereignisse innerhalb vierundzwanzig Stunden stattfinden, dann verkennt man die verschiedenen Bedeutungen des Wortes „Tag", der sich genauso auf eine ganze Epoche beziehen kann (wann kommt der Tag, wo man endlich wieder frei seine Meinung sagen darf, wäre ein Beispiel für eine neue Epoche). In der Bibel steht der „Tag des Herrn" in starkem Kontrast zu dem Zeitalter, in welchem der Sünde und Satan gestattet wurden, die Welt zu regieren. Es ist der „Tag", wenn der Herr direkt in die Angelegenheiten dieser Welt eingreift, um seine Absichten durchzuführen. Die „Länge" dieses „Tages" ist nebensächlich.

KAPITEL SIEBZEHN
DAS PHILOSOPHISCHE PROBLEM

Manche werden durch intellektuelle Probleme davon abgehalten, die Idee eines zukünftigen irdischen Millenniums anzunehmen. Sie können sich einfach nicht vorstellen, wie so etwas Realität werden und geschweige denn aufrechterhalten werden kann. Wahrscheinlich liegt es an mangelndem Vorstellungsvermögen, dass auf diese Weise eine radikale Veränderung in unserem sozialen und natürlichen Umfeld überhaupt stattfinden kann.

Andere meinen, dass es wirklich schwierig wäre, die einzelnen Teile zu einem Ganzen zusammenzufügen. Das größte Rätsel ist für viele, wie auferstandene Heilige mit neuen Körpern gleichzeitig mit normal Sterblichen, die sich noch in der ersten Phase ihrer Existenz befinden, zusammenleben können. Dabei übersehen sie die Tatsache, dass genau dieselbe Situation schon einmal dagewesen ist, als nämlich Jesus nach seiner Auferstehung und vor seiner Himmelfahrt mit seinem neuen Körper in dieser Welt war. Er saß ganz einfach da und unterhielt sich mit seinen Jüngern, er aß mit ihnen und hat sogar für sie Frühstück zubereitet.

Und die Sterblichen werden immer noch sexuelle Gelüste haben, während die auferstandenen Heiligen „nicht heiraten noch verheiratet werden" (Lk 20,35). Wie wird es ihnen damit gehen? Werden sie nicht mehr versucht werden können?

Dann gibt es weitere Fragen bezüglich der Orte und der Kommunikation. Wenn Jesus leibhaftig regiert, dann kann er nur an einem Ort gleichzeitig sein. Wird er in Jerusalem sein oder wird er reisen? Und wie können seine verstreuten Gehilfen über verschiedene Regionen regieren, wenn es doch heißt, dass sie nach seinem zweiten Kommen für immer bei ihm sein werden (1.Thess 4,17)?

Man könnte problemlos eine lange Liste solcher verwirrender Fragen aufstellen. Aber es wäre ziemlich unwahrscheinlich, dass wir schon vorher Antworten darauf erhalten. Es ist einfach so, dass die Bibel solche Dinge nicht behandelt. Das Verblüffendste an Offenbarung 20 ist, dass es sich über die Lebensumstände in den „tausend Jahren" vollkommen ausschweigt. Aber wenn wir mehr wüssten, würde es uns nichts nützen. Tatsächlich würden solche spekulativen Betrachtungen sogar eine gefährliche Ablenkung von der wichtigen Aufgabe, nämlich wie wir die entscheidende Zeit unseres jetzigen Lebens gestalten, darstellen.

Wir müssen uns auch daran erinnern, dass es genauso schwierig, wenn nicht sogar schwieriger sein wird, sich vorzustellen, wie das ewige Leben auf der neuen Erde sein wird. Wir hätten ja auch große Schwierigkeiten gehabt, uns das Leben auf dieser gegenwärtigen Welt vorzustellen, wenn man – was natürlich unmöglich war – es uns vor unserer Geburt mitgeteilt hätte. Auch für unsere Vorfahren war es schier unmöglich, sich vorzustellen, wie ein Mensch Autofahren oder auf dem Mond Golfspielen kann, wie man Fernseher und Computer benutzt und Gentechnik anwendet. Wir müssen einfach einsehen, dass unser Verständnis in der gegenwärtigen Kenntnis und Erfahrung begrenzt ist, und dass es sehr töricht wäre, wenn man behauptet, etwas wäre unmöglich, nur weil man es nicht versteht.

Trotzdem müssen wir die Gründe ausfindig machen, warum wir uns so schwer damit tun, manche Dinge zu glauben. Hinter den vielen praktischen, jetzt gerade erörterten

Fragen steckt nämlich eine größere mentale Blockade, die vom griechischen Denken, das unsere westliche Philosophie beeinflusst hat, herrührt.

Das Millennium ist eigentlich ein hebräisches Konzept und es ist dem griechischen Denken fremd. Weil es mit der Hoffnung einer *körperlichen* Auferstehung verknüpft ist, wird es von denjenigen ins Lächerliche gezogen, die an eine unsterbliche Seele, die aus ihrem physischen Gefängnis befreit werden muss, glauben (Apg17,32). Für diese ist die ganze Idee einer zukünftigen Existenz in dieser natürlichen Welt ein Ärgernis.

Denn die Griechen haben es nie zustande gebracht, eine Ausgewogenheit zwischen geistigen und physischen Realitäten herzustellen. Ganz anders als die Hebräer, deren Schöpfungslehre sie davor bewahrte, die Welt in zwei Sphären aufzuspalten, haben die griechischen Denker ganz scharf zwischen Ewigkeit und Zeitlichkeit, heilig und profan, Himmel und Erde, Seele und Körper unterschieden. Plato hat sich auf das erstere, Aristoteles auf das letztere konzentriert, aber nie sind diese Sphären „zusammengerückt".

Das führte auch zu einer zwiespältigen Haltung gegenüber dem „Fleisch", was sich in den Extremen der Ausschweifung und der Askese äußert. Zwangsläufig führte das auch dazu, dass man den physischen Aspekt unseres Daseins mit dem „Bösen" assoziierte. Ganz folgerichtig bedeutete „Errettung" die Befreiung der „Seele" vom Körper und der natürlichen Umgebung, was entweder durch den Tod oder durch Enthaltsamkeit und Disziplin erreicht werden konnte.

Nichts könnte von der biblischen Wahrheit, die ganz klar aussagt, dass die materielle Welt im Grunde genommen gut (Gen1) und nur moralisch verschmutzt ist, weiter entfernt sein. Gottes Absicht war, dass körperliche Begehren, einschließlich Sex, genossen werden sollten. Der Körper kann ein heiliger Tempel und ein Aufenthaltsort von Gottes

Geist sein. Sein ewiger Vorsatz ist es, unsterbliche Körper in einem neuen Universum zu haben.

Selbst in der Zeit des Neuen Testaments kam es zum Kampf zwischen diesen beiden sehr unterschiedlichen Philosophien (siehe z.B. 1.Tim4,1-5). Der schleichende Einfluss dieses „Gnostizismus" (der Anspruch, eine überlegene Kenntnis der Realität zu besitzen; das Gegenteil von „Agnostizismus") wurde zur größten Herausforderung des jüdisch-christlichen Glaubens im zweiten Jahrhundert. Die Gläubigen standen in der Gefahr, „super-geistlich" zu werden.

Es ist eine traurige Tatsache, dass die griechische Philosophie den Großteil der christlichen Kirche vereinnahmt und die Theologie bis heute stark beeinflusst hat. Die meisten westlichen Kirchen lesen die Schrift durch eine griechische Brille (dabei muss man auch erkennen, dass, obwohl das Neue Testament in umgangssprachlichem Griechisch (koine) geschrieben wurde, alle seine Verfasser bis auf einen Hebräer waren und hebräisch dachten).

Die Katastrophe nahm in Nordafrika ihren Lauf. Alexandria, das an der ägyptischen Küste lag, prahlte damit, die renommierteste Universität der antiken Welt hinter Athen zu besitzen. Weil sie außerhalb Griechenlands lag, bestand ihr einzigartiger Beitrag für die Welt darin, die griechische Philosophie zu anderen Kulturen zu tragen. Genau hier, so sagt man, wurde das Alte Testament von siebzig Gelehrten in die griechische Sprache übersetzt (daher auch der Name „Septuaginta" oder in der Kurzform „LXX"). Aber mit der Sprache kann sich auch eine Denkweise etablieren, und die jüdischen Gelehrten begannen, „griechisch zu denken", der Angesehenste von ihnen war Philo.

Lange Zeit später wurden auch christliche Theologen derselben Universität, die bekanntesten waren Clemens und Origenes, von demselben unterschwelligen Prozess beeinflusst. Der letztere entwickelte eine ganz neue Methode, um mit der Bibel umzugehen: die allegorische Methode. Er lehrte seine Studenten, hinter die wörtlichen Aussagen der Bibel zu blicken und die „geistige" Bedeutung ihrer Botschaft zu entdecken. Das war der entscheidende Schritt, sich von der einfachen und offensichtlichen Auslegung der Bibel zu entfernen, und das hat sich bis heute gehalten („Nimmst du die Bibel etwa immer noch wörtlich?"). In ihrer heutigen Form behandelt sie die Schrift als Quelle von „Werten" und nicht von Tatsachen.

Diese vergeistigende Methode wurde von einem Bischof in Hippo (im heutigen Tunesien) noch weitergeführt, dieser war Augustinus. In seiner Jugend führte er ein ausschweifendes Leben, was ihn später dazu brachte, dass er alles Körperliche mit dem Bösen verband, und z.B. alle sexuellen Betätigungen als moralisch unrein ansah, selbst wenn sie innerhalb einer Ehe stattfanden. Es mag vielleicht verständlich sein, dass er mit ganzem Herzen Platos Trennung des Geistigen vom Materiellen anhing, er hatte sie ja während seiner „klassischen" Ausbildung gründlich studiert. Aber für die Kirche war es katastrophal, dass er die christliche Lehre nach seinem Gedankenkonzept umgestaltete. Mehr als jeder andere hat er die spätere Gedankenwelt sowohl der katholischen als auch der protestantischen Kirche beeinflusst. Es ist nicht übertrieben, wenn man sagt, dass er die kirchliche Geisteshaltung vom hebräischen ins griechische Denken transferierte.

Es hat zwar viele grundlegende Lehren berührt, wir aber wollen seinen Einfluss auf das Millennium untersuchen. Wie wir sehen werden, ist die einzige uns überlieferte Anschauungsweise der „Kirchenväter" (wie die Gelehrten der ersten Jahrhunderte der Kirchengeschichte genannt werden) über das Millennium der Prämillenarismus, was also unserer bereits dargelegten Anschauung über das 20 Kapitel der Offenbarung entspricht – nämlich, dass die leibliche Wiederkunft Jesu seiner Herrschaft auf der Erde für tausend Jahre vorausgeht, welche wiederum zum Tag des Gerichts überleitet. Bis zur Zeit des Augustinus gab es darüber keinerlei Diskussion oder Meinungsverschiedenheiten.

Er aber änderte das alles. Es gibt Anzeichen dafür, dass er in seinem anfänglichen Dienst glaubte und lehrte, was bis dahin die „orthodoxe" prämillenaristische Anschauung war, an der ganz offensichtlich und ohne jeden Zweifel überall festgehalten wurde. Aber dieses Verständnis ist eben mit der platonischen Philosophie unvereinbar. Es ist viel zu physisch um geistig zu sein, viel zu irdisch für ein „Königreich der Himmel". Es mussten also zwei radikale Änderungen vorgenommen werden.

Die erste war, dass man die zeitliche Abfolge in der Offenbarung aufbrach, Kapitel 20 vom Kapitel 19 trennte und die Reihenfolge umkehrte, damit man die Millenniums-Passage als „Rekapitulation" bezeichnen konnte. Die Ereignisse, die dem zweiten Kommen folgen, gehen nun dem zweiten Kommen voraus. Man sagt, dass das Millennium eine Beschreibung des Kirchenzeitalters sei (was übrigens damals erst fünfhundert Jahre angedauert hatte; jetzt, wo wir noch einmal fünfzehnhundert Jahre weiter sind, bleibt nichts anderes übrig, als die Zahl Eintausend als ein Symbol der letzten zweitausend Jahre zu betrachten!).

Dieser Wechsel war der Same des Postmillenarismus – der Glaube, dass Jesus *nach* (lat. = post) dem Millennium wiederkommt. Das aber führt zur Frage nach der Art und Weise des Millenniums. Sogar in den Tagen des Augustinus, nachdem sich Kaiser Konstantin bekehrt und das Christentum als einzig anerkannte Staatsreligion eingeführt hatte, tat man sich schwer, die Welt als von Christus beherrscht zu sehen, insbesondere weil man wirklich nicht behaupten konnte, dass Satan nicht mehr am Werk sei. Deshalb wurde noch eine weitere grundsätzliche Änderung der Auslegung vorgenommen.

Diese zweite Änderung bestand darin, dass man das Millennium zu einer „geistigen" Herrschaft deklarierte. Christus regiert im Himmel und nicht auf der Erde, obwohl sich seine Herrschaft überall dort zeigt, wo das Evangelium gepredigt und die Kirche aufgerichtet wird. Nur in dieser himmlischen Sphäre (Augustinus nannte sie „die Stadt Gottes") kann Satan gebunden und verbannt werden.

Dieser zweite Wechsel war der Same zum Amillenarismus – nämlich, dass Christus auf dieser Erde niemals im irdischen Sinn regieren wird (also auch nicht auf dem Thron Davids). Die Vorsilbe „A" bedeutet „Nicht" (wie z.B. A-theist), aber man ist sehr zögerlich, den Ausdruck Nicht-Millenarist zu verwenden, denn das würde bedeuten, dass man Offenbarung 20 völlig verwirft. Der aufmerksame Leser hat vielleicht schon erkannt, dass es sich beim Amillenarismus in Wirklichkeit um eine „geistige" Variante des Postmillenarismus handelt; und so wollen wir ihn auch behandeln. Augustinus hatte solch einen mächtigen Einfluss, dass die prämillenaristische Anschauung der ersten wenigen Jahrhunderte im Konzil von Ephesos im Jahre 431 n.Chr. als Häresie verdammt wurde! Der Prämillenarismus wird seitdem von Katholiken und Protestanten gleichermaßen mit Argwohn betrachtet, obwohl man seit zweihundert Jahren wieder zunehmend Interesse daran zeigt, nicht zuletzt deshalb, weil man sich wieder neu nach der Rückkehr des Herrn sehnt, was durch den desolaten Zustand dieser Welt, den wohl niemand leugnen kann, zusätzlich angeregt wird.

Dieser historisch philosophische Hintergrund musste zuerst einmal betrachtet werden, damit man das weite Spektrum der heutigen Ansichten untersuchen kann. Die drei Hauptpositionen waren im sechsten Jahrhundert alle schon vorhanden. Der Prämillenarismus der frühen Kirche war durch den platonischen Einfluss des Augustinus zum Postmillenarismus bzw. Amillenarismus der späteren Kirche geworden.

Aber die Zeit steht nicht still – und das Denken auch nicht. Alle drei Ansichten haben sich weiterentwickelt:

Einige Postmillenaristen sind zu dem Konzept einer irdischen, politischen Herrschaft Christi durch eine Kirche, die die Weltregierung für eine längere Zeit übernehmen wird, *bevor* Er wiederkommt, zurückgekehrt. Wir müssen deshalb zwischen „spirituellem" und „politischem" Postmillenarismus unterscheiden.

Die Prämillenaristen kehrten im frühen neunzehnten Jahrhundert in neuem Gewand zurück. Ihre prämillenaristische Ansicht war Teil eines neuen theologischen Modells, das die Geschichte in sieben einzelne Epochen aufteilte, die sogenannten „Dispensationen" (Haushaltungen). In jeder dieser Epoche behandelt Gott die Menschen auf unterschiedliche Weise, nämlich aufgrund verschiedener Bündnisse. Die letzte „Dispensation" wird das wiederhergestellte „Königreich" Israels sein, das von Christus von Jerusalem aus regiert werden wird, während die Christen in dieser Zeit im Himmel bleiben werden. Wir müssen also zwischen dem modernen dispensationalistischen Prämillenarismus und dem klassischen Prämillenarismus der frühen Kirche unterscheiden.

Der echte Amillenarismus, also im wahrsten Sinne ein „Nicht-Millenarismus", ist das Produkt der weitverbreiteten Liberalen Theologie des zwanzigsten Jahrhunderts. Er weist die ganze Idee eines christlichen Millenniums als absurd zurück und verwirft Offenbarung 20 komplett. Oder er betrachtet dieses Kapitel als Mythos, als eine Fabel, die mit der Weltgeschichte nichts zu tun hat, die zwar Einsichten aber keine Voraussichten enthält (die „tausend Jahre" sind einfach eine poetische Ausschmückung, sie sind genauso wie die sechs Schöpfungstage ein Mythos und haben mit einer konkreten Zeit oder Zeitspanne rein gar nichts zu tun). Wir werden diese beiden Varianten als „skeptischen Amillenarismus" und als „mythischen Amillenarismus" bezeichnen.

Obwohl es noch weitere Untervarianten gibt, wollen wir es bei dieser sechsfachen Klassifikation belassen, denn damit kommen wir am besten mit unserer jetzigen Betrachtung und Diskussion zurecht. Der Leser, der inzwischen schon etwas darüber nachgedacht hat, wird seine Position bald identifizieren können, wenn er sich durch den folgenden Fragebogen mit seinen Ausschlusskriterien durchgearbeitet haben wird.

1. Glaubst du, dass der Ausdruck „eintausend Jahre" in Offenbarung 20 sich auf einen bestimmten Zeitabschnitt der Weltgeschichte auf der Erde bezieht?
    NEIN: Du bist ein AMILLENARIST; weiter zu 2.
    JA: Weiter zu 3.

2. Hat diese Passage heutzutage irgendeine Bedeutung?
    NEIN: Du bist ein SKEPTISCHER AMILLENARIST.
    JA: Du bist ein MYTHISCHER AMILLENARIST.

3. Wird Christus nach oder vor diesem tausendjährigen Zeitabschnitt wiederkommen?
    DANACH: Du bist ein POSTMILLENARIST; weiter zu 4.
    VORHER: Du bist ein PRÄMILLENARIST; weiter zu 5.

4. Sind die „tausend Jahre" symbolisch als <u>gesamte</u> Kirchengeschichte vom ersten bis zum zweiten

Kommen zu sehen oder sind sie buchstäblich der letzte <u>Teil</u> der Kirchengeschichte.

GESAMT: Du bist ein SPIRITUELLER POSTMILLENARIST.
TEIL: Du bist ein POLITISCHER POSTMILLENARIST.

5. Wird die tausendjährige Zeit einen christlichen oder jüdischen Charakter haben?
CHRISTLICH: Du bist ein KLASSISCHER PRÄMILLENARIST.
JÜDISCH: Du bist ein DISPENSATIONALISTISCHER PRÄMILLENARIST.

So, jetzt weißt du es! Oder etwa nicht? Wenn du noch am Zweifeln bist, lies weiter. Hoffentlich wird alles klar, wenn wir jede dieser sechs Sichtweisen im Detail untersuchen. Wir werden jede aus drei Perspektiven betrachten: Historisch (wie, wann und warum entwickelte sie sich), exegetisch (wie wird mit Offenbarung 20 umgegangen) und praktisch (was sind die Auswirkungen auf Evangelisation und das soziale Engagement).

Natürlich ist es unmöglich ganz objektiv zu bleiben, besonders bei der letzten Perspektive, die sich auf Beobachtungen und nicht auf Statistiken stützt. Der aufmerksame Leser wird längst die Position des Autors ausgemacht haben: den klassischen Prämillenarismus – falls du es noch nicht erkannt hast! Diese Studie wird mit einem persönlichen Statement enden, welches erklärt, warum der Autor zu seiner Überzeugung gelangt ist.

Dennoch wird der ernsthafte Versuch unternommen, eine angemessene Präsentation der verschiedenen Sichtweisen zu geben. Jede hat ihre Probleme, aber manche haben mehr

Probleme als andere! Die Angelegenheit kann man auch nicht per Abstimmung entscheiden, denn je nach Zeit oder Ort ist sie ganz unterschiedlich ausgefallen.

Für die „evangelikalen" Leser wird eine Frage am allerwichtigsten sein: Welche Position „schneidet das Wort der Wahrheit am geradesten" (2.Tim2,15)?

KAPITEL ACHTZEHN

DIE UNTERSCHIEDLICHEN ANSCHAUUNGEN

1. SKEPTISCHER AMILLENARISMUS
Diese Anschauung kann nur in jemandem reifen, der seinen Glauben an die Inspiration und die Autorität der Schrift verloren hat; der sagt, dass die Bibel möglicherweise das Wort Gottes enthält, sie aber nicht das Wort Gottes darstelle. Die Bibel sei eine Mischung aus göttlicher Inspiration und menschlicher Einbildungskraft. Man benötigt Unterscheidungsvermögen, um den Weizen von der Spreu zu trennen. Welche Kriterien man dabei anwendet, hängt ganz vom einzelnen ab, und so sind die Ergebnisse sehr subjektiv. Man nennt das: Die Bibel mit der Schere in der Hand lesen!

Offenbarung 20 wird normalerweise zusammen mit dem Großteil der Offenbarung und den übrigen apokalyptischen Passagen der Bibel meist mit einer gewissen Verachtungshaltung abgelehnt.

Dieser harschen Zurückweisung liegt ein rationalistischer Skeptizismus zugrunde, der seine Wurzeln in der Aufklärung hat. Er verunreinigte die theologischen und biblischen Studien in Deutschland vom Ende des neunzehnten Jahrhunderts an. Diese Bewegung wurde „Höhere Bibelkritik" genannt (im Gegensatz zur „niederen Textkritik", die einfach nur den korrektesten Urtext wiederherstellen wollte). Die zugrundeliegende Annahme war, dass der übernatürliche

Raum (wenn er überhaupt existiert) keine Auswirkungen auf den natürlichen Raum haben kann (wir sehen hier wieder den platonischen Dualismus!). Und so sind Wunder ausgeschlossen, es sei denn, es können „natürliche" Ursachen gefunden werden. Genauso verhält es sich mit der Prophetie, wenn sie die Zukunft vorhersagt. Weil die Offenbarung voller vorhersagender Prophetie ist, ist sie höchst suspekt und sollte eigentlich aus der Bibel entfernt werden. Deswegen haben wir keine Möglichkeit die Exegese dieser Anschauung zu prüfen, denn es gibt keine!

Allerdings muss man zugeben, dass einige Evangelikale, die zwar vehement gegen diese Herangehensweise an die Bibel sind, ihr praktisch gesehen jedoch zustimmen. Ob bewusst oder unbewusst lassen sie die „apokalyptischen" Schriften im Allgemeinen unbeachtet und ignorieren damit natürlich auch das Thema Millennium. Sie finden es unwichtig, sich mit der Bedeutung von Offenbarung 20 auseinanderzusetzen und betrachten die Debatte darüber als akademisches Ablenkungsmanöver ohne praktischen oder geistlichen Nutzen.

Mit einer solchen Haltung bezichtigt man natürlich die frühe Kirche des Irrtums, denn sie war es ja, die die Offenbarung in den biblischen Kanon aufgenommen hat. Es ist schier unglaublich, dass alle großen protestantischen Reformer (Luther, Calvin und Zwingli) dieser Meinung waren!

Die Auswirkungen dieser Verachtung hängen davon ab, wie ernsthaft man mit den übrigen Schriften der Bibel umgeht. Die Erben der Reformation halten immer noch an den Hauptaussagen der Endzeit fest: der Wiederkunft Christi, dem Tag des Gerichts, der Hölle und dem Himmel. Aber es besteht wenig Interesse an der Erde, sowohl der alten als auch der neuen.

Weil man nun das reale Aufeinandertreffen des Königreiches der Himmel und des Königreiches der Erde im Millennium außer Acht lässt, konzentrieren sich die Evangelikalen auf das Erstere und die nächste Welt, während sich die Liberalen auf das Letztere und diese gegenwärtige Welt konzentrieren. Und so wurde das „Soziale Evangelium" geboren, welches das „Königreich" so versteht, dass man die politischen und kulturellen Bedingungen hier und jetzt verbessern soll; es würde durch menschliche Revolution und nicht durch göttliches Eingreifen aufgerichtet werden. Dieses Konzept motiviert ungemein, sich in der Gesellschaft einzubringen.

Aber das Resultat ist natürlich, dass es zwischen der christlichen und der humanistischen Hoffnung für die Zukunft fast keinen Unterschied mehr gibt. Das zweite Kommen Christi rückt immer weiter in den Hintergrund und spielt für die Erwartungshaltung keine Rolle mehr. Es mag zwar noch für das christliche Bekenntnis eine Rolle spielen, hat aber längst aufgehört, eine „glückselige Hoffnung" (gemäß Tit 2,13) zu sein, wo es doch um die Rückkehr der einzigen Person geht, die fähig ist, die Welt wieder in Ordnung zu bringen.

Die Liebe wird in dieser Anschauungswelt sehr betont, der Glaube schon etwas weniger, die Hoffnung aber so gut wie nicht. Die Leser sollten jetzt ohne Weiteres in der Lage sein, diese Anschauungen in der Praxis oder bei Predigten zu erkennen.

2. MYTHISCHER AMILLENARISMUS

Diese Anschauung nimmt Offenbarung Kapitel 20 ernster und behandelt sie als Schrift, die eine Botschaft enthält. Allerdings wird ihre einfache und buchstäbliche Auslegung als Vorhersage für zukünftige Ereignisse abgelehnt, und man nimmt sie als Fiktion und nicht als Fakt.

Es ist wichtig, das Wort „Mythos" richtig zu verstehen, wenn man es auf die Schrift anwenden will. Es bedeutet nicht „unwahr", wenn auch der gemeinsame Gebrauch mit dem Wort „Geschichte" (eine unwahre Geschichte) solches nahelegen könnte. Das Wort bezeichnet die *Art und Weise* der Wahrheit, die in einer Erzählung gefunden werden kann. Die Erzählung kann von keinen wirklich stattgefundenen Ereignissen oder von Ereignissen, die in Wirklichkeit nie stattfinden werden, berichten, aber sie transportiert dennoch geistige „Wahrheiten", die ganz real sein können. Die Mythen reichen von den Fabeln des Äsop bis hin zu den Gleichnissen Jesu.

Ein Charakteristikum solcher Mythen ist, dass nicht alle Ausschmückungen für die Wahrheit relevant sind. Manche sind nur Teil des literarischen Rahmens, der Autor des Mythos hat die „dichterische Freiheit", um Aufmerksamkeit zu erzeugen. Die „Essenz" des Mythos enthält die Botschaft. Die Details sind nicht so wichtig. Sie sind keine vollständigen Allegorien, wo jedes Detail eine Bedeutung hat.

Die ersten Schriftstellen, die als Mythos gesehen wurden, sind die ersten Kapitel des Buches Genesis. Die „Höhere Bibelkritik" konnte es teilweise nicht akzeptieren, dass es die Möglichkeit einer „rückwärts gerichteten" Prophetie geben kann (die göttliche Offenbarung der unbekannten Vergangenheit), genauso wenig wie die „vorwärts gerichtete" Prophetie (die Offenbarung der unbekannten Zukunft); das war den wissenschaftlichen Entdeckungen geschuldet, die dem biblischen Bericht widersprachen. Die Erde hat viereinhalb Milliarden Jahre benötigt, um sich zu dem zu entwickeln, was sie heute ist, und nicht etwa sechs Tage (ein ziemlich großer Unterschied!). Fehlende Rippen, magische Bäume und sprechende Schlangen werden als Märchen angesehen. Dennoch enthalten diese Mythen wichtige Wahrheiten. Die problematischen Details sind dann nur literarische Dekoration.

Wenn man erst einmal so angefangen hat, dann erweist sich die Lösung des Konfliktes zwischen Wissenschaft und

Schrift als ein schlüpfriger Pfad. Es ergibt sich folgendes Problem: Wo endet der Mythos und wo beginnt die Wirklichkeit (also tatsächliche Ereignisse)? Bald werden die Patriarchen Abraham, Isaak und Jakob verdächtig, dann Mose und der Auszug aus Ägypten usw. Aber die Erzählungen behalten ihren Wert – und zwar für „Werte", für die Ideale und Maßstäbe, die unser Leben bestimmen.

Unweigerlich kam das Neue Testament unter denselben Verdacht. Schon immer wurden die Gleichnisse und Erzählungen auf diese Weise verstanden, nämlich als Vehikel einer Botschaft. Jetzt aber wurden auch historische Ereignisse, die man früher als solche akzeptiert hat, in Frage gestellt. Die Wunder Jesu wurden erst zu Gleichnissen, die eine geistliche Wahrheit demonstrieren sollten, und in der Folge nur noch zu schlichten Gleichnissen. Die Erzählung der Jungfrauengeburt wurde dann einfach zu einer Darstellungsmethode, um die einzigartige Beziehung zwischen Jesus und seinem himmlischen „Vater" zu verdeutlichen (wer aber sollte dann sein irdischer Vater gewesen sein, und war er dann etwa das Resultat von Unzucht?). Der deutsche Gelehrte Rudolf Bultmann hat es auf die Spitze getrieben, indem er es auf das Herzstück des christlichen Glaubens angewendet hat: Die körperliche Auferstehung Jesu wurde als apostolisches Märchen betrachtet, welches nur noch die Wahrheit enthält, dass der Einfluss Jesu sein Ableben überdauert hat.

Für solch einen „entmythologisierenden" Ansatz ist das Buch der Offenbarung geradezu prädestiniert. Hoch symbolisch und voll von Bildsprache ist es eine leichte Beute für solche Mythen-Macher. Es enthält Einsichten für die Gegenwart und keine Voraussichten für die Zukunft, es ist gegenwartsbezogen und keine geschichtliche Wahrheit. Diese Anschauung wurde als „Idealistische Denkschule" bekannt (siehe Teil B des Buches).

Mythische Wahrheiten sind zeitlos und doch in der Zeit; sie sind überall und allezeit anwendbar. Sie stehen in keiner Beziehung zu der Zeit, zum Gang der Geschichte und zur Reihenfolge von Ereignissen. Diese künstliche Auflösung des Zeitbezugs in der Offenbarung hat ernste Konsequenzen für die Auslegung und Anwendung ihrer Botschaft, nicht zuletzt auch von Kapitel 20.

Das Millennium ist kein spezieller Zeitabschnitt; die eintausend Jahre stehen für jede Zeit oder sogar für alle Zeiten. Die darin enthaltene Wahrheit besagt, dass Christus und die Christen zusammen in der Lage sind, das Territorium Satans einzunehmen (wobei man annimmt, dass Satan kein Mythos ist, sondern eine Personifizierung des Bösen!).

Ohne Zweifel ist es wahr, dass Christus und die Christen in der Lage sind, das Reich Satans einzunehmen, und es ist eine große Ermutigung für Gläubige, die in Bedrängnis sind, und es passt auch zur Absicht der Offenbarung. Aber ist es die ganze Wahrheit, die diese Passage zeigt? Wenn man die Botschaft nur auf dieses eine Thema beschränkt, dann ignoriert man viele spezifische Details – zum Beispiel: die „erste" Auferstehung und die Auferstehung „der Übrigen" und die Freilassung Satans. Vor allen Dingen aber lässt es die Abfolge der Ereignisse in den Visionen, von denen das Millenniums eine ist, außer Acht.

Während diese Auslegungsweise in gewisser Hinsicht „wahr" ist, so ist sie doch weit davon entfernt, eine angemessene Erklärung abzugeben. Sie schließt die Grundlage für den Glauben, dass Christus eines Tages diese Welt regieren wird, nachdem Satan aus ihr verbannt wurde, aus. Theologisch ausgedrückt: Die eschatologische Dimension des Evangeliums (was wird sich am Ende *sicher* ereignen) wurde in einen existenzialistischen Modus abgewandelt (was könnte sich *möglicherweise* in der Gegenwart ereignen).

Der mythische ist zwar besser als der skeptische Amillenarismus, weil er aus der Offenbarung etwas macht – aber er macht leider nicht genug daraus. Der spirituelle Postmillenarismus, zu dem wir jetzt kommen werden, macht sogar noch mehr daraus. Die beiden sind nicht einfach auseinanderzuhalten, weil die Unterschiede mehr im Ausmaß als in der Art und Weise zu bestehen scheinen. Daher kommt auch die allgemeine Verwirrung um den Ausdruck Amillenarismus. Man sollte diesen Ausdruck nur auf die Sichtweise, dass die tausend Jahre keinerlei zeitlichen Bezug haben, anwenden. Der Postmillenarismus hingegen wendet die tausend Jahre auf das Kirchenzeitalter zwischen erstem und zweiten Kommen Christi an, sei es das ganze (spirituell) oder auch nur ein Teil des Kirchenzeitalters (politisch).

3. SPIRITUELLER POSTMILLENARISMUS

Wie wir schon gesehen haben, ist dies die zweitälteste Anschauung, die im vierten und fünften Jahrhundert insbesondere durch die Lehre des Augustinus aufgekommen ist.

Teilweise war diese Anschauung eine Reaktion gegen die frühere, etwas unweise Verkündung über die physischen Aspekte des tausendjährigen Königreichs, die weit über die Schrift hinausging und die Sinneslust reizte. Augustinus sagte, dass er veranlasst gewesen sei, die prämillenaristische Sichtweise der frühen Kirchenväter aufzugeben, weil einige die Lehre in fleischliche Vorstellungen pervertiert hätten.

Trotzdem war dieser Umschwung in erster Linie dem Festhalten am platonischen Dualismus geschuldet, der zwischen geistig und physisch unterschied, aber nicht klar zwischen physisch und böse (fleischlich kann beides meinen). Für diese Art zu denken war das traditionelle Konzept des Millenniums viel zu irdisch (spätere Christen würden das Wort „weltlich" benutzen).

So wurde also das Millennium von der Zukunft in

die Gegenwart versetzt (das zweite Kommen wurde nach ihm (post) und nicht vor ihm (prä) festgelegt) und seines physischen und politischen Kontextes beraubt. Es wurde vergeistigt, mit einem Christus im Himmel und nur durch seinen Leib hier auf der Erde anwesend, welcher die Kirche ist.

Offenbarung 20 wird wesentlich ernster genommen als von der amillenaristischen Auslegung. Jedes Element wird erklärt. Aber die große Neuerung besteht darin, dass man dieses Kapitel als Rekapitulation von Ereignissen, die zu Kapitel 19 führen, betrachtet, und so die Abfolge der Visionen aufbricht. Dieser radikale Schritt führt zu ziemlich unterschiedlichen Auslegungen.

Die tausend Jahre wurden zu Anfang ziemlich wörtlich als Dauer des Kirchenzeitalters genommen. Aber jetzt, nach zweitausend Jahren, müssen sie als symbolischer Hinweis auf eine längere Periode gesehen werden, weil das Millennium als die gesamte Zeit zwischen dem ersten und dem zweiten Kommen angesehen wird.

Weil es offensichtlich ist, dass Satan immer noch beträchtlichen Einfluss auf die Welt hat, wird seine Verbannung auf eine „Bindung" reduziert, die seine Inhaftierung darauf beschränkt, dass er nicht in der Lage ist, die Verbreitung des Evangeliums zu verhindern. Der Engel, der ihn gebunden hat, war Christus (Mt12,29).

Die Märtyrer regieren mit Christus im Himmel; diese Herrschaft beginnt im Moment ihres Todes, wenn sie zum Herrn kommen. Die erste Auferstehung kann nicht als körperliches Ereignis verstanden werden; es muss sich auf die Wiedergeburt beziehen, das Bekehrungserlebnis, bei dem wir mit Christus „auferstehen" (Eph2,6). Es ist deshalb kein gemeinschaftliches, sondern ein individuelles Ereignis.

Das „lebendig werden" der „übrigen" ist ein gemeinsames physisches Ereignis, nämlich die „allgemeine" Auferstehung der Gerechten und der Bösen beim zweiten Kommen für den Tag des Gerichts. Das bedeutet natürlich, dass alle, die die „erste" Auferstehung (d.h. die Bekehrung) erlebt haben, bei der zweiten Auferstehung mit dabei sind. Sie werden also zweimal „lebendig werden". Dadurch wird die Auferstehung „der übrigen" allerdings zur Farce, denn jetzt ist jeder beteiligt!

Die „Freilassung Satans" für seinen finalen Coup wird unmittelbar vor dem zweiten Kommen stattfinden und bezieht sich auf die Schlacht von Harmagedon. So wird Offenbarung 19,19-21 und 20,7-10 zu parallelen Berichten desselben Kampfes; die vernichtende Kraft ist demnach sowohl das Wort des Christus (Offb19,15) als auch das Feuer vom Himmel (Offb20,9).

Der Leser muss selbst entscheiden, ob das eine überzeugende *exegesis* (aus dem Text das hervorbringen, was dort enthalten ist) oder eine manipulierende *eisegesis* ist (etwas in den Text hineinlegen, was dort gar nicht vorhanden ist). Mit einfachen Worten, ist der Text gemäß einem vorgefassten Programm ausgelegt worden? Ist ihm „Gewalt angetan" worden, damit er zu einem vorher festgelegten Muster passt?

Es ist offensichtlich, dass einige Aussagen (z.B. „die erste Auferstehung) metaphorisch und nicht wörtlich genommen werden, daher auch die scheinbare Ähnlichkeit mit dem mythischen Amillenarismus. Aber noch auffallender ist die Willkür, mit der man zwischen metaphorischer und wörtlicher Auslegung wechselt, und dieses sogar innerhalb eines Satzes und eines Kontextes („lebendig werden").

Trotzdem wird diese Interpretationslinie am häufigsten in der gesamten Kirchengeschichte akzeptiert. Welche Auswirkung hat sie aber auf die christliche Hoffnung?

Die Antwort ist: Es führt zu Pessimismus bezüglich dieser Welt und zu Optimismus bezüglich der nächsten. Man erwartet, dass die Welt sich nicht besonders verändern wird. So wie die Weltbevölkerung zunimmt, so werden sich sowohl das Königreich Gottes als auch das Königreich Satans ausbreiten. Der Weizen und das Unkraut werden „beide zusammen aufwachsen" bis die Zeit der Ernte kommt (Mt13,30). Und tatsächlich wird die Situation unmittelbar vor dem Ende mit der „Freilassung" des Sämanns des Unkrauts noch schlimmer.

Die Hoffnung, dass eine ganze Welt wieder unter die Herrschaft Gottes kommt, wird aufgeschoben bis die neue Erde erscheint, die unmittelbar nach dem zweiten Kommen, nachdem das Gericht stattgefunden hat, hervorgeführt wird. Dann, und nur dann wird das Königreich wahrhaftig und vollständig gekommen sein „auf Erden so wie es im Himmel ist" (allerdings ist es bemerkenswert, wie wenig die Verfechter dieser Anschauung die neue Erde betonen).

Es hat den Anschein, dass das ganze Schema eine befriedigende Erklärung für den gegenwärtigen Zustand der Welt, kombiniert mit einer freudigen Erwartung der Zukunft anbietet. Letzteres ist eine starke Motivation für Evangelisation, aber der Glaube, dass diese Welt nicht besser werden kann, scheint soziales Engagement zu behindern. Der zugrundeliegende platonische Dualismus bewirkt, dass das Hauptaugenmerk auf das „Retten von Seelen" und nicht auf das Verbessern von Lebensumständen gesetzt wird (ganz folgerichtig lehrte Augustinus das Aufhören von Heilungswundern nach Ende des apostolischen Zeitalters; er musste am Ende seines Dienstes allerdings seine Meinung revidieren, als in seiner eigenen Gemeinde genau diese Dinge sich ereigneten!).

Ironischerweise beansprucht eine wesentlich optimistischere Version des Postmillenarismus Augustinus als ihren geistlichen Vater. Sein Denken über diese Welt war durchaus ambivalent und schwankte zwischen Pessimismus und Optimismus bezüglich des Einflusses der Kirche auf die Welt. Wir schauen uns nun die hoffnungsvollere Variante an.

4. POLITISCHER POSTMILLENARISMUS

In der Zeit des Augustinus fanden zwei politische Entwicklungen statt, die das christliche Denken über die Zukunft radikal beeinflussten. Einerseits war das römische Reich „christlich" geworden. Die Bekehrung Konstantins (bei der Schlacht an der Milvischen Brücke, nördlich von Rom, als er das Zeichen des Christus am Himmel sah und eine Stimme hörte, die sagte: „In diesem Zeichen siege!") führte zur Einsetzung des Christentums als Staatsreligion und später zur Unterdrückung anderer Religionen (einschließlich des Judentums). Die Kirche hatte die Welt eingenommen, obwohl diejenigen, die geschärfte Sinne hatten, sich fragten, ob es nicht genau anders herum sei, weil sie sahen, wie die Welt in vielerlei Hinsicht in die Kirche eindrang! Es war die Geburtsstunde des „Christentums", wie es später genannt wurde, eines irdischen „Königreichs Christi" – das durch sein Volk als Stellvertreter und in der Folge durch seinen Vikar, den Papst, als „Vater" des Volkes, regiert wurde. Die Einnahme Roms im Namen Christi schien ein Vorbote für die „Bekehrung" der ganzen Welt zu sein.

Andererseits stand das Kaiserreich an seinen Grenzen selber unter Beschuss, besonders durch die Barbaren im Norden. Rom sollte geplündert werden, und der Kaiser sollte seinen Regierungssitz in die neue Hauptstadt Konstantinopel verlegen. All das konnte den Glauben des Augustinus nicht erschüttern, dass die Kirche diese politischen Katastrophen überleben würde, diese würde nämlich gefallene Imperien mit der „Stadt Gottes" ersetzen. Rom mag zwar verschwinden, aber die Kirche von Rom würde seinen Platz einnehmen (interessanterweise verwendeten die Päpste seit dieser Zeit den kaiserlichen Titel „Pontifex Maximus", kaiserliche Insignien und sogar die Amtstracht der früheren Kaiser).

Die Kirche bzw. das Königreich Christi würde wie ein Phönix aus der Asche des Krieges, der alle Staaten bedrohte, hervorgehen. Sie würde entgegen aller scheinbaren Rückschläge überleben und wachsen, denn Gott war mit ihr.

Diese selbstsichere Denkrichtung des Augustinus führte unausweichlich zu der Frage: Wird die Kirche irgendwann den Punkt erreichen, dass die Christen in der Lage sein werden, die Regierung über die ganze Welt zu übernehmen? Über die Jahrhunderte hinweg erlebte diese Hoffnung ein Kommen und Gehen.

Im Zeitalter der Entdeckungen segelten katholische Priester, durch diesen Kirchenimperialismus angespornt, mit den Entdeckern zu neuen Kontinenten. Viele protestantische Missionshymnen („Jesus shall reign where'er the sun") zeigen denselben globalen Wunschtraum. Eine solche Sichtweise wird meist dann populär, wenn die Kirche auf Erfolgskurs ist.

Diese Perspektive hatte im zwanzigsten Jahrhundert schwere Rückschläge zu verzeichnen (nicht zuletzt wegen zweier „Weltkriege", die im „christlichen" Europa stattfanden, und die ein wesentlicher Faktor des daraufhin um sich greifenden Säkularismus waren). Trotzdem kann man überraschenderweise seit einiger Zeit ein Wiederaufleben dieses postmillenaristischen Optimismus feststellen.

Sein Zentrum liegt in der westlichen Welt mit dem „Restauration-Movement" in Großbritannien und mit dem „Reconstruction-Movement" in Amerika. Die „Dominion-Theologie" lehrt, dass die Erlösten dazu aufgerufen sind, die Erde zu regieren (Gen 1,28 wird dabei auf die Herrschaft über Menschen ausgeweitet), indem sie „die Nationen zu Jüngern machen" (Mt 28,19 wird so verstanden, dass mit Nationen politische Staaten und nicht ethnische Gruppen gemeint sind). Kurzum, die Kirche ist aufgerufen, ja ihr ist sogar befohlen, die Welt zu „übernehmen" und ein „politisches" Königreich der Himmel auf der Erde aufzurichten, um somit das Millennium ins Dasein zu rufen. Man achte darauf, dass die Wiederkunft Jesu dazu nicht notwendig ist, und dass deshalb das Millennium vor seiner Rückkehr stattfinden muss – damit er ein vorbereitetes Königreich vorfindet, wenn er kommt!

Diese späte Variante des postmillenaristischen Denkens motiviert selbstverständlich zu einem sehr großen sozialen Engagement und zur Evangelisation (weil eine „Übernahme" der Welt in gewissem Maße mit dem Bevölkerungsanteil der Christen zusammenhängt). Die Welt kann „christianisiert" werden, ohne dass dabei alle Menschen zu Christen werden müssen. Dabei ist es entscheidend, dass die Kraft und Autorität in den Händen der Christen liegen muss. Nur eine „militante" Kirche kann eine „triumphierende" Kirche sein, und das nicht nur im Himmel, sondern auch hier auf der Erde.

Wie geht diese Sichtweise mit Offenbarung 20 um (obwohl es für sie nicht das Wichtigste ist)? Das meiste von Offenbarung 20 wird genauso wie beim spirituellen Postmillenarismus verstanden (siehe vorheriger Abschnitt), allerdings mit zwei bemerkenswerten Ausnahmen.

Erstens: Die tausend Jahre werden ziemlich wörtlich als das letzte Millennium der Kirchengeschichte genommen, es sind zehn Jahrhunderte des Friedens und des Wohlstands unter christlicher Herrschaft. Dabei ist es wichtig, zu erkennen, dass diese Ära noch nicht einmal angefangen hat.

Zweitens: Die tausendjährige Herrschaft spielt sich ganz und gar auf der Erde ab und ist irdischer Natur. Sie ist politisch. Sie wird von der ganzen Weltbevölkerung erkannt, von Christen und Nichtchristen gleichermaßen.

Aus diesen beiden Perspektiven gesehen, steht diese Form des Postmillenarismus dem Prämillenarismus der frühen Kirche wesentlich näher. Der größte Unterschied aber besteht darin, dass die tausendjährige Herrschaft ohne die Wiederkunft Christi und seine leibliche Gegenwart erreicht wird.

Es gibt große theologische Einwände gegen ein solches Szenario. Zum einen tendiert es dazu, „Kirche" und „Königreich" zu vermischen, was man so im Neuen Testament nicht vorfinden kann. Die Kirche mag zwar eine Gemeinschaft, eine Art „Kolonie" des Königreichs sein, aber sie ist nicht das Königreich selbst, welches noch viel weiter als die Kirche reicht. Wenn die Kirche von sich selbst denkt, sie sei ein „Königreich", dann werden ihre Führer beginnen, sich wie Könige aufzuführen und ihre eigenen kleinen Königreiche aufzubauen. Imperialismus wird die Evangelisation ersetzen.

Noch schwerwiegender aber ist, dass man die Spannung zwischen dem „jetzt" und dem „noch nicht" des Königreichs im Neuen Testament nicht mehr wahrnimmt. Einerseits ist es schon gekommen, andererseits aber wird es erst noch kommen. Es wurde bereits eingeführt, aber es ist noch nicht vollendet. Die Hälfte der Gleichnisse Jesu sieht das Kommen des Königreichs als schrittweisen Prozess menschlichen Eindringens, die andere Hälfte sieht es als plötzliches göttliches Eingreifen (das Gleichnis vom Weizen und Unkraut kombiniert beide Konzepte; Mt 13,24-30; 36-43). Man kann zwar jetzt schon in das Königreich „eingehen", aber solange der König nicht zurückgekehrt ist, ist es noch nicht vollumfänglich aufgerichtet.

Dieses Versäumnis führt zu einer Vernachlässigung des zweiten Kommens, was doch in der apostolischen Verkündigung einen solch hohen Stellenwert hat. Das Ereignis der Wiederkunft Christi wird im Neuen Testament über dreihundert Mal erwähnt, und diese Erwartung hat eine große Auswirkung auf die praktische Anwendung des Glaubens und auf das Verhalten. Aber durch die Anschauung, die wir jetzt untersuchen, wird die Wiederkunft Jesu immer unbedeutender. Offensichtlich ist die „Hoffnung seines Kommens" zu weit entfernt, als dass sie auf uns einen besonderen Einfluss hat, denn das Millennium, welches vor seiner Wiederkunft stattfinden muss, hat ja noch nicht einmal begonnen. Es gehört zu der dämmerigen und weit entfernten Zukunft – dabei haben frühere Generationen Ihn „bald" erwartet, und hofften, dass es während ihrer Lebenszeit geschehen würde, was sehr wohl einen Einfluss auf ihren Lebenswandel gehabt hat.

Schließlich gibt es noch eine große Schwierigkeit: Schaut es wirklich so aus, dass die Kirche bald die Herrschaft über diese Welt erlangt? Ist die Kirche nach zweitausend Jahren diesem Ziel schon nähergekommen? Einige Zyniker haben schon festgestellt, dass die Kirche es noch nicht einmal schafft, mit ihren eigenen Problemen fertig zu werden, wie will sie dann mit den Problemen der Welt fertigwerden?

Wie dem auch sei, der politische Postmillenarismus ist ein Triumph der „Hoffnung über die Tatsachen". Können solch hohe Erwartungen von der Bibel gestützt werden? Die Bibel erkennt an, dass „hingehaltene Hoffnung das Herz krank macht" (Spr 13,12), wir aber müssen uns fragen ob diese Hoffnung wahr oder falsch ist, und nicht nur, ob sie früher oder später eintreffen wird. Hat Gott sie überhaupt in der Art und Weise versprochen?

Wird Offenbarung 20 erfüllt werden, bevor Jesus wiederkommt? Wenn ja, dann werden die meisten Gläubigen im Himmel etwas davon zu hören oder vielleicht sogar zu sehen bekommen (Hebr 12,1?), aber daran teilnehmen werden sie nicht. Sie werden es selbst nie erleben, für sie wird es zu spät gekommen sein.

Wenn es sich aber erfüllt, nachdem Jesus wiedergekommen ist, und die „erste Auferstehung" stattgefunden hat, werden alle Gläubigen voller Freude das Leben in einer Welt unter christlicher Kontrolle genießen können. Wir werden unsere Aufmerksamkeit nun auf diese prämillenaristische Sichtweise richten.

5. KLASSISCHER PRÄMILLENARISMUS

Diese Sichtweise schlägt den Mittelweg zwischen dem *Pessimismus* des spirituellen Postmillenarismus, der glaubt, dass diese Welt nicht besser werden kann, und dem *Optimismus* des politischen Postmillenarismus, der glaubt, dass diese Welt durch die Kirche christianisiert wird, ein. Sie kann von sich selbst mit Fug und Recht behaupten, *realistisch* zu sein, weil sie glaubt, dass diese Welt ihren Originalzustand erst wiedererlangen wird, wenn Christus wieder zurückgekommen ist, und Satan aus ihr entfernt ist.

Sie versteht Offenbarung 20 in seinem schlichten und einfachen Sinn (wenn man damit sagt, dass sie wörtlich genommen wird, dann bekennen sich ihre Verfechter dazu schuldig). Die Abfolge der Visionen wird akzeptiert, die tausendjährige Herrschaft Christi mit seinen Heiligen, besonders den Märtyrern, nach seinem zweiten Kommen und vor dem Tag des Gerichts wird auf der Erde verortet. Die Gerechten werden zu Beginn der tausend Jahre zuerst auferstehen und die Übrigen werden am Ende der tausend Jahre auferstehen. Satan wird für die meiste Zeit vollkommen eingeschränkt sein und nur für die finale Auflösung freigelassen werden. Wenn du einen Prämillenaristen fragst, was er glaubt, dann wird er dir im Grunde genommen nur antworten können: „Lies Offenbarung 19 – 20 ohne dabei auf jemand anderen zu hören"!

Das war wahrscheinlich auch der Grund, warum die Kirche der ersten Jahrhunderte einhellig dieser Ansicht war. Sie hatten einfach nur die Bibel und sie waren nicht mit einer verwirrenden Vielfalt von Auslegungen konfrontiert, wie wir es heute sind.

„Klassisch" bedeutet, dass dies der früheste Glaube war – und für eine beträchtliche Zeit auch der einzige. Die frühen Kirchenväter glaubten an die „leibliche Herrschaft Christi auf eben dieser Erde" (um Papias den Bischof von Hierapolis in Asien zu zitieren). Einige (wie z.B. Justin der Märtyrer) verbanden dies mit der Wiederherstellung des Königtums in Israel, obwohl dem nicht alle zustimmten. Es werden viele Namen angeführt, die an dieser prämillenaristischen Position festhielten; unter ihnen waren Barnabas, Hermas, Ignatius, Polycarp, Irenäus, Justin der Märtyrer, Tertullian, Hippolytus, Methodius, Commodian und Lactantius.

Aus diesen frühen Jahrhunderten gibt es sowohl positive als auch negative Belege. Aber es gibt keine Spur einer alternativen Sichtweise in den unzähligen Dokumenten, die bis heute überlebt haben. Michael Green sagt in einem Kommentar zum Zitat aus Psalm 90,4 („Beim Herrn ist ein Tag wie tausend Jahre und tausend Jahre wie ein Tag") in 2.Petr 3,8: „Dieser Vers, Ps.xc.4, wurde im zweiten Jahrhundert der Hauptbeweistext des Chiliasmus, der Lehre, dass Christus bei seinem Erscheinen eintausend Jahre herrschen wird. Dieser Glaube wurde ab der Zeit der Abfassung der Schriften zur Offenbarung des Irenäus fast zu einem Glaubensartikel der christlichen Orthodoxie" (im Tyndale-Kommentar *2.Petrus und Judas*, Inter-Varsity press, 1968 S.34).

Kritik an der vorherrschenden Ansicht tauchte erst mit Clemens und Origenes auf (bezeichnenderweise in der „griechischen" Kultur Alexandrias). Die ersten direkten Provokationen werden mit Eusebius, Tyconius und Konstantin im vierten Jahrhundert und Augustinus im fünften Jahrhundert in Verbindung gebracht.

Der Postmillenarismus des letztgenannten wurde zur Orthodoxie der „katholischen" Kirche, die in der Folge den frühen „Chiliasmus" als Häresie verdammte.

Trotzdem starb er nicht aus. In kleinen Gruppen, die die Bibel für sich studierten, tauchte der Prämillenarismus wieder auf, während die meisten die Tradition der Kirche viele Jahrhunderte lang einfach akzeptierten – Beispiele sind die Paulikianer, die Waldenser, die Lollarden und die Anhänger John Wyclifs.

In der Zeit, als die Reformatoren weiterhin an der von Konstantin eingeführten Allianz zwischen Kirche und Staat und am augustinianischen Postmillenarismus festhielten, wurde der Prämillenarismus vom radikalen linken Flügel der Reformation, den Täufern, wiederentdeckt. Leider wurden einige von ihnen so extrem, dass sie sich in Münster in Deutschland zusammenfanden, um ein Tausendjähriges Reich zu gründen. Obwohl dieses Fiasko oft als Grund für die Diskreditierung des Chiliasmus zitiert wird, muss man doch hervorheben, dass es sich in der Praxis eigentlich um eine fanatische Form des politischen Postmillenarismus gehandelt hat.

Unter den Prämillenaristen einer späteren Zeit findet sich der berühmte Wissenschaftler Sir Isaac Newton. Im neunzehnten Jahrhundert hing eine überraschend große Anzahl von anglikanischen Bischöfen dieser Anschauung an (z.B. Ryle, Westcott und Lightfoot), während es heute von dieser Berufsgruppe kaum einen gibt, der daran glaubt.

Durch die Jahrhunderte hindurch gab es also immer Vertreter des Prämillenarismus, nach der Zeit des Augustinus war ihre Anzahl allerdings oftmals verschwindend gering. Zurzeit zeigt man wieder größeres Interesse am Prämillenarismus, weil er eine Alternative zum „Dispensationalismus" (siehe unten) darstellt, der immer mehr an Glaubwürdigkeit verliert. Die Werke von George Eldon Ladd und Merrill C. Tenney haben viel dazu beigetragen. Zu den führenden Prämillenaristen unserer Tage gehören Dr. Francis Schaeffer und Dr. Carl Henry.

Trotzdem ist er nicht sehr verbreitet, weshalb es schwierig ist, seine praktische Auswirkung auf Evangelisation und soziales Engagement zu beurteilen. Theoretisch sollte er segensreiche Auswirkungen haben, denn er bietet Hoffnung sowohl für diese als auch für die nächste Welt, und er verhindert die Extreme des Pessimismus und des Optimismus.

DIE UNTERSCHIEDLICHEN ANSCHAUUNGEN

Evangelisation wird wieder erstrebenswert, denn man hat die herrliche Zukunft direkt vor Augen. Die treuen Nachfolger Jesu werden an seiner „Herrschaft" sowohl auf der alten als auch auf der neuen Erde teilhaben (Offb20,6 und 22,5). Dieses Los ist für jeden erhältlich, der Buße von seinen Sünden tut und an den Retter glaubt. Die Alternative aber ist unvorstellbar hart (Offb20,10.15; 21,8).

Soziales Engagement ist ebenso erstrebenswert, denn es wird letztendlich erfolgreich sein. Es wird ein Tag kommen, an dem das Gute das Böse überwinden wird, die Gerechtigkeit die Ungerechtigkeit, der Friede den Krieg, der Reichtum die Armut und die Gesundheit die Krankheit ersetzen wird. Wenn ein Kommunist bereit ist, sein Leben für eine klassenlose Gesellschaft ohne Kriminalität zu opfern, die er womöglich nie sehen wird (heute wissen wir, dass kein Kommunist so etwas jemals zu Gesicht bekommen wird!), wie viel mehr wird ein Christ für ein Millennium leben und arbeiten, welches er ganz sicherlich sehen wird und dessen Teil er sein wird?

Es gibt aber noch einen ganz persönlichen Anreiz. Wenn einst verantwortungsvolle Posten gemäß der jetzt eingebrachten Integrität und Treue vergeben werden (so wie es Jesus ganz klar gelehrt hat; Mt25,21-23), dann spornt das doch wirklich zu diesen Tugenden an. Wenn die Gerichtshöfe einst in der Hand von Christen liegen, die gerecht und fair sind (1.Kor6,2), dann können sich heute schon Anwälte und Richter dafür qualifizieren. Im Millennium werden ehrliche Bankiers, fürsorgliche Berater und viele liebende Männer und Frauen benötigt, um einen wirklichen Dienst am Menschen zu leisten. Aus dieser Perspektive gesehen wird eine Menge „weltlicher" Berufe zu „heiligen" Berufungen. Taxifahrer und Putzfrauen sind für Gott ebenso wichtig wie Menschen, die Seelen retten. Anbetung und Arbeit rücken wieder zusammen.

Natürlich werden manche dagegen einwenden, warum es überhaupt nötig ist, die Welt jetzt zu verbessern, wenn doch beim zweiten Kommen sowieso alles wieder gut werden wird, und es jetzt nur von wenig Erfolg gekrönt sein wird. Wenn man einmal beiseitelässt, dass Lässigkeit das zukünftige Heil verwirken kann (Mt 25,26-30), dann lässt solches Denken die ureigenste christliche Motivation vermissen. Wer wirklich daran glaubt, was das zweite Kommen alles mit sich bringt, wird versuchen, so viel wie möglich davon jetzt schon zu realisieren. Dazu gibt es eine Parallele: „Wir wissen, dass wir, wenn es offenbar werden wird, ihm gleich sein werden, denn wir werden ihn sehen, wie er ist. Und jeder, der diese Hoffnung auf ihn hat, reinigt sich selbst, wie auch jener rein ist" (1.Joh 3,2.3). Wer eine große Erbschaft erwartet, wird nicht einfach nur abwarten, wenn er weiß, dass er jetzt schon einen guten Teil davon bekommen kann!

Diese Welt ist nicht abgeschrieben. Jesus kommt wieder, um sie wieder in Besitz zu nehmen. Je mehr wir jetzt schon in seinem Namen zurückgewinnen können, umso besser wird es zu seiner Verherrlichung, dem Wohle anderer und auch für unsere eigene Zukunft sein. Wir können uns „voll in das Werk des Herrn einbringen" (was für den Gläubigen sowohl Alltagsarbeit als auch kirchliche Arbeit bedeutet), weil wir wissen, dass „unsere Mühe im Herrn nicht vergeblich ist" (1.Kor 15,58).

Aber es gibt noch eine andere Version des Prämillenarismus, die genau den gegenteiligen Effekt hat. Leider hängen ihm heutzutage die meisten Christen an.

6. DISPENSATIONALISTISCHER PRÄMILLENARISMUS

Vor dem Jahr 1830 fehlte von diesem Neuling jegliche Spur. Da erhebt sich die Frage, warum niemand so etwas vorher in der Schrift erkannt hat, wenn es die richtige Interpretation ist.

Offenbarung 20 wird genauso wie im klassischen

Prämillenarismus verstanden, aber das ganze wird in ein ganz neues Rahmenwerk hineingesetzt. Seine einzelnen Bestandteile sehen folgendermaßen aus:

Erstens: Die Weltgeschichte wird in sieben „Dispensationen" aufgeteilt. Das sind Zeitalter, in denen Gott mit den Menschen nach gesonderten Maßstäben verfährt. Das letzte dieser Zeitalter ist das Millennium, das einzige, das wirklich den Namen „Königreich" verdient, weil nur in diesem die Erde direkt vom Herrn regiert wird.

Zweitens: Genau dieses war das „Königreich", welches Jesus den Juden bei seinem ersten Kommen angeboten hat. Wegen ihrer Zurückweisung wurde es von ihnen weggenommen und bis nach seinem zweiten Kommen zurückgestellt. Das Kirchenzeitalter ist deswegen ein „Einschub" in Gottes Vorsatz, der sich eigentlich auf Israel zentriert. Die Lehren Jesu über das Königreich, die Bergpredigt eingeschlossen, sind eigentlich auf das Millennium und nicht auf die Kirche anzuwenden.

Drittens: Die zukünftige Bestimmung der Christen ist im Himmel (sie sind Gottes „himmlisches Volk"), während die Juden auf der Erde bleiben (sie sind Gottes „irdisches Volk"). In alle Ewigkeit werden die beiden sich nicht begegnen!

Viertens: Die Kirche wird von der Erde weggenommen, bevor die „große Trübsal", die dem zweiten Kommen vorangeht, beginnt. Dieses Ereignis wird die „geheime Entrückung", oder einfach „die Entrückung" genannt (Siehe dritter Teil dieses Buches). Es ist der nächste Termin auf Gottes Kalender, und er kann jederzeit ohne Vorwarnung eintreffen. Die Christen werden deshalb während der Katastrophen, die in Offenbarung 4 – 18 beschrieben sind, gar nicht anwesend sein, aber sie werden mit Christus auf die Erde zurückkehren (Offb19). Ob sie danach auf der Erde bleiben, ist nicht ganz klar.

Fünftens: Während des Millenniums wird das alttestamentliche Königreich Israels vollständig wiederhergestellt. In einem wiederaufgebauten Tempel werden wieder Opfer nach der alten Ordnung dargebracht werden (obwohl diese Opfer dann üblicherweise als „Erinnerung" an das Opfer Christi am Kreuz betrachtet werden, sozusagen eine Art jüdische „Eucharistiefeier" und kein Sühneopfer).

Dieses ganze dispensationalistische Modell ändert ganz offensichtlich das frühere prämillenaristische Gedankengut ab. Insbesondere wird das Millennium mehr zu einem jüdischen als zu einem christlichen. Obwohl es ein vollkommenes Novum war, verbreitete sich diese Lehre zunächst in England und dann in Amerika, wo es wahrscheinlich die mehrheitliche Sichtweise unter den Evangelikalen darstellt.

Es stammt von einem Mann namens John Nelson Darby, einem anglikanischen Vikar in Dublin, der Gründer der „Brüderbewegung", auch „Plymouth Brüder" genannt, nach dem Hauptsitz dieser Bewegung. Die eigentliche Absicht dieser Bewegung war es, Christen aus allen Denominationen zu spontaner Anbetung beim „Brotbrechen" und bei ernsthaften Bibelstudien zu vereinen. Es wurde aber bald zu einer eigenen Denomination und spaltete sich schließlich in viele getrennte Gruppen auf. Manche waren sehr „offen" für andere Gläubige und manche waren sehr „verschlossen" („Offene Brüder" und „Geschlossene Brüder").

Unter den erstgenannten gab es viele, die ein tiefes Interesse an biblischer Prophetie zeigten, weil sie herausfinden wollten, was aus der Kirche in ihrem „ruinösen" Zustand werden würde, sowie Darby sie beschrieb. Er war es, der diese „dispensationalistische" Sicht auf Israel und nicht auf die Kirche richtete, und der die „geheime Entrückung" der Gläubigen vor der „großen Trübsal" lehrte. Seine Ansichten wurden nicht ohne Widerspruch hingenommen; Männer wie Benjamin Newton, S.P. Tregelles und Georg Müller (berühmt durch die Waisenhäuser in Bristol) haben diese Ansichten nie akzeptiert. Aber seine dominante Persönlichkeit siegte und seine Auslegung der Schrift wurde zur Orthodoxie der Brüdergemeinden, und nur wenige wagten es, davon abzuweichen.

Als er den Atlantik überquert hatte, überzeugte er einen Anwalt, Dr. C.I. Scofield von der Richtigkeit seiner Ansichten. Dieser wiederum gab eine Bibel mit Anmerkungen heraus, in welche er die „dispensationalistischen" Kommentare integrierte. Diese „Scofield-Bibel" verkaufte sich unter den Evangelikalen in den Vereinigten Staaten ungemein gut. Die Scofieldbibel barg die Gefahr, dass die Leser nur schwer zwischen dem inspirierten Wort Gottes und den menschengemachten Kommentaren unterscheiden konnten, und deshalb die Kommentare ebenso als „biblisch" akzeptierten.

Heute gibt es Bibelschulen, die nichts anderes lehren (das „Dallas Bible Institute" ist am berühmtesten; die Bücher eines ihrer Studenten, Hal Lindsay, sind weltbekannt und wurden millionenfach verkauft). Einige Missionsgesellschaften nehmen nur Kandidaten mit dispensationalistischen Ansichten auf.

Es besteht kein Zweifel an dem enormen Einfluss dieser Lehre.

Positiv gesehen muss man zugeben, dass diese Lehre mehr als alles andere dazu beigetragen hat, dass der Prämillenarismus in der Kirche wieder Fuß gefasst hat. Millionen glauben jetzt wieder, dass Christus zur Erde zurückkommen wird und über diese Erde tausend Jahre herrschen wird.

Aber leider überwiegen die negativen Auswirkungen. Die Verpackung hat den ganzen Inhalt verdorben. Das theologische Rahmenwerk, in welches das Millennium eingewoben wurde, ist absolut fehlerhaft.

Der schlimmste Irrtum betrifft das „Königreich".

Während der politische Postmillenarismus die Dimension des „hier und jetzt" überbetont hat, und meint, dass sich das „Königreich" in erster Linie durch die gegenwärtigen Manifestationen zeigt, haben die dispensationalistischen Prämillenaristen die Dimension des „noch nicht" überbetont und erkennen es als ausschließlich zukünftig an. Damit begehen sie den Fehler, die jetzt/noch-nicht-Dialektik des Neuen Testaments nicht entsprechend zu würdigen.

Das führt dann unweigerlich zu der scharfen Trennung der jüdischen und der christlichen Bestimmung und zu einer unausgewogenen Betonung eines rein jüdischen Milleniums. Das aber widerspricht der Voraussage Jesu, dass es „*eine* Herde unter *einem* Hirten" sein wird (Joh10,16), ebenso dem paulinischen Konzept des *einen* Ölbaums, in welchen die Vollzahl der Heiden eingepfropft werden wird, und der Rettung des „ganzen Israel" (Röm11,17-26), sowie der Vision eines neuen Jerusalems, das vom Himmel auf die Erde herabkommt und die Namen der zwölf Stämme Israels und der zwölf Apostel des Christus trägt, welche Johannes in der Offenbarung gesehen hat (Offb21,12-14).

Die Aufteilung der Menschheitsgeschichte in sieben Dispensationen ist höchst fragwürdig. Am anderen Ende des theologischen Spektrums werfen die „reformierten Calvinisten" alle sieben in einzigen „Bund der Gnade" zusammen (ein Ausdruck, den es in der Bibel auch nicht gibt). Die biblische Position kennt zwei Bündnisse, den alten und den neuen, Gesetz und Gnade, Moses und Christus; obwohl der neue Bund die Bündnisse mit Abraham und David miteinschließt, profitieren alle Menschen vom Bund mit Noah.

Das führt zum nächsten Problem. Der Hebräerbrief gibt sich große Mühe, zu zeigen, dass der „alte" Bund obsolet, veraltet und dem Verschwinden nahe ist (Hebr8,13). Das gilt auch für das levitische Opfersystem, welches durch das einzig gültige Opfer Christi am Kreuz hinweg getan worden ist. Das Wiederauftreten dieses levitischen Opfersystems während des Millenniums wäre wirklich eine anachronistische Anomalie!

Die größte Tragödie ist aber, dass der Prämillenarismus mit dem dispensationalistischen Gedankengut in so vielen Köpfen untrennbar verbunden ist, dass jeder annimmt, sie gehörten zusammen, und dass es unmöglich ist, das eine ohne das andere zu haben. Wenn die Fehler des Dispensationalismus erst einmal erkannt sind, insbesondere von denen, die damit aufgewachsen sind, besteht die Tendenz, die ganze Lehre zu verwerfen, anstatt auszusortieren, was wahr und was falsch ist. Das Millennium wird als eine der Dispensationen ebenso verworfen. Damit schüttet man das Kind mit dem Bade aus!

Viele denen es so ergangen ist, wissen dann nicht, durch was sie es ersetzen sollen, und sie betrachten sich selbst dann irgendwie als amillenaristisch – und zwar im wahrsten Sinne des Wortes als Nicht-Millenaristen. Nicht etwa, dass sie Offenbarung 20 grundsätzlich verwerfen würden, aber in der Praxis ist das Millennium nicht mehr länger Teil ihrer Gedanken oder ihrer Predigt. In den meisten Fällen kennen sie den klassischen Prämillenarismus nicht einmal, der die Anschauung der frühen Kirche gewesen ist (ein Leiter einer Bibelschule bekannte dem Autor einmal, dass er noch nie etwas davon gehört habe!). Wenn sie dann aber doch einmal davon hören, dann sind sie meist sehr erleichtert, dass man nämlich Prämillenarist sein kann ohne Dispensationalist zu sein.

Wir müssen noch einen einzigen Aspekt behandeln: Die praktischen Auswirkungen des dispensationalistischen Prämillenarismus. Von allen Sichtweisen ruft dieser wohl die größte Motivation zur Evangelisation hervor. Die unmittelbar bevorstehende Wiederkunft Christi („heute Nacht könnte er kommen") veranlasst die Geretteten, andere zu retten, und Unerrettete, sich retten zu lassen. Der Großteil der Missionare aus den Vereinigten Staaten ist von dieser Art zu denken angetrieben.

Jedoch rechtfertigt der Eifer nicht das Motiv. Auch Sekten bringen begeisterte Missionare hervor (gute Beispiele sind Mormonen und Zeugen Jehovas), genauso wie in den Tagen Jesu die Pharisäer (Mt 23,15). Alle Motive sollten durch die Schrift geprüft werden.

Wenn der Dispensationalismus auch äußerst motivierend für die Evangelisation ist, so doch nicht für soziales Engagement. Der kombinierte Glaube an die „Jederzeit-Entrückung" und an ein „jüdisches" Millennium zehren jegliches Verlangen auf, die Welt zu einem besseren Ort zu machen. Die Aufmerksamkeit ist alleine auf den Himmel gerichtet und nicht auf die Erde. Warum sollte man sich mit langwierigen sozialen Prozessen abgeben, wenn Jesus und das gerettete Israel die Erde sowieso wiederherstellen werden? Eine faszinierende Studie zum Effekt, den diese Lehre auf politische Bemühungen hat, findet man in: *Living in the Shadow of the Second Coming: American Premillennialism 1875-1982* by Timothy P. Weber, (Zondervan „Academie", 1983).

Während beide Formen des Prämillenarismus die Evangelisation stimulieren, besteht ein scharfer Kontrast zwischen beiden hinsichtlich des sozialen Engagements. Jetzt, wo immer mehr Evangelikale eine Ausgewogenheit zwischen beiden Aspekten der „Mission" zurückgewinnen, ist es sehr wichtig, auf die Unterschiede der beiden Sichtweisen aufmerksam zu machen.

KAPITEL NEUNZEHN
PERSÖNLICHE SCHLUSSFOLGERUNGEN

Unsere Studie über die verschiedenen millenaristischen Konzepte ist zu Ende. Hoffentlich ist das Denken des Lesers dabei klarer geworden, und hoffentlich ist er durch unser Studium nicht noch mehr verwirrt worden. Spätestens jetzt sollte klar geworden sein, dass die Debatte nicht nur eine akademische Fleißaufgabe war, sondern dass es um ganz praktische Dinge geht. Unsere echten Überzeugungen zu diesem Thema haben eine immense Auswirkung auf unsere Lebenseinstellung.

Meine eigenen Schlussfolgerungen, die ich ganz unabhängig von anderen gezogen habe, habe ich nicht verheimlicht. Ich bin in einer methodistischen Kirche aufgewachsen und habe dort nie vom Millennium gehört, es wurde noch nicht einmal darüber diskutiert, obwohl wir manches Lied darüber gesungen haben, ohne es vielleicht wirklich verstanden zu haben; eines meiner Lieblingslieder war: „Lasst uns den König besingen, dessen Herrschaft bald anbricht…". Als ich als Royal Air Force-Kaplan damit anfing, die Bibel systematisch zu lehren, begann ich mir darüber Gedanken zu machen und ich untersuchte dieses Thema gründlich. Nachdem ich viele Ansichten darüber gelesen und sie anhand der Schrift geprüft hatte, kam ich zu der Überzeugung, dass die frühe Kirche vollkommen richtig lag, und ich schrieb dies in meinem ersten Buch nieder (*Truth to Tell*, Hodder and Stoughton, 1977).

Lassen Sie mich meine persönliche Pilgerreise zusammenfassen, indem ich die Gründe für meine Position als klassischer Prämillenarist aufführe:

1. Es ist die allernatürlichste Auslegung von Offenbarung 20. Ich merkte, dass andere diese Schriftstelle mit Gewalt nach ihren eigenen Vorstellungen umformten und ihr künstliche, sogar willkürliche Bedeutungen zumaßen. Bei meinem Bibelstudium habe ich immer das grundlegende Prinzip angewendet, die Passagen für sich selbst sprechen zu lassen und den schlichten und einfachen Sinn darin zu erkennen, es sei denn, es gibt einen klaren Grund, es anders zu sehen.

2. Es ist die logischste Erklärung für die zweite Wiederkunft. Was kann nur Jesus bewerkstelligen, wenn er wiederkommt? Warum muss Jesus überhaupt auf den Planeten Erde zurückkommen? Sicherlich nicht für das Jüngste Gericht allein, das ja stattfindet nachdem die Erde „entflohen" ist (Offb 20,11). Wozu also? Warum müssen auch wir mit ihm zurückkommen (1.Thess 4,14)? Wenn er und wir nicht für eine beträchtliche Zeit auf der Erde regieren werden, dann ist es nicht einfach, einen Grund für seine und unsere Wiederkunft zu finden.

3. Es wird sehr großer Wert auf das zweite Kommen gelegt. Das hängt mit dem oben genannten Punkt zusammen. Sowohl Amillenaristen als auch Postmillenaristen neigen dazu, das zweite Kommen nicht so wichtig zu nehmen, was aber nicht mit der zentralen Bedeutung, die ihm im Neuen Testament zugemessen wird, konform ist. Der Grund dafür ist ganz einfach. Wenn der einzige Grund für die Sehnsucht nach seiner Rückkehr darin besteht, wieder bei ihm zu sein, dann geschieht das für den Gläubigen ja schon bei seinem Tod (Phil 1,21-23).

PERSÖNLICHE SCHLUSSFOLGERUNGEN

4. Es macht in sich selbst Sinn. Endlich verstehe ich, warum Gott seinen Sohn vor den Augen der ganzen Welt rehabilitieren und letztendlich demonstrieren wird, wie die Welt eigentlich sein soll, und wie sie ist, wenn sie endlich in den richtigen Händen liegt. Ich verstehe nun auch, warum er noch einmal die Rebellion der Sünde, die selbst in einer idealen Umgebung wieder emporkommt, offenbaren wird, bevor der Tag des Gerichts kommt. Der schrittweise Übergang der alten Welt zur neuen Welt passt genau zu meiner eigenen Erlösung, die zuerst in meinem alten Körper stattfand, und seitdem in meinem neuen Körper stattfindet.

5. Es „erdet" unsere zukünftige Bestimmung. Wer das zukünftige Millennium abstreitet, redet und denkt nicht über die neue Erde nach. Die ganze Zukunft ist auf den Himmel zentriert. Aber der Himmel ist nur ein „Wartezimmer" für die Gläubigen, bis diese zu dieser Erde zurückkehren und später auf der neuen Erde sein werden, wo Vater und Sohn unter uns wohnen werden. Anstatt dass wir in den Himmel kommen, um mit ihnen für immer zu leben, kommen sie auf die Erde, um mit uns für immer zu leben (Offb21,2.3), genauso wie am Anfang (Gen3,8). All das gibt unserem Planeten eine ewige Bedeutung.

6. Es schlägt einen sehr realistischen Ton an. Es verhindert den düsteren Pessimismus derer, die denken, dass diese Welt niemals besser werden kann, und es verhindert den naiven Optimismus, ja das Triumphgeschrei derer, die meinen, dass die Kirche Satan vom Thron stoßen und Christus auf den Thron verhelfen kann, während sie selbst die Nationen übernimmt. Prämillenaristen hüten sich vor diesen beiden Extremen, sie akzeptieren, dass

die Welt schlimmer wird, bevor sie besser wird, aber sie sind sich sicher, dass sie viel besser wird, nachdem sie zunächst ihren Tiefpunkt erreicht hat.

7. Es ergeben sich viel weniger Probleme als bei anderen Positionen! Man muss ganz einfach zugeben, dass *alle* anderen Sichtweisen ihre Schwierigkeiten haben. Aber der klassische Prämillenarismus hat viel weniger als alle alternativen Sichtweisen, besonders wenn es um die Auslegung von Offenbarung 20 geht. Es gibt zwar immer noch viele unbeantwortete Fragen, aber ich kann damit leben. Diese Sichtweise kann man am leichtesten mit voller Überzeugung predigen, denn mit ihr kommt der ganz normale Leser am besten zurecht, wenn er die Passage in Offenbarung 20 selbst liest.

8. Es war die Sichtweise, die auch die frühe Gemeinde glaubte. Die allgemeine Übereinstimmung während der ersten wenigen Jahrhunderte ist einfach überwältigend. Auch sie war nicht unfehlbar, aber es waren die Generationen, die den Aposteln am nächsten waren. Dass es keine Debatte darüber gab, ist sehr überzeugend, genauso wie die Tatsache, dass Streitigkeiten darüber erst dann auftauchten, als die christliche Lehre durch griechische Philosophie verunreinigt wurde.

Das sind die Gründe, weswegen ich in der Lage bin, das tägliche Gebet, das Jesus seinen Jüngern gab, in voller Bedeutung und Sehnsucht zu beten – „Dein Königreich komme… wie im Himmel, so auch auf Erden" (Mt6,10) – damit so viel wie möglich jetzt schon geschieht, und der Rest davon später.

www.ingramcontent.com/pod-product-compliance
Lightning Source LLC
Chambersburg PA
CBHW070457120526
44590CB00013B/674